1st Edition

원가회계

COST ACCOUNTING

머 리 말

원가회계와 관리회계는 뗄래야 뗄 수 없는 관계여서 그동안 '원가관리회계' 한 권으로 출간하여 왔다. 그러나 학부 교육과정상 원가회계와 관리회계가 구분되어 있고, 한 학기에 모든 내용을 강의하기도 어려워서 이번에 별권으로 출간하게 되었다. 원가회계에서는 제품이나 서비스의 원가를 계산하는 방법에 대해 주로 다루고, 원가를 관리적인 목적에 사용하기 위해 활용하는 내용도 일부 다룬다. 한편, 별권으로 출간될 관리회계에서는 원가정보를 이용하여 계획수립, 의사결정 및 성과평가 하는 것에 대해 설명한다. 본 교재는 원가회계를 처음 접하는 학부생들뿐만 아니라 공인회계사, 세무사, 감정평가사 등 각종 시험을 준비하는 분들에게도 도움이 될 수 있도록 집필하였다. 최대한 체계적으로 설명하려고 노력하였으며, 많은 예제를 통해 독자들의 이해도를 높이고자 하였다. 가장 기초적인 개념을 이해하고, 전체적인 흐름을 파악하는데 주안점을 두고 집필하였다.

본 교재의 특징은 다음과 같다.

첫째, 전체 내용을 12장으로 구성하여 중간 · 기말시험 등을 고려할 때 1학기 동안 강의하기에 적합하도록 하였다. 둘째, 가능하면 전체적인 개념의 틀 내에서 근본 취지와 개념을 바탕으로 일관성 있게 접근하려고 노력하였으며, 문제 풀이에 있어서도 단순히 공식을 적용하는 것보다는 기본개념을 바탕으로 적용하고 응용하는 것에 초점을 두었다. 셋째, 최근 기출문제를 분석하여 그 출제경향을 충분히 반영하였고, 다양한 문제를 통해 응용력을 배양할 수 있도록 하였습니다. 특히, 주관식 문제뿐만 아니라 단답형 문제를 포함하여 각종 시험에 대비할 수 있도록 하였다. 그리고 문제에 대한 자세한 풀이와 해설을 통해 최대한 독자의 눈높이에서 쉽게 설명하려고 하였다.

오랜 연구와 강의 경험을 본 교재 구석구석에 담으려 노력하였다. 부디 본 교재가 독자들이 회계를 공부하는데 도움이 되고, 취업이든 자격시험이든 원하는 것을 이루는데도 도움이 되었으면 한다. 끝으로 본 교재를 출간할 수 있도록 도와준 ㈜샘앤북스 출판사의 이낙규 사장과 편집과 디자인 작업을 해준 이정희 차장 이하 직원들에게 감사한다. 단짝 패밀리, 돌멩이 친구들, 다락방 친구들, 그리고 나와 삶을 함께 해왔고 앞으로도 함께 해갈 고마운 사람들에게 사랑한다는 말을 전하고 싶다.

2020년 12월을 보내며

저자 임태종

목 차

제1장 원가회계의 기초개념

제2장 원가의 흐름

제3장 원가배분과 부문별 원가계산

제4장 개별원가계산

제5장 활동기준원가계산

제6장 종합원가계산

제7장 공손회계

제8장 결합원가계산

제9장 표준원가계산1

제10장 표준원가계산2

제11장 변동원가계산

제12장 원가추정과 기본 CVP분석

PART 01

원가회계의 기초개념

제1장

원가회계의 기초개념

제 1 절 경영과 회계

1. 경영

회계도 경영의 한 분야이므로 먼저 경영에서부터 출발해 보자. 경영을 나타내는 영어 단어 중에서 가장 쉬운 것은 아마도 management일 것이다. 이렇게 두 단어 경영과 management를 연결해 보면 한마디로 경영은 관리이다. 그렇다면 경영은 무엇을 관리하는가? 경영은 조직이 조직목표를 잘 달성하도록 관리하는 것을 말한다. 좀 더 자세히 표현하면 경영은 조직이 조직의 목표를 잘 달성할 수 있도록 체계적으로 관리하는 과정이나 활동을 말한다. 수많은 조직 중에서 현대사회에서 관심을 가장 많이 받고 있는 조직은 기업이고, 기업의 많은 목표 중에서 가장 대표적인 것은 이익창출이다. 따라서 좁은 의미로 경영을 정의하면 경영은 기업이 이익을 창출할 수 있도록 체계적으로 관리하는 과정이나 활동이라 할 수 있다.

기업이 이익을 많이 내기 위해서는 계획(plan)하고 실행(do)하며 평가(see)하는 과정(P-D-S)이 필요하다. 그리고 기업을 운영하기 위해서는 사람, 생산, 판매, 자금조달과 투자, 정보생산과 제공 등의 활동이 필요하다. 경영학에서는 사람과 관련된 분야를 인적자원관리, 생산과 관련된 분야를 생산운영관리, 판매와 관련된 분야를 마케팅, 자금조달 및 투자와 관련된 분야를 재무관리, 정보생산 및 제공과 관련된 분야를 회계라고 한다. 회계는 경영의 주요 활동 중 하나로 의사결정에 필요한 경제적 정보를 생산하고 제공하는 역할을 한다. 경영의 요소에는 목적, 인적자본, 물적자본 및 정보가 있다. 회계는 의사결정에 필요한 정보를 생산 및 제공하는 분야로서 경영에 있어서 매우 중요한 요소이다.

2. 회계의 의의

회계(accounting)란 정보이용자들이 합리적인 의사결정을 할 수 있도록 경제실체(예를 들어 기업)에 관한 유용한 경제적 정보를 식별 · 측정 · 기록하여 정보이용자에게 전달하는 과정을 말한다. 여기서 정보이용자란 주주, 채권자, 경영자 등과 같이 의사결정을 위하여 회계정보를 필요로 하는 기업의 이해관계자를 말하며, 유용한 경제적 정보란 화폐단위로 계량화할 수 있는 정보로서 의사결정에 도움이 되는 정보를 의미한다. 그리고 회계는 단순히 회계정보를 생산하는 과정만을 의미하는 것이 아니라 회계정보를 전달하는 과정까지를 포함하는 하나의 정보시스템이다. 과거에는 단순히 회계정보의 생산측면만을 중요시 여겼으나, 최근에는 회계정보의 전달 및 이용측면을 강조하고 있다. 회계를 한마디로 정의하면 의사결정에 도움이 되는 경제적 정보를 측정 · 기록 · 전달하는 과정이다.

제 2 절 회계의 분류

1. 회계의 분류

회계는 정보이용자에 따라 크게 재무회계와 관리회계로 구분할 수 있다. 재무회계(financial accounting)는 주주, 채권자, 정부기관과 같은 기업의 외부정보이용자들의 의사결정에 유용한 정보를 제공하는 것을 목적으로 하는 회계이고, 관리회계(managerial accounting)는 기업의 내부정보이용자인 경영자의 의사결정에 유용한 정보를 제공하는 것을 목적으로 하는 회계이다.

재무회계와 관리회계의 구분

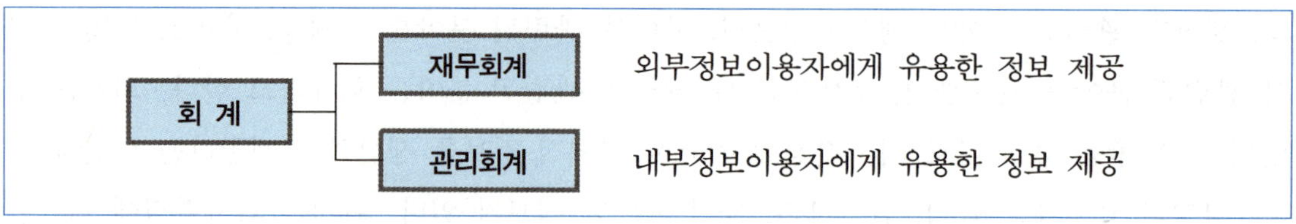

재무회계는 기업의 외부정보이용자들이 투자나 신용제공 등의 의사결정을 할 때 필요로 하는 특정 기업의 재무상태, 경영성과 및 현금흐름의 변동에 관한 정보를 제공하는 것을 목적으로 하는 회계이다. 따라서 재무회계에서는 다양한 정보이용자들이 공통으로 필요로 하는 정보를 제공하기 위하여 모든 기업에 적용되는 통일된 기준(일반적으로 인정된 회계

원칙 : GAAP)에 의하여 작성된 재무제표를 보고수단으로 하며, 정보의 신뢰성을 강조한다. 반면, 관리회계는 기업의 내부정보이용자인 경영자가 계획수립, 의사결정 및 성과평가를 할 때 필요로 하는 정보를 제공하는 것을 목적으로 하는 회계이다. 따라서 관리회계에서는 경영자의 의사결정 목적에 맞는 정보를 제공하면 되므로 모든 기업에 공통적으로 적용되는 통일된 기준을 둘 필요도 없고, 이를 따를 필요도 없다. 관리회계에서는 정보의 신뢰성도 중요하지만 그보다는 목적적합성이 더 중요하다. 재무회계와 관리회계의 차이점을 비교하면 다음과 같다.

재무회계와 관리회계의 차이점

	재 무 회 계	관 리 회 계
목 적	외부정보이용자인 주주나 채권자 등에게 유용한 정보제공	내부정보이용자인 경영자에게 유용한 정보제공
준 거 기 준	일반적으로 인정된 회계원칙	일반적인 준거기준이 없음
보 고 수 단	외부공시용 재무제표	내부보고용 특수목적 보고서
정보내용과 속성	과거지향적, 신뢰성 강조	미래지향적, 목적적합성 강조
보 고 주 기	정 기 적	수 시
행 동 적 사 고	중요시하지 않음	중요시함

관리회계는 경영자의 의사결정목적에 맞는 특수목적의 보고서가 보고수단이 되고, 경영자의 의사결정에 도움이 되어야 하므로 정보의 내용은 과거와 현재의 정보를 기초로 미래지향적으로 작성되며, 정보의 속성은 목적적합성을 띠어야 한다. 또한 관리회계는 경영자의 의사결정이 있을 때 마다 수시로 보고되고, 종업원의 사기, 동기부여와 같은 행동적인 사고를 중요시 한다.

2. 원가회계

앞에서 회계를 정보이용자에 따라 크게 재무회계와 관리회계로 구분하여 그 차이점을 정리해 보았다. 그런데 외부정보이용자들을 위한 재무제표를 작성하거나, 내부정보이용자들을 위한 특수목적 보고서를 작성하기 위해서는 공통적으로 원가정보가 필요하다. 예를 들어, 외부보고목적용 손익계산서를 작성하기 위해서는 기업이 판매한 제품의 원가(매출원가)를 알아야 하고, 재무상태표를 작성하기 위해서는 기말 재고자산의 원가를 알아야 한다. 그리고 기업 내부적으로 경영자가 신제품의 판매가격을 결정하기 위해서는 적어도 생산한 제품의 원가는 알아야 하고, 경쟁에서 이기려면 제품의 원가를 얼마나 줄여야 하는지에 대한 정보도 필요하다. 재무회계와 관리회계에서 요구하는 원가정보의 성격은 상이할 수 있으나 원가정보를 산출해야 하는 것은 필수적이다.

원가회계(cost accounting)는 재무회계보고서(재무제표)와 관리회계보고서(특수목적 보고서)를 작성하기 위해 필요한 원가정보를 제공하는 역할을 한다. 원가회계에서는 원가자료를 집계 · 측정 · 배분 및 평가하여 제품원가나 서비스원가를 계산한다. 원가정보는 재무상태표 작성을 위한 재고자산금액과 손익계산서 작성을 위한 매출원가를 결정하는데 사용되고, 또한 경영자의 다양한 의사결정에도 활용된다. 원가회계에서 산출된 원가정보는 외부보고용 재무제표를 작성할 때 활용되므로 원가회계는 재무회계의 일부분을 차지한다. 한편, 원가회계에서 얻어진 여러 가지 원가정보는 의사결정, 계획수립 및 성과평가에 필요한 자료를 제공하므로 관리회계의 일부분을 차지한다. 따라서 원가회계는 재무회계의 일부와 관리회계의 일부에 중복된다고 할 수 있다. 이는 다음과 같이 나타낼 수 있다.

재무회계, 관리회계 및 원가회계 간의 관계

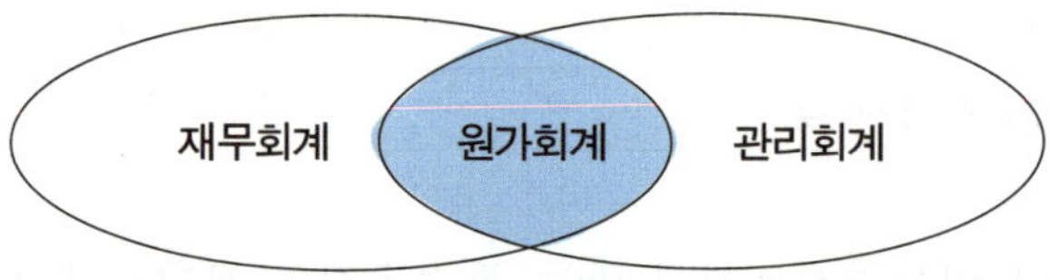

제 3 절 원가관리회계의 영역과 본 교재의 구성

1. 원가관리회계의 영역

원가회계와 관리회계는 엄격하게 구분하지 않고 보통 원가관리회계라고 한다. 왜냐하면 원가회계와 관리회계의 구분은 개념상 또는 학습 과정상 필요한 것이고 현실적으로는 두 영역이 함께 사용되기 때문이다.

원가관리회계는 기업이 생산한 제품의 원가를 계산하고, 이를 관리적 측면에서 활용할 수 있도록 정보를 제공하는 회계분야이다. 즉, 원가관리회계란 외부보고용 재무제표를 작성하기 위하여 필요한 제품원가를 계산하고, 내부적으로 의사결정, 계획수립 및 성과평가를 하는데 필요한 정보를 제공하는 서비스 활동을 말한다. 원가관리회계에서 다루는 내용은 아래 표와 같이 나타낼 수 있다.

원가관리회계의 내용

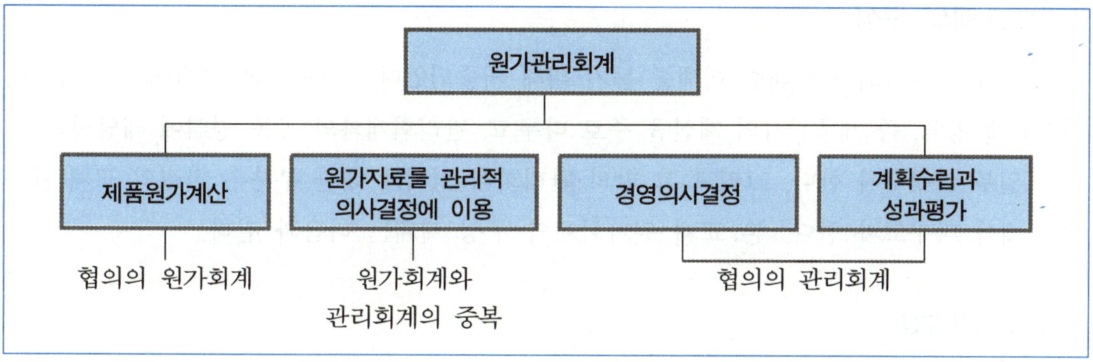

표에서 보는 바와 같이 협의의 원가회계는 재무상태표에 계상할 재고자산금액과 손익계산서에 계상할 매출원가를 결정하기 위해서 역사적 원가자료를 집계 · 측정 · 배분 및 평가하는 회계 영역이다. 원가회계에서는 주로 제품이나 서비스의 원가를 산정한다. 이때 기업의 생산 환경이 어떠하냐에 따라 원가계산방식이 달라진다. 예를 들어 다양한 제품을 소량으로 주문생산 하는지 아니면 동일한 제품을 대량으로 시장생산 하는지에 따라 원가계산방식(개별원가계산, 종합원가계산 등)이 달라질 수 있을 것이다. 한편, 협의의 관리회계는 원가자료를 이용하여 경영의사결정, 계획수립 및 성과평가에 필요한 정보를 제공하는 회계 영역이다. 예를 들어 관리회계 영역에서는 그동안 거래가 없던 기업으로부터 저가의 대량 특별주문을 받았을 때 이것을 수락해야 하는지 거절해야 하는지, 현재 손실이 발생하고 있는 제품 생산을 중단해야 하는지 계속해야 하는지, 예산은 어떻게 편성하고 이에 기초하여 성과는 어떻게 평가할지 등을 다룬다.

그리고 원가회계와 관리회계에 모두 포함될 수 있는 공통 영역이 존재한다. 공통 영역은 원가계산에 사용하는 동시에 관리적인 목적으로 활용하는 영역이다. 예를 들어 실제로 발생한 원가를 기준으로 제품원가를 계산하는 것이 일반적이지만 이렇게 실제원가를 일일이 집계하고 배분하여 제품원가를 계산하다보면 시간이 지체되어 월말이나 기말이 되어서야 제품원가를 산정하게 된다. 그리고 이렇게 실제원가를 기준으로 제품원가를 결정하면 실제로 원가가 ₩1,000,000이 발생한 경우, 실제 발생한 원가를 그대로 제품원가 ₩1,000,000으로 결정하다보니 이 원가가 기업이 효율적으로 생산한 결과에 의한 것인지 아닌지를 알 수 가 없다. 따라서 제품원가를 신속하게 계산하면서 동시에 기업이 설정한 원가표준을 달성 했는지를 관리하기 위하여 표준원가계산을 적용하는데, 표준원가계산은 원가회계(제품원가 계산)와 관리회계(성과평가)의 공통 영역에 해당한다.

2. 본 교재의 구성

본 교재는 원가회계에 대한 이해를 돕기 위해 저술되었다. 따라서 본 교재에서는 협의의 원가회계 영역, 즉 제품원가의 계산을 주로 다루고, 관리회계와의 공통 영역에 해당하는 부분도 일부 다루고자 한다. 그리고 그 밖의 관리회계 영역에 대한 부분은 별권의 교재(관리회계)에서 다루고자 한다. 본 교재 원가회계의 구성 체계는 다음과 같다.

본 교재의 구성

원가회계의 기본	제1장	원가회계의 기초개념
	제2장	원가의 흐름
	제3장	원가배분과 부문별 원가계산
제품원가의 계산	제4장	개별원가계산
	제5장	활동기준원가계산
	제6장	종합원가계산
	제7장	공손회계
	제8장	결합원가계산
관리적 목적에 이용	제9장	표준원가계산1
	제10장	표준원가계산2
	제11장	변동원가계산
	제12장	원가추정과 CVP분석 기초

제1장~제3장에서는 원가회계의 기본과 관련된 내용을 설명하고, 제4장~제8장에서는 제품원가의 계산에 대해 설명하며, 끝으로 제9장~제12장에서는 원가정보를 관리적 목적에 이용하는 것과 관련된 내용을 설명하고자 한다.

제 4 절 원가회계제도와 원가회계 담당자[1)]

1. 회계환경의 변화

세계경제의 글로벌화로 기업들은 많은 새로운 도전에 직면하게 되었다. 가격, 품질 및 대고객서비스 등 모든 측면에서 기업들은 국제적 경쟁을 치르게 되었다. 이러한 새로운 도전은 심한 원가경쟁을 낳게 되었으며, 그 결과 이윤의 폭은 점점 줄어들고 있다. 그에 따라 기업의 경영자들은 정확한 제품원가정보의 중요성을 크게 인식하고 있다. 회계정보는 정보욕구에 목적적합 하여야 하고, 시기적절해야 한다. 경영자들이 요구하는 정보특성의 변화는 회계담당자들이 원가를 측정하는 방법에도 영향을 미친다.

(1) 기업의 경영환경 변화

최근 제조기업의 환경은 급속하게 변하고 있다. 기술발전의 가속화, 치열한 경쟁, 제반 규제의 강화, 소비자 욕구의 다양화 등이 그것이다. 이러한 환경변화에 대응하기 위하여 기업들은 내적 변신을 꾀하는 한편 혁신을 통하여 경쟁우위를 얻기 위하여 노력하고 있다.

(2) 제조환경의 변화

외적 환경변화에 대응하여 기업은 생산성 향상을 위한 자동화 설비투자에 적극 나서고 있으며, 기업의 제조방식과 기술도 크게 달라지고 있다. 자동화를 중심으로 가격뿐만 아니라 품질 및 납기 등에서도 경쟁력을 향상시킬 수 있는 방안으로 JIT (just-in-time), TQC(total quality control), CIM (computer-integrated manufacturing) 및 FMS(flexible manufacturing system) 등이 도입되었다.

2. 현대 원가회계의 특징

경영환경과 제조환경의 변화로 인하여 경영자들이 원하는 정보도 급변하고 있다. 이에 따라 오늘날 원가회계는 과거의 단순한 원가계산에서 탈피하여 많은 변화를 꾀하고 있다.

---

1) 김순기 · 황국재 · 임태종, 2015, 원가관리회계, 홍문사. 요약정리

(1) 보다 정교한 원가계산제도

치열한 경쟁 환경에서 살아남기 위해서는 보다 정확한 의사결정을 하여야 하며, 이를 위해서는 보다 정확한 원가정보가 필요하다. 다만 100% 정확한 원가정보를 산출하기 위해서는 엄청난 비용을 부담해야 하므로 현실적으로는 완벽한 제도(perfect system)보다는 적정한 제도(optimal system)를 설계하고 유지해야 한다. 다행히도 정보기술의 발달로 인하여 적은 운영비용으로 보다 정확한 원가정보를 산출할 수 있게 되었다.

(2) 제조이전단계의 중요성

전통적인 원가회계는 실제발생원가의 비중이 큰 제조단계에 초점을 두고 있었다. 그러나 대부분의 원가는 이미 제조이전단계에서 확정된다. 즉, 제품을 제조하기 이전에 제품을 기획하고 설계하며, 제조를 위해 준비하는 단계에서 이미 앞으로 발생할 대부분(약 85%)의 원가가 확정된다. 따라서 제품원가를 절감하고 경쟁에서 살아남기 위해서는 제조이전단계에 관심을 집중해야 한다.

(3) 가치사슬을 통한 통합적 관리

과거에는 제조, 구매, 유통, 마케팅 등 각 기능의 특수화를 통해서 경쟁적 우위를 확보했지만 최근에는 이러한 각 기능의 특수화가 부서 이기주의, 부서간의 부조화, 늦은 반응 프로세스 등 엄청난 비효율을 낳고 있다는 지적을 받고 있다. 기업이 제공하는 제품이나 서비스에 대해 가치를 제공하는 모든 기능들은 상호 관련된 활동들의 사슬을 형성하는데 이러한 기능들의 연계를 가치사슬(value chain)이라 한다. 가치사슬개념에서는 기업이 원가계산을 하거나 각종 의사결정을 할 때 단지 제조단계의 원가만을 고려하는 것이 아니라 제조이전의 연구개발과 제품설계 및 제조이후의 마케팅, 유통, 고객서비스 활동까지를 포함한다. 가치사슬기능의 원가를 측정 보고하는 것을 가치사슬원가계산(value chain costing) 또는 제품수명주기원가계산(product life cycle costing)이라 한다.

가치사슬과 가치사슬원가계산

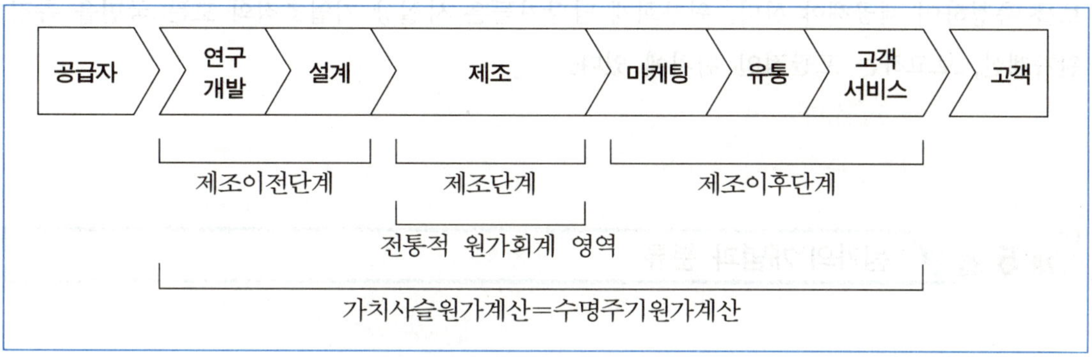

3. 원가회계 담당자의 역할

오늘날의 원가회계 담당자에게는 단순히 원가정보의 생산자 역할만이 요구되는 것이 아니라 보다 폭넓은 역할이 요구된다. 변화하는 환경 속에서 원가회계 담당자의 역할은 점점 중요시되고 있다. 그 역할을 정리하면 다음과 같다.

첫째, 원가회계 담당자들도 변화하는 환경에서 많은 새로운 도전에 직면하게 된다. 우선 기업들이 국경이 없는 경쟁을 벌이고 있기 때문에 다른 경영자들과 마찬가지로 원가회계 담당자들도 국제적 감각을 갖추어야 한다. 해외시장에서 기회를 포착할 수 있는 정보를 제공하기 위해서는 다른 국가의 정치 및 경제에 대한 관심을 가져야 한다.

둘째, 원가회계 담당자들은 기업의 각 기능을 가치사슬의 개념으로 연결시켜 볼 수 있어야 한다. 지나친 기능 세분화를 바탕으로 한 개별 기능분야의 효율성 제고는 오히려 기업 전체의 목적달성에 방해가 될 수 있다. 가령 생산과 판매기능을 통합시켜 상호 보완하고자 하는 것은 이러한 경영층의 노력의 일환이다. 원가회계 담당자들은 경영층의 이러한 노력을 진작시킬 수 있는 분위기와 정보를 제공해야 한다.

셋째, 원가회계 담당자들은 단순히 원가측정만 고집해서는 안 된다. 기업의 핵심성공요인(critical success factor)은 단순히 원가의 절감에만 있지 않고 이와 더불어 품질향상, 반응시간의 단축, 그리고 전반적 대고객서비스 향상이 포함된다. 품질, 시간, 그리고 고객서비스를 무시하는 원가절감은 기업을 성공의 길로 이끌 수 없다.

넷째, 원가회계 담당자들은 환경변화에 맞추어 과거의 잘못된 관습에서부터 과감히 탈피해야 한다. 급격한 환경변화 이전에 설정한 원가회계시스템에서 산출되는 원가정보는 왜곡되고 진부화된 것일 수 있기 때문에 환경변화를 잘 포착하고 올바른 정보를 전달하도록 세심한 노력을 기울여야 한다.

다섯째, 원가회계 담당자들은 부문효율화보다는 전체 목표달성을 강조하는 방향에서 정보를 측정하여 제공해야 한다. 원가회계 담당자들은 사실상 기업조직의 모든 국면을 측정, 원가계산, 보고하는 포괄적인 위치에 있다.

제 5 절 원가의 개념과 분류

1. 원가의 개념

원가(cost)란 특정한 목적을 달성하기 위하여 희생된 경제적 자원을 말한다. 목적은 여러 가지가 있을 수 있지만 제조기업에 한정한다면 제조기업의 경영목적은 제품의 생산 및 판매를 통해 이익을 얻는 것이다. 따라서 제조기업에 있어서 원가는 제품을 생산하기 위하여 소비한 경제적 자원이라 할 수 있다.

기업이 경영활동을 수행함에 따라 소비되는 경제적 자원을 원가라 하고, 원가는 소멸여부에 따라 미소멸원가와 소멸원가로 나눌 수 있다. 미소멸원가는 자산으로 계상되며, 소멸원가는 비용 또는 손실로 구분된다. 제품의 생산과정에서 소비한 경제적 자원은 자산이 된다. 이는 미래 경제적 효익을 제공할 수 있을 것으로 기대되는 미소멸원가이므로 재무상태표에 자산으로 계상된다. 한편, 자산이 소멸하게 되면 미래 경제적 효익을 더 이상 제공할 수 없을 것으로 기대되므로 이는 손익계산서에 비용 또는 손실로 계상된다. 비용은 수익창출에 기여하면서 소멸된 것을 말하고, 손실은 수익창출에 기여하지 못하고 소멸된 것을 말한다. 예를 들어 원재료나 노무비를 투입하여 제품을 생산한 경우 이를 자산(미소멸원가)으로 계상하였다가 판매한 경우에는 수익창출에 기여하면서 소멸되었으므로 비용(매출원가)으로 처리하고, 재해 등으로 소멸한 경우에는 수익창출에 기여하지 못하였으므로 손실(재해손실)로 처리한다.

미소멸원가와 소멸원가

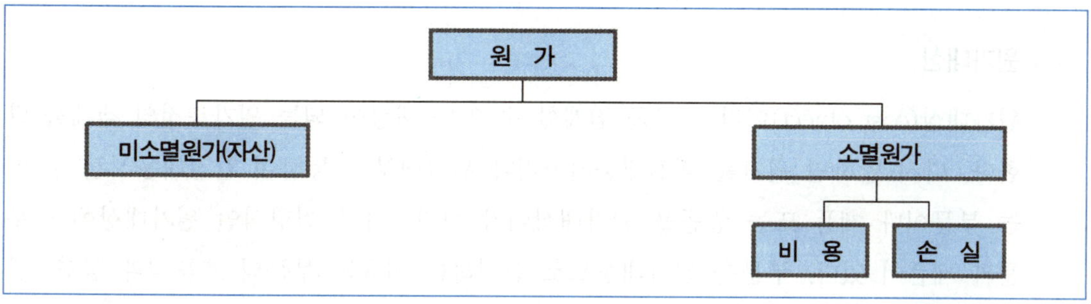

(1) 원가의 특성

원가는 제조기업의 경영목적인 제품을 생산하기 위하여 소비된 경제적 자원으로서 다음과 같은 특성이 있다.

첫째, 원가는 제품 생산을 위하여 소비된 경제적 자원이므로 제품의 생산과 관련이 없는 화재나 도난 등으로 인한 손실이나 영업사원의 급여 등은 원가에 포함하지 않는다.

둘째, 원가는 정상적으로 소비되는 경제적 자원이므로 비정상적으로 소비되는 재고자산감모손실이나 재해손실 등은 원가가 아니다.

셋째, 원가는 경제적 자원의 소비 여부에 따라 결정되는 것이므로 반드시 금전적 지출을 요건으로 하지는 않는다. 따라서 증여받은 건물이라 할지라도 생산을 위하여 소비된 것이면 원가가 되는 반면, 구입한 토지는 공장용 부지로 사용된다 하더라도 소비된 것이 아니므로 원가가 아니다.

(2) 원가의 측정

원가는 일반적으로 화폐액으로 측정된다. 그러나 원가관리회계에서는 제품원가계산, 의사결정 및 성과평가 등 여러 가지 목적에 원가개념이 사용되므로 원가자료도 의사결정목적에 따라 상이하게 측정되어야 한다. 즉, 상이한 목적에 따라 상이한 원가를 적용하여야 한다(Different costs are used for different purposes). 따라서 의사결정목적에 따라 기회원가나 관련원가와 같은 특수원가를 다양하게 측정할 수 있다.

2. 원가회계와 관련된 여러 가지 기본개념

(1) 원가대상

원가대상(cost object)이란 원가를 집계할 수 있는 대상이 되는 원가측정의 객체를 말한다. 다시 말하면 원가를 직접대응시키거나 원가배분을 통하여 간접대응시킬 수 있는 부문이나 제품 또는 활동을 원가대상이라 한다. 가장 전형적인 원가대상에는 부문과 제품이 있다. 부문을 원가대상으로 선정하는 이유는 부문의 효율성과 경영성과에 대한 평가를 통해 하위조직을 통제하기 위함이고 제품을 원가대상으로 선정하는 이유는 외부보고목적으로 제품원가를 결정하기 위해서이다.

최근에는 경쟁이 심화되고 컴퓨터를 이용하여 낮은 비용으로 자료를 처리할 수 있게 됨에 따라 보다 정확한 원가계산과 다양한 원가정보를 수집하기 위하여 원가대상이 다양해지고 있다.

원가대상의 예

부 문	기계부문, 조립부문, 전력부문, 식당부문
제 품	비행기, 선박, 모터사이클
활 동	제품구매활동, 작업준비활동, 품질검사활동
프 로 젝 트	신제품개발프로젝트, 천연가스탐사프로젝트

(2) 원가집계

원가집계(cost accumulation)란 여러 가지 조직적인 방법과 활동을 통해 원가자료를 모으는 것으로 보통 회계시스템을 통해 이루어지고 있다.

(3) 원가집합

원가집합(cost pool)이란 원가대상에 인과관계에 따라 직접적으로 추적할 수 없는 간접원가들을 모아둔 것이다. 원가집합에 집계된 원가는 둘 이상의 원가대상 때문에 발생된 것으로 둘 이상의 원가대상에 배분되어야 할 공통원가이다.

(4) 원가배분

원가배분(cost allocation)이란 원가집합(cost pool), 즉 공통원가를 가장 합리적인 배분기준에 따라 원가대상에 할당하는 과정이다. 참고로 원가집합을 제품에 할당하는 과정을 특별히 원가배부(cost application)라 한다. 따라서 원가배분의 원가대상은 제한이 없으나 원가배부의 원가대상은 제품으로 한정된다.

(5) 원가동인

원가동인(cost drivers)이란 원가대상의 총원가에 변화를 야기시키는 요소로서 원가유발요인 혹은 원가요인이라고도 한다.

원가동인의 예

원가대상	원 가 동 인
제　　품	생산량, 직접노동시간, 작업준비횟수, 부품수, 품질검사시간
세 무 상 담	상담시간, 자료준비시간, 내용의 복잡성
광 고 활 동	작업시간, 광고시간, 출연모델수, 출연모델의 유명도

(6) 조업도

협의의 개념에서의 조업도(production volume)란 일정한 기간 동안의 생산설비의 이용정도를 의미하며 광의의 개념으로서의 조업도는 일정기간 동안의 원가대상의 총원가변동에 가장 큰 영향을 주는 원가동인, 즉 가장 대표적인 원가동인을 의미한다. 한편 조업도는 가장 대표적인 원가동인이 무엇이냐에 따라 생산량, 직접노동시간, 기계시간 등 다양하게 표시될 수 있다.

(7) 원가행태

원가행태(cost behavior)란 일정기간 동안 조업도 수준의 변화에 따른 총원가발생액의 변동양상(변동하는 모습)을 말한다, 즉, 조업도 수준이 증감함에 따라 원가발생액이 일정한 양상으로 변화할 때 그 변화하는 모습을 원가행태라고 한다. 원가는 원가행태에 따라 변동원가와 고정원가, 준변동원가와 준고정원가 등으로 분류할 수 있다.

예 제 1 원가대상

다음의 원가대상에 해당하는 예를 들어보시오.

원가대상		예
① 제 품	→	( )
② 부 문	→	( )
③ 프로젝트	→	( )
④ 프로그램	→	( )
⑤ 활 동	→	( )

해답

원가대상		예
① 제 품	→	책상, 의자, TV, 비디오
② 부 문	→	가공부문, 조립부문, 도색부문
③ 프로젝트	→	주택건축 프로젝트, 선박건조 프로젝트, 위성설계 프로젝트
④ 프로그램	→	체력단련 프로그램, 교육훈련 프로그램
⑤ 활 동	→	재료처리활동, 조립활동, 품질검사활동

3. 원가의 분류

원가는 다음과 같이 여러 가지 기준에 의하여 다양하게 분류할 수 있다.

(1) 추적가능성에 따른 분류 : 직접원가와 간접원가

직접원가란 원가대상에 대한 원가측정을 인과관계에 따라 직접 추적할 수 있는 원가를 말한다. 즉, 특정 원가대상에 추적가능한 원가를 직접원가라고 한다. 한편, 간접원가란 원가대상에 대한 원가측정을 인과관계에 따라 직접 추적할 수 없는 원가를 말한다. 직접원가와 간접원가를 분류할 때는 다음 사항에 주의하여야 한다.

첫째, 특정 원가대상과 관련을 맺고 있다 하더라도 그 원가대상에 실질적으로 또는 경제적으로 추적할 수 없는 원가는 간접원가로 분류한다. 예를 들어 책상을 제조하는 회사에서 못(nail)의 원가는 책상별로 집계할 수 있으나 이는 경제적이지 아니 하므로 간접원가로 분류한다.

둘째, 직접원가와 간접원가의 분류는 원가대상의 선택에 따라 달라진다. 똑같은 원가일지라도 원가대상의 범위가 넓어지면 직접원가가 되고 원가대상의 범위가 좁아지면 간접원가가 되는 것이 일반적이다.

예 제 2 직접원가와 간접원가

1. ㈜유진전자는 수원과 목포에 각각 공장을 두고 있으며 각 공장에서는 각각 냉장고, 세탁기, 에어컨 등의 제품을 생산하고 있다. 수원공장 조립부문의 감독자급여를 다음 각각의 경우에 직접원가 또는 간접원가로 분류해 보시오.
   ① 원가대상이 제품일 때
   ② 원가대상이 부문일 때
   ③ 원가대상이 공장일 때

2. 수원공장의 공장장급여를 다음 각각의 경우에 직접원가 또는 간접원가로 분류해 보시오.
   ① 원가대상이 제품일 때
   ② 원가대상이 부문일 때
   ③ 원가대상이 공장일 때

해답

1. 조립부문의 감독자급여
   ① 간접원가
   ② 직접원가
   ③ 직접원가

2. 공장장의 급여
   ① 간접원가
   ② 간접원가
   ③ 직접원가

(2) 원가행태에 따른 분류 : 변동원가, 고정원가, 준변동원가, 준고정원가

원가행태란 조업도 수준의 증감에 따라 원가발생액이 일정한 양상으로 변화할 때 그 변화양상을 의미하며 기본적인 원가행태에는 변동원가, 고정원가, 준변동원가, 준고정원가 등이 있다. 일반적으로 고정원가는 최고경영층에 의해 결정되고 장기에 걸쳐서 관리되는데 반해 변동원가는 하위관리자에 의해 통제되며 단기간에 걸쳐서 관리된다.

① 변동원가

변동원가(variable costs)란 조업도의 변동에 정비례하여 총원가가 변동하는 원가를 말한다. 예를 들어 제품 1개를 생산하는데 재료가 ₩100어치 투입된다면 1개 생산하면 ₩100, 2개 생산하면 ₩200, 10개 생산하면 ₩1,000의 재료비가 발생된다. 따라서 변동원가는 조업도 수준의 증감에 따라 총원가가 증감하고 단위당 원가는 일정하다. 이를 그래프로 나타내면 다음과 같다.

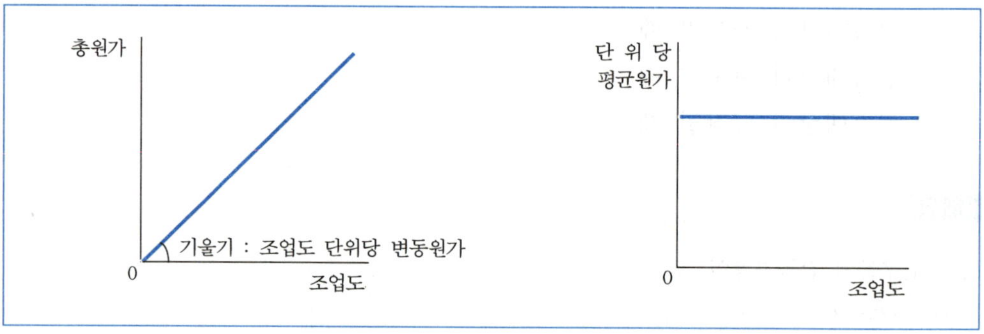

변동원가의 예에는 직접재료비, 직접노무비 및 변동제조간접비 등이 있다.

② 고정원가

고정원가(fixed costs)란 일정기간 동안 조업도의 변동에도 불구하고 총원가가 일정한 원가를 말한다. 예를 들어 월 임차료가 ₩10,000인 경우에 월간 총임차료는 제품생산량에 관계없이 ₩10,000이나, 1개를 생산하면 단가가 ₩10,000이고 2개를 생산하면 단가가 ₩5,000이고 10개를 생산하면 단가가 ₩1,000이다. 따라서 고정원가는 조업도 수준의 증감에 따라 총원가는 일정하고 단위당 원가는 감소한다. 고정비는 일정한 관련범위가 유지되는 일정기간을 전제로 분석한 것이다. 여기서 관련범위(relevant range)란 현실적으로 달성 가능한 최저조업도와 최대조업도 사이의 범위를 의미한다. 고정비를 그래프로 나타내면 다음과 같다.

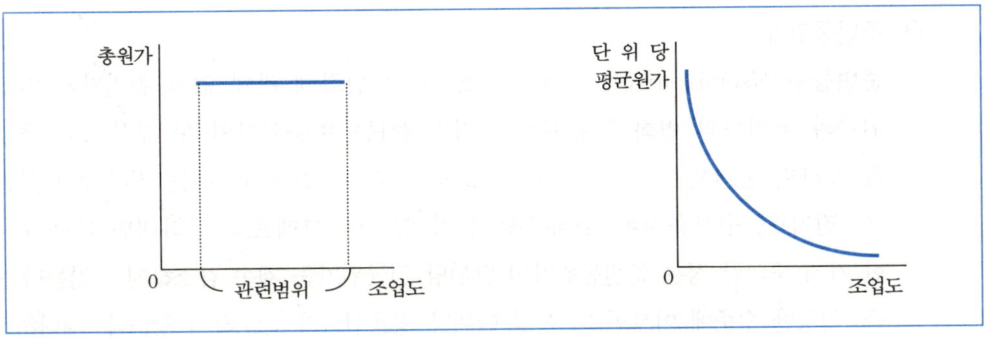

한편, 고정원가는 원가 발생액에 대한 통제 가능성에 따라 기초고정원가와 재량고정원가로 구분할 수 있다. 기초고정원가(committed fixed costs)란 현재의 조업도를 계속 유지하려면 반드시 발생하는 원가로서 설비원가라고도 하며 이에는 감가상각비, 제세공과금 등이 포함된다. 이러한 기초고정원가는 일시적 휴업시에도 계속 발생된다.

재량고정원가(discretionary fixed costs)란 현재의 조업도 수준과는 아무런 인과관계가 없고, 다만 그 총액이 경영자의 재량에 의해 고정되어 있는 원가를 말한다. 따라서 재량고정원가는 특정기간 동안 그 금액이 고정되어 있지만 경영자의 의사결정에 의해서 각 연도별로는 그 금액이 쉽게 변동될 수 있다. 재량고정원가의 예에는 광고선전비, 연구개발비, 기부금, 임원급여 등이 있다.

예 제 3 변동원가와 고정원가

㈜유나는 냉장고 1대를 만들기 위해서 철판 직접재료비가 ₩80,000 발생하며 냉장고 생산라인을 감독하기 위한 감독자 급여가 ₩1,000,000 발생한다. 냉장고를 2대 생산하는 경우와 5대 생산하는 경우의 직접재료비 총원가와 감독자급여 총원가를 계산하시오. 단, 조업도는 생산량이다.

해답

생산량	직접재료비 총원가	감독자급여 총원가
2대	2 × 80,000 = ₩160,000	₩1,000,000
5대	5 × 80,000 = ₩400,000	₩1,000,000

③ 준변동원가

준변동원가(semi-variable costs)란 조업도의 변화에 관계 없이 총원가가 일정한 고정원가와 조업도의 변화에 총원가가 정비례하는 변동원가의 두 부분으로 구성된 원가를 말하며 혼합원가(mixed costs)라고도 한다. 준변동원가에는 기본금이 있는 전화요금, 전기료, 수선유지비, 판매수당 등이 있으며 그래프로 나타내면 다음과 같다.

한 가지 주의할 점은 준변동원가의 단위당 평균원가는 계속 감소하지는 않는다는 것이다. 즉, 일정한 수준에 이르면 더 이상 단위당 평균원가가 감소하지 않는다. 왜냐하면 조업도 수준이 증가함에 따라 단위당 고정비는 감소하나 단위당 변동비는 일정하므로 단위당 변동비이하로는 평균원가가 감소하지 않기 때문이다. 앞의 고정원가의 그림과 비교해 보기 바란다.

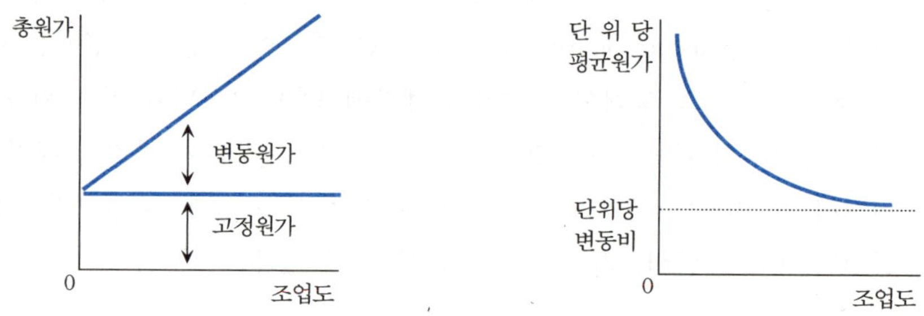

④ 준고정원가

준고정원가(semi-fixed costs)란 특정범위의 조업도내에서는 총원가가 일정하지만 조업도가 특정범위를 벗어나면 일정액만큼 증가 또는 감소하는 원가를 말한다. 원가가 일정시점에 증가 또는 감소하는 이유는 투입요소의 불가분성, 즉 원가투입요소를 필요한 양만큼 분할하여 구입할 수가 없기 때문이다. 준고정원가는 계단형의 형태를 취하기 때문에 계단원가, 일시에 증가하기 때문에 비약원가라고도 한다. 준고정원가의 예에는 1인당 100개의 생산품을 검사할 수 있는 품질검사요원의 급여, 1인당 10명의 종업원을 감독할 수 있는 생산감독자의 급여 등이 있으며 그래프로 나타나면 다음과 같다.

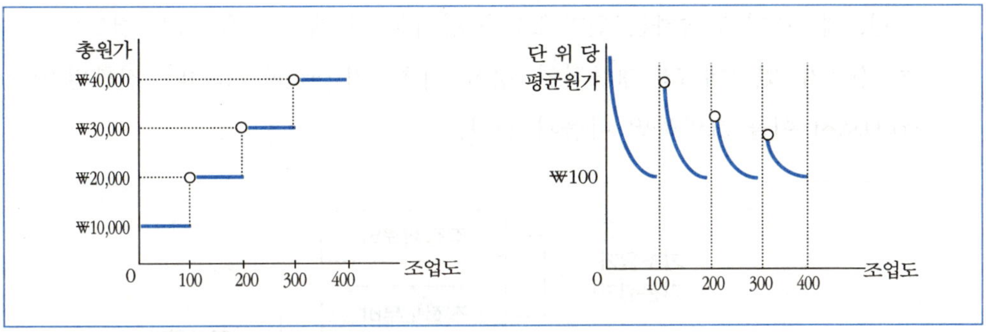

(3) 제조원가의 형태별 분류 : 직접재료비, 직접노무비 및 제조간접비

제조(manufacture)란 노동력과 공장의 재반설비를 이용하여 재료를 다른 형태의 재화로 바꾸는 것으로 이러한 제조활동에서 소요되는 모든 원가를 제조원가라 한다. 제조원가는 다음과 같이 구분하는 것이 일반적이다.

① 직접재료비

직접재료비(direct material costs)는 특정제품에 직접적으로 추적할 수 있는 원재료의 사용액을 말하며 사소한 항목은 효익 및 비용 차원에서 제외된다. 즉, 소모품비나 간접재료비는 제조간접비에 포함된다.

② 직접노무비

직접노무비(direct labor costs)는 특정제품에 직접적으로 추적할 수 있는 노동력의 사용액을 말한다. 특정제품에 직접적으로 추적할 수 없는 노동력의 사용액은 제조간접비에 해당한다.

③ 제조간접비

제조간접비(factory overhead costs)란 특정제품에 인과관계에 따라 추적할 수 없거나 추적할 수 있더라도 효익보다 비용이 큰 모든 생산요소의 사용액으로서 생산활동과 관련하여 발생한 원가를 말한다. 직접재료비와 직접노무비를 제외한 모든 제조원가 즉, 간접재료비, 간접노무비, 공장소모품비, 공장감가상각비 등이 제조간접비에 속한다. 단, 판매관리비는 생산활동과 관련된 것이 아니므로 제조간접비가 아니라는 점에 주의하여야 한다.

한편, 제조원가에 속하는 원가요소를 편의상 몇 개씩 짝을 지어 별도의 이름을 붙이는 경우가 있는데 그 대표적인 것이 기초원가(prime cost)와 전환원가(conversion cost)로서 이를 요약하면 다음과 같다.

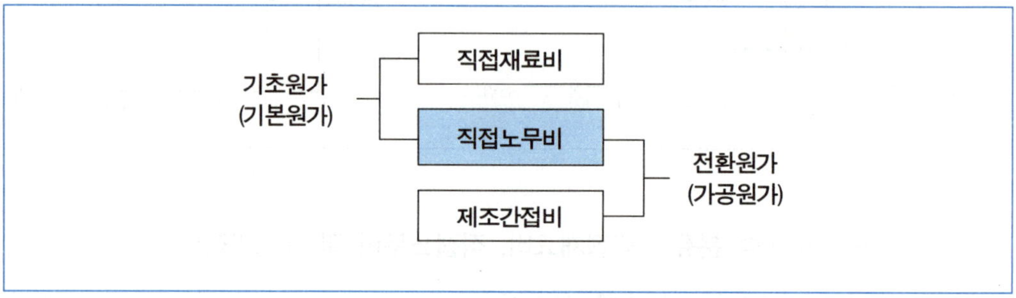

참 고 | 제조원가의 형태별 분류방법

제조원가를 직접재료비, 직접노무비, 제조간접비로 분류할 수도 있으나, 제조원가의 형태를 보다 더 강조하는 관점에서 제조원가를 재료비, 노무비, 경비로 분류할 수도 있다. 재료비에는 직접재료비와 간접재료비가 포함되고, 노무비에는 직접노무비와 간접노무비가 포함되며 경비는 재료비와 노무비를 제외한 모든 제조원가를 말한다. 제조원가요소는 재료비, 노무비 및 경비로 분류하거나 회사가 채택하고 있는 원가계산방법에 따라 직접재료비, 직접노무비, 제조간접비 등으로 분류할 수 있다.

(4) 제조활동과의 관련성에 따른 분류 : 제조원가와 비제조원가

① 제조원가

제조원가(manufacturing costs)란 제품을 제조하기 위하여 소비된 모든 경제적 자원을 말한다. 제조원가는 직접재료비, 직접노무비 및 제조간접비로 구성되어 있다. 이는 주로 생산과정과 관련된 원가로 협의의 원가에 해당한다.

② 비제조원가

비제조원가(nonmanufacturing costs)란 판매원에게 지급한 판매수수료나 사무직원의 급여 등과 같이 제품의 제조와는 직접적인 관련 없이 발생하는 원가이다. 비제조원가에는 판매수수료, 광고비, 일반 사무직 급여, 관리부서가 사용하고 있는 건물에서 발생하는 비용 등이 있다.

예 제 4 제조원가와 비제조원가

다음은 ㈜유현의 원가와 관련된 항목들이다. 다음 항목을 제조원가와 비제조원가로 구분하시오.

① 소비한 재료에 대한 매입운임
② 생산직 종업원의 임금
③ 판매원에 대한 보수
④ 공장 소모품비
⑤ 공장설비에 대한 감가상각비
⑥ 이자비용
⑦ 공장설비에 대한 보험료
⑧ 영업부 건물에 대한 수선유지비
⑨ 생산감독자의 급여
⑩ 본사 건물에 대한 감가상각비
⑪ 사무용 소모품비
⑫ 판매부서의 운영비

해답

(1) 제조원가 : ①, ②, ④, ⑤, ⑦, ⑨
(2) 비제조원가 : ③, ⑥, ⑧, ⑩, ⑪, ⑫

(5) 자산화에 따른 분류 : 제품원가와 기간비용

① 제품원가

제품원가(product costs)란 판매목적으로 제조하거나 취득한 제품에 대해 부과할 수 있는 원가로서 특정생산물에 부착된(attached to) 또는 흡수된(absorbed by)원가이다. 제품원가는 원가가 발생한 기간에 비용으로 처리되는 것이 아니라 제품이 판매 또는 처분되는 기간에 매출원가의 형태로 비용이 되며, 팔리지 않은 것은 재고자산으로 재무제표에 표시된다. 따라서 제품원가는 판매 또는 처분시점까지 이연된다는 점에서 재고가능원가(inventoriable costs)라고도 한다.

② 기간비용

기간비용(period costs)이란 제품원가, 즉 재고가능원가 이외의 원가로서 생산과 관련 없이 소멸하며 자산화할 수 없다. 기간비용은 발생한 기간에 비용으로 처리되는 원가를 말하며 판매관리비가 여기에 속한다. 즉, 이와 같은 원가는 그 지출과 관련해서 미래에 발생할지도 모르는 경제적 효익을 객관적으로 측정하기 어렵고 특정제품과 직접대응 하는 것이 거의 불가능하기 때문에 실무적 편의상 발생과 동시에 비용으로 처리한다.

상기업과 제조기업의 재고가능원가와 기간비용

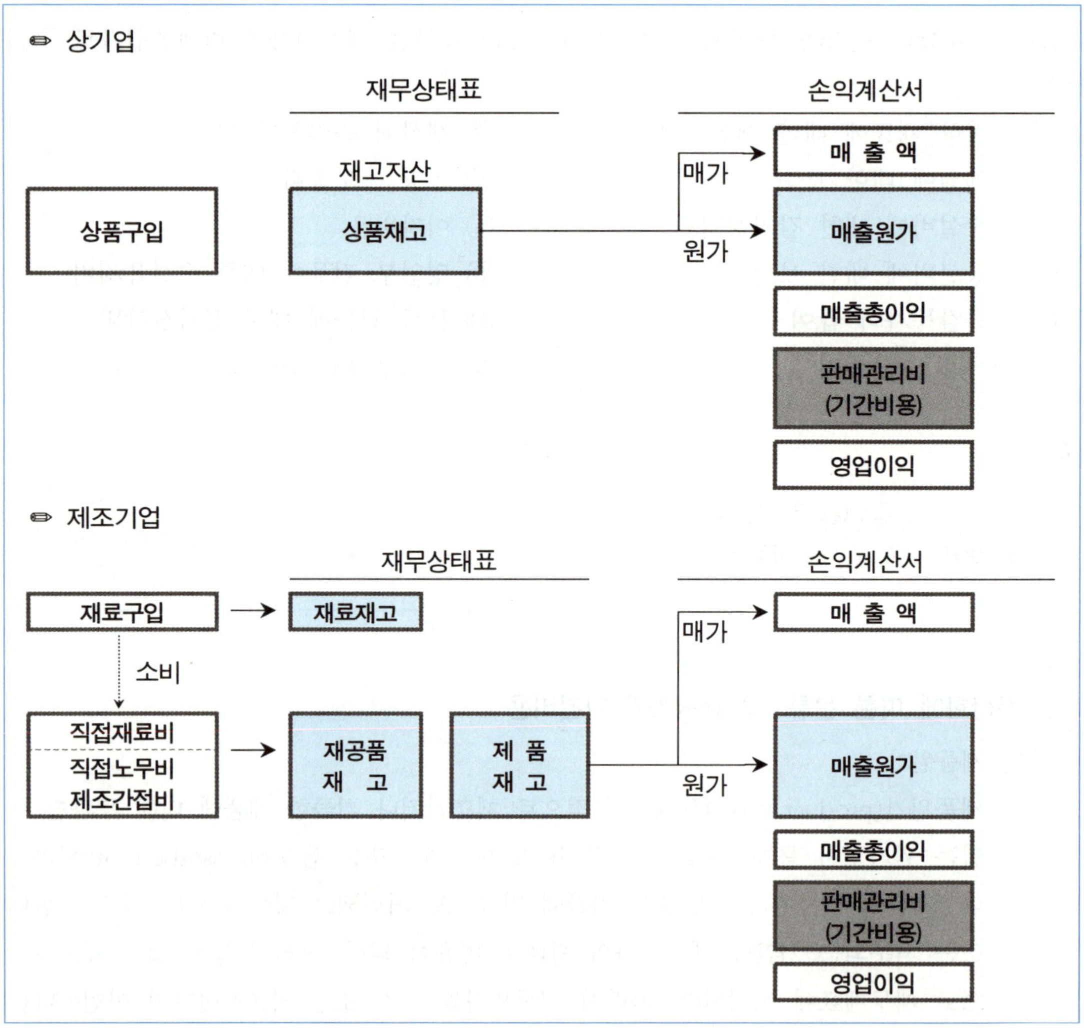

4. 원가의 구성

제품의 원가를 구성하는 각 원가요소는 다음과 같은 단계를 거쳐 판매가격을 결정하는 기초가 된다.

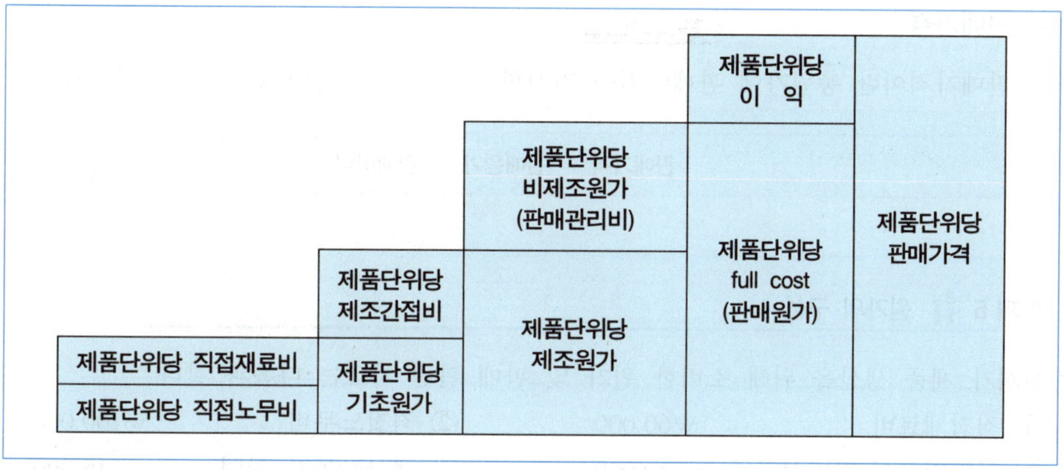

(1) 기초원가

기초원가란 직접비로만 구성된 것으로 특정제품의 제조를 위하여 소비된 직접재료비와 직접노무비의 합계액이다. 기초원가는 원가 구성의 기본을 이룬다는 점에서 기본원가라고도 한다.

기초원가 = 직접재료비 + 직접노무비

(2) 제조원가

제조원가란 기초원가에 일정한 배부기준에 따라서 배부된 제조간접비를 가산한 것으로 제조과정에 소비된 모든 원가요소를 포함한다. 이 원가는 공장의 비용이라는 의미에서 공장원가 또는 생산원가라고도 하며, 일반적으로 원가라 할 때는 이 제조원가를 가리킨다.

제조원가 = 기초원가 + 제조간접비

(3) 판매원가(총원가)

판매원가(full cost)란 제조원가에 판매관리비를 합한 것으로 제품의 제조 및 판매를 위하여 발생한 모든 원가를 포함한다. 판매원가는 제품의 판매가격을 결정하는 기초가 되는 원가로서, 이것을 총원가라고도 한다.

판매원가(총원가) = 제조원가 + 판매관리비

(4) 판매가격

판매가격이란 총원가에 판매이익을 가산한 것으로서 제품이 판매되는 가격이다.

판매가격 = 판매원가 + 판매이익

예 제 5 원가의 구성

㈜현희가 제품 생산을 위해 소비한 원가 및 판매 관련 자료는 다음과 같다.

① 직접재료비	₩60,000	② 직접노무비	₩100,000
③ 공장건물의 감가상각비	30,000	④ 생산감독자 급여	15,000
⑤ 영업부 사원 급여	10,000	⑥ 공장경비	20,000
⑦ 영업부장의 급여	15,000	⑧ 판매이익 판매원가의	20%

[요구사항]

다음을 계산하시오.

1. 기초원가
2. 제조원가
3. 판매원가(full cost)
4. 판매가격

해답

1. 기초원가 : 60,000 + 100,000 = ₩160,000
2. 제조원가 : 160,000 + 30,000 + 15,000 + 20,000 = ₩225,000
3. 판매원가 : 225,000 + 10,000 + 15,000 = ₩250,000
4. 판매가격 : 250,000 + 250,000 × 20% = ₩300,000

연 습 문 제

COST ACCOUNTING

문 1 원가의 개념

'원가란 특정목적을 달성하기 위하여 희생된 경제적 자원'이라고 정의된다. 이러한 원가는 보기와 같이 여러 가지로 분류할 수 있다.

재료비	기본원가	변동비	제조원가
노무비	가공원가	고정비	제품원가
제조경비	준변동비	미소멸원가	기간비용
직접비	준고정비	비제조원가	
간접비	소멸원가	판매원가	

[요구사항]

다음은 다양한 원가의 개념을 정의한 것이다. 각 항목에 해당되는 사항을 보기에서 고르시오.

1. (　　　　) 제품을 제조하기 위해 투입되는 재료의 소비로 인하여 발생하는 원가요소
2. (　　　　) 특정제품의 제조를 위해서만 소비되어 직접 그 제품에 포함(관련)시킬 수 있는 원가
3. (　　　　) 직접재료비와 직접노무비를 합한 금액
4. (　　　　) 제품을 제조하기 위해 노동력을 소비함으로 인하여 발생하는 원가요소
5. (　　　　) 고정비와 변동비가 혼합되어 있는 원가
6. (　　　　) 원가 중에서 재료비와 노무비를 제외한 일체의 것을 소비함으로 인하여 발생하는 원가요소
7. (　　　　) 특정범위의 조업도에서는 고정비가 일정하게 발생하지만 조업도가 이 범위를 벗어나면 일정액만큼 증가 또는 감소하는 원가
8. (　　　　) 용역잠재력이 소멸되어 미래에 더 이상의 경제적 효익을 제공할 수 없으리라고 예상되어지는 원가
9. (　　　　) 조업도수준이 변동함에 따라 총액이 직접적으로 비례하여 변동하는 원가
10. (　　　　) 여러 종류의 제품제조를 위해서 공통적으로 소비되어 특정제품에 직접 부과(관련)시킬 수 없는 원가
11. (　　　　) 용역잠재력이 소멸되지 않고 남아 있어 미래에 경제적 효익을 제공할 수 있으리라고 예상되어지는 원가
12. (　　　　) 조업도가 증가하거나 감소하더라도 이에 영향을 받지 않고 총원가가 일정하게 발생하는 원가

13. (　　　) 재료를 직접 가공하는데 또는 재료를 제품으로 전환시키는데 소비된 원가
14. (　　　) 제조원가에 판매비 및 관리활동과 관련하여 발생한 원가를 가산한 원가
15. (　　　) 제품원가 이외의 모든 원가로서 그것이 발생한 기간에 비용으로 처리되는 원가
16. (　　　) 제품의 제조와는 관련이 없이 소비된 경제적 가치
17. (　　　) 제품을 제조하기 위하여 소비된 경제적 가치로서 직접재료비, 직접노무비 및 제조간접비로 구성되어 있는 원가

해답

1. 재료비	2. 직접비	3. 기본원가	4. 노무비	5. 준변동비
6. 제조경비	7. 준고정비	8. 소멸원가	9. 변동비	10. 간접비
11. 미소멸원가	12. 고정비	13. 가공원가	14. 판매원가	15. 기간비용
16. 비제조원가	17. 제조원가			

문 2 원가행태와 그래프1

다음은 조업도에 따른 원가행태를 그래프로 표시한 것이다. 단, X축은 조업도를 나타내고, Y축은 총수익 또는 총원가를 나타낸다.

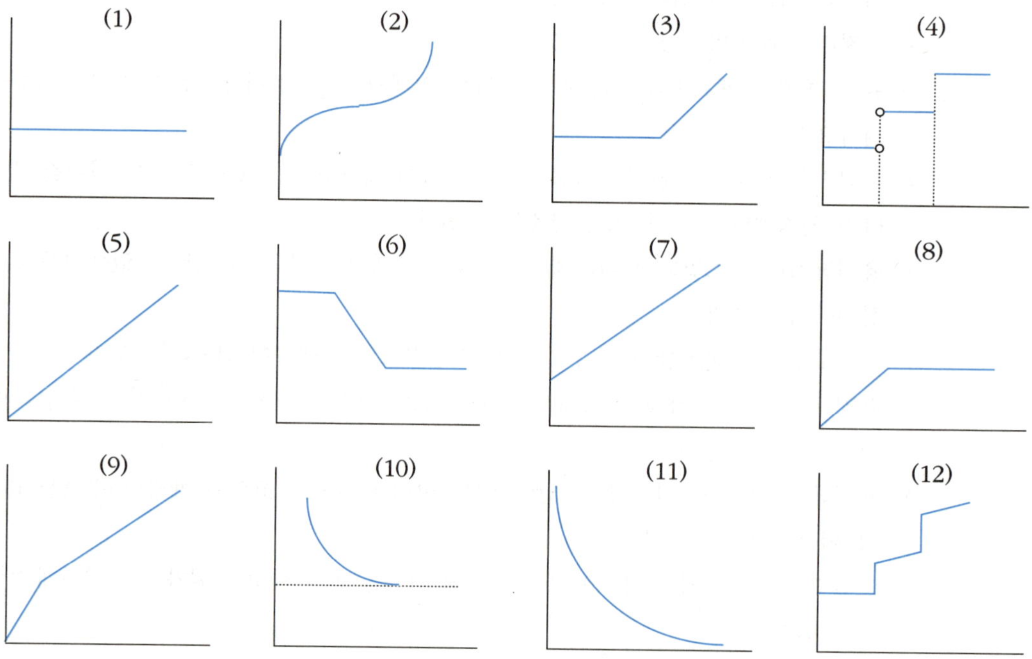

[요구사항]

다음에 해당하는 그래프를 보기에서 고르시오. 단, 요구상항 8~10에 해당되는 그래프는 X축은 조업도, Y축은 단위당 원가를 나타낸다.

1. 제품제조에 사용된 직접재료비
2. 일정 사용량까지는 기본요금을 내고, 일정량을 초과하여 사용하는 경우에는 초과사용량에 대해서만 단위당 일정하게 가산되는 전력비
3. 생산량 1,000개마다 품질검사요원이 한 사람씩 증원되는 경우 품질검사요원의 급여
4. 정액법에 의한 건물의 감가상각비
5. 생산량을 500개 증가시킬 때마다 고정급의 감독자를 증원해야 하는 경우의 감독자 급여
6. 복사기를 임차하여 사용할 때 일정한 고정비에 사용시간에 비례하여 가산되는 요금을 합하여 지급하는 경우의 총원가
7. 완전경쟁시장에서 생산량이 전량 판매된다고 가정할 때 생산량의 증가에 따라 비례적으로 증가하는 매출액
8. 조업도 단위당 평균변동비
9. 조업도 단위당 평균고정비
10. 조업도 단위당 평균원가(혼합원가)

해답

1. (5) 2. (3) 3. (4) 4. (1) 5. (4)
6. (7) 7. (5) 8. (1) 9. (11) 10. (10)

문 3 객관식 및 단답형 문제1

1. 다음 중 가장 옳지 않은 것은?
   ① 고정원가는 총원가가 일정하다.
   ② 변동원가는 단위당 원가가 일정하다.
   ③ 직접노무원가는 기초원가와 전환원가에 공통으로 포함된다.
   ④ 직접원가와 간접원가는 원가행태에 따라 분류한 것이다.
   ⑤ 원가대상이 좁아지면 많은 원가가 간접원가로 분류된다.

2. ㈜유나의 총제조원가(Y)와 생산량(X)의 관계가 다음과 같다고 가정한다. 다음 중 가장 옳지 않은 것은?

$$Y = ₩120,000 + ₩500X$$

① 총고정제조원가는 ₩120,000이다.

② 생산량이 1,000단위인 경우 총변동제조원가는 ₩500,000이다.

③ 생산량이 1,000단위인 경우 단위당 제조원가는 ₩620이다

④ 생산량이 증가할수록 단위당 제조원가는 감소한다.

⑤ 생산량이 증가할수록 단위당 변동제조원가는 감소한다.

3. ㈜유현의 20×1년 3월의 원가 및 비용 관련 자료이다. 20×1년 3월에 발생한 가공원가는 얼마인가?

직접재료원가	₩1,000	직접노무원가	₩1,500
영업부서 승용차 감가상각비	500	공장 감독자 급여	300
생산 기계장치 감가상각비	400	기타 제조간접원가	200
관리사무실 비품 감가상각비	100		

4. 다음은 ㈜유진의 20×1년 1월 원가와 관련된 자료이다. 20×1년 1월의 제조간접비는 얼마인가?

20×1년 공장 재산세	₩72,000
20×1년 1월 공장 사무용품비	11,000
20×1년 1분기(1~3월) 공장 기계 수선비	24,000
20×1년 상반기(1~6월) 공장 보험료	18,000
20×1년 1분기(1~3월) 영업부 소모품비	15,000
20×1년 상반기(1~6월) 공장 기계 감가상각비	12,000

해답

1. ④

직접원가와 간접원가는 원가대상에 대한 추적가능성에 의해 원가를 분류한 것이다.

2. ⑤

총고정제조원가는 ₩120,000이고 단위당 변동제조원가는 ₩500이다. 따라서 1,000단위 생산하는 경우 총제조원가는 ₩620,000(120,000+500×1,000)이고, 단위당 제조원가는 ₩620(620,000÷1,000)이다. 생산량이 증가하는 경우, 단위당 변동제조원가는 일정하나 단위당 고정제조원가는 감소하므로 단위당 총제조원가는 감소한다.

3. 가공원가 = 직접노무원가 + 제조간접원가
　　　　= 1,500 + (300+400+200) = ₩2,400

4. 1월 제조간접비
(72,000÷12) + 11,000 + (24,000÷3) + (18,000÷6) + (12,000÷6) = ₩30,000
☞ 1월의 제조간접비를 구하는 문제이므로 필요한 경우 월별로 안분 계산한다. 영업부 소모품비는 판매활동과 관련하여 발생한 원가이므로 제조간접비가 아니고 판매관리비이다.

문 4 객관식 및 단답형 문제2

1. ㈜태종의 당기 발생 원가 및 비용에 관련된 자료는 다음과 같다. 다음 중 가장 옳은 것은?

직접재료비	₩10,000	공장설비 보험료	₩1,600
직접노무비	14,000	본사 건물 감가상각비	9,000
판매원 보수	7,000	생산 감독자 급여	2,500
공장 소모품비	2,000	영업부 소모품비	2,800
공장설비 감가상각비	5,000	이자비용	1,200

① 기초원가는 ₩24,200
② 제조간접비는 ₩10,200이다.
③ 전환원가는 ₩25,100이다.
④ 제조원가는 ₩35,000이다.
⑤ 비제조원가는 ₩19,000이다.

2. 원가가산 가격결정방법에 의해서 판매가격을 결정하는 경우, 다음 도표의 a~f에 들어갈 금액은 각각 얼마인가? 단, 영업이익은 총원가의 30%이고, 판매관리비는 제조원가의 50%이다.

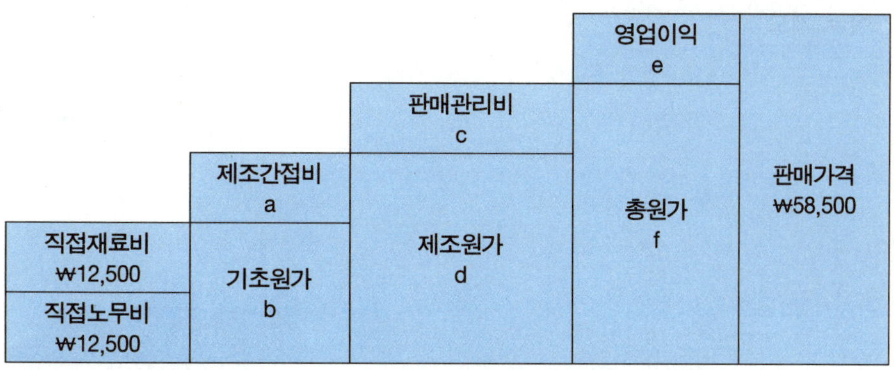

3. 다음 그래프의 종축은 총원가를 나타내며, 횡축은 1년간의 생산량을 나타낸다. 다음 중 그래프를 적정하게 설명하지 못한 것을 고르시오.

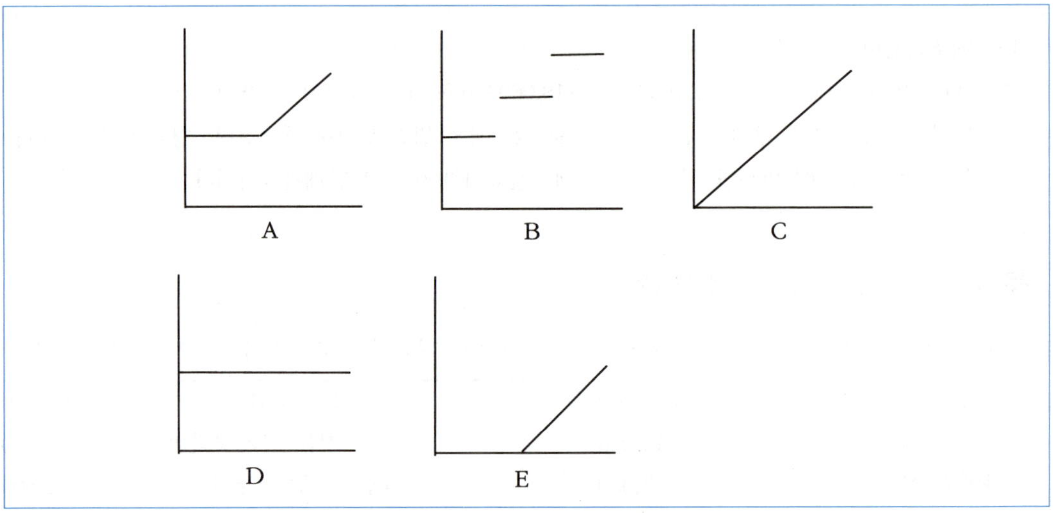

① A : 일정량의 kwh까지는 기본요금을 내고 그것을 초과하는 경우에는 변동원가가 추가된다 (kwh는 생산량에 비례하여 증가).

② B : 수도요금 청구액은 다음과 같이 계산된다.

100,000 갤런이하	기본요금	₩100,000
추가 10,000갤런	추가 사용된 갤런당	₩3
추가 10,000갤런	추가 사용된 갤런당	₩6

③ C : 기계사용시간(생산량에 비례)을 기준으로 계산되는 설비의 감가상각비

④ D : 정액법에 의한 설비의 연간 감가상각비

⑤ E : 어떤 조업도 수준 이상으로 생산되는 매 생산단위마다 ₩100을 관리자에게 지급하는 상여금 제도

해답

1. ③

기초원가 = 10,000 + 14,000 = ₩24,000

제조간접비 = 2,000 + 5,000 + 1,600 + 2,500 = ₩11,100

전환원가 = 14,000 + 11,100 = ₩25,100

제조원가 = 10,000 + 14,000 + 11,100 = ₩35,100

비제조원가 = 7,000 + 9,000 + 2,800 + 1,200 = ₩20,000

2.

- 총원가와 영업이익

  0.3f + f = 58,500 ∴ f = 45,000

  e = 0.3f = 45,000×0.3 = 13,500
- 제조원가와 판매관리비

  0.5d + d = 45,000 ∴ d = 30,000

  c = 0.5d = 30,000×0.5 = 15,000
- 기초원가와 제조간접비

  b = 12,500 + 12,500 = 25,000

  a + 25,000 = 30,000 ∴ a = 5,000

3. ②

수도요금은 100,000갤런까지는 고정비이고 그 이후 10,000갤런 추가시에는 기울기 ₩3의 변동비이고 그 이후 10,000갤런 추가시에는 기울기 ₩6의 변동비이다. 따라서 다음과 같다.

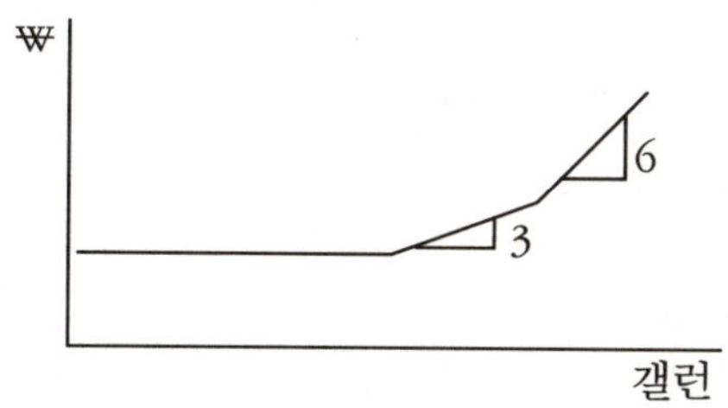

PART 02 원가의 흐름

제1절 제조기업의 경영활동과정
제2절 제조원가의 구분과 제조원가의 흐름
제3절 제조원가명세서와 제조기업의 재무제표

제2장

원가의 흐름

제 1 절 제조기업의 경영활동과정

1. 제조기업의 의의

제조기업은 원재료를 구입한 후 노동력과 공장의 제반 생산설비를 이용하여 원재료를 가공하여 제품을 생산하고, 생산한 제품을 판매하여 이익을 얻는 것을 목적으로 하는 기업조직이다. 제조기업은 매입한 상품을 추가적인 가공 없이 그대로 외부에 판매하는 상기업(예를 들어 유통기업)과 대비된다. 제조기업이 제조한 완성품을 제품이라 하고, 상기업이 판매를 목적으로 외부에서 구입한 것을 상품이라 한다.

제조기업은 직접 제품이나 서비스를 생산하는 활동을 하기 때문에 생산하는 제품이나 서비스의 원가가 얼마인지를 계산하는 과정이 매우 복잡하고 또한 중요하다. 그러나 상기업은 외부에서 상품을 구입한 후에 이를 유통망을 이용하여 그대로 판매하기 때문에 상품의 원가가 얼마인지를 계산하는 것은 그리 복잡하지 않다. 상기업에서는 오히려 판매에 따른 비용이 얼마인지를 산정하는 것이 더 복잡하고 중요할 수 있다.

2. 제조기업의 경영활동과정

제조기업의 경영활동은 구매활동, 제조활동 및 판매활동으로 이루어져 있으며, 이를 요약하면 다음과 같다.

구매활동	기업외부로부터 제품제조에 필요한 각종 생산요소(원재료, 노동력, 생산설비 등)를 구입하는 과정으로서 기업외부와 거래가 이루어지는 외부활동이다.
제조활동	구매과정에서 구입된 생산요소를 노동력과 공장의 제반 생산설비와 결합하여 제품을 제조하는 과정으로서 기업내부에서 거래가 이루어지는 내부활동이다.
판매활동	제조활동을 통하여 완성된 제품을 외부에 판매하는 과정으로서 기업외부와 거래가 이루어지는 외부활동이다.

제조기업의 경영활동은 구매활동, 제조활동 및 판매활동으로 이루어져 있다. 제품을 제조하기 위해서는 원재료, 노동력, 생산설비 등의 생산요소가 필요하기 때문에 기업은 외부로부터 원재료를 매입하고 종업원을 고용하며, 기계설비 등을 구입하게 된다. 이러한 생산요소는 제조과정을 거치면서 제품으로 전환되고 기업은 그 제품을 판매함으로써 투자자본을 회수하고 이익을 획득하게 된다. 제조기업의 경영활동은 다음과 같이 나타낼 수 있다.

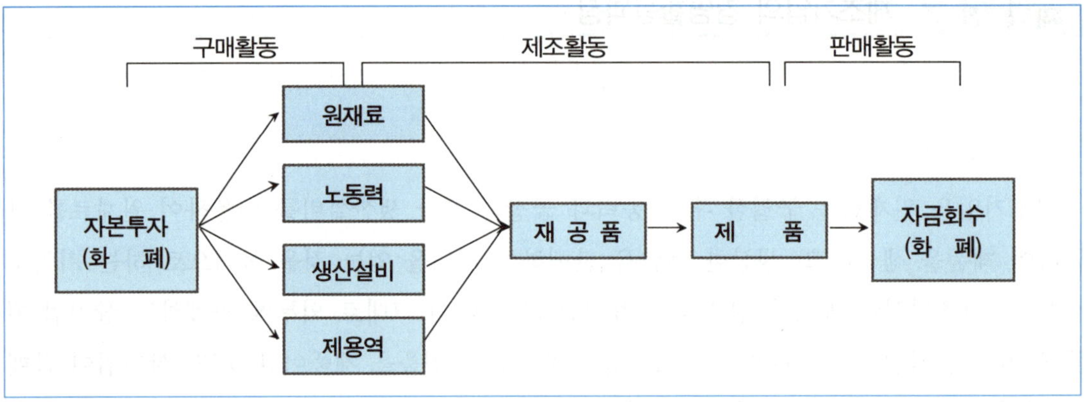

위 도표에서 재공품(WIP : work in process)은 제조공정에 있는 미완성된 제품을 의미하고, 제품은 완성되어 판매할 수 있는 완제품(finished goods)을 의미한다.

제 2 절 제조원가의 구분과 제조원가의 흐름

1. 제조원가의 구분

제조원가란 제품을 생산하는 과정에서 발생되는 모든 원가를 의미하며 크게 직접재료비, 직접노무비 및 제조간접비로 분류된다. 직접재료비(direct materials cost)는 특정제품을 생산하기 위하여 소비한 원재료 중에서 특정제품에 직접적으로 추적할 수 있는 원가를 말하며, 이는 변동원가에 해당한다. 직접노무비(direct labor cost)란 특정제품을 생산하기 위하여 생산직 직원에게 지불하는 노동의 대가 중에서 특정제품에 직접적으로 추적할 수 있는 원가를 말하며, 이는 변동원가에 해당한다. 직접재료비와 직접노무비를 제외한 모든 제조원가를 제조간접비(manufacturing overhead cost)라 한다. 제조간접비에는 간접재료비, 간접노무비, 전력비, 감가상각비, 보험료 등이 포함된다. 제조간접비는 원가행태에 따라 변동제조간접비와 고정제조간접비로 나눌 수 있다.

2. 제조원가의 흐름

경영활동에 따른 제조기업의 원가흐름을 계정의 흐름으로 나타내면 다음과 같다.

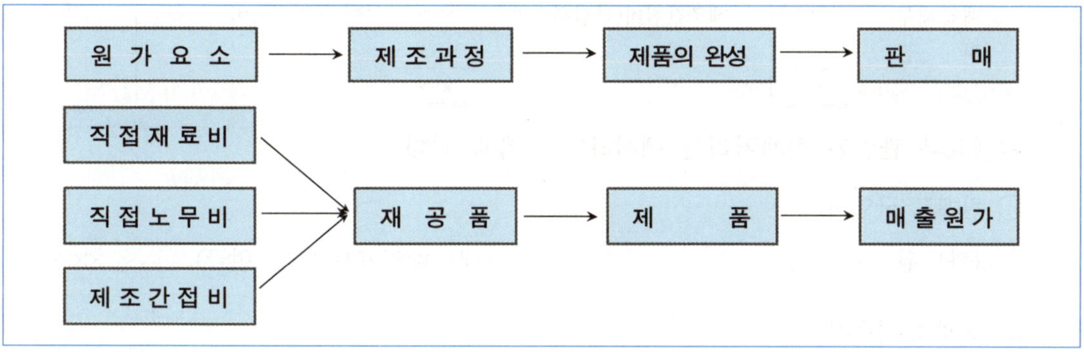

제조기업의 원가흐름을 나타내는 대표적인 계정은 5개이다. 직접재료비, 직접노무비, 제조간접비, 재공품 및 제품이다. 이들 계정 중에서 핵심은 재공품계정이다. 왜냐하면 재공품계정에 모든 제조원가가 집계되고 당기에 완성된 제품의 제조원가가 기록되기 때문이다.

위 도표에서 볼 수 있듯이 제조기업은 원재료를 가공하여 제품을 만들어서 판매한다. 이때 제품을 완성하기 위하여 제조과정 중에 발생하는 모든 원가(직접재료비, 직접노무비, 제조간접비)는 재공품계정에 집계되고, 재공품 중에서 완성된 것은 재공품계정에서 제품계정으로 대체되며, 제품 중에서 판매된 것은 제품계정에서 매출원가계정으로 대체된다. 즉, 제조과정에서 3가지 원가요소(직접재료비, 직접노무비, 제조간접비)가 발생하면 재공품계정으로, 재공품이 완성되면 제품계정으로, 제품이 판매되면 매출원가계정으로 대체된다.

3. 제조원가의 계정흐름과 회계처리

(1) 원재료계정

원재료계정은 외부로부터 매입한 원재료를 처리하는 계정으로 자산계정이다. 원재료계정 차변에는 기초원재료와 당기매입액이 기입되므로 차변합계는 사용가능한 원재료총액을 나타낸다. 사용가능한 원재료 중에서 제조과정에 투입된 부분이 원재료 사용액이 되고, 사용되지 않고 남아 있는 부분이 기말원재료 재고액이 된다. 따라서 원재료계정 대변에는 당기사용액과 기말재고액이 표시된다.

원 재 료

기　초	×××	사용액	
당기매입		재 공 품(직접재료비)	×××
매입채무	×××	제조간접비(간접재료비)	×××
현　금	×××	기　말	×××
	×××		×××

재공품

직접재료비 ×××	

원재료와 관련된 회계처리를 예시하면 다음과 같다.

① 원재료 구입시

(차) 원 재 료 ××× (대) 매입채무(또는 현금) ×××

② 원재료 사용시

원재료를 제조과정에 투입할 때 특정제품에 직접 소비된 직접재료비는 재공품계정 차변에 기록하고, 여러 종류의 제품제조에 공통적으로 소비된 간접재료비는 제조간접비계정 차변에 기입한다.

(차) 재 공 품(직접재료비) ××× (대) 원 재 료 ×××
제조간접비(간접재료비) ×××

예 제 1 재료비

다음은 ㈜정화의 3월 동안의 원재료와 관련된 거래이다. 각 항목을 분개하고 원재료계정에 전기하시오.

(1) 원재료 ₩100,000을 외상으로 매입하다.
(2) 원재료 소비액 ₩65,000 중 ₩50,000은 제품제조와 관련하여 직접 소비하고, 나머지는 간접적으로 소비하다.
(3) 기초원재료 재고액은 ₩60,000이다.

해답

1. 거래의 분개
(1) 원재료 매입시

(차) 원 재 료 100,000 (대) 매입채무 100,000

(2) 원재료 사용시

(차)			(대)	
재 공 품	50,000		원 재 료	65,000
제조간접비	15,000			

2. 원재료계정

원 재 료

기 초	60,000	재 공 품	50,000
매입채무	100,000	제조간접비	15,000
		기 말	95,000
	160,000		160,000

(2) 노무비계정

노무비계정은 노동력의 소비로 인하여 발생하는 원가인 노무비를 처리하는 계정이다. 노무비계정 차변에는 당기의 노무비지급액과 미지급액이 기입되고, 노무비계정 대변에는 당기소비액이 기입된다. 당기소비액은 당기에 실제로 지급한 금액뿐만 아니라 기말까지 지급하지 못한 미지급임금까지 포함하는 개념이다. 즉, 당기소비액은 당기발생액을 의미한다.

노 무 비

발생액		소비액	
현 금	×××	재 공 품(직접노무비)	×××
미지급임금	×××	제조간접비(간접노무비)	×××
	×××		×××

재공품

직접재료비	×××	
직접노무비	×××	

노무비와 관련된 회계처리를 예시하면 다음과 같다.

① 노무비 발생시

(차)		(대)	
노 무 비	×××	현 금	×××
		미지급임금	×××

② 노무비 대체시

(차)		(대)	
재 공 품(직접노무비)	×××	노 무 비	×××
제조간접비(간접노무비)	×××		

예 제 2 노무비(1)

다음은 ㈜정화의 3월 동안의 노무비와 관련된 거래이다. 각 항목을 분개하고 노무비계정에 전기하시오.

(1) 당월에 종업원에게 현금으로 지급한 임금(노무비)은 ₩100,000이다.

(2) 당월에 종업원에게 미지급한 임금은 ₩50,000이며, 전월에 미지급한 임금은 없다.

(3) 당월에 발생한 임금은 모두 제품제조와 관련하여 발생한 것이며, 그 중에서 제품제조에 직접 소비한 금액은 ₩120,000이다.

해답

1. 거래의 분개

(1) 노무비 지급시

(차)	노 무 비	100,000	(대) 현 금	100,000

(2) 노무비 미지급시(월말)

(차)	노 무 비	50,000	(대) 미지급임금	50,000

(3) 노무비 대체시

(차)	재 공 품	120,000	(대) 노 무 비	150,000
	제조간접비	30,000		

2. 노무비계정

노 무 비

현 금	100,000	재 공 품	120,000
미지급임금	50,000	제조간접비	30,000
	150,000		150,000

예 제 3 노무비(2)

다음은 ㈜정화의 3월 동안의 노무비와 관련된 거래이다. 각 항목을 분개하고 노무비계정에 전기하시오.

(1) 월초 현재 미지급임금은 ₩1,000이다.

(2) 당월에 종업원에게 현금으로 지급한 임금(노무비)은 ₩10,000이다.

(3) 월말 현재 미지급임금은 ₩800이다.
(4) 당월에 발생한 노무비 중 10%는 간접비이다.

해답

1. 거래의 분개

(1) 노무비 지급시

(차)	미지급임금	1,000	(대) 현 금	10,000
	노 무 비	9,000		

(2) 노무비 미지급시(월말)

(차)	노 무 비	800	(대) 미지급임금	800

(3) 노무비 대체시

(차)	재 공 품	8,820	(대) 노 무 비	9,800
	제조간접비	980		

2. 노무비계정

노 무 비

현 금	9,000	재 공 품	8,820
미지급임금	800	제조간접비	980
	9,800		9,800

☞ 당월 노무비지급액 ₩10,000 중 ₩1,000은 전월에 미지급한 것을 지급한 것이므로 ₩9,000만 당월 노무비로 처리됨에 주의하여야 한다.

(3) 제조간접비

직접재료비와 직접노무비를 제외한 모든 제조원가를 제조간접비라 한다. 제조간접비에는 공장기계장치나 공장건물에 대한 감가상각비, 공장과 관련된 제세공과금과 보험료, 생산직관리자와 공장사무직원의 급여 등이 포함된다. 제조간접비는 판매관리비와 유사한 면이 있으나 그 구분은 간단하다. 똑같은 원가항목이라 하더라도 생산활동과 관련된 것이면 제조간접비로 분류하고 판매 및 관리활동과 관련된 것이면 판매관리비로 분류한다. 제조간접비는 여러 항목들로 구성되어 있으므로 기말에 제조간접비계정에 집계(차변)한 후 재공품계정으로 대체한다.

제조간접비			
감가상각비	×××	재 공 품	×××
수도광열비	×××		
보 험 료	×××		
수선유지비	×××		
	×××		×××

재공품		
직접재료비	×××	
직접노무비	×××	
제조간접비	×××	

제조간접비와 관련된 회계처리를 예시하면 다음과 같다.

① 제조간접비 발생시

(차)	감가상각비	×××	(대)	감가상각누계액	×××
	수도광열비	×××		현 금	×××
	보 험 료	×××		미지급비용 등	×××
	수선유지비	×××			

② 제조간접비의 집계*

(차)	제조간접비	×××	(대)	감가상각비	×××
				수도광열비	×××
				보 험 료	×××
				수선유지비	×××

③ 제조간접비의 대체*

(차)	재 공 품	×××	(대)	제조간접비	×××

* 제4장에서 설명하겠지만 실제개별원가계산의 경우 기말에 일괄적으로 회계처리한다.

예 제 4 제조간접비

당기 중 기계장치 감가상각비 ₩800, 차량운반구 감가상각비 ₩600(공장분 ₩200, 판매부서분 ₩400), 수도광열비 ₩300(공장분 ₩250, 판매부서 ₩50), 간접노무비 ₩400, 기계장치 수선비 ₩150이 발생하였다. 이 중 수도광열비의 기말현재 미지급액은 ₩100이며 그 이외에는 전액 현금으로 지급하였다. 위 거래를 분개하고 제조간접비계정에 전기하시오.

해답

1. 원가항목발생시 분개

(차)	감가상각비	1,400	(대)	기 계 장 치 감가상각누계액	800
	수도광열비	300		차량운반구 감가상각누계액	600
	간접노무비	400		미지급비용	100
	수 선 비	150		현 금	750

☞ 제조원가와 판매관리비 두 가지 기능으로 사용되는 원가항목은 내부통제가 정교하고 복잡한 거래를 하는 회사에서는 대부분 기중에 기능별로 분류하여 분개하고, 거래형태가 간단한 회사에서는 기말에 원가계산 분개시 일괄적으로 분류하여 분개한다. 본서는 기말에 일괄적으로 분류하는 것으로 하였다.

2. 제조간접비의 집계

(차)	제조간접비	1,800	(대)	감가상각비	1,000*
				수도광열비	250
				간접노무비	400
				수 선 비	150

* ₩800 + ₩200 = ₩1,000

3. 제조간접비의 대체

(차)	재공품	1,800	(대)	제조간접비	1,800

4. 제조간접비계정

제조간접비

차변	금액	대변	금액
감가상각비	1,000	재 공 품	1,800
수도광열비	250		
간접노무비	400		
수 선 비	150		
	1,800		1,800

(4) 재공품계정

재공품(WIP : work-in-process)계정은 제조과정 중에 있는 미완성품의 제조원가를 집계하는 계정으로 자산계정이다. 재공품계정 차변에는 기초재공품과 당기에 제조과정에 투입된 직접재료비, 직접노무비 및 제조간접비가 기입된다. 따라서 재공품계정 차변합계는 제조과정에 투입된 총제조원가를 나타낸다. 재공품계정 대변에는 당기에 완성된 제품의 원가인 당기제품제조원가(cost of goods manufactured)와 기말의 미완성품의 원가인 기말재공품원가가 기입된다.

재 공 품

	차변		대변	
	기 초	XXX	제 품	XXX
*1	직접재료비	XXX	기 말	XXX
*1	직접노무비	XXX		
*1	제조간접비	XXX		
		XXX		XXX

제 품

차변		대변	
기 초	XXX	매출원가	XXX
재 공 품*2	XXX	기 말	XXX
	XXX		XXX

(재공품계정 대변의 제품 → 제품계정 차변의 재공품)

*1 직접재료비+직접노무비+제조간접비=당기총제조원가

*2 당기제품제조원가로서 당기완성품원가를 의미한다.

재공품과 관련된 회계처리를 예시하면 다음과 같다.

① 제조원가 집계시

(차) 재 공 품	XXX	(대) 직접재료비	XXX
		직접노무비	XXX
		제조간접비	XXX

② 제품 완성시

(차) 제 품*	XXX	(대) 재 공 품	XXX

* 당기제품제조원가=기초재공품재고액+당기총제조원가−기말재공품재고액

예 제 5 제공품

㈜성준의 당기 중 발생한 직접재료비는 ₩600, 직접노무비는 ₩1,000, 제조간접비는 ₩1,400이며, 기초재공품은 ₩800, 기말재공품은 ₩580이다. 위 거래를 분개하고 재공품계정에 전기하시오.

해답

1. 제조원가 집계시

(차)	재 공 품	3,000	(대) 직접재료비	600
			직접노무비	1,000
			제조간접비	1,400

2. 제품 완성시

(차)	제 품	3,220*	(대) 재 공 품	3,220

* 800(기초) + 3,000(당기총제조원가) − 580(기말) = 3,220

3. 재공품계정

재 공 품

차변		대변	
기 초	800	제 품	3,220
직접재료비	600		
직접노무비	1,000		
제조간접비	1,400	기 말	580
	3,800		3,800

제 품

차변		대변	
기 초	?	매출원가	?
당기제품제조원가	3,220	기 말	?

(5) 제품계정

제품(FC : finished goods)계정은 완성된 제품을 처리하는 계정으로 자산계정이다. 제품계정 차변에는 기초제품재고액과 당기에 완성된 제품의 제조원가인 당기제품제조원가가 기입된다. 그러므로 제품계정의 차변합계는 판매가능한 제품총액을 나타낸다. 제품계정의 대변에는 당기에 판매된 제품의 제조원가인 매출원가와 기말제품재고액이 기입된다.

제 품

차변	금액	대변	금액
기 초	×××	매출원가	×××
재 공 품 (당기제품제조원가)	×××	기 말	×××
	×××		×××

제품과 관련된 회계처리를 예시하면 다음과 같다.

① 제품 완성시

(차) 제　　품　　×××　　(대) 재 공 품　　×××

② 제품 판매시

(차) 매출원가　　×××　　(대) 제　　품　　×××

참고로 매출에 대한 분개는 다음과 같다.

(차) 매출채권　　×××　　(대) 매　　출　　×××

예 제 6 제품

㈜성준의 당기 중 발생한 직접재료비는 ₩1,000, 직접노무비는 ₩2,000, 제조간접비는 ₩2,400이며, 기초재공품은 ₩2,500, 기말재공품은 ₩2,200이다. 기초제품은 ₩3,000이고, 당기에 원가 ₩6,400인 제품을 ₩8,000에 외상으로 판매하였다. 재공품계정과 제품계정을 완성하고, 제품의 완성 및 판매와 관련된 거래를 분개하시오.

해답

1. 계정의 완성

재 공 품

차변	금액	대변	금액
기 초	2,500	제 품	5,700
직접재료비	1,000		
직접노무비	2,000		
제조간접비	2,400	기 말	2,200
	7,900		7,900

제 품

차변	금액	대변	금액
기 초	3,000	매출원가	6,400
당기제품제조원가	5,700		
		기말	2,300
	8,700		8,700

2. 제품 완성시

(차) 제　　품　　5,700*　　(대) 재 공 품　　5,700

* 2,500 (기초) + 1,000+2,000+2,400 (당기총제조원가) − 2,200 (기말) = 5,700

3. 제품 판매시

(차) 매출채권	8,000	(대) 매　　출	8,000
(차) 매출원가	6,400	(대) 제　　품	6,400

제조기업의 계정흐름 요약

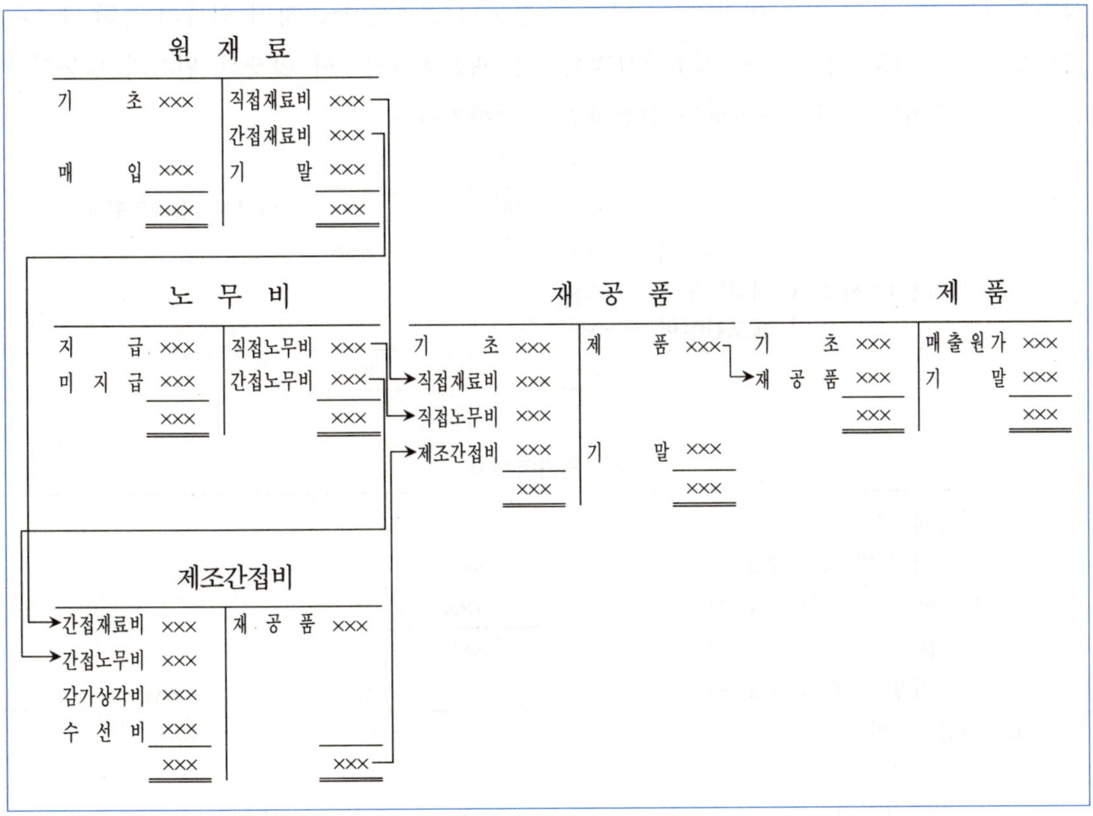

제 3 절 제품원가명세서와 제조기업의 재무제표

1. 제조원가명세서

제조원가명세서(schedule of cost of goods manufactured)는 손익계산서에 기재되는 제조원가의 명세를 표시한 것으로, 재무제표 부속명세서의 일종이다. 제조기업의 재무제표는 상기업에서 작성하는 것과 마찬가지이나, 제조활동의 결과를 보고하기 위하여 특히 제조원가명세서를 추가로 작성한다. 제조원가명세서는 재공품계정에서 발생한 원가의 변동사항을 요약한 표이므로 재공품계정을 연상하면 작성하기가 쉽다.

재 공 품

	차변		대변		
	기초	xxx	제품	xxx	(당기제품제조원가)
(당기총제조원가)	직접재료비	xxx	기말	xxx	
(당기총제조원가)	직접노무비	xxx			
(당기총제조원가)	제조간접비	xxx			
		xxx		xxx	

제조원가명세서

I. 직접재료비		
1. 기초원재료재고액	xxx	
2. 당기원재료매입액	xxx	
3. 합 계	xxx	
4. 기말원재료재고액	(xxx)	xxx
II. 직접노무비		xxx
III. 제조간접비		
1. 감가상각비	xxx	
2. 동 력 비	xxx	
3. 보 험 료	xxx	
⋮	⋮	xxx
IV. 당기총제조원가		xxx
V. 기초재공품재고액		xxx
VI. 합 계		xxx
VII. 기말재공품재고액		(xxx)
VIII. 당기제품제조원가		xxx

(1) 당기총제조원가

당기총제조원가는 당기에 제조과정에 투입된 모든 제조원가를 의미하며 재공품계정에 집계된 당기 발생 직접재료비, 직접노무비 및 제조간접비의 합계액이다.

당기총제조원가 = 직접재료비 + 직접노무비 + 제조간접비

(2) 당기제품제조원가

당기제품제조원가는 당기에 완성된 제품의 제조원가를 의미하며 재공품 중에서 완성되어 제품으로 대체된 부분을 말한다.

당기제품제조원가 = 기초재공품원가 + 당기총제조원가 − 기말재공품원가

2. 재무제표의 작성

상기업은 외부에서 완성된 상품을 구입하여 판매하는 회사이고, 제조기업은 외부에서 원재료를 구입하여 이를 가공하여 제품을 완성하여 판매하는 회사이다. 상기업이나 제조기업이나 재무제표는 기본적으로 동일하나 일부 계정의 명칭이 상이하고 재고자산의 구성요소가 다르다. 즉, 상기업은 상품이란 용어를 사용하고 재고자산은 상품뿐이나 제조기업은 제품이란 용어를 사용하고 재고자산에는 제품뿐만 아니라 재공품, 원재료도 포함된다. 그리고 제조기업의 경우에는 제품의 제조원가를 상세히 나타내 주는 제조원가명세서를 반드시 작성하여야 한다.

상기업

매 출 액		×××
매 출 원 가		
기초상품재고액	×××	
당기상품매입액	×××	
계	×××	
기말상품재고액	×××	×××
매출총이익		×××
판매비와 관리비		×××
영 업 이 익		×××

제조기업

매 출 액		×××
매 출 원 가		
기초제품재고액	×××	
당기제품제조원가	×××	
계	×××	
기말제품재고액	×××	×××
매출총이익		×××
판매비와 관리비		×××
영 업 이 익		×××

제조기업에서의 제조원가명세서와 손익계산서, 재무상태표와의 관계를 나타내면 다음과 같다.

제조원가명세서

직접재료비		
기초원재료재고액	×××	
당기원재료매입액	×××	
합 계	×××	
기말원재료재고액	×××	×××
직접노무비		×××
제조간접비		×××
당기총제조원가		×××
기초재공품원가		×××
합 계		×××
기말재공품원가		×××
당기제품제조원가		×××

손익계산서

매 출 액		×××
매 출 원 가		
기초제품재고액	×××	
당기제품제조원가	×××	
계	×××	
기말제품재고액	×××	×××
매출총이익		×××
⋮		

재무상태표

재고자산	
제 품	×××
재공품	×××
원재료	×××

예 제 7 당기제품제조원가

㈜승우는 제품을 제조하여 판매하는 회사이다. 20×1년 3월 1일의 재공품재고액은 ₩100,000이며 20×1년 3월 31일의 재공품재고액은 ₩200,000이다. 그리고 3월 동안에 발생한 원가자료는 다음과 같다.

직접재료 소비액	850,000	직접노무자의 임금	900,000
공장기계의 수선유지비	120,000	공장감독자 급여	320,000
공장기계의 감가상각비	45,000	영업부의 사무비	120,000
공장건물의 감가상각비	100,000	공장경비	65,000
영업사원의 급여	500,000	판매수수료	90,000

[요구사항]

1. 3월 동안에 발생한 총제조간접비는 얼마인가?
2. 3월의 재공품계정을 작성하고 당기제품제조원가를 구하시오.
3. 3월의 제조원가명세서를 작성하고 당기제품제조원가를 구하시오.

해답

1. 3월의 총제조간접비

공장기계의 수선유지비	120,000
공장감독자 급여	320,000
공장기계의 감가상각비	45,000
공장건물의 감가상각비	100,000
공장경비	65,000
합 계	650,000

2. 재공품계정

기 초	100,000	당기제품	2,300,000
직접재료비	850,000	제조원가	
직접노무비	900,000		
제조간접비	650,000	기 말	200,000
	2,500,000		2,500,000

3. 제조원가명세서

Ⅰ. 직접재료비		850,000
Ⅱ. 직접노무비		900,000
Ⅲ. 제조간접비		
공장기계의 수선유지비	120,000	
공장감독자 급여	320,000	
공장기계의 감가상각비	45,000	
공장건물의 감가상각비	100,000	
공장경비	65,000	650,000
Ⅳ. 당기총제조원가		2,400,000
Ⅴ. 기초재공품재고액		100,000
Ⅵ. 합계		2,500,000
Ⅶ. 기말재공품재고액		(200,000)
Ⅷ. 당기제품제조원가		2,300,000

3. 한국채택국제회계기준(K-IFRS)에 의한 손익계산서 작성[2)]

앞에서는 그동안 실무에서 많이 사용하고 있는 방법인 비용의 기능별 분류법에 따라 손익계산서를 작성하는 방법을 설명하였다. 그런데 한국채택국제회계기준(K-IFRS)에서는 그동안 실무에서 많은 기업이 사용하고 있던 비용의 기능(function of expense)별 분류뿐만 아니라 비용의 성격(nature of expense)별 분류도 허용하고 있다. 비용의 성격별 분류법에서는 비용을 감가상각비, 원재료의 구입, 종업원급여 등과 같이 성격별로 통합하여 공시하나, 비용의 기능별 분류법에서는 비용을 매출원가, 판매비, 관리비 등 수행한 활동에 따라 재분류하여 공시한다. 예를 들어 종업원 급여로 ₩100,000이 발생하였는데 이중 ₩40,000이 생산직 종업원 급여로, ₩60,000이 판매직 종업원 급여로 발생한 경우 성격별 분류법에서는 ₩100,000을 종업원급여로 통합하여 표시한다. 그러나 기능별 분류에서는 종업원급여 ₩100,000을 수행한 기능에 따라 재분류하여 ₩40,000은 제조원가를 산정할 때 반영하고 ₩60,000은 판매비로 표시한다. 성격별 분류는 기능별로 재분류할 필요가 없으므로 실무적으로 적용하기 간편하다는 장점이 있고, 기능별 분류는 재무제표이용자에게 보다 목적적합한 정보를 제공할 수 있다는 장점이 있다.

비용을 성격별로 분류한 경우와 기능별로 분류한 경우의 손익계산서는 다음과 같다. 실제로 K-IFRS에서 요구하는 손익계산서는 기타포괄손익을 포함한 포괄손익계산서(statement of comprehensive income)로서 그 구성내용이 매우 복잡하다. 그러나 이에 대한 자세한 설명은 이 과목의 학습범위를 벗어나므로 여기에서는 원가회계와 관련된 부분만을 설명하고자 영업이익까지만 간략히 표시하였다.

[성격별 비용분류법]

매　　출	×××
제품과 재공품의 변동	×××
원재료와 소모품의 사용액	(×××)
종업원급여	(×××)
감가상각비와 기타비용	(×××)
영업이익	×××

[기능별 비용분류법]

매　　출	×××
매출원가	(×××)
매출총이익	×××
판 매 비	(×××)
관 리 비	(×××)
영업이익	×××

대부분의 기업에서는 비용을 기능별로 분류하고 있다. 특히 제조기업의 경우에는 정확한 제품원가를 산정하기 위하여 비용을 기능별로 분류할 수밖에 없다. 따라서 본서에서는 특별한 가정이 없는 경우 기능별 비용분류법에 따라 손익계산서를 작성할 것이다.

---

2) 김순기 · 황국재 · 임태종, 2015, 원가관리회계, 홍문사. 인용

예 제 8 비용의 기능별 분류와 성격별 분류

다음은 ㈜태종의 20×1년 생산 및 영업활동과 관련된 자료이며, ㈜태종의 20×1년 매출액은 ₩400,000이다.

1. 기초와 기말의 재고자산은 다음과 같다. 단, 원재료 구입액은 ₩50,000이며, 원재료 사용액은 전액 제품생산과 직접 관련된 것이다.

	기초	기말	증감
원 재 료	₩10,000	₩12,000	₩2,000
재 공 품	30,000	23,000	(7,000)
제 품	20,000	70,000	50,000

2. 20×1년 비용은 다음과 같다. 종업원급여 중 재고자산 관련된 것은 전액 제품생산과 직접 관련된 것이다.

	재고자산 관련	판매비 관련	관리비 관련	합 계
종 업 원 급 여	₩50,000	₩40,000	₩25,000	₩115,000
감 가 상 각 비	30,000	18,000	42,000	90,000
기 타 비 용	15,000	32,000	63,000	110,000
	₩95,000	₩90,000	₩130,000	

[요구사항]

1. 당기제품제조원가와 매출원가를 각각 산정하시오.
2. 기능별 손익계산서를 작성하시오.
3. 성격별 손익계산서를 작성하시오.

해답

1.

원재료

기 초	10,000	사 용	48,000
매 입	50,000	기 말	12,000
	60,000		60,000

재공품

기 초	30,000	제 품	150,000
직접재료비	48,000		
직접노무비	50,000		
제조간접비	45,000	기 말	23,000
	173,000		173,000

제 품

기 초	20,000	매출원가	100,000
재공품	150,000	기 말	70,000
	170,000		170,000

∴ 당기제품제조원가 = ₩150,000

∴ 매출원가 = ₩100,000

2. 손익계산서 : 기능별 비용분류

매 출	₩400,000
매출원가	(100,000)
매출총이익	300,000
판 매 비	(90,000)
관 리 비	(130,000)
영업이익	₩80,000

☞ 기능별 비용분류법은 비용을 수행한 기능(제조활동, 판매활동, 관리활동 등)에 따라 분류하는 방법이다. 비용을 기능별로 재분류함에 있어서 자의성이 존재할 수 있으나 어떤 활동에서 얼마만큼의 비용이 발생했는지를 보여주기 때문에 회계정보이용자에게 보다 목적적합한 정보를 제공할 수 있다는 장점이 있다.

3. 손익계산서 : 성격별 비용분류

매 출		₩400,000
제품과 재공품의 변동	+50,000−7,000 =	43,000
원재료의 사용액		(48,000)
종업원급여		(115,000)
감가상각비		(90,000)
기타비용		(110,000)
영업이익		₩80,000

☞ 성격별 비용분류법은 비용을 성격(원재료의 사용, 종업원급여, 감가상각비, 기타비용 등)에 따라 분류하는 방법이다. 이 방법은 적용하기가 쉽고, 비용을 기능에 따라 재분류하지 않아도 된다는 장점이 있다. 이 방법을 적용할 때 주의할 점은 제품과 재공품의 증가는 비용의 감소 즉, 수익과 같은 성격이고, 제품과 재공품의 감소는 비용의 증가에 해당한다는 것이다.

연습문제

COST ACCOUNTING

문 1 당기제품제조원가와 매출원가

㈜정화의 원가계산을 위한 자료는 다음과 같다. 단, 간접재료비는 없다.

기초 원재료재고	₩10,000	기초 재공품재고	₩30,000
당기구입 원재료	50,000	기말 재공품재고	23,000
기말 원재료재고	12,000	기초 제품재고	20,000
직접노무비 발생액	50,000	기말 제품재고	70,000
제조간접비 발생액	45,000		

[요구사항]

1. 직접재료비는 얼마인가?
2. 당기제품제조원가는 얼마인가?
3. 매출원가는 얼마인가?
4. 재공품과 제품 계정을 작성하시오.
5. 제조원가명세서를 작성하시오.

해답

1. 직접재료비 = 10,000 + 50,000 − 12,000 = ₩48,000

〈참고〉 원재료 계정

기 초	10,000	사 용	48,000
당기구입	50,000	기 말	12,000
	60,000		60,000

2. 당기제품제조원가 = 30,000 + (48,000 + 50,000 + 45,000) − 23,000 = ₩150,000

3. 매출원가 = 20,000 + 150,000 − 70,000 = ₩100,000

4.

재공품

차변	금액	대변	금액
기 초	30,000	제 품	150,000
직접재료비	48,000		
직접노무비	50,000		
제조간접비	45,000	기 말	23,000
	173,000		173,000

제품

차변	금액	대변	금액
기 초	20,000	매출원가	100,000
당기제품제조원가	150,000		
		기 말	70,000
	170,000		170,000

5. 제조원가명세서

Ⅰ. 직접재료비	48,000
Ⅱ. 직접노무비	50,000
Ⅲ. 제조간접비	45,000
Ⅳ. 당기총제조원가	143,000
Ⅴ. 기초재공품재고액	30,000
Ⅵ. 합계	173,000
Ⅶ. 기말재공품재고액	(23,000)
Ⅷ. 당기제품제조원가	150,000

문 2 손익계산서 작성 : 기능별 비용분류법과 성격별 비용분류법

다음은 ㈜태종의 20×1년 생산 및 영업활동과 관련된 자료이며, ㈜태종의 20×1년 매출액은 ₩500,000이다.

1. 기초와 기말의 재고자산은 다음과 같다. 단, 원재료 구입액은 ₩80,000이며, 원재료 사용액은 전액 제품생산과 직접 관련된 것이다.

	기초	기말	증감
원 재 료	₩10,000	₩17,000	₩7,000
재 공 품	30,000	38,000	8,000
제 품	50,000	40,000	(10,000)

2. 20×1년 비용은 다음과 같다. 종업원급여 중 재고자산 관련된 것은 전액 제품생산과 직접 관련된 것이다.

	재고자산 관련	판매비 관련	관리비 관련	합 계
종업원급여	₩40,000	₩52,000	₩25,000	₩117,000
감가상각비	42,000	24,000	52,000	118,000
기타비용	26,000	13,000	73,000	112,000
	₩108,000	₩89,000	₩150,000	

[요구사항]

1. 매출원가를 산정하시오.
2. 기능별 손익계산서를 작성하시오.
3. 성격별 손익계산서를 작성하시오.

해답

1.

원재료

차변		대변	
기 초	10,000	사 용	73,000
매 입	80,000	기 말	17,000
	90,000		90,000

재공품

차변		대변	
기 초	30,000	제 품	173,000
직접재료비	73,000		
직접노무비	40,000		
제조간접비	68,000	기 말	38,000
	211,000		211,000

제 품

차변		대변	
기 초	50,000	매출원가	183,000
재공품	173,000	기 말	40,000
	223,000		223,000

∴ 매출원가 = ₩183,000

2. 손익계산서 : 기능별 비용분류

매 출	₩500,000
매출원가	(183,000)
매출총이익	317,000
판 매 비	(89,000)
관 리 비	(150,000)
영업이익	₩78,000

3. 손익계산서 : 성격별 비용분류

매출		₩500,000
제품과 재공품의 변동	−10,000+8,000 =	(2,000)
원재료의 사용액		(73,000)
종업원급여		(117,000)
감가상각비		(118,000)
기타비용		(112,000)
영업이익		₩78,000

문 3 단답형 기출문제1

1. ㈜성준은 20×1년도 5월중 ₩43,000의 직접재료를 구입하였다. 5월중 제조간접비의 합은 ₩27,000이었고 총제조원가는 ₩106,000이었다. 직접재료의 5월초 재고가 ₩8,000이었고 5월말 재고가 ₩6,000이었다면 5월중 직접노무비는 얼마인가?

2. ㈜정화의 다음 자료를 이용하여 계산한 매출원가는 얼마인가?

기초재공품	₩60,000	기초제품	₩45,000
기말재공품	30,000	기말제품	60,000
직접재료원가	45,000	직접노무원가	35,000
제조간접원가	26,000		

3. ㈜승우의 20×1년도 기초와 기말재고에 관련된 자료는 다음과 같다.

	기초	기말
원 재 료	₩50,000	₩60,000
재 공 품	70,000	50,000
제 품	55,000	35,000

한편, 20×1년 동안 원가와 비용은 다음과 같을 때, 당기의 매출원가는 얼마인가?

원재료 구입액	₩500,000
직접노무비	250,000
공장 간접노무비	100,000
공장건물 감가상각비	70,000
영업부사무원 급료	50,000

4. ㈜태종의 20×1년도 1월중 발생한 비용과 월초 및 월말 재고자산이 다음과 같을 때, 회사의 1월 당기제품제조원가는 얼마인가? 단, 1월중 직접재료의 매입은 발생하지 않았다.

1월중 발생비용		재고자산	1월초	1월말
직접노무비	₩300	재공품재고	₩1,000	₩800
감가상각비 – 공장	50	직접재료재고	300	100
감가상각비 – 영업점포	50			
감가상각비 – 본부사옥	100			
공장감독자급여	100			
그밖의 제조간접비	200			

5. 20×1년 1월 5일에 영업을 시작한 ㈜승우는 20×1년 12월 31일에 직접재료 재고 ₩5,000, 재공품 재고 ₩10,000 제품재고를 ₩20,000 가지고 있었다. 20×2년에 영업실적이 부진하자 이 회사는 동년 6월말에 재료와 재공품 재고를 남겨두지 않고 전량 제품으로 생산한 뒤 싼 가격으로 처분하고 공장을 폐쇄하였다. 이 회사의 20×2년 당기총제조원가, 당기제품제조원가, 매출원가를 큰 순서대로 정리하면?

해답

1. • 직접재료비 = 8,000 + 43,000 − 6,000 = ₩45,000
   • 직접노무비 = 106,000 − (45,000+27,000) = ₩34,000

2. 매출원가 = 당기제품제조원가 + 기초제품 − 기말제품
   = (60,000+45,000+35,000+26,000−30,000) + 45,000 − 60,000
   = ₩121,000

3.

직접재료비	50,000+500,000−60,000=	490,000	
직접노무비		250,000	
제조간접비	100,000+70,000=	170,000	910,000
기초재공품			70,000
기말재공품			(50,000)
기초제품			55,000
기말제품			(35,000)
매출원가			₩950,000

4. • 직접재료비 = 300+0−100 = ₩200
   • 제조간접비 = 50+100+200 = ₩350
   • 당기제품제조원가 = 1,000 + (200+300+350) − 800 = ₩1,050
   ☞ 영업점포 및 본부사옥의 감가상각비는 판매관리비에 속한다.

5. 당기총제조원가를 P라 하면
   당기제품제조원가는 P+10,000이고, 매출원가는 P+10,000+20,000이다.
   ∴ 원가 크기 순서 : 매출원가 〉 당기제품제조원가 〉 당기총제조원가

문 4 단답형 기출문제2

1. 본사와 생산 공장이 동일 건물에 소재하는 ㈜성준의 3월 중 발생한 비용과 재고자산 자료는 다음과 같다.

〈3월 중 발생비용〉

직접노무원가	₩3,000,000
공장감독자급여	100,000
기타 제조간접원가	200,000
전기료(본사에 40%, 공장에 60% 배부)	200,000
감가상각비(본사에 20%, 공장에 80% 배부)	500,000
본사의 기타 판매관리비	400,000
	₩4,400,000

〈재고자산〉

	3월초	3월말
재공품재고	₩1,000,000	₩800,000
직접재료재고	300,000	100,000
제품재고	700,000	400,000

3월 중 직접재료 매입액이 ₩1,200,000이고, 매출액이 ₩7,400,000일 때, ㈜성준의 3월 1일부터 3월 31일까지의 영업이익은 얼마인가?

2. ㈜정화의 20×1년도 생산 및 판매 관련 자료가 다음과 같을 때 기본원가(prime cost)는 얼마인가?
   • 재고자산

	기초	기말
원 재 료	₩10,000	₩12,000
재 공 품	50,000	60,000
제 품	80,000	96,000

- 당기 원재료 매입액은 ₩40,000이고, 당기 매출원가는 ₩150,000이다.
- 직접노무원가는 가공원가의 60%이고, 원재료는 직접재료로만 사용된다.

3. ㈜승우의 기초 및 기말 재고자산은 다음과 같다.

	기초	기말
원 재 료	₩27,000	₩9,000
재 공 품	30,000	15,500
제 품	35,000	28,000

당기 중 매입한 원재료는 ₩83,000이고, 원재료 소비액은 모두 직접재료원가이다. 기본원가(prime cost)는 ₩306,000이고 전환원가(conversion cost)의 60%가 제조간접원가이다. ㈜승우의 당기제품제조원가는 얼마인가?

4. ㈜태종의 20×1년도 매출총이익은 ₩120,000이며, 매출총이익률은 30%이다. 기말제품재고는 기초제품재고에 비해 ₩50,000 감소하였다. ㈜태종의 20×1년도 당기제품제조원가는 얼마인가?

해답

1. • 영업수익 : 7,400,000
   - 영업비용 : 4,400,000+1,200,000+2,000,000(기초재고)−1,3000,000(기말재고) = 6,300,000
   - 영업이익 : 7,400,000−6,300,000 = 1,100,000

   ☞ 요구사항이 영업이익이므로 매출원가와 판매관리비를 별도로 구분할 필요가 없다.

2. • 10,000+40,000 = 직접재료원가+12,000 ← 직접재료계정

   ∴ 직접재료원가 = 38,000
   - 80,000+당기제품제조원가 = 150,000+96,000 ← 제품계정

   ∴ 당기제품제조원가 = 166,000
   - 50,000+38,000+가공원가 = 166,000+60,000 ← 재공품계정

   ∴ 가공원가 = 138,000
   - 기본원가 = 38,000+138,000×0.6 = 120,800

   ☞ 계정을 머리로 생각하거나 계정을 작성하여 풀이하면 어렵지 않게 해결할 수 있다.

〈참고〉 계정분석

재공품

기 초	50,000	제 품	166,000
직접재료비	38,000		
직접노무비	$0.6x$		
제조간접비	$0.4x$	기 말	60,000

제품

기초제품	80,000	매출원가	150,000
재 공 품	166,000	기 말	96,000

∴ 가공원가(x) = 138,000

∴ 기본원가 = 38,000+138,000×0.6 = 120,800

3. • 직접재료원가 = 27,000 + 83,000 − 9,000 = 101,000
   • 직접노무원가 = 306,000 − 101,000 = 205,000
   • 전환원가 = 205,000 ÷ 0.4 = 512,500
   • 당기제품제조원가 = 30,000 + 101,000 + 512,500 − 15,500 = 628,000

   ☞ 전환원가의 60%가 제조간접원가이므로 전환원가의 40%가 직접노무원가이다.

4.

매 출	100%	₩400,000	
매 출 원 가	70%	280,000	÷ 0.3
매출총이익	30%	120,000	

당기제품제조원가 = 280,000−50,000 = 230,000

문 5 제조원가명세서와 손익계산서 작성

㈜정화는 제품을 제조하여 판매하는 회사이다. 회사는 제조원가에 30%의 이익을 가산하여 판매가격을 결정하고 있다. 20×1년 12월 한 달 동안의 원가와 관련된 자료는 다음과 같다.

1. 기초 및 기말재고자산

재고자산	12월 1일	12월 31일
원재료	9,600	10,800
재공품	44,600	50,000
제 품	83,000	48,000

2. 12월의 발생자료

① 기계감가상각비	1,500	② 수도광열비(30% 사무실용)	7,000
③ 감독자 급여(간접비)	34,500	④ 판매원 급여	20,000
⑤ 직접노무비	72,000	⑥ 광고선전비	6,750
⑦ 원재료매입액	85,000	⑧ 기계수선유지비	14,500
⑨ 판매수수료	4,500	⑩ 건물의 재산세(40% 공장용)	8,000
⑪ 매출액	?	⑫ 여비교통비(30% 공장용)	20,000

[요구사항]

1. 제조원가명세서를 작성하시오. 단, 간접재료비는 없다.
2. 손익계산서를 작성하시오.
3. 20×1년 12월 31일 재무상태표의 재고자산을 나타내시오.

해답

1. 제조원가명세서 작성

제조원가명세서

Ⅰ. 제조원가명세서		
1. 기초원재료재고액	9,600	
2. 당기원재료매입액	85,000	
3. 기말원재료재고액	(10,800)	83,800
Ⅱ. 직접노무비		72,000
Ⅲ. 제조간접비		
1. 기계감가상각비	1,500	
2. 수도광열비	7,000 × 0.7 = 4,900	
3. 감독자급여	34,500	
4. 기계수선유지비	14,500	
5. 건물의 재산세	8,000 × 0.4 = 3,200	
6. 여비교통비	20,000 × 0.3 = 6,000	64,600
Ⅳ. 당기총제조원가		220,400
Ⅴ. 기초재공품재고액		44,600
Ⅵ. 합 계		265,000
Ⅶ. 기말재공품재고액		(50,000)
Ⅷ. 당기제품제조원가		215,000

2. 손익계산서 작성

손익계산서

Ⅰ. 매출액(250,000×130%)		325,000
Ⅱ. 매출원가		
1. 기초제품재고액	83,000	
2. 당기제품제조원가	215,000	
3. 기말제품재고액	(48,000)	250,000
Ⅲ. 매출총이익		75,000
Ⅳ. 판매비와관리비		
1. 수도광열비	7,000 × 0.3 = 2,100	
2. 판매원급여	20,000	
3. 광고선전비	6,750	
4. 판매수수료	4,500	
5. 건물의 재산세	8,000 × 0.6 = 4,800	
6. 여비교통비	20,000 × 0.3 = 14,000	52,150
Ⅴ. 당기순이익		22,850

3. 부분 재무상태표 작성

재무상태표

⋮		
재 고 자 산		108,800
1. 제　　품	48,000	
2. 재 공 품	50,000	
3. 원 재 료	10,800	

문 6 제조원가명세서와 매출원가명세서 : 추정

㈜성준의 20×2년의 매출액은 ₩1,000,000이며 매출원가율은 80%이다. 기말재공품재고액은 기초재공품재고액의 75%이며, 제조간접비는 직접노무비의 150%이다. 20×2년의 직접재료 매입액은 ₩140,000이다.

	20×1년 12월 31일	20×2년 12월 31일
직 접 재 료	₩25,000	₩15,000
재 공 품	40,000	?
제 품	102,000	152,000

[요구사항]

1. 20×2년 제조원가명세서와 매출원가명세서를 작성하시오.
2. 20×2년의 기초원가와 전환원가를 계산하시오.

해답

1. 20×2년 직접재료비 = 25,000 + 140,000 − 15,000 = ₩150,000
   20×2년 기말재공품재고액 = 40,000 × 0.75 = ₩30,000
   20×2년 매출원가 = 1,000,000 × 0.8 = ₩800,000

제조원가명세서

Ⅰ. 직 접 재 료 비	150,000	
Ⅱ. 직 접 노 무 비	276,000*	
Ⅲ. 제 조 간 접 비	414,000	
Ⅳ. 당 기 총 제 조 원 가	840,000	
Ⅴ. 기 초 재 공 품 재 고 액	40,000	
Ⅵ. 합 계	880,000	(역산)
Ⅶ. 기 말 재 공 품 재 고 액	30,000	
Ⅷ. 당 기 제 품 제 조 원 가	850,000	

매출원가명세서

기 초 제 품 재 고 액	102,000	
당 기 제 품 제 조 원 가	850,000	(역산)
판매가능한 제품원가	952,000	(역산)
기 말 제 품 재 고 액	₩152,000	
매 출 원 가	₩800,000	

* 직접노무비(x)+제조간접비(1.5 x) = 840,000−150,000 = ₩690,000

∴ x = ₩276,000

한편 본 문제를 T계정접근법으로 풀면 다음과 같다.

재공품

차변	금액	대변	금액
기초	40,000	제품	850,000
직접재료비	150,000		
직접노무비	x		
제조간접비	$1.5x$	기말	30,000
	880,000		880,000

제품

차변	금액	대변	금액
기초제품	102,000	매출원가	800,000
재공품	850,000	기말	152,000
	952,000		952,000

∴ 40,000 + 150,000 + x + 1.5x = 880,000

∴ 직접노무비(x) = ₩276,000, 제조간접비(1.5x) = ₩414,000

2. 기초원가 : 150,000 + 276,000 = ₩426,000
   전환원가 : 276,000 + 414,000 = ₩690,000

해설

제조원가명세서와 매출원가명세서에 있는 항목을 물어보는 이러한 유형의 문제는 요구사항에 없더라도 전체 틀을 잡아놓고 확실한 것부터 채워나가면서 역산하는 것이 문제해결의 핵심이다.

문 7 제조원가명세서와 재고자산의 계산

㈜승우의 다음 자료를 참조하여 요구사항에 답하시오. 단, 자산과 부채항목은 기말 잔액을 의미하고, 손익항목 등은 해당 회계연도의 금액을 의미한다.

	20×1년 12월 31일	20×2년 12월 31일
직접재료재고액	40,000	70,000
재공품재고액	70,000	?
제품재고액	100,000	?
직접재료구입액		230,000
기초원가		350,000
미지급임금	20,000	30,000
노무비지급액		180,000
제조간접비		가공비의 80%
매 출 액		1,000,000
매출총이익률		40%
판매가능한 제품원가		850,000

[요구사항]

1. 20×2년 직접노무비는 얼마인가?
2. 20×2년 간접노무비와 제조간접비는 얼마인가?
3. 20×2년 제조원가명세서와 매출원가명세서를 작성하시오.
4. 20×2년 12월 31일 재공품재고액은 얼마인가?
5. 20×2년 12월 31일 제품재고액은 얼마인가?

해답

1. (1) 직접재료비 : 40,000+230,000−70,000 = ₩200,000
   (2) 직접노무비 : 350,000(기초원가)−200,000(직접재료비) = ₩150,000

2. (1) 노무비 총소비액 = 당기지급액−전기의 미지급액+당기의 미지급액
   = 180,000−20,000+30,000
   = ₩190,000
   (2) 간접노무비 : 190,000(총소비액)−150,000(직접노무비) = ₩40,000
   (3) 제조간접비(P) : (직접노무비+P) × 80% = P
   (150,000+P) × 80% = P
   ∴ P = ₩600,000

3. 제조원가명세서와 매출원가명세서 작성

제조원가명세서

Ⅰ. 직접재료비		
기초원재료재고액	40,000	
당기원재료매입액	230,000	
기말원재료재고액	(70,000)	200,000
Ⅱ. 직접노무비		150,000
Ⅲ. 제조간접비		600,000
Ⅳ. 당기총제조원가		950,000
Ⅴ. 기초재공품재고액		70,000
Ⅵ. 합 계		1,020,000
Ⅶ. 기말재공품재고액		(270,000)
Ⅷ. 당기제품제조원가		750,000*

* 850,000－100,000 ＝ ₩750,000

매출원가명세서

기초제품재고액	100,000
당기제품제조원가(역산한 금액)	750,000
판매가능한 제품원가	850,000
기말제품재고액(역산한 금액)	250,000
매출원가(1,000,000 × 60%)	600,000

4. 20×2년의 기말재공품재고액 : ₩270,000
5. 20×2년의 기말제품재고액 : ₩250,000

해설

기초원가는 직접재료비와 직접노무비의 합계액이며, 가공원가는 직접노무비와 제조간접비의 합계액이다. 그리고 기초제품재고액에 당기제품제조원가를 가산한 금액을 판매가능한 제품의 원가라 하고, 여기서 매출원가를 차감하면 기말제품재고액이 계산된다. 그런데 매출총이익률이 40%이므로 매출액의 60%가 매출원가가 된다. 또한 제조원가명세서는 재공품계정을, 매출원가명세서는 제품계정을 연상하면서 작성하면 된다.

문 8 원가흐름과 원가의 추정

20×1년 ㈜태종의 원가자료는 다음과 같다.

	20×1년 1월 1일		20×1년 12월 31일
원재료 재고액	₩85,000		?
재공품 재고액	94,000		?
제 품 재고액	150,000		?
미지급임금	32,000		50,000
원재료 구입액		410,000	
노무비 지급액		180,000	
기초원가(prime cost)		500,000	
직접노무비		가공비의 20%	
매 출 액		1,000,000	
매출총이익률		40%	

〈추가자료〉

- 당기제품제조원가는 ₩800,000이다.
- 당기총제조원가는 ₩1,100,000이다.
- 원재료 사용량 중 간접재료 사용량은 20%이다.

[요구사항]

1. 20×1년 제조간접비는 얼마인가?
2. 20×1년 간접노무비는 얼마인가?
3. 20×1년 간접재료비는 얼마인가?
4. 20×1년 기말재고자산은 얼마인가?
5. 재공품계정과 관련된 분개를 제시하시오.

해답

원재료

차변		대변	
기 초	85,000	사 용	437,500
매 입	410,000	기 말	57,500
	495,000		495,000

재공품

차변		대변	
기 초	94,000	제 품	800,000
직접재료비	350,000		
직접노무비	150,000		
제조간접비	600,000	기 말	394,000
	1,194,000		1,194,000

제 품

기초	150,000	매출원가	600,000
재공품	800,000	기 말	350,000
	950,000		950,000

1. 제조간접비

   제조간접비 : 1,100,000 − 500,000 = ₩600,000

2. 간접노무비

   노무비 발생액 : (180,000−32,000) + 50,000 = ₩198,000

   직접노무비 : (600,000÷0.8) × 0.2 = ₩150,000

   간접노무비 : 198,000 − 150,000 = ₩48,000

> ■ **별해** : 직접노무비(DL)
> (600,000+DL) × 0.2 = DL
> ∴ DL = ₩150,000

3. 간접재료비

   직접재료비 : 500,000 − 150,000 = ₩350,000

   간접재료비 : (350,000÷0.8) × 0.2 = ₩87,500

> ■ **별해** : 직접재료비(DM)
> (350,000+DM) × 0.2 = DM
> ∴ DM = ₩87,500

4. 기말재고자산

원재료 재고	₩ 57,500
재공품 재고	394,000
제 품 재고	350,000
	₩801,500

5. 재공품계정 관련 분개

(차) 재공품	350,000	(대) 원재료	350,000
(차) 재공품	150,000	(대) 노무비	150,000
(차) 재공품	600,000	(대) 제조간접비	600,000
(차) 제 품	800,000	(대) 재공품	800,000

해설

1. 이와 같은 추정문제는 하나씩 해결하려고 하지 말고 전체 틀을 잡아둔 후에 주어진 자료를 대입하고 필요한 자료를 역산하여야 한다.

2. 계정분석

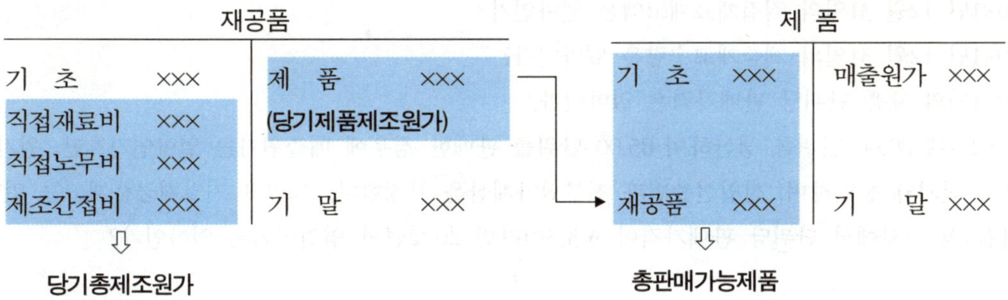

3. 용어 이해
   - 기본원가(또는 기초원가) : 직접재료비와 직접노무비의 합
   - 가공원가(또는 전환원가) : 직접노무비와 제조간접비의 합

문 9 단위당 원가와 재고자산 및 판매가격의 추정

㈜태종은 단일품목을 제조하고 있다. 원가는 다음과 같다. V는 변동원가, F는 고정원가를 나타낸다.

완성된 제품수량	100,000단위
발생원가 :	
직접재료비	₩100,000V
직접노무비	70,000V
동력비	5,000V
간접노무비	10,000V
간접노무비	20,000F
기타제조간접비	8,000V
기타제조간접비	20,000F
판매관리비	18,200V
판매관리비	20,000F
재공품재고(20×1년 12월 31일)	–
직접재료재고수량(20×1년 12월 31일)	2,000파운드
제품재고(20×1년 12월 31일)	₩20,970

20×1년의 매출액은 ₩318,500이다. 20×1년의 기초재고자산은 없었다. 회사의 기말제품재고는 20×1년의 단위당 평균제조원가로 계산되었다. 직접재료의 가격은 연중 변함이 없었다. 제품 1단위를 제조하기 위해서는 직접재료 2파운드가 필요하다.

[요구사항]

1. 20×1년 12월 31일의 직접재료재고액은 얼마인가?
2. 20×1년 12월 31일의 제품재고수량은 얼마인가?
3. 20×1년의 제품 단위당 판매가격은 얼마인가?
4. 20×2년에 80,000단위를 생산하여 85,000단위를 판매한 경우에 매출원가는 얼마인가? 단, 원가구조는 전기와 동일하며, 선입선출법과 전부원가계산을 가정한다. 그리고 기말재공품재고는 없다.
5. 물음4의 상황에서 단위당 판매가격이 ₩3.5이라면 20×2년의 영업이익은 얼마인가?

해답

제조원가명세서

Ⅰ. 직접재료비	₩100,000
Ⅱ. 직접노무비	70,000
Ⅲ. 제조간접비	63,000*
Ⅳ. 당기총제조원가	233,000
Ⅴ. 기초재공품재고액	–
Ⅵ. 합 계	233,000
Ⅶ. 기말재공품재고액	–
Ⅷ. 당기제품제조원가	₩233,000

매출원가명세서

기초제품재고액	–
당기제품제조원가	₩233,000
판매가능한제품원가	233,000
기말제품재고액	20,970
매출원가	₩212,030

* 제조간접비

1) 변동제조간접비		
① 동력비	₩5,000	
② 간접노무비	10,000	
③ 기타제조간접비	8,000	₩23,000
2) 고정제조간접비		
① 간접노무 비	20,000	
② 기타제조간접비	20,000	40,000
		₩63,000

1. 소비된 재료 = 생산수량 × 1단위당 사용량

   = 100,000 × 2파운드 = 200,000파운드

   파운드당 원가 = $\frac{100,000}{200,000}$ = ₩0.50

   ∴ 기말직접재료재고액 = 2,000 × 0.50 = ₩1,000

2. 20×1년 제품 단위당 (평균)원가 = $\frac{233,000}{100,000}$ = ₩2.33

   ∴ 기말제품수량 = 20,970 ÷ 2.33 = 9,000단위

3. 20×1년 판매수량 = 100,000 − 9,000 = 91,000단위

   ∴ 제품단위당 판매가격 = 318,500 ÷ 91,000 = ₩3.50

4. 변동제조원가 = 100,000 + 70,000 + 23,000 = ₩193,000

   단위당 변동제조원가 = 193,000 ÷ 100,000 = ₩1.93

   고정제조원가 = ₩40,000

   당기제품제조원가 = 80,000 × 1.93 + 40,000 = ₩194,400

   단위당 제품제조원가 = 194,400 ÷ 80,000 = ₩2.43

   기말제품재고 = (9,000+80,000−85,000) × 2.43 = ₩9,720

   ∴ 매출원가 = 20,970 + 194,400 − 9,720 = ₩205,650

5.

매 출 액	85,000 × 3.5=		₩297,500
매 출 원 가			205,650
매출총이익			91,850
판매관리비	(18,200÷91,000) × 85,000 =	17,000	
		20,000	37,000
영 업 이 익			₩54,850

해설

1. 선입선출법을 가정하면 당기생산량 중 일부가 기말재고로 남는다. 따라서 기말재고자산을 산정할 때는 당기의 단위당 제품제조원가를 적용하여야 한다.
2. 변동제조원가는 생산량에 비례하고 변동판매관리비는 판매량에 비례한다. 따라서 단위당 변동판매관리비를 산출하기 위해서는 판매량(91,000단위)을 적용하여야 한다.

문 10 초과근무수당, 유휴시간급 및 복리후생비

1. 초과근무수당, 유휴시간급 및 복리후생비는 제조원가의 3요소 중 어느 항목에 속하는지를 설명하시오.
2. 정규작업시간은 하루 8시간이며 시간당 임률은 ₩10,000이다. 초과근무시에는 시간당 ₩15,000을 지급하고 있다. 근로자 K씨가 어느 날 제품을 생산하기 위해서 10시간을 작업했다면 근로자 K씨에게 지급할 임금은 얼마이며, 그 중 직접노무비와 초과근무수당은 각각 얼마인가?

해답

1.

(1) 초과근무는 특정제품이나 작업에 직접적으로 추적할 수는 있으나 생산계획은 보통 무작위로 결정되기 때문에 일반적으로 초과근무수당은 제조간접비로 분류한다. 왜냐하면 초과근무시간에 특정제품생산이 배정되었다는 이유로 그 제품에 더 많은 원가를 부담시킬 수는 없기 때문이다. 그러나 초과근무가 생산계획의 무작위가 원인이 아니라 특정제품의 주문쇄도로 인하여 발생한 것이 명백한 경우에는 직접노무비로 분류된다.

(2) 유휴시간급이란 자재부족, 기계고장 등으로 인해 생산이 중단된 시간에 대해 지급하는 임금이다. 따라서 특정제품이나 작업에 직접적으로 추적할 수 없으므로 제조간접비로 분류된다. 그러나 유휴시간이 계획과 통제가 잘못되어 비경상적으로 과다하게 된다면 유휴시간급은 기간비용으로 처리하여야 한다.

(3) 복리후생비는 전액 제조간접비로 처리하는 것이 일반적이다. 그러나 직접노동과 관련된 복리후생비는 직접노무비로, 간접노동과 관련된 복리후생비는 제조간접비로 분류하자는 주장(Horngren)도 있다.

2.

지급할 임금 = 8 × ₩10,000 + 2 × ₩15,000 = ₩110,000

직접노무비 = 10 × ₩10,000 = ₩100,000

초과근무수당 = 2 × ₩5,000 = ₩10,000

☞ 초과근무시간에 지급하는 정상임금은 직접노무비에 해당한다. 왜냐하면 이 부분은 언제 작업을 수행했느냐와 무관하게 정상적으로 지급되어야 할 임금이기 때문이다. 따라서 초과근무시 지급하는 임금 중에서 정상임금을 초과하는 부분만을 초과근무수당이라 하고 이 부분은 제조간접비로 분류한다.

문 11 초과근무수당과 성과평가

㈜창공은 항공기의 특수부품을 주문생산하는 회사이며, 각 거래처마다 판매담당자가 따로 있다. 각 판매담당자는 기본급에다가 그들이 판매한 주문의 실제매출총이익의 10%를 보너스로 받는다. 20×1년까지는 매출액의 2%를 보너스로 지급받았다. 수정된 시스템에서 매출총이익은 매출액에서 매출원가를 차감한 잔액으로 정의된다. ㈜창공은 직접노무비를 기준으로 제조간접비를 배부하고 있다. 20×2년의 관련 자료는 다음과 같다.

	A거래처	B거래처	C거래처
매출액	₩420,000	₩820,000	₩480,000
직접재료비	250,000	410,000	270,000
직접노동시간	2시간	5시간	2시간
노동시간당 임률	₩20,000	₩20,000	₩30,000
담당자	이과장	박과장	김과장

C거래처를 담당하고 있는 김과장은 C거래처의 직접노동시간이 A거래처와 동일하게 2시간인데 시간당 임률이 더 높은 것에 의문이 생겨서 생산담당자에게 그 이유를 문의하였다. 생산담당자는 C거래처의 주문에 대하여는 야간작업으로 인하여 초과근무수당이 적용되었으며, 초과근무시간의 임률은 정상시간당 임률 ₩20,000보다 50%가 더 높다고 설명하였다. 그러나 C거래처의 주문은 시간이 촉박하지 않은 주문이었으며 여러 주문의 생산일정을 조정하다보니 야간에 작업된 것이다. 20×2년에 발생한 제조간접비는 ₩340,000이며 동 금액에는 초과근무수당이 포함되어 있지 않다.

[요구사항]

1. 주어진 노동시간당 임률을 이용하여 각 거래처별로 매출총이익을 구하고 판매담당자별 성과급을 계산하시오.
2. C거래처에 대하여 정상시간당 임률을 적용하고 초과근무수당을 제조간접비에 포함시켜 원가계산을 하는 경우에 각 거래처별로 매출총이익을 구하고 판매담당자별 성과급을 계산하시오.
3. 기본자료에서 초과근무수당을 C거래처의 직접노무비에 반영하는 것이 타당한가? 그 이유는 무엇인가?
4. ㈜창공이 성과급의 계산방식을 매출액의 2%에서 매출총이익의 10%로 변경한 이유는 무엇인가? 판매담당자들과의 마찰을 방지하기 위해서는 성과평가를 위한 '매출총이익'을 어떻게 정의해야 하겠는가?

해답

1.

(1) 제조간접비배부율

$$\frac{340{,}000}{2 \times 20{,}000 + 5 \times 20{,}000 + 2 \times 30{,}000} = 170\%$$

(2) 거래처별 매출총이익

A거래처 : 420,000 − (250,000+2×20,000+40,000×170%) = ₩62,000

B거래처 : 820,000 − (410,000+5×20,000+100,000×170%) = ₩140,000

C거래처 : 480,000 − (270,000+2×30,000+60,000×170%) = ₩48,000

(3) 성과급

이과장 : 62,000 × 10% = ₩6,200

박과장 : 140,000 × 10% = ₩14,000

김과장 : 48,000 × 10% = ₩4,800

2.

(1) 제조간접비배부율

$$\frac{340{,}000 + 20{,}000^{*}}{2 \times 20{,}000 + 5 \times 20{,}000 + 2 \times 20{,}000} = 200\%$$

* 초과근무수당 = 2 × 20,000 × 50% = 20,000

(2) 거래처별 매출총이익

A거래처 : 420,000 − (250,000+2×20,000+40,000×200%) = ₩50,000

B거래처 : 820,000 − (410,000+5×20,000+100,000×200%) = ₩110,000

C거래처 : 480,000 − (270,000+2×20,000+40,000×200%) = ₩90,000

(3) 성과급

이과장 : 50,000×10% = ₩5,000

박과장 : 110,000×10% = ₩11,000

김과장 : 90,000×10% = ₩9,000

3. 초과근무수당의 성격

C거래처로 인하여 초과근무의 원인이 발생한 것이 아니므로 초과근무수당은 C거래처의 직접노무비가 아니고 전체작업의 제조간접비이다. 즉, 전체작업을 효율적으로 수행하기 위하여 생산계획에 따라 작업이 순차적으로 진행되다가 C거래처와 관련된 작업이 초과근무시간에 수행된 것이므로 초과근무수당은 전체작업을 위한 제조간접비로 분류하여야 한다.

4. 성과평가의 기준

(1) 매출액기준으로 성과급을 책정하는 경우에 매출액을 증대시키기 위하여 판매담당자들이 가격을 적정수준 이하로 인하할 여지가 있다. 따라서 매출액보다는 회사의 이익창출에 기여한 매출총이익을 기준으로 성과급을 책정하는 것이 더 효과적이다.

(2) 성과평가를 위한 매출총이익은 매출액에서 직접재료비와 직접노무비 등 직접비만을 차감한 금액으로 정의하여야 한다. 제조간접비는 각 제품과 인과관계가 명확하지 않은 공통비이므로 배부기준을 어떻게 결정하느냐에 따라 배부액이 달라진다. 따라서 성과평가의 기준금액을 결정할 때는 제조간접비는 제외되어야 한다.

PART 03 원가배분과 부문별 원가계산

제3장

원가배분과 부문별 원가계산

제 1 절 원가배분

1. 원가배분의 기초

(1) 의의

원가배분(cost allocation)이란 둘 이상의 원가대상에 공통적으로 발생된 원가를 합리적인 배분기준에 따라 특정 원가대상에 할당하는 과정을 말한다. 다시 말하면 원가집합(costs pool)에 집계된 공통원가(common cost)를 가장 합리적인 배분기준에 따라 원가대상에 할당하는 과정을 원가배분이라 한다. 여기서 원가대상은 직접대응 또는 간접대응을 통하여 독립적으로 원가를 집계할 수 있는 부문, 제품 또는 활동을 말한다.

원가배분을 하는 이유는 무엇인가? 예를 들어 A, B 두 제품을 생산하기 위하여 A제품에 ₩1,000 B제품에 ₩1,200이 각각 투입되었으며 공통원가가 ₩600 발생했다고 가정하자. 이때 A제품의 원가는 ₩1,000인가? 그렇지 않다. 왜냐하면 간접적으로 발생한 공통원가가 없었다면 A제품의 생산은 불가능하였을 것이므로 공통원가 중 일부는 A제품에 배분되어야 한다. 이와 같이 원가배분을 하는 이유는 제품의 원가를 적정하게 산정하고 이를 근거로 가격결정이나 다양한 의사결정 및 성과평가를 하기 위해서이다.

(2) 원가집합, 원가대상 및 원가배분

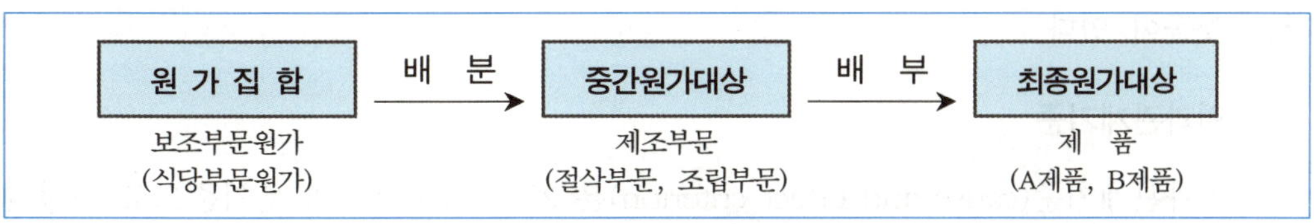

위에서 볼 수 있듯이 보조부문에 집계된 보조부문원가는 결국 제품의 원가를 구성하게 된다. 그러나 이러한 공통원가를 직접적으로 제품에 추적하기는 불가능하므로 중간원가대상인 제조부문에 배분하여 집계한 후에 제조부문을 통과한 제품에 배부하게 된다. 원가배분에서는 배분의 대상이 되는 원가집합이 있고, 원가집합에 집계된 원가를 배분받을 원가대상이 있다. 그리고 공통원가를 원가대상에 배분하기 위해서는 반드시 배분기준이 있어야 한다. 중간원가대상으로는 부문, 공정 또는 활동이 선택되고, 최종원가대상은 기업이 만들어 내는 최종 산출물(output)에 따라 제품, 식사, 환자수 등이 될 수 있다.

(3) 원가배분의 절차

① 원가대상을 선택한다.
원가배분을 위해서는 먼저 원가를 집계할 원가대상을 선택한다. 가장 일반적인 원가대상은 부문이나 제품이다. 원가대상은 경영자의 의사결정목적에 도움을 주기 위하여 선택된다.

② 선택된 원가대상과 관련된 원가를 집계한다.
선택된 원가대상별로 인과관계에 따라 직접적으로 추적할 수 있는 직접원가는 원가대상에 직접 대응시키고, 둘 이상의 원가대상에 공통적으로 발생한 공통원가는 원가집합에 집계한다.

③ 배분기준을 결정하고 원가를 배분한다.
원가대상과 원가집합간의 인과관계를 잘 반영시켜 주는 합리적인 배분기준를 결정하고 그 배분기준에 따라 원가집합에 집계된 공통원가를 원가대상에 배분한다.

2. 원가배분기준

원가배분기준은 하나의 원가 또는 복수의 원가들을 원가대상에 체계적으로 연결시키기 위하여 사용되는 공통분모로서 가장 대표적인 원가동인이나 활동을 의미한다. 다시 말하면 가장 대표적인 원가동인이나 활동이 배분기준으로 선정된다. 원가배분의 기준에는 다음과 같은 것들이 있다.

(1) 인과관계기준

인과관계기준(cause and effect criterion)은 가장 이상적인 배분기준으로 특정 활동과 관련된 서비스 제공으로 인해 공통원가가 발생 할 때, 원가대상에 제공된 특정 활동에 비례하여 공통원가를 배분하는 기준이다. 이 방법이 경제적으로 실현가능한 경우에는 반드시 인과관계기준에 의해 원가배분을 해야 한다.

(2) 수혜기준

수혜기준(benefits received criterion)은 원가대상에 제공된 수혜의 비율에 비례하여 공통원가를 배분하는 기준이다. 다시 말하면 효익의 정도 또는 혜택 받은 비율에 비례하여 공통원가를 배분하는 기준이다. 이는 수익자부담원칙에 입각한 배분기준이다. 물량기준법에 의한 결합원가 배분은 원가관리회계에서 볼 수 있는 가장 대표적인 수혜기준에 의한 원가배분이다.

(3) 부담능력기준

부담능력기준(ability to bear criterion)은 원가대상의 원가부담능력에 비례하여 공통원가를 배분하는 기준이다. 다시 말하면 수익창출능력 또는 이익창출능력에 비례하여 공통원가를 배분하는 기준이다. 그런데 부담능력기준에 따라 공통원가를 배분하면 매출이 많은 사업부에 원가가 많이 배분되고, 매출이 적은 사업부에 원가가 적게 배분되어 성과평가를 왜곡시킬 수 있다. 상대적 판매가치법 또는 순실현가치법에 의한 결합원가 배분은 원가관리회계에서 볼 수 있는 가장 대표적인 부담능력기준에 의한 원가배분이다.

(4) 공정성과 공평성기준(=독립적 배분법)

공정성과 공평성기준(fairness and equity criterion)은 원가배분을 공정하고 공평하게 하여야 한다는 기준으로, 독립적 배분법이라고도 한다. 이 방법은 각 원가대상이 개별적으로 활동할 때 발생할 원가를 기준으로 공통원가를 배분하는 방법이다. 공정성과 공평성기준은 정부와의 계약에 종종 사용된다.

(5) 증분기준

증분기준(incremental criterion)은 최초의 사용자를 주사용자로 간주하여 최초의 사용자 혼자만이 사용할 때 발생한 원가를 최초의 사용자에게 배분하고 그 이후 추가적인 사용자가 발생할 경우 추가적인 사용자로 인하여 증가되는 공통원가만을 추가적인 사용자에게 순차적으로 배분하는 기준이다. 이 기준에 의하면 추가적인 사용자에게 유리하게 되므로 새로운 사용자에게 동기를 부여할 수 있어 동기부여기준이라고도 한다.

예 제 1 원가배분기준

S그룹은 20×1년초에 Y공인회계사와 그룹 전체를 총괄하는 고문계약을 체결하고 1년간 고문료로 ₩90,000,000을 지급하였다. S그룹 산하에는 A, B, C의 3개 회사가 있는데 A, B, C순서로 창립되었다. S그룹은 20×1년의 공통원가 ₩90,000,000을 각 회사에 배분하기 위하여 다음과 같은 자료를 수집하였다.

배분기준	A	B	C	합 계
(1) 매출액	200억	1,000억	300억	1,500억
(2) Y회계사가 투여한 고문활동시간	100시간	200시간	300시간	600시간
(3) Y회계사의 고문역할로 받은 혜택	8억	1억	1억	10억
(4) Y회계사와 개별적으로 고문계약 체결시 지불할 예상고문료(1년기준)	0.5억	0.3억	0.2억	1억

[요구사항]

1. 다음 각각의 원가배분기준을 사용하여 회계고문료 공통원가 ₩90,000,000을 각 회사에 배분하시오.
   (1) 인과관계기준
   (2) 수혜기준
   (3) 부담능력기준
   (4) 공정성과 공평성기준
   (5) 증분기준
2. 각 회사의 성과평가를 왜곡시키는 원가배분기준은 무엇이라고 생각하는가?

해답

1. 공통원가의 배분
   (1) 배분기준
      ① 인과관계기준 : Y회계사가 실제투여한 고문활동시간
      ② 수혜기준 : Y회계사의 고문역할로 인해 혜택받은 금액
      ③ 부담능력기준 : 매출액
      ④ 공정성과 공평성기준 : Y회계사와 개별계약 체결시 지불할 예상고문료
      ⑤ 증분기준 : 창립순서

(2) 공통원가 배분액

배분기준	A	B	C	합계
인과관계기준	₩15,000,000	₩30,000,000	₩45,000,000	₩90,000,000
수혜기준	72,000,000	9,000,000	9,000,000	90,000,000
부담능력기준	12,000,000	60,000,000	18,000,000	90,000,000
공정성과 공평성기준	45,000,000	27,000,000	18,000,000	90,000,000
증분기준*	50,000,000	30,000,000	10,000,000	90,000,000

* 개별적으로 고문계약 체결시 지불할 예상고문료가 ₩90,000,000이 될 때까지 각 회사에 순차적으로 배분하므로, 마지막 사용자인 C회사가 부담할 고문료는 ₩10,000,000이 된다.

2. 성과평가를 왜곡시키는 원가배분기준

성과평가를 왜곡시킬 수 있는 원가배분기준은 부담능력기준(매출)이다. 왜냐하면 공통원가와 인과관계가 없이 단지 원가를 부담할 만한 능력(매출)에 따라서 공통원가를 배분하기 때문이다. 즉, 수익이 많은 곳에 원가를 많이 배분하기 때문이다.

3. 원가배분기준의 요건

(1) **공통원가와 배분기준 사이에 인과관계가 있어야 한다.**

인과관계가 있어야지만 합리적인 원가배분이 이루어진다.

(2) **배분되는 원가대상에 공통적으로 적용할 수 있어야 한다.**

이와 같이 원가대상에 공통적으로 적용하기 위해서는 원가집합별로 동질성이 있는 원가가 집계되어야 한다.

(3) **배분기준의 자료를 쉽게 얻을 수 있어야 한다.**

아무리 좋은 배분기준이라도 자료를 수집하기 어렵거나 자료 수집에 과도한 비용이 든다면 원가효익관점에서 이는 배분기준으로 사용할 수 없다.

제 2 절 부문별 원가계산의 기초

1. 부문별 원가계산의 의의

전체 원가 중에서 제조간접비가 차지하는 비중이 낮은 경우에는 직접노무비와 같은 하나의 배부기준을 이용하여 제조간접비를 각 제품에 배부하여도 큰 문제가 없다. 그러나 전체 원가 중에서 제조간접비가 차지하는 비중이 높은 경우에는 정확한 원가계산을 위하여 부문별 원가계산을 한다.

부문별 원가계산이란 제조간접비를 처음부터 각 제품에 배부하는 것이 아니라 먼저 각 부문별로 발생한 원가를 집계하고, 집계된 원가를 그 부문을 통과한 제품에 합리적으로 부담시키기 위한 절차를 말한다. 직접재료비나 직접노무비는 제품에 직접대응시킬 수 있으므로 부문별 원가계산의 대상이 되는 것은 일반적으로 제조간접비뿐이다.

2. 원가부문의 종류

일반적으로 제조기업에서는 원재료가 투입되어 제품이 완성되기까지 여러 가지 제조과정을 거치게 되며 기업은 각 제조과정을 기능에 따라서 구분하여 관리하는데 그 관리단위를 부문(department)이라고 한다. 부문은 제조부문(production department)과 보조부문(service department)으로 분류할 수 있다.

제조부문은 원재료를 완제품으로 가공하는 제조활동을 직접 수행하는 곳이고, 보조부문은 제조활동에 직접 참가하지는 않으나 제조부문에 용역을 제공하는 부문이다. 제조부문의 예로는 절삭부문, 성형부문, 조립부문 등이 있고, 보조부문의 예에는 수선부문, 식당부문, 전력부문, 공장인사부문 등이 있다.

3. 부문별 원가계산의 절차와 유의할 점

(1) 부문별 원가계산의 절차

원가요소를 그것이 발생한 부문별로 집계한 후 보조부문비를 제조부문에 배분하고 제조부문비를 제품에 배부하는 것이 부문별 원가계산의 일반적인 절차이다.

부문별 원가계산의 절차

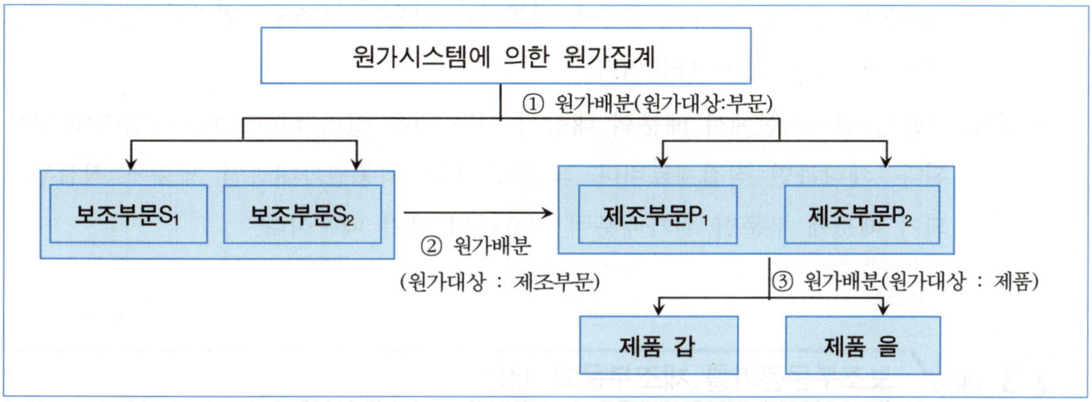

첫 번째 단계는 제조과정에서 발생한 모든 비용을 부문별로 집계하는 것이다. 부문을 원가대상으로 하는 이유는 부문의 효율성과 경영성과에 대한 평가를 통해 하위조직을 통제하기 위해서이다. 직접원가는 부문에 직접대응하고 공통원가는 일정한 배분기준에 따라 각 부문에 배분한다. 예를 들어 공장에서 발생한 원가 중에서 조립부문 감독자의 급여는 조립부문과 직접적으로 관련된 원가이므로 조립부문에 직접대응시키고 공장장의 급여는 각 부문과 직접적인 관계가 없으므로 합리적인 배분기준에 따라 각 부문에 배분한다.

두 번째 단계는 보조부문원가를 제조부문에 배분하는 것이다. 제품을 생산하기 위해서는 보조부문의 용역제공이 필수적이므로 보조부문원가는 궁극적으로는 제품원가에 포함되어야 한다. 따라서 보조부문에 집계된 원가를 제조부문으로 배분한다.

세 번째 단계는 제조부문에 집계된 원가를 제품에 배부하는 것이다. 제조부문에 집계된 원가를 제품에 배부하여 제품생산 과정에서 발생한 모든 원가가 제품에 집계되도록 한다. 이 과정이 마치면 각 제품의 원가가 산출된다.

(2) 유의할 점

부문별 원가계산에서 유의할 사항은 다음과 같다.

첫째, 제조과정에서 발생한 모든 원가를 부문별로 집계하는 것은 실무에서 필요한 절차이고, 학습 목적상 필요한 것은 보조부문원가를 제조부문에 배분하는 것(1단계)과 제조부문원가를 제품에 배부하는 것(2단계)이다. 이를 두 단계 절차(two-stage procedure)를 통한 배분이라 한다.

둘째, 보조부문원가를 제품에 직접배분하지 않고 일단 제조부문으로 배분한 후에 제조부문에 집계된 원가를 제품에 배부하는 이유는 보조부문원가와 제품은 직접적인 관련성이 없기 때문이다.

셋째, 부문별 원가계산에서 배분의 대상이 되는 것은 일반적으로 제조간접비에 국한된다. 왜냐하면 직접재료비나 직접노무비는 최종원가대상인 제품에 직접부과되기 때문에 부문별 원가배분이 필요하지 않기 때문이다.

제 3 절 보조부문원가를 제조부문에 배분

1. 보조부문상호간의 용역수수에 의한 방법

제품은 보조부문을 직접 통과하지 않으므로 보조부문은 제조활동에 직접 참가하지 않는다. 그러나 보조부문은 제조부문의 생산활동을 보조하는 부문하므로 보조부문이 용역을 제공하지 않는다면 실질적으로 제품을 생산할 수 없다. 따라서 보조부문의 원가도 마땅히 제조원가로 취급되어야 한다.

보조부문원가를 제조부문에 배분하는 방법은 보조부문 상호간의 용역제공 정도를 어느 정도 고려하느냐에 따라 직접배분법, 단계배분법, 상호배분법으로 나눌 수 있고, 보조부문원가의 원가행태에 따라 배분율을 달리 적용하는지에 따라 단일배분율법, 이중배분율법으로 나눌 수 있다. 이를 도표로 나타내면 다음과 같다.

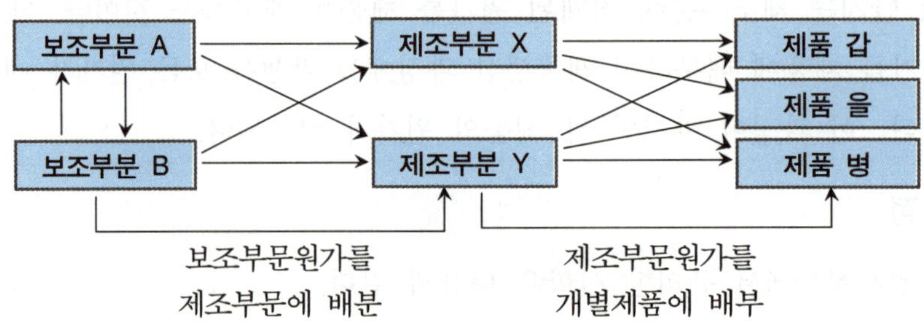

〈배부기준〉

(직접배분법, 단계배분법, 상호배분법) × (단일배분율법, 이중배분율법)

- ① 직접노무비
- ② 직접노무시간
- ③ 기계작업시간 등

(1) 직접배분법

직접배분법(direct allocation method)은 보조부문 상호간의 용역수수를 전혀 고려하지 않고 보조부문이 오로지 제조부문에 대해서만 용역을 제공한 것으로 간주하는 방법이다. 그러므로 각 보조부문의 원가는 타보조부문에는 전혀 배분되지 않고 각 제조부문에 제공한 용역의 상대적 비율을 기준으로 각 제조부문에 바로 배분된다. 따라서 계산이 간편하다는 장점이 있으나, 보조부문 상호간의 용역수수가 밀접할 경우 제조부문의 부문별 제조간접비배부율이 왜곡되어 제품원가 및 제품가격결정이 잘못될 수 있으며 원가관리 및 통제에 유용하지 못하다는 단점이 있다.

(2) 단계배분법

단계배분법(step-allocation method)은 보조부문 상호간의 용역수수를 배분순서에 따라 일부만 고려하여 보조부문비를 단계적으로 타보조부문과 제조부문에 배분하는 방법이다. 즉 단계배분법은 보조부문간에 배분순서를 정한 후에 그 배분순서에 따라 보조부문의 원가를 단계적으로 후순위 타보조부문과 제조부문에 배분하는 방법이다. 단계배분법에서는 배분순서에 따라 순차적으로 배분이 이루어지며 일단 배분이 끝난 보조부문에는 재배분이 허용되지 않는다. 따라서 배분순서를 결정하는 것이 중요하다. 배분순서를 결정하는 지침에는 다음 세 가지가 있다.

- 다른 보조부문에 용역을 제공한 비율이 가장 높은 부문부터 배분한다.
- 용역을 제공하는 상대 보조부문의 수가 많은 부문부터 배분한다.
- 다른 보조부문에 제공한 보조부문의 금액이 큰 부문부터 배분한다.

한편, 배분할 때 주의할 점은 최초로 배분되는 보조부문은 자체부문원가만을 타보조부문과 제조부문에 배분하나 그 이후부터 배분되는 보조부문은 자체부문원가에다 타보조부문으로부터 배분받은 보조부문원가를 합하여 타보조부문과 제조부문에 배분한다는 것이다. 물론 마지막으로 배분되는 보조부문은 제조부문에만 배분한다.

이 방법은 직접배분법보다 정확한 배분방법이지만 보조부문 상호간의 용역수수를 완전히 인식하지 못하므로 부정확성이 존재하며 대규모기업에서는 배분순서를 정하는 데 많은 시간이 소요될 수 있고 배분순서가 부적절하게 결정되면 직접배분법보다도 오히려 더 큰 원가왜곡을 초래할 수도 있다는 단점이 있다.

(3) 상호배분법

상호배분법(reciprocal allocation method)은 보조부문 상호간의 용역수수를 완벽하게 인식하는 방법이다. 즉 보조부문 사이에도 용역수수관계가 존재할 때 보조부문 상호간 용역수수의 사실을 계산상으로 인정하여 각 보조부문원가를 그 보조부문이 제공하는 용역을 소비하는 다른 모든 부문(보조부문+제조부문)에 배분하는 방법이다. 따라서 특정보조부문의 총원가는 다음과 같은 방정식 형태로 표시된다.

총원가 = 자기부문원가 + 타보조부문으로부터 배분받을 원가

상호배분법은 먼저 위와 같은 형태의 방정식을 세워서 각 보조부문의 배분될 총원가를 계산한 후에 이 총원가를 다른 보조부문과 제조부문에 배분하는 방법이다. 상호배분법은 보조부문 상호간의 용역수수를 완벽히 인식하므로 정확한 원가배분이 이루어지고 배분순서를 인위적으로 정할 필요가 없다는 장점이 있으나 시간과 비용이 많이 든다는 단점이 있다.

예 제 2 직접배분법, 단계배분법, 상호배분법

㈜다락은 2개의 보조부문과 2개의 제조부문을 가지고 있다. 보조부문은 동력부문과 수선부문이다. 보조부문의 용역제공비율은 다음과 같다.

	동력부문	수선부문	제조부문A	제조부문B
동 력 부 문	−	20%	50%	30%
수 선 부 문	25%	−	30%	45%

각 부문의 제조간접비 발생액은 다음과 같다.

동력부문	14,000
수선부문	20,000
제조부문A	35,000
제조부문B	50,000

[요구사항]

1. 직접배분법에 따라 배분할 때 보조부문원가 중에서 제조부문A와 B에 배분되는 금액은 각각 얼마인가?

2. 단계배분법에 따라 배분할 때 보조부문원가 중에서 제조부문A와 B에 배분되는 금액은 각각 얼마인가? 단, 동력부문을 먼저 배분한다.
3. 상호배분법에 따라 배분할 때 보조부문원가 중에서 제조부문A와 B에 배분되는 금액은 각각 얼마인가?

해답

1.

배분원가	보조부문		제조부문		합 계
	동력부문	수선부문	제조A	제조B	
배부전원가	14,000	20,000	35,000	50,000	119,000
동력부문	(14,000)	–	8,750*1	5,250	0
수선부문	–	(20,000)	8,000*2	12,000	0
배부후원가	0	0	51,750	67,250	119,000

*1 $14{,}000 \times \dfrac{50\%}{50\%+30\%} = 8{,}750$

*2 $14{,}000 \times \dfrac{30\%}{30\%+45\%} = 8{,}000$

∴ 제조부문A에 배분될 원가 : 8,750 + 8,000 = ₩16,750
제조부문B에 배분될 원가 : 5,250 + 12,000 = ₩17,250

2.

배분원가	보조부문		제조부문		합 계
	동력부문	수선부문	제조A	제조B	
배부전원가	14,000	20,000	35,000	50,000	119,000
동력부문	(14,000)	2,800	7,000*3	4,200	0
수선부문	–	(22,800)	9,120*4	13,680	0
배부후원가	0	0	51,120	67,880	119,000

*3 $14{,}000 \times \dfrac{50\%}{20\%+50\%+30\%} = 7{,}000$

*4 $22{,}800 \times \dfrac{30\%}{30\%+45\%} = 9{,}120$

∴ 제조부문A에 배분될 원가 : 7,000 + 9,120 = ₩16,120
제조부문B에 배분될 원가 : 4,200 + 13,680 = ₩17,880

3. 동력부문이 배분할 총원가를 X, 수선부문에 배분할 총원가를 Y라 가정한다.

① : X = 14,000 + 0.25Y

② : Y = 20,000 + 0.2X

③ : ②를 ①에 대입

X = 14,000 + 0.25(20,000+0.2X)

X = 14,000 + 5,000 + 0.05X

X = 20,000

④ : X값을 ②에 대입

Y = 20,000 + 0.2 × 20,000

Y = 24,000

배분원가	보조부문		제조부문		합 계
	동력부문	수선부문	제조A	제조B	
배 부 전 원 가	14,000	20,000	35,000	50,000	119,000
동 력 부 문	(20,000)	4,000	10,000*5	6,000	0
수 선 부 문	6,000	(24,000)	7,200*6	10,800	0
배 부 후 원 가	0	0	52,200	66,800	119,000

*5 20,000 × 50% = 10,000

*6 24,000 × 30% = 7,200

∴ 제조부문A에 배분될 원가 : 10,000 + 7,200 = ₩17,200

제조부문B에 배분될 원가 : 6,000 + 10,800 = ₩16,800

2. 보조부문원가의 원가행태에 의한 방법

(1) 단일배분율법

단일배분율법(single-rate method)은 보조부문원가를 고정비와 변동비로 구분하지 않고 하나의 배분기준에 의해 배분하는 방법이다. 예를 들어 전력부문에 집계된 원가를 다른 부문에 배분할 때 전력부문의 원가를 고정비와 변동비로 구분하지 않고 둘을 합한 총원가를 각 부문에서 사용한 전력량을 기준으로 배분하는 것이다. 이 방법은 사용이 간편하다는 장점이 있으나 고정비도 마치 변동비처럼 취급하여 동일한 기준에 의하여 배분하기 때문에 원가배분이 적정하지 못하다는 단점이 있다.

(2) 이중배분율법

이중배분율법(dual-rate method)은 보조부문원가를 고정비와 변동비로 구분하여 각기 다른 배분기준을 적용하여 원가를 배분하는 방법이다. 변동비는 조업도와 비례하여 발생하는 원가이므로 실제사용량을 기준으로 배분하고, 고정비는 조업도와는 무관하게 발생하는 원가이므로 최대사용가능량을 기준으로 배분하는 방법이다. 왜냐하면 고정비는 장기간 경제적 효익을 제공할 설비 등을 보유함으로써 발생하는 원가이므로 보유하고 있는 설비의 용량을 결정한 원인이 되는 최대사용가능량을 기준으로 배분하는 것이 합리적이기 때문이다. 예를 들어 전력부문에 집계된 원가를 다른 부문에 배분할 때 변동비는 실제전력사용량을 기준으로 배분하고 고정비는 각 부문의 최대전력사용가능량을 기준으로 배분하는 것이다. 이중배분율법은 원가행태에 따라 보다 합리적인 배분기준을 적용하므로 보다 정확한 원가계산을 할 수 있다는 장점이 있으나 계산이 복잡하다는 단점이 있다.

예 제 3 단일배분율법과 이중배분율법

㈜경애의 공장에는 하나의 보조부문인 동력부문과 두 개의 제조부문인 가공부문과 조립부문이 있다. 동력부문은 제조부문인 가공부문과 조립부문에 전력을 공급하고 있다. 각 제조부문의 월간 최대사용가능량과 10월의 실제사용량은 다음과 같다.

	가공부문	조립부문	합계
최대사용가능량	1,000kwh	1,000kwh	2,000kwh
실제사용량	600kwh	400kwh	1,000kwh

한편, 10월 중 각 부문에서 발생한 제조간접비는 다음과 같다.

	동력부문	가공부문	조립부문	합계
변동비	₩100,000	₩160,000	₩140,000	₩400,000
고정비	200,000	300,000	100,000	600,000
합계	₩300,000	₩460,000	₩240,000	₩1,000,000

[요구사항]

다음 각각의 방법으로 보조부문비를 제조부문으로 배분하시오.

1. 단일배분율법
2. 이중배분율법

해답

1. 단일배분율법

	동력부문	가공부문	조립부문	합계
배분전원가	300,000	460,000	240,000	1,000,000
동력부문비	(300,000)	180,000*	120,000	0
합 계	0	640,000	360,000	1,000,000

* $300,000 \times \frac{600}{600+400} = 180,000$

2. 이중배분율법

	동력부문	가공부문	조립부문	합계
배분전원가	300,000	460,000	240,000	1,000,000
동력부문비 변동비	(100,000)	60,000*1	40,000	0
동력부문비 고정비	(200,000)	100,000*2	100,000	0
합 계	0	620,000	380,000	1,000,000

*1 $100,000 \times \frac{600}{600+400} = 60,000$

*2 $200,000 \times \frac{1,000}{1,000+1,000} = 100,000$

3. 보조부문비 배분의 기타문제

(1) 자가소비용역

자가소비용역이란 자기부문이 생산한 용역을 자기부문이 소비하는 것을 말한다. 예를 들면 전력부문이 생산한 전력 중에서 전력부문에서 사용하는 전력이나, 식당부문이 생산한 음식 중에서 식당부문에서 근무하는 종업원이 먹는 음식 등이 자가소비용역에 해당한다. 보조부문을 운영하는데 발생한 모든 원가는 다른 부문에 배분된 후에 최종적으로 제품에 배분되어야 하므로 보조부문원가를 배분할 때 자가소비용역은 무시하고 다른 부문에 배분한다.

직접배분법에서는 보조부문원가를 제조부문에만 배분하므로 자가소비용역에 대하여 별도로 고려할 필요가 없으며, 단계배분법에서도 보조부문원가는 후순위 보조부문과 제조부문에만 배분하므로 자가소비용역에 대하여 별도로 고려할 필요가 없다. 다만 상호배분법인 경우에는 보조부문간의 용역수수를 모두 인정하므로 자가소비용역을 어떻게 처리할 지가 문제이다. 결론부터 말한다면 상호배분법인 경우에는 어떻게 처리해도 제조부문에 배분되는 결과는 같다. 즉 자가소비용역을 무시하고 용역제공비율을 수정하여 산정한 후에 이를 기준으로 배분하든, 주어진 용역제공비율을 그대로 적용하여 배분하든 결과는 같다. 그러나 대부분의 교재에서는 자가소비용역을 무시하고 용역제공비율을 수정하여 배분하는 방법을 적용하고 있으므로 본 교재에서도 이 방법을 사용하고자 한다. 이에 대한 내용은 예제4를 참고하기 바란다.

(2) 보조부문에서 수익이 창출되는 경우

보조부문에서는 일반적으로 수익이 창출되지 않으나 만약 보조부문에서 수익이 창출된다면 보조부문의 총원가에서 보조부문에서 창출된 수익을 차감한 순원가를 제조부문에 배분하여야 한다.

예 제 4 자가소비용역

㈜정선은 제조부문인 가공부문과 조립부문을 운영하고 있으며, 보조부문으로는 동력부문, 수선부문을 운영하고 있다. 각 부문의 발생원가와 각 보조부문이 용역을 제공한 비율은 다음과 같다.

	동력부문	수선부문	가공부문	조립부문
	₩25,500	₩50,000	₩100,000	₩150,000
동 력 부 문	10%	30%	20%	40%
수 선 부 문	30%	–	40%	30%

[요구사항]

상호배분법을 사용하여 보조부문원가를 제조부문에 배분하라.

해답

1. 수정된 용역제공비율

	동력부문	수선부문	가공부문	조립부문
동 력 부 문		3/9	2/9	4/9
수 선 부 문	30%	–	40%	30%

2. 연립방정식

동력부문의 총원가를 A, 수선부문의 총원가를 B라 하면 다음의 식이 성립한다.

① : $A = 25{,}500 + 0.3B$

② : $B = 50{,}000 + \frac{3}{9}A$

③ : ②를 ①에 대입

$A = 25{,}500 + 0.3 \times (50{,}000 + \frac{3}{9}A) \quad \therefore A = 45{,}000$

④ : A값을 ②에 대입

$B = 50{,}000 + \frac{3}{9} \times 45{,}000 \quad \therefore B = 65{,}000$

3. 총원가의 배분

항 목	보조부문		제조부문	
	동력부문	수선부문	가공부문	조립부문
배분전금액	25,500	50,000	100,000	150,000
동력부문비	(45,000)	15,000	10,000*[1]	20,000
수선부문비	19,500	(65,000)	26,000*[2]	19,500
합 계	0	0	136,000	189,500

*[1] $45{,}000 \times 2/9 = 10{,}000$

*[2] $65{,}000 \times 0.4 = 26{,}000$

〈참고〉 용역제공비율을 수정하지 않고 배분하는 경우

1. 연립방정식

① : $A = 25{,}500 + 0.1A + 0.3B$

② : $B = 50{,}000 + 0.3A$

③ : ②를 ①에 대입

$A = 25{,}500 + 0.1A + 0.3 \times (50{,}000 + 0.3A)$

$A = 40{,}500 + 0.19A \quad \therefore A = 50{,}000$

④ : A값을 ②에 대입

$B = 50{,}000 + 0.3 \times 50{,}000 \quad \therefore B = 65{,}000$

2. 총원가의 배분

항 목	보조부문		제조부문	
	동력부문	수선부문	가공부문	조립부문
배분전금액	25,500	50,000	100,000	150,000
동력부문비	(50,000) 5,000*2	15,000	10,000*1	20,000
수선부문비	19,500	(65,000)	26,000*3	19,500
합 계	0	0	136,000	189,500

*1 50,000 × 0.2 = 10,000

*2 50,000 × 0.1 = 5,000

*3 65,000 × 0.4 = 26,000

제 4 절 제조부문원가를 제품에 배부

직접재료비와 직접노무비는 개별 제품과의 인과관계에 따라 직접대응시킬 수 있으나 제조간접비는 인과관계에 따라 추적할 수 없기 때문에 집계를 한 후에 일정한 배분기준에 따라 제품에 배부하여야 한다. 이 때 공장전체를 대상으로 하나의 배부율을 이용하는 방법(공장전체 제조간접비배부율)과 제조부문별로 상이한 배부율을 이용하는 방법(부문별 제조간접비배부율)이 있다.

1. 공장전체 제조간접비배부율

공장전체의 총제조간접비를 하나의 배부기준으로 나누어 제조간접비배부율을 산정한 후에 제조간접비를 제품에 배부하는 방법이다. 이 방법에서는 제조부문과 보조부문을 구분하지 않고 공장전체에서 발생한 모든 제조간접비(제조부문만을 의미하는 것이 아님)를 집계한 후 제품에 배분한다. 그러므로 이 방법에서는 보조부문과 제조부문을 따로 구분할 필요가 없다. 이 방법은 계산이 쉽다는 장점이 있으나 제조간접비의 규모와 성격이 제조부문간에 상이하고, 제조부문 작업과 관련된 원가동인이 상이할 경우에는 제품원가계산이 부정확하다는 단점이 있다.

$$\text{공장전체 제조간접비배부율} = \frac{\text{공장전체 제조간접비}}{\text{공장전체 배부기준}}$$

2. 부문별 제조간접비배부율

각 제조부문별로 제조간접비를 집계한 후에 각 제조부문의 특성에 맞는 배분기준으로 나누어서 각 제조부문별로 서로 다른 제조간접비배부율을 산정하여 제품에 배부하는 방법이다. 이 방법은 부문별로 상이한 배분기준을 사용할 수 있으므로 원가계산이 정확하고 원가관리와 통제에 좋은 정보를 제공한다는 장점이 있으나 계산이 번거롭고 노력이 많이 든다는 단점이 있다.

$$\text{부문별 제조간접비 배부율} = \frac{\text{제조부문별 제조간접비}}{\text{제조부문별 배부기준}}$$

산식의 분자에 있는 제조부문별 제조간접비는 제조부문 자체에서 발생한 제조간접비뿐만 아니라 직접배분법, 단계배분법 및 상호배분법 등에 의하여 보조부문에서 배분받은 제조간접비도 합산한 금액이라는 것에 주의하여야 한다. 그리고 지금까지 설명한 부문별 원가계산과 개념적으로 일치하는 것은 부문별 제조간접비배부율에 의하여 제조부문원가를 제품에 배부하는 것이다. 왜냐하면 공장전체 제조간접비배부율을 사용하는 경우에는 구태여 보조부문과 각 제조부문에 제조간접비를 집계할 필요가 없기 때문이다.

예 제 5 부문별 원가계산

㈜신혜는 두 개의 보조부문(동력부문, 수선부문)과 두 개의 제조부문(절단부문, 조립부문)을 가지고 있으며, 당월에 제품X와 제품Y를 생산하였다.

1. 당월에 제품X와 제품Y를 생산하기 위하여 제조부문에서 발생된 기계시간과 직접노동시간은 다음과 같다.

	절단부문		조립부문	
	기계시간	직접노동시간	기계시간	직접노동시간
제품X	240	140	65	300
제품Y	160	60	35	500
	400	200	100	800

2. 당월 동안 각 부문에서 발생한 제조간접비는 다음과 같다.

동력부문	1,400,000
수선부문	2,000,000
절단부문	3,500,000
조립부문	5,000,000

3. 보조부문의 용역제공비율은 다음과 같다.

	동력부문	수선부문	절단부문	조립부문
동력부문	–	20%	50%	30%
수선부문	25%	–	30%	45%

[요구사항]

1. 부문별 제조간접비배부율을 적용하여 각 제품의 제조간접비를 산정하시오. 단, 직접배분법을 적용하며, 절단부문의 제조간접비 배부기준은 기계시간이고 조립부문의 제조간접비 배부기준은 직접노동시간이다.
2. 공장전체 제조간접비 배부율을 적용하여 각 제품의 제조간접비를 산정하시오. 단, 제조간접비 배부기준은 직접노동시간이다.

해답

1.

(1) 보조부문원가의 배분

	보조부문		제조부문	
	동력부문	수선부문	절단부문	조립부문
배부전원가	1,400,000	2,000,000	3,500,000	5,000,000
동력부문	(1,400,000)	–	875,000*1	525,000
수선부문	–	(2,000,000)	800,000*2	1,200,000
배부후원가	0	0	5,175,000	6,725,000

*1 $1,400,000 \times \frac{50\%}{50\%+30\%} = 875,000$

*2 $2,000,000 \times \frac{30\%}{30\%+45\%} = 800,000$

(2) 부문별 제조간접비 배부율

$$절단부문 : \frac{₩5,175,000}{400기계시간} = ₩12,937.5/기계시간$$

$$조립부문 : \frac{₩6,725,000}{800직접노동시간} = ₩8,406.25/직접노동시간$$

(3) 각 제품별 제조간접비

제품X : 240기계시간 × 12,937.5 + 300직접노동시간 × 8,406.25 = 5,626,875

제품Y : 160기계시간 × 12,937.5 + 500직접노동시간 × 8,406.25 = 6,273,125

2.

(1) 공장전체 제조간접비 배부율

$$\frac{11,900,000}{200+800} = 11,900/직접노동시간$$

(2) 각 제품별 제조간접비

제품X : (140+300) × 11,900 = 5,236,000

제품Y : (60+500) × 11,900 = 6,664,000

연습문제

COST ACCOUNTING

문 1 다양한 원가배분기준

서울시 소유인 세종문화회관 소극장은 3,000석의 좌석을 보유하고 있으며 2개의 극단이 소극장을 다음과 같은 조건으로 공동 사용하고 있다.

- 시민극단
  매주 일요일, 월요일, 화요일 밤에 사용
  1년간 50주 사용
  지난 5년간 소극장을 사용
- 실험극단
  매주 수요일, 목요일, 금요일 밤에 사용
  1년간 50주 사용
  지난 1년간 소극장을 사용

세종문화회관 소극장 사용료는 연간 ₩150,000,000이다. 시민극단이 소극장의 유일한 이용자였다면 소극장 사용료는 연간 ₩120,000,000이며 두 극단 모두 다른 극장과 1년간의 임대차계약을 통하여 다른 극장을 사용할 수 있다. 즉 시민극단은 연간 ₩120,000,000의 임차료를 지급하고 예술극장을 사용할 수 있고 실험극단은 연간 ₩40,000,000의 임차료를 지급하고 S대학의 금잔디광장을 극장으로 이용할 수 있다. 한편, 세종문화회관 관계자는 소극장 사용료를 양극단에 합리적으로 배분하기 위하여 다음과 같은 자료를 수집하였다.

	시민극단	실험극단
이용가능한 극장공연일수	150일	150일
실제사용한 극장공연일수	140일	120일
하루평균 관객수	2,000명	1,000명
관객당 입장료	₩5,000	₩3,000

[요구사항]

소극장 사용료 ₩150,000,000을 다음의 기준에 의해 배분한다면 각 극단에 얼마의 사용료가 배분되겠는가?

1. 상대적 수익
2. 상대적으로 이용가능한 극장공연일수
3. 실제사용한 극장공연일수
4. 공정성과 공평성기준(독립적 배분법)
5. 증분기준

해답

1. 상대적 수익기준

시민극단 : ₩150,000,000 × $\frac{14억^{*}}{14억+3.6억}$ = ₩119,318,182

실험극단 : ₩150,000,000 × $\frac{3.6억}{14억+3.6억}$ = ₩30,681,818

* 2,000 × ₩5,000 × 140 = ₩1,400,000,000

2. 상대적 이용가능 극장공연일수기준

시민극단 : ₩150,000,000 × $\frac{150일}{150일+150일}$ = ₩75,000,000

실험극단 : ₩150,000,000 × $\frac{150일}{150일+150일}$ = ₩75,000,000

3. 실제사용한 극장공연일수기준

시민극단 : ₩150,000,000 × $\frac{140일}{140일+120일}$ = ₩80,769,231

실험극단 : ₩150,000,000 × $\frac{120일}{140일+120일}$ = ₩69,230,769

4. 공정성과 공평성기준

시민극단 : ₩150,000,000 × $\frac{120,000,000}{120,000,000+40,000,000}$ = ₩112,500,000

실험극단 : ₩150,000,000 × $\frac{400,000,000}{120,000,000+40,000,000}$ = ₩37,500,000

☞ 각 사용자가 독립적으로 시설을 사용할 때 발생하는 원가를 기준으로 공통원가를 배분하는 방법이 독립적배분법 즉, 공정성과 공평성기준이다. 본 문제에 있어서 각 극단이 타 극장을 빌려 사용하는 경우의 임차료를 기준으로 사용료를 배분하면 된다.

5. 증분기준

시민극단 : ₩120,000,000

실험극단 : ₩30,000,000

☞ 최초의 사용자(5년전부터 사용)를 시민극단으로 보므로, 2차 사용자인 실험극단으로 인하여 증가되는 원가만 실험극단에 배분한다.

문 2 부분별 원가계산

㈜세무는 제조부문(도색 및 조립)과 보조부문(수선 및 동력)으로 구성된다. 각 부문에 집계된 부문원가와 보조부문의 서비스 공급량 자료는 다음과 같다. ㈜세무는 상호배분법으로 보조부문의 원가를 제조부문에 배분한다.

	보조부문		제조부문	
	수선(X)	동력(Y)	도색	조립
부문원가	₩300,000	₩200,000	₩276,000	₩216,000
수선		75시간	45시간	30시간
동력	200kw		100kw	200kw

제조부문의 원가는 도색횟수와 조립시간에 비례하여 각각 제품A와 제품B에 전액 배부된다. 제품A와 제품B에 사용된 도색횟수와 조립시간은 다음과 같다.

	제품A	제품B
도색횟수	10회	13회
조립시간	200시간	100시간

한편, 각 제품에 직접 추적된 원가는 다음과 같다.

	제품A	제품B
직접재료비	₩200,000	₩300,000
직접노무비	350,000	400,000

[요구사항]

1. 상호배분법을 적용하여 보조부문원가를 제조부문에 배분하시오.
2. 제조부문에 집계된 원가를 각 제품에 배분하시오.
3. 각 제품의 총제조원가를 구하시오.

해답

1.

상호배분법 적용을 위한 연립방정식

X = 300,000+0.4Y

Y = 200,000+0.5X

∴ X = 475,000

Y = 437,500

	보조부문		제조부문	
	수선(X)	동력(Y)	도색	조립
부문원가	300,000	200,000	276,000	216,000
수선부문	(475,000)	237,500	142,500	95,000
동력부분	175,000	(437,500)	87,500	175,000
	0	0	506,000	486,000

2.

(1) 부문별 제조간접비 배부율

도색부문 : $\frac{₩506,000}{23회}$ = ₩22,000/회

조립부문 : $\frac{₩486,000}{300시간}$ = ₩1,620/시간

(2) 각 제품별 제조간접비

제품X : 10회×22,000 + 200시간×1,620 = 544,000

제품Y : 13회×22,000 + 100시간×1,620 = 448,000

3.

	제품A	제품B
직접재료비	₩200,000	₩300,000
직접노무비	350,000	400,000
제조간접비	544,000	448,000
총제조원가	₩1,094,000	₩1,148,000

문 3 단답형 기출문제

1. 부문별 개별원가계산을 채택하고 있는 한국조선의 다음 원가계산 자료를 이용하여 화물선에 배부될 제조간접비를 구하시오.

• 제조간접비에 대한 부문비내역

제 조 부 문		보 조 부 문		
제1공장	제2공장	수선부	동력부	생산관리부
₩3,800,000	₩3,200,000	₩1,100,000	₩900,000	₩2,000,000

• 보조부문비의 배부는 단계배부법을 사용하며, 보조부문상호간의 배부순서는 생산관리, 동력, 수선부문의 순으로 하여 다음의 배부기준에 의한다.

구 분	제1공장	제2공장	수선부	동력부
생산관리부	40%	40%	15%	5%
동 력 부	50%	40%	10%	–
수 선 부	60%	40%	–	

• 제품별 제조간접비 배부를 위한 공장별 작업시간집계표

구 분	화물선	유조선	군 함	합 계
제1공장	800시간	500시간	700시간	2,000시간
제2공장	400시간	300시간	300시간	1,000시간

2. ㈜은미의 제조부문A, B와 보조부문 X, Y의 서비스 제공 관계는 다음과 같다.

	보조부문		제조부문	
	X	Y	A	B
X	–	40단위	20단위	40단위
Y	80단위	–	60단위	60단위

X, Y부문의 원가는 각각 ₩160,000, ₩200,000이다. 단계배부법에 의해 X부문을 먼저 배부하는 경우와 Y부문을 먼저 배부하는 경우의 제조부분 A에 배부되는 총보조부문원가의 차이는 얼마인가?

3. ㈜신혜는 두 개의 보조부문과 두 개의 제조부문을 가지고 있다. 보조부문은 동력부문(X)과 수선부문(Y)이다. 보조부문의 용역제공비율과 각 부문에서 발생한 제조간접비는 다음과 같다. 상호배분법을 적용하는 경우에 제조부문A에 배분될 보조부문원가는 얼마인가?

	동력부문X	수선부문Y	제조부문A	제조부문B
동력부문	–	20%	50%	30%
수선부문	25%	–	30%	45%

각 부문의 제조간접비 발생액은 다음과 같다.

동력부문X	₩14,000
수선부문Y	20,000
제조부문A	35,000
제조부문B	50,000

4. ㈜연희는 제조부문(성형, 조립)과 보조부문(수선, 동력)을 이용하여 제품을 생산하고 있으며, 제조부문과 보조부문에 관련된 자료는 다음과 같다.

제공부문	제조부문		보조부문		합 계
	성 형	조 립	수 선	동 력	
수 선	400시간	200시간	100시간	400시간	1,100시간
동 력	4,000kW	4,000kW	8,000kW	2,000kW	18,000kW

수선부문와 동력부문에 집계된 부문원가는 각각 ₩160,000, ₩80,000이다. 이 회사는 상호배분법을 사용하여 보조부문원가를 제조부문에 배분한다. 조립부문에 배분될 보조부문원가는 얼마인가?

5. ㈜준희는 두 개의 제조부문(P_1, P_2)과 두 개의 보조부문(S_1, S_2)으로 운영된다. 회사는 상호배부법을 이용하여 보조부문비를 제조부문에 배부하고 있으며, 각 보조부문의 용역제공비율은 다음과 같았다.

보조부문	제조부문		보조부문	
	P_1	P_2	S_1	S_2
S_1	50%	30%	–	20%
S_2	40%	40%	20%	–
부문비	?	?	X	?

두 개의 보조부문(S_1, S_2)으로부터 P_1에 배부된 금액은 ₩50,000이고, P_2에 배부된 금액은 ₩40,000이었다. 부문비 배부전 S_1에 집계된 원가(X)는 얼마인가?

해답

1.

	생산관리	동 력	수 선	제1공장	제2공장
부 문 비	2,000,000	900,000	1,100,000	3,800,000	3,200,000
생산관리	(2,000,000)	100,000	300,000	800,000	800,000
동 력		(1,000,000)	100,000	500,000	400,000
수 선			(1,500,000)	900,000	600,000
				6,000,000	5,000,000
				÷2,000	÷1,000
				₩3,000	₩5,000

화물선 배부액 : 제1공장 800시간×₩3,000 = 2,400,000
제2공장 400시간×₩5,000 = 2,000,000
4,400,000

2.

• 서비스 제공비율

	보조부문		제조부문	
	X	Y	A	B
X	–	0.4	0.2	0.4
Y	0.4	–	0.3	0.3

• 보조부문X부터 배부

	보조부문		제조부문	
	X	Y	A	B
부문원가	160,000	200,000		
X	(160,000)	64,000	32,000	64,000
Y		(264,000)	132,000	132,000
	0	0	164,000	196,000

• 보조부문Y부터 배부

	보조부문		제조부문	
	X	Y	A	B
부문원가	160,000	200,000		
X	(240,000)		80,000	160,000
Y	80,000	(200,000)	60,000	60,000
	0	0	140,000	220,000

• A에 배부되는 총보조부문원가 차이 = 164,000－140,000 = 24,000

3.

• 상호배분법 적용을 위한 연립방정식

$X = 14{,}000 + 0.25Y$

$Y = 20{,}000 + 0.2X$

$\therefore X = 20{,}000$

$Y = 24{,}000$

• 제조부문A에 배분될 보조부문원가

20,000×0.5＋24,000×0.3＝₩17,200

4.

• 상호배분법 적용을 위한 연립방정식

$A = 160{,}000 + 8{,}000/16{,}000 \times B$

$B = 80{,}000 + 400/1{,}000 \times A$

$\therefore A = 250{,}000$

$B = 180{,}000$

☞ 각 보조부문의 자가소비용역을 제외한 비율을 산정하여 연립방정식을 세운다.

• 조립부문에 배분될 보조부문원가

250,000×200/1,000＋180,000×4,000/16,000 = 95,000

5.

• 보조부문 S_1과 S_2의 총배부액을 각각 S_1과 S_2라 하면 다음 식이 성립한다.

$S_1 \times 0.5 + S_2 \times 0.4 = 50{,}000$

$S_1 \times 0.3 + S_2 \times 0.4 = 40{,}000$

$\therefore S_1 = 50{,}000$

$S_2 = 62{,}500$

- 보조부문의 총배부액 S_1은 다음 금액으로 구성된다.

$S_1 = X + 0.2S_2$

$\therefore 50{,}000 = X + 0.2 \times 62{,}500$

$\therefore X = 37{,}500$

문 4 단계배분법과 부문별 제조간접비 예정배부율 및 제품원가의 산정

㈜다락은 다음과 같이 배분전의 부문별 제조간접비예산을 편성하였다. 이 예산은 종합예산조업도를 기준으로 한 것이다.

보조부문		
건물관리	₩30,000	
공장인사	6,000	
원가계산	10,455	
식　　당	9,377	
창　　고	11,000	₩66,832
제조부문		
기　　계	45,152	
조　　립	43,016	88,168
		₩155,000

회사는 부문별 제조간접비 예정배분율을 사용하여 제품원가를 계산하고 있으며, 배분을 위한 기초자료 및 배분순서는 다음과 같다. 배분기준은 제시된 자료 중에서 가장 합리적인 것을 사용한다. 단, 원가계산부문의 배분기준은 작업시간을 사용하고, 창고부문의 배분기준은 자료청구횟수를 사용하기로 한다.

부 문	기계시간	직접노동시간	종업원수	점유면적	작업시간	자료청구횟수
건물관리			2	2,000	10	
공장인사			3	3,000	30	
원가계산			5	4,000	30	
식　　당			7	15,000	50	
창　　고			8	18,000	70	
기　　계	15,000	5,000	20	35,000	150	30
조　　립	5,000	20,000	60	25,000	730	15
계	20,000	25,000	105	102,000	1,070	45

[요구사항]

1. 보조부문원가를 단계배분법을 사용하여 제조부문에 배분하시오.
2. 제조부문의 부문별 제조간접비 예정배부율을 구하시오.
3. 다음의 자료를 참조하여 작업 77과 작업 83의 총원가를 계산하시오.

	직접재료비	직접노무비	기계시간		직접노동시간	
			기계부문	조립부문	기계부문	조립부문
작업 77	₩10,000	₩2,200	300시간	150시간	200시간	450시간
작업 83	₩5,000	₩3,500	100시간	40시간	120시간	300시간

해답

1.

	건물관리부문	공장인사부문	원가계산부문	식당부문	창고부문	기계부문	조립부문	합계
배분전원가	₩30,000	₩6,000	₩10,455	₩9,377	₩11,000	₩45,152	₩43,016	₩155,000
보조부문원가배분액								
건물관리부문	(30,000)	900*1	1,200	4,500	5,400	10,500	7,500	
공장인사부문		(6,900)	345*2	483	552	1,380	4,140	
원가계산부문			(12,000)	600*3	840	1,800	8,760	
식당부문				(14,960)	1,360	3,400	10,200	
창고부문					(19,152)	12,768	6,384	
합계	–	–	–	–	–	₩75,000	₩80,000	₩155,000

*1 30,000 × {3,000/100,000} = 900

*2 6,900 × {5/100} = 345

*3 12,000 × {50/1,000} = 600

2.

$$\text{기계부문} = \frac{\text{예산제조간접비}}{\text{예산기계시간}} = \frac{75{,}000^{*}}{15{,}000} = ₩5/\text{기계시간}$$

$$\text{조립부문} = \frac{\text{예산제조간접비}}{\text{예산직접노동시간}} = \frac{80{,}000^{*}}{20{,}000} = ₩4/\text{직접노동시간}$$

* 자체부문비 뿐만 아니라 보조부문원가 배분액이 포함되는 것에 주의해야 한다.

3.

	직 접	직 접	제조간접비 배부			
	재료비	노무비	기계부문	조립부문	계	총원가
작업 77	₩10,000	₩2,200	₩1,500*1	₩1,800*2	₩3,300	₩15,500
작업 83	₩5,000	₩3,500	₩500	₩1,200	₩1,700	₩10,200

*1 5 × 300 = ₩1,500

*2 4 × 450 = ₩1,800

해설

요구사항1의 풀이에서

(1) 공장인사부문이 배분할 원가는 자체부문비 ₩6,000에다 건물관리부문으로부터 배분받은 ₩900을 합한 ₩6,900이다. 또한 공장인사부문의 경우 가장 적절한 배분기준은 종업원수인데 배분을 위한 총적수가 되는 인원은 100이다. 왜냐하면 건물관리부문의 종업원수 2명과 공장인사부문의 종업원수 3명이 제외되기 때문이다. 그 이유는 건물관리부문의 경우는 이미 배분이 끝났으므로 재배분이 허용되지 않기 때문이고 공장인사부문의 경우에는 자기부문소비용역이기 때문이다.

(2) 제조간접비는 궁극적으로 모두 제조부문에 집계되는데 제조부문인 기계부문과 조립부문에 집계된 원가의 합(₩75,000+₩80,000)이 공장전체 제조간접비 ₩155,000과 일치하므로 계산결과가 맞았다는 것을 알 수 있다.

문 5 상호배분법과 부문별 원가계산

㈜아라는 두 개의 보조부문(전력, 수선)과 두 개의 제조부문(압출, 절단)으로 구성되어 있으며 다음 자료를 바탕으로 내년의 제품원가계산을 하려고 한다.

구 분	전력부문	수선부문	압출부문	절단부문
간접재료비	₩10,000			
간접노무비	40,000	₩80,000		
기타제조경비	50,000	200,000	₩240,000	₩286,000
합계	₩100,000	₩280,000	₩240,000	₩286,000
기계시간			4,000시간	8,000시간
직접노동시간	200시간	300시간	300시간	500시간
전력공급량	500kwh	200kwh	800kwh	600kwh

전력부문과 수선부문의 원가는 다음의 배부기준을 이용하여 배부할 예정이다.

	배부기준
전력부문	전력공급량
수선부문	직접노동시간

[요구사항]

1. 배부기준으로 기계시간을 사용할 경우 공장전체제조간접비 배부율은 얼마인가?
2. 상호배분법을 사용하여 보조부문의 비용을 제조부문에 배분하시오.
3. 요구사항 2를 기초로 제조부문별 제조간접비 예정배부율을 산정하시오. 단, 배부기준으로 압출부문은 기계시간, 절단부문은 직접노동시간을 사용한다.
4. 요구사항 2, 3을 기초로 압출부문과 절단부문을 통과한 제품K의 단위당 원가를 구하시오. 단, 제품K 500단위가 소비한 용역은 다음과 같다.

	압출부문	절단부문
기계시간	2,000	1,000
직접노동시간	150	400
전력소비량	200	100

한편, 제품K 500단위의 직접재료비는 ₩250,000이고, 직접노무비는 ₩150,000이다.

해답

1. 공장전체제조간접비배부율 $= \dfrac{906,000}{12,000\text{시간}} =$ ₩75.5/기계시간

2.

(1) 용역제공비율

	보조부문		제조부문	
	전력(S_1)	수선(S_2)	압출(A)	절단(B)
S_1	–	0.125*1	0.5	0.375
S_2	0.2*2	–	0.3	0.5

*1 $\frac{200}{200 + 800 + 600} = 0.125$

*2 $\frac{200}{200 + 300 + 500} = 0.2$

(2) 보조부문원가의 배부

	보조부문		제조부문		
	전력(S_1)	수선(S_2)	압출(A)	절단(B)	합계
배부전원가	₩100,000	₩280,000	₩240,000	₩286,000	₩906,000
배 부 : S_1	(160,000)*1	20,000	80,000*2	60,000	0
S_2	60,000	(300,000)*1	90,000*3	150,000	0
합 계	0	0	₩410,000	₩496,000	₩906,000

*1 $S_1 = 100{,}000 + 0.2S_2$

$S_2 = 280{,}000 + 0.125S_1$

$S_1 = 100{,}000 + 0.2(280{,}000 + 0.125S_1)$

$\therefore S_1 = 160{,}000$

$\therefore S_2 = 300{,}000$

*2 $160{,}000 \times 0.5 = 80{,}000$

*3 $300{,}000 \times 0.3 = 90{,}000$

3.

	압출부문	절단부문
제조간접비	410,000	496,000
기계시간	÷ 4,000시간	
직접노동시간		÷ 500시간
	₩102.5	₩992

4.

직접재료비			₩250,000
직접노무비			150,000
제조간접비	압출부문 : 2,000기계시간 × 102.5 =	₩205,000	
	절단부문 : 400직접노동시간 × 992 =	396,800	601,800
총제조원가			1,001,800
제품생산량			÷ 500단위
단위당원가			₩2,003.6

해설

1. 제조부문별 제조간접비배부율을 산정하기 위해서는 먼저 보조부문원가가 제조부문에 배분되어야 한다. 본 문제의 경우 상호배분법에 의하여 보조부문원가가 제조부문에 먼저 배분되어야 한다. 그리고 나서 각 제조부문에서 발생한 제조간접비와 보조부문에서 배분받은 제조간접비를 합하여 제조부문별 제조간접비배부율을 산정한다.
2. 제조부문별 제조간접비배부율을 이용하여 제조간접비를 제품에 배부할 때 원가동인수에 주의하여야 한다. 본 문제의 경우 압출부문의 배부기준은 기계시간이므로 압출부문에서 사용한 기계시간을 기준으로 압출부문의 제조간접비를 제품에 배부하여야 한다. 절단부문에서 사용한 기계시간은 압출부문의 제조간접비를 배분하는 것과 무관하다. 그리고 절단부문의 제조간접비를 제품에 배부할 때는 절단부문에서 사용한 직접노동시간을 기준으로 배부하여야 한다. 압출부문에서 사용한 직접노동시간은 절단부문의 제조간접비를 제품에 배분하는 것과 무관하다.

문 6 단계배분법과 이중배분율법

㈜원재는 조립과 포장의 두 생산부문과 동력과 수선의 두 보조부문으로 구성되어 있다. 내년도 각 부분의 예상비용과 운영자료는 다음과 같으며 이는 생산부문의 제조간접비 예정배분율을 산정하기 위해 마련된 것이다.

구분	동력부문	수선부문	조립부문	포장부문
직접노무비	–	–	₩30,000	₩40,000
수선관련노무비	–	₩5,000	–	–
직접재료비	–	–	50,000	80,000
수선관련재료비(변동비)	–	7,536	–	–
동력관련재료비(변동비)	₩3,630	–	–	–
기타간접비(고정비)	7,500	6,000	104,000	155,000
합계	₩11,130	₩18,536	₩184,000	₩275,000
직접노무시간	–	–	6,000시간	10,000시간
전력공급량				
현재전력공급량	300kw	800kw	3,800kw	6,400kw
장기전력공급량	300kw	1,000kw	6,000kw	8,000kw
점유면적	800m^3	1,500m^3	8,000m^3	12,000m^3

㈜원재는 제품의 원가를 산정하기 위해 변동비와 고정비를 구분하여 단계법(동력부문, 수선부문 순서)을 사용하여 보조부문의 비용을 생산부문에 배분하고 있다.
보조부문비 배분기준은 다음과 같다.

	원가행태	배분기준
동 력 부 문	변동비	현재 전력공급량
	고정비	장기 전력공급량
수 선 부 문	변동비	직접노무시간
	고정비	점유면적(m^2)

[요구사항]

1. 단계배분법을 사용하여 보조부문의 비용을 생산부문에 배분하시오.
2. 각 생산부문(조립, 포장)의 제조간접비 예정배부율을 산정하시오. 제조간접비 예정배부율산정시 각 부문의 배부기준으로는 직접노무시간을 사용하시오. 단, 소수점 셋째자리에서 반올림하여 둘째자리까지 계산할 것.

해답

1. 단계배분법에 의한 보조부문의 원가배분

(1) 배분비율

구 분	동력부문	수선부문	조립부문	포장부문
동력부문－변동비	－	800/11,000	3,800/11,000	6,400/11,000
수선부문－변동비	－	－	6,000/16,000	10,000/16,000
동력부분－고정비	－	1,000/15,000	6,000/15,000	8,000/15,000
수선부문－고정비	－	－	8,000/20,000	12,000/20,000

(2) 보조부문원가의 배분(단계배분법)

구 분		동력부문	수선부문	조립부문	포장부문	합 계
배분전	원가	11,130	18,536	104,000	155,000	288,666
변동비	동력부문	(3,630)	264*1	1,254	2,112	
	수선부문		(12,800)*2	4,800*3	8,000	
고정비	동력부문	(7,500)	500*4	3,000	4,000	
	수선부문		(6,500)*5	2,600*6	3,900	
		0	0	115,654	173,012	288,666

*1 3,630 × (800/11,000) = 264

*2 5,000(노무비) + 7,536(재료비) + 264(동력부문에서 배분받은 것) = 12,800

*3 12,800 × (6,000/16,000) = 4,800

*4 7,500 × (1,000/15,000) = 500

*5 6,000(기타간접비) + 500(동력부문에서 배분받은 것) = 6,500

*6 6,500 × (8,000/20,000) = 2,600

2. 부문별 제조간접비 예정배부율

(1) 조립부문 : ₩115,654 ÷ 6,000시간 = ₩19.28

(2) 포장부문 : ₩173,012 ÷ 10,000시간 = ₩17.30

문 7 복잡한 부문별 원가계산

㈜경은의 이천공장에서는 두 종류의 자동차 엔진용 회전장치 R361과 R572를 생산하고 있다. 당기 생산량은 R361은 500,000개, R572는 400,000개 이며, 공장의 제조간접비는 다음과 같은 4개의 원가 집합으로 추적하여 배부한다.

원가집합	제조간접비	원가동인
S_1(준비 · 관리)	₩1,176,000	직접노무비
S_2(수선 · 유지)	1,120,000	기계시간
P_1(주조)	480,000	–
P_2(기계)	780,000	–
	₩3,556,000	

현재 원가계산시스템은 보조부문 S_1과 S_2의 원가를 직접노무비와 기계시간을 기준으로 두 제조부문 P_1과 P_2에 배분하고, P_1과 P_2에 집계된 원가는 직접노동시간을 기준으로 각 제품에 배부한다. 두 제조부문의 제조간접비배부율은 각각 별도로 계산하며, P_1과 P_2에서 발생하는 직접노무비 임률은 각각 직접노동시간당 ₩15, ₩18이다. 한편, 단위당 직접재료비는 R361은 ₩8, R572는 ₩10이다. 다음의 두 제품의 생산과 관련된 자료이다.

부 문	직접노동시간			직접노무비
	R361	R572	합 계	
P_1(주조)	60,000	20,000	80,000	₩1,200,000
P_2(기계)	72,000	48,000	120,000	2,160,000
합 계	132,000	68,000	200,000	₩3,360,000

부 문	기계시간		
	R361	R572	합 계
P_1(주조)	30,000	10,000	40,000
P_2(기계)	72,000	48,000	120,000
합 계	102,000	58,000	160,000

[요구사항]

1. 보조부문원가를 제조부문에 배분하시오.
2. 제조부문원가를 제품에 배분하시오.
3. 제품별 총원가를 계산하시오.

해답

1. 보조부문원가를 제조부문에 배분

	P1		P2	
		480,000		780,000
S_1 :	$1,176,000 \times \frac{120}{336} =$	420,000	$1,176,000 \times \frac{216}{336} =$	756,000
S_2 :	$1,120,000 \times \frac{40}{160} =$	280,000	$1,120,000 \times \frac{120}{160} =$	840,000
		1,180,000		2,376,000

2. 제조부문원가를 제품에 배분

	R361		R572	
P_1 :	$1,180,000 \times \frac{60}{80} =$	885,000	$1,180,000 \times \frac{20}{80} =$	295,000
P_2 :	$2,376,000 \times \frac{72}{120} =$	1,425,600	$2,376,000 \times \frac{48}{120} =$	950,400
		2,310,600		1,245,400

3. 총제품원가

	R361		R572	
직접재료비 :	500,000 × 8 =	4,000,000	400,000 × 10 =	4,000,000
직접노무비 :	60,000 × 15 =	900,000	20,000 × 15 =	300,000
	72,000 × 18 =	1,296,000	48,000 × 18 =	864,000
제조간접비 :		2,310,600		1,245,400
		8,506,600		6,409,400

문 8 공통원가의 배분

케이블TV사업부, 인터넷사업부, 홈쇼핑사업부로 구성된 ㈜영선은 20×1년 사업연도 종료 후 사업부별 성과평가 보고서를 작성중이다. 사업부의 성과평가에 있어서 본사공통비의 배부는 매년 논란의 대상이 되어 왔다. 20×1년도 각 사업부별 성과 및 기타 자료는 다음과 같다.

	케이블TV	인터넷	홈쇼핑	합계
매 출 액	₩8,000,000	₩16,000,000	₩8,000,000	₩32,000,000
영업비용	3,000,000	15,000,000	7,000,000	25,000,000
영업이익 (본사공통비 차감 전)	₩5,000,000	₩1,000,000	₩1,000,000	₩7,000,000
자 산 비 율	56%	24%	20%	100%
종업원수(명)	1,500	2,000	1,500	5,000

현재 회사는 본사공통비를 하나의 원가집합(cost pool)에 집계하여 각 사업부의 실제매출액을 기준으로 배부하고 있다. 각 사업부의 부서장은 사업부의 이익에 의해 성과를 평가받는데 각 사업부의 이익은 본사공통비 차감 전 영업이익에서 본사공통비 배부액을 차감하여 결정한다.

회사는 매년 논란의 대상이 되어 왔던 본사공통비 배부에 새로운 방법을 도입하고자 현재 두 가지의 대안을 고려하고 있다. 두 가지 대안 중 첫 번째 대안은 본사공통비를 비용항목의 성격에 따라 복수의 원가집합에 집계하여 각 사업부에 배부하는 것이고, 두 번째 대안은 개별 비용항목을 원가동인에 기초하여 각 사업부에 배부하는 것이다. 20×1년도 본사공통비 비용항목, 실제발생금액, 새로운 대안 중 첫 번째 대안에 의한 원가집합, 그리고 각 원가집합의 배부기준은 다음과 같다.

비용항목	실제발생금액	원가집합	배부기준
이 자 비 용	₩925,000	#1원가집합	자산비율
본사임원급여	350,000		
회 계 비 용	310,000		
콜 센 터 비 용	200,000	#2원가집합	사업부매출액
법 률 자 문 비	340,000		
연 구 개 발 비	400,000		
홍 보 비	175,000	#3원가집합	본사공통비 차감 전 영업이익
인 사 부 문 비	500,000	#4원가집합	종업원수
합 계	₩3,200,000		

[요구사항]

1. 사업부의 실제매출액에 기초하여 본사공통비를 배부하는 경우 각 사업부의 본사공통비 배부액 차감 후 이익을 구하시오.
2. 회사가 고려하고 있는 새로운 대안 중 첫 번째 대안에 의해서 본사공통비를 복수의 원가집합을 사용하여 배부하는 경우 각 사업부의 본사공통비 배부액 차감 후 이익을 구하시오.
3. 본사공통비 비용항목 중 콜센터비용은 5명의 상담원에 대한 급여이다. 각 상담원은 하루에 8시간, 연간 250일 근무하며 각 상담원은 연간 ₩40,000의 고정급여를 지급 받는다. 한 건의 상담에는 평균 12분이 소요된다. 20×1년도 회사의 전체 고객 수는 총 800,000명이었으며 콜센터는 모두 40,000건의 상담을 수행하였다. 20×1년에 발생한 유휴 콜센터시간(상담가능시간)과 유휴 콜센터비용은 얼마인가?
4. 기존의 본사공통비 배부방법에 대한 대안으로 회사가 고려하고 있는 대안 중에서 두 번째 대안은 본사공통비 항목을 각각의 배부기준에 의해서 사업부에 배부하는 것이다. 이 경우 콜센터비용은 사업부의 실제 상담 건수에 의해서 배부한다. 따라서 이 대안을 채택한다면 회사는 콜센터비용으로 20×1년의 상담에 대해서 건당 ₩5씩 배부하게 된다. (₩200,000 ÷ 40,000건 = ₩5/건) 현재 회사는 콜센터를 본사에 두고 운영하고 있어서 콜센터의 서비스에 대한 고객들의 불만이 발생하고 있다. 이에 회사는 콜센터를 사업부별로 운영하고자 한다. 고객은 본사 콜센터와 사업부별 콜센터를 선택하여 이용할 수 있다. 이 경우 20×2년의 본사 콜센터의 상담 건수는 25,000건으로 감소할 것으로 예상된다. 20×2년에 콜센터 상담원의 수와 급여를 기존과 같이 유지하는 경우, 앞에서 구한 20×1년 상담 건당 ₩5의 배부율을 정한 방식과 동일한 방법으로 20×2년도 배부율을 결정하면 얼마가 되겠는가? 또한 사업부 부서장은 이 배부율에 대해서 어떠한 반응을 보이겠는가?

해답

1.

	케이블TV	인터넷	홈쇼핑
배분전 영업이익	5,000,000	1,000,000	1,000,000
본사공통비 배분	800,000*1	1,600,000	800,000
배분후 영업이익	4,200,000	(600,000)	200,000

*1 3,200,000×8,000,000/32,000,000 = 800,000

2.

	케이블TV	인터넷	홈쇼핑
차감전 영업이익	5,000,000	1,000,000	1,000,000
본사공통비 배분			
#1 원가집합	518,000*[1]	222,000	185,000
#2 원가집합	400,000*[2]	800,000	400,000
#3 원가집합	125,000*[3]	25,000	25,000
#4 원가집합	150,000*[4]	200,000	150,000
차감후 영업이익	3,807,000	(247,000)	240,000

*[1] 925,000×0.56 = 518,000

*[2] 1,600,000×8,000,000/32,000,000 = 400,000

*[3] 175,000×5,000,000/7,000,000 = 125,000

*[4] 500,000×1,500/5,000 = 150,000

3.

(1) 유휴 콜센터시간

최대근무시간	5×8×250 =	10,000시간
현재근무시간	40,000×12/60 =	8,000시간
유휴 콜센터시간		2,000시간

(2) 유휴 콜센터비용

200,000×2,000/10,000 = 40,000

4.

(1) 상담건당 콜센터비용 배부율 : 200,000÷25,000 = 8

(2) 본사의 미사용자원원가를 사업부별로 배분받아야 하므로 사업부 부서장은 이 방법에 대하여 부정적인 반응을 보일 것이다.

PART

04 개별원가계산

제1절 개별원가계산의 기초
제2절 실제개별원가계산
제3절 정상개별원가계산

제4장

개별원가계산

제 1 절 개별원가계산의 기초

기업이 제품을 생산하는 형태에 따라 원가계산방법이 다르다. 조선업, 건설업, 항공기산업 등과 같이 특정제품을 주문생산 하는 기업에서는 개별 제품별로 일일이 원가계산을 하는 개별원가계산을 적용하고, 정유업, 화학공업, 제지업 등과 같이 동종제품을 연속·대량생산하는 기업에서는 종합원가계산을 적용한다. 즉, 주문생산 하는 기업에서는 각 주문별로 원가를 집계하여 제품원가와 재공품원가를 산정하는 개별원가계산을 적용하고, 시장생산 하는 기업에서는 각 제품별로 일일이 원가계산을 하는 것이 비효율적이므로 일정기간 동안에 발생한 원가를 완성품과 재공품에 배분하여 원가계산을 하는 종합원가계산을 적용한다. 이하에서는 개별원가계산을 설명하고 종합원가계산은 제4장에서 설명하기로 한다.

1. 의의와 목적

(1) 의 의

개별원가계산에서는 제품마다 그 종류, 모양, 크기 등이 서로 다르기 때문에 개별 작업별로 원가를 구분하여 계산한다. 개별원가계산은 고객의 요구에 따라 소량으로 주문생산 하는 제조업에서 흔히 볼 수 있으며, 작업내용을 명확히 구분할 수 있는 회계법인이나 법률법인 등과 같은 서비스업에도 적용할 수 있다. 여기서 작업이란 투입되는 원재료나 노동력을 구분하여 인식할 수 있는 단위를 말하며, 이는 하나의 제품으로 구성될 수도 있고, 동종의 여러 제품(제품군)으로 구성될 수도 있다. 예를 들어 선박을 만드는 회사에서 다음과 같은 3가지 주문을 받았다고 가정하자.

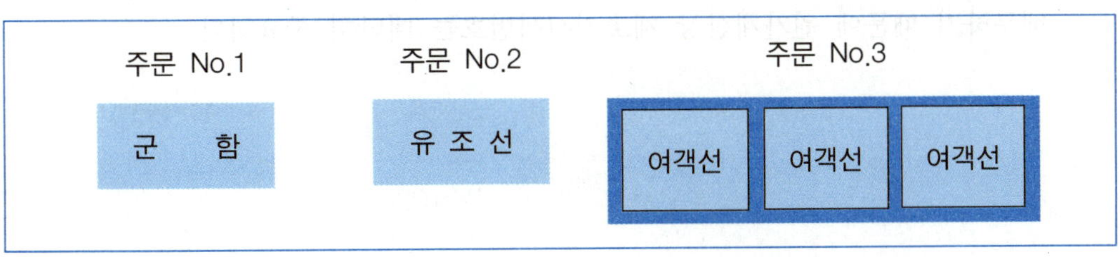

군함과 유조선은 작업내용이 다르므로 각각 별도의 작업으로 분류하여 원가를 집계한다. 그러나 여객선은 동일한 작업을 수행하는 것이므로 하나의 작업으로 분류하여 원가를 집계한 후에 생산량으로 나누어서 단위당 원가를 산정한다.

개별원가계산에서 원가집계의 대상이 되는 것은 각종의 개별 제품(작업)이며, 제품제조의 착수와 동시에 원가계산이 시작되어 제품의 완성과 함께 제품원가가 확정된다. 개별원가계산에서는 각각의 제품별로 제조를 지시하는 제조지시서(job－order)를 사용하고 있기 때문에 이 서류의 번호가 각각의 제품을 대표하게 되며, 원가를 집계하기 위하여 각 작업별로 작업원가표가 작성된다. 원가가 발생할 때마다 제조직접비와 제조간접비로 구분하여 제조직접비는 제조지시서별로 작성되는 각 작업원가표(job－cost sheet)에 직접 부과하고, 제조간접비는 부문별 원가계산에 따라 각 작업원가표에 배부하여 제품별로 원가를 계산한다.

(2) 목 적

개별원가계산은 각 개별작업에 직접재료비, 직접노무비 및 제조간접비를 보다 정확하게 관련시켜, 수익과 비용을 적절히 대응시킴으로써 경영자의 관리적 의사결정에 유용한 정보를 제공하기 위한 것이다. 개별원가계산의 경우에는 일반적으로 제품의 단위당 원가가 매우 크기 때문에 동종제품을 연속·대량생산하는 종합원가계산에서보다 원가계산의 정확성이 더 중요하다.

2. 개별원가계산의 주요 서류

(1) 제조지시서(= 제조지령서, 작업지시서)

제조지시서(job－order)는 제품을 어떤 사양으로 만들지를 명령하는 서류이다. 이는 작업현장에 내리는 제조명령을 기재한 서식으로 보통 생산부문에서 작성한다. 제조지시서는 반드시 주문받은 제품별로 1매씩 작성하는 것이 원칙이며, 직접비는 제조지시서별로 직접 부과하고, 제조간접비는 일단 별도로 집계한 후에 제조지시서별로 배부하기 때문에 원가계산상 제조지시서번호는 대단히 중요하다.

(2) 작업원가표(= 개별원가계산표)

작업원가표(job-cost sheet)는 원가를 집계하는 서류이다. 즉, 제조지시서에 따라 작업이 수행됨에 따라 회계부문에서 개별작업별로 원가를 기록하고 집계하는 서식이다. 작업원가표도 제조지시서와 마찬가지로 제품별(작업별)로 1매씩 작성한다. 제조원가 중 직접재료비와 직접노무비는 개별작업과의 인과관계에 따라 직접대응시킬 수 있기 때문에 발생시점에서 작업원가표에 기록되지만 제조간접비는 개별작업과 인과관계에 따라 직접대응시킬 수 없기 때문에, 실제개별원가계산에서는 기말에 적정한 기준에 의해 배부된 금액을 작업원가표에 기록한다.

작업원가표

작업번호	#101		
품 목	여객선	생 산 량	3대
시 작 일	20×1. 2. 1	완 성 일	20×1. 9. 30

일 자	직접재료비		직접노무비		제조간접비	합계
	수 량	금 액	작업시간	금 액		
20×1. 2. 6						
20×1. 5. 20						
20×1. 6. 15						
20×1. 9. 25						
		↑ 재료출고청구서		↑ 작업전표	↑ 제조간접비배부표	

(3) 기타서류

① 재료출고청구서

작업현장에서 재료출고를 창고부문에 요청할 때 사용하는 서류이다. 재료출고청구서는 직접재료비를 각각의 작업원가표에 배부하기 위한 기초자료가 된다.

② 작업전표

종업원별로 각 작업(제조지시서)에서 일한 작업시간을 기록하는 서류이다. 작업전표는 직접노무비를 각각의 작업원가표에 배부하기 위한 기초자료가 된다.

③ 제조간접비 배부표

제조간접비를 각각의 제품에 배부하기 위하여 작성하는 표이다.

(4) 문서의 흐름

위에서 설명한 문서의 흐름을 도표로 나타내면 다음과 같다. 즉, 주문을 접수받으면 생산부문에서는 제조지시서를 발행하고, 제조지시서에 의해 작업이 진행됨에 따라 재료출고청구서에 의해 직접재료비소비액이 작업전표에 의해 직접노무비소비액이 작업원가표에 집계가 된다. 그리고 여러 작업에 공통으로 발생한 제조간접비는 별도로 집계한 후에 제조간접비배부표에 의하여 각각의 작업원가표에 배분된다. 완성된 제조지시서의 작업원가표에 집계된 금액은 당기제품제조원가(제품원가)가 되고 미완성된 제조지시서의 작업원가표에 집계된 금액은 기말재공품원가가 된다.

개별원가계산의 문서흐름

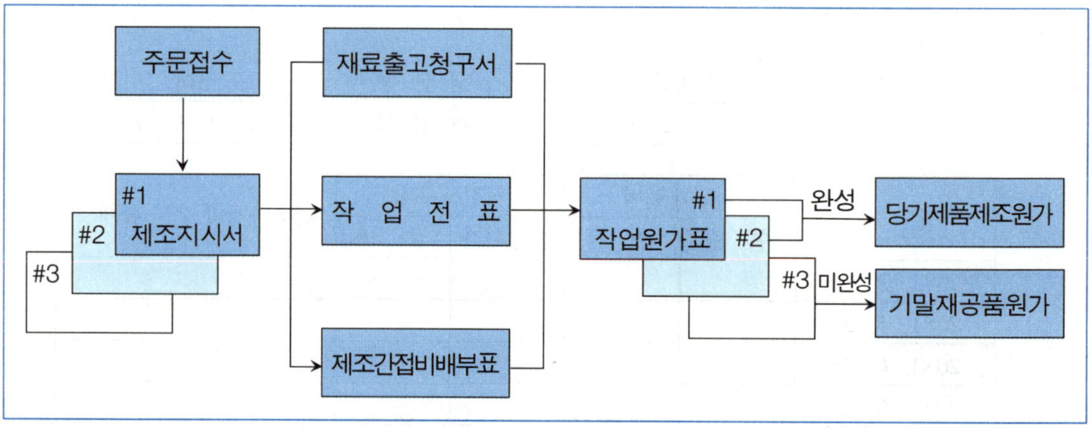

제 2 절 실제개별원가계산

원가측정방법에 따라 원가계산제도는 다음과 같이 분류할 수 있다.

원가요소	실제원가계산	정상원가계산	표준원가계산
직접재료비	실제원가	실제원가	표준원가
직접노무비	실제원가	실제원가	표준원가
제조간접비	실제조업도×실제배부율	실제조업도×예정배부율	표준조업도×표준배부율

원가요소에는 직접재료비, 직접노무비 및 제조간접비가 있고 이들 원가요소의 측정방법에 따라 원가계산제도는 실제원가계산, 정상원가계산 및 표준원가계산으로 분류된다. 실제원가계산에서는 모든 원가요소의 실제발생액을 측정하여 제품원가를 계산하고, 표준원가계산에서는 모든 원가요소의 표준설정액으로 제품원가를 계산한다. 그리고 정상원가계산에서는 직접재료비와 직접노무비는 실제발생액으로 측정하고 제조간접비는 예정배부액으로 측정하여 제품원가를 계산한다. 원가의 측정방법이 다르다는 것은 측정시점이 다르다는 것을 의미한다. 즉, 실제원가계산은 실제발생액이 확인되는 시점(사용시점 또는 기말시점)에서 원가를 측정하고, 표준원가계산은 실제발생액이 확인되지 않아도 사전에 설정한 표준원가에 의해서 미리 원가를 계산한다.

1. 의 의

실제개별원가계산은 직접재료비, 직접노무비는 실제 발생과 동시에 인과관계에 따라 제조지시서별 작업원가표에 직접 부과하고, 제조간접비는 매월 작업이 끝난 후에 집계된 실제제조간접비를 제조간접비 실제배부율을 이용하여 제품별로 배부하는 원가계산방식이다.

2. 제조간접비 배부절차

실제개별원가계산에서는 다음과 같은 절차에 따라 제조간접비를 배부한다.

① 실제발생한 제조간접비를 집계한다.
매월 또는 매년 말에 실제발생한 제조간접비를 집계한다.

② 제조간접비 배부기준을 설정한다.
제조간접비 배부기준으로는 생산량, 직접노동시간, 기계작업시간, 원재료 소비량 등이 사용될 수 있다. 다양한 배부기준 중에서 가장 합리적인 배부기준을 설정한다.

③ 제조간접비 실제배부율을 산정한다
①에서 구한 실제발생한 제조간접비를 ②에서 정한 배부기준(실제조업도)으로 나누어 실제배부율을 산정한다.

$$\text{제조간접비 실제배부율(AR)} = \frac{\text{매월 실제제조간접비}}{\text{매월 실제조업도}}$$

④ 제조간접비를 각 제품에 배부한다.

제조간접비 배부액 = 각 제품별 실제조업도 × 제조간접비 실제배부율

위 식의 '각 제품별 실제조업도'란 제조간접비 배부기준으로 정한 생산량이나 직접노동시간, 기계작업시간 등의 실제 발생량을 말한다. 예를 들어 배부기준으로 직접노동시간을 정한 경우에는 당월에 발생한 실제 직접노동시간이 실제조업도가 되고, 배부기준으로 기계작업시간을 정한 경우에는 당월에 발생한 실제 기계작업시간이 실제조업도가 된다.

3. 실제원가계산의 장 · 단점

실제원가계산은 실제로 원가가 발생한 시점에서 원가를 측정하여 제품원가를 계산하므로 원가정보의 신뢰성이 높다는 장점이 있다. 그러나 원가관리 측면에서는 다음과 같은 문제점이 있다.

- 기말에 실제발생한 제조간접비를 집계해야만 제품원가계산을 할 수 있기 때문에 신속한 제품원가계산이 이루어지지 않는다.
- 동일한 작업에 배부되는 제조간접비가 월별, 계절별로 차이가 발생하여 동일한 제품이라도 월별, 계절별로 단위당 원가가 상이하다.

예 제 1 실제개별원가계산

㈜다락은 20×1년 1월에 처음 영업을 개시하였다. 직접노무비를 기준으로 제조간접비를 배부하는 실제개별원가계산을 적용하고 있으며, 20×1년 1월에 발생한 거래는 다음과 같다.

① 원재료 ₩600,000을 현금으로 매입하였다.

② 제품생산을 위하여 다음과 같이 재료를 출고하였다.

제조지시서 #101	₩250,000
제조지시서 #102	150,000
간접재료비	100,000

③ 노무비 발생액은 다음과 같으며 현금으로 지급하였다.

제조지시서 #101	₩200,000
제조지시서 #102	300,000
간접노무비	200,000

④ 1월 중 발생한 기타 제조원가는 다음과 같으며 전액 미지급된 상태이다.

기계장치감가상각비	₩650,000
보 험 료	12,000
복 리 후 생 비	20,000
수 도 광 열 비	18,000

한편, 1월말 현재 제조지시서 #101은 완성되어 판매되었으며 제조지시서 #102은 미완성되었다.

[요구사항]

1. 제조간접비 실제배부율을 산정하시오.
2. 위의 거래와 관련된 모든 분개를 하시오.
3. 20×1년 1월말 현재 기말재고자산과 매출원가는 각각 얼마인가?

해답

1.

제조간접비 실제배부율 : $\frac{1{,}000{,}000^{*}}{200{,}000+300{,}000} = 2$

* 100,000 + 200,000 + 650,000 + 12,000 + 20,000 + 18,000 = 1,000,000

☞ 당월에 실제발생한 제조간접비를 당월에 실제발생한 직접노무비(배부기준)로 나누어서 실제배부율을 산정한다. 간접재료비와 간접노무비도 제조간접비임에 주의하여야 한다.

2.

		차변 계정	금액		대변 계정	금액
①	(차)	원 재 료	600,000	(대)	현 금	600,000
②	(차)	재공품(#101)	250,000	(대)	원 재 료	500,000
		재공품(#102)	150,000			
		간 접 재 료 비	100,000			
③	(차)	재공품(#101)	200,000	(대)	현 금	700,000
		재공품(#102)	300,000			
		간 접 노 무 비	200,000			
④	(차)	감 가 상 각 비	650,000	(대)	감가상가누계액	650,000
		보 험 료	12,000		미 지 급 비 용	50,000
		복 리 후 생 비	20,000			
		수 도 광 열 비	18,000			

	차변	금액		대변	금액
⑤ (차)	제조간접비	1,000,000	(대)	간접재료비	100,000
				간접노무비	200,000
				감가상각비	650,000
				보 험 료	12,000
				복리후생비	20,000
				수도광열비	18,000
⑥ (차)	재공품(#101)	400,000*1	(대)	제조간접비	1,000,000
	재공품(#102)	600,000*2			

*1 200,000(#101의 직접노무비) × 2 = 400,000

*2 300,000(#102의 직접노무비) × 2 = 600,000

	차변	금액		대변	금액
⑦ (차)	제 품	850,000	(대)	재 공 품	850,000*3

*3 #101의 원가 : 250,000 + 200,000 + 400,000 = 850,000

	차변	금액		대변	금액
⑧ (차)	매출원가	850,000	(대)	제 품	850,000

3.

(1) 기말재고자산

기말원재료	600,000 − 500,000 =	₩100,000
기말재공품((#102)	150,000 + 300,000 + 300,000 × 2 =	1,050,000
기말제품		0
		₩1,150,000

(2) 매출원가

#101의 원가 : ₩850,000

제 3 절 정상개별원가계산

1. 의 의

실제원가계산에서는 실제제조간접비가 월말에 집계되기 전에는 제조간접비 실제배부율을 산정할 수 없으므로 제품이 완성되어도 월말이 되기 전에는 제품원가를 산정할 수 없다. 실제원가의 이러한 문제점을 해결하는 하나의 방법이 정상원가계산이다.

정상개별원가계산에서는 직접재료비, 직접노무비는 인과관계에 따라 제품별로 직접 부과하고, 제조간접비는 연초에 결정된 제조간접비 예정배부율(predetermined overhead rate)을 이용하여 제품별로 배분한다. 즉, 정상원가계산에서는 사전에 설정한 제조간접비배부율을 이용하여 제조간접비를 예정배부하므로 제품의 완성과 동시에 신속히 원가계산을 할 수 있다.

2. 제조간접비 배부절차

정상개별원가계산에서는 다음과 같은 절차에 따라 제조간접비를 예정배부 한다.

① 연간 예산제조간접비를 추정한다.

연간 예산제조간접비는 과거에 발생한 역사적인 원가자료를 분석하고, 가격과 기술에 있어서 예상되는 변화를 반영하여 추정한다.

② 연간 예정조업도를 추정한다.

③ 제조간접비 예정배부율을 산정한다.

①에서 추정한 연간 예산제조간접비를 ②에서 추정한 연간 예정조업도로 나누어 예정배부율을 산정한다.

$$\text{제조간접비 예정배부율(PR)} = \frac{\text{연간 예산제조간접비}}{\text{연간 예정조업도}}$$

제조간접비 예정배부율을 산정할 때는 월별 자료를 사용하지 않고 연간 자료를 사용한다. 왜냐하면 연간 자료를 사용하여야 월별, 계절별 조업도 변동으로 인한 제조간접비 배부율의 변동을 방지할 수 있기 때문이다.

④ 제조간접비를 제품에 배부한다.

$$\text{제조간접비 배부액} = \text{각 제품별 실제조업도} \times \text{제조간접비 예정배부율}$$

위 식의 '각 제품별 실제조업도'란 제조간접비 배부기준으로 정한 생산량이나 직접노동시간, 기계작업시간 등의 실제 발생량을 말한다. 정상원가계산에서 제조간접비 예정배부율은 연간 예산상의 자료를 이용하여 산정하나 배부는 실제조업도를 기준으로 한다는 것에 주의하여야 한다.

3. 정상원가계산의 장 · 단점

(1) 장 점

① 제품이 완성되어 실제조업도만 파악되면 즉시 제품원가를 계산할 수 있으므로 신속하게 제품원가계산을 할 수 있고 적시성 있는 정보를 제공할 수 있다.

② 연간 예산상의 자료를 사용하므로 월별로 제조간접비 배부율이 동일하여 동일 제품에 대하여 월별로 제조원가가 동일하다. 따라서 원가왜곡이나 수익성의 악순환이 발생하지 않는다.

③ 제조간접비 배부차이에 대한 정보는 원가관리 및 통제에 활용된다.

이 해

예를 들어 보온물통을 생산하는 회사의 경우 여름철에는 판매량이 적으므로 생산량도 적다. 이때 월별 제조간접비 실제배부율을 적용한다면 여름철에는 낮은 조업도로 인하여 제조간접비 실제배부율이 높아지고 이를 기준으로 제조간접비를 배부하면 제품원가도 높아진다. 판매가 잘 되지 않는 상황에서 제품원가까지 증가하면 판매는 더 감소하게 될 것이다. 정상원가계산은 월별로 적용되는 제조간접비 예정배부율이 동일하므로 이와 같은 실제원가계산의 문제를 완화할 수 있다.

(2) 단점

① 연초에 제조간접비 예정배부율을 결정할 때 임의성이 개입될 수 있다.

② 기말에 배부차이가 발생하면 이를 조정하는 회계처리를 하여야 하므로 회계처리 및 계산이 복잡하다.

4. 제조간접비 배부차이

정상원가계산에서는 제조간접비를 예정배부하게 되므로 실제발생액과는 차이가 나는 것이 일반적이다. 제조간접비를 예정배부하면 제조간접비계정의 차변에는 실제 발생된 제조간접비가 집계되는 반면, 제조간접비계정의 대변에는 예정배부액이 기록되므로 대차가 일치하지 않는 것이 보통이다.

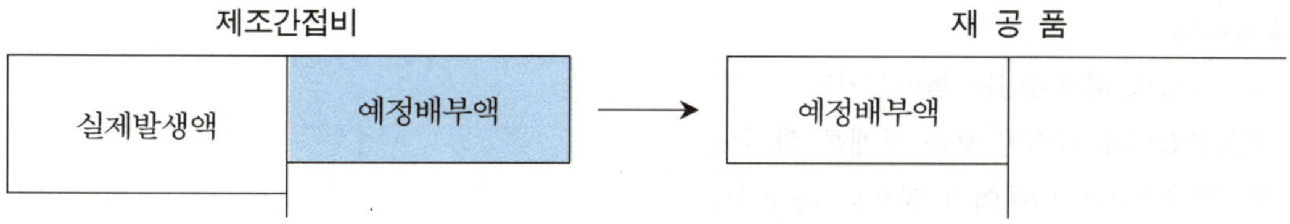

이때 제조간접비 예정배부액과 실제발생액과의 차이를 제조간접비 배부차이라 한다.

배부차이 = 실제발생액 − 예정배부액

실제발생한 제조간접비보다 예정배부한 제조간접비가 더 크면 과대(초과)배부라 하고, 실제발생한 제조간접비보다 예정배부한 제조간접비가 더 작으면 과소(부족)배부라 한다. 이를 제조간접비 계정과 연결하여 보면 다음과 같다.

(1) 과대배부가 발생하는 경우 : 실제발생액 〈 예정배부액

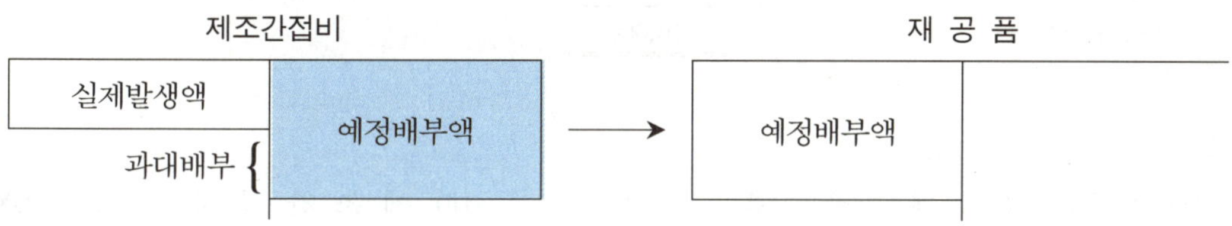

(2) 과소배부가 발생하는 경우 : 실제발생액 〉 예정배부액

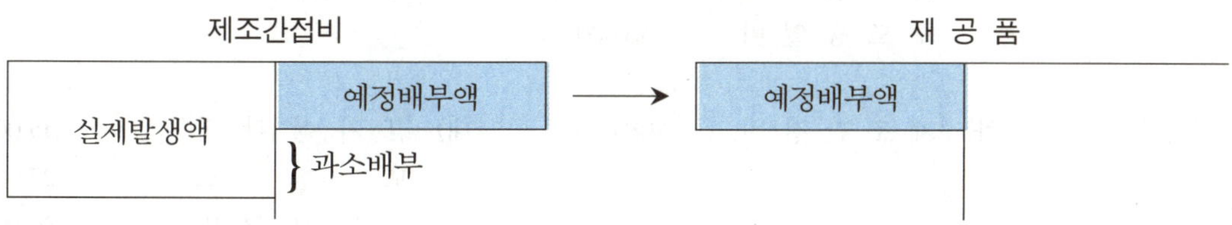

예 제 2 정상원가계산의 배부차이

㈜정선은 직접노동시간을 기준으로 제조간접비를 예정배부하는 회사이다. 연초에 예상한 당기 제조간접비는 ₩1,000,000이고 직접노동시간은 5,000시간이다. 1월에 발생한 실제 제조간접비는 총 ₩108,000(감가상각비 ₩45,000, 보험료 ₩27,000, 수도광열비 ₩36,000)이고 실제 작업한 직접노동시간은 460시간이다.

[요구사항]

1. 제조간접비 배부차이는 얼마인가?
2. 제조간접비와 관련된 모든 분개를 하시오.
   단, 현금지급은 이루어진 것으로 가정한다.
3. 제조간접비계정을 작성하시오.

해답

1. 배부차이
   (1) 제조간접비 예정배부율

$$\frac{1,000,000}{5,000} = 200/\text{직접노동시간}$$

   (2) 배부차이

실제발생액		108,000
예정배부액	460시간 × 200 =	92,000
과소배부액		16,000

2. 분개

예정배부시 :	(차)	재공품	92,000	(대)	제조간접비	92,000
실제발생시 :	(차)	감가상각비	45,000	(대)	감가상각누계액	45,000
		보험료	27,000		현금	63,000
		수도광열비	36,000			
대체시 :	(차)	제조간접비	108,000	(대)	감가상각비	45,000
					보험료	27,000
					수도광열비	36,000

3. 제조간접비계정

제조간접비

감가상각비	45,000	재공품	92,000 (예정배부액)
보험료	27,000		
수도광열비	36,000		

5. 제조간접비 배부차이의 조정

외부에 공표할 재무제표를 실제원가계산에 기초하여 작성하려면 배부차이를 재고자산과 매출원가 등에 배분하여 제조간접비 예정배부액을 실제발생액으로 수정하여야 한다. 예를 들어 예제2와 같은 상황이라고 하자.

제조간접비			
감가상각비 등	108,000	재 공 품	92,000

이 경우 제조간접비가 과소배부된 만큼 제조간접비계정 이후 계정인 기말재공품, 기말제품 및 매출원가가 과소계상되어 있다. 이를 실제원가로 조정하기 위해서는 과소계상 되어 있는 재공품, 제품 및 매출원가를 증가시키고 상대계정을 제조간접비로 하여 제조간접비계정을 마감하여야 한다. 달리 표현하면 제조간접비 배부차이로 인하여 제조간접비계정에 차변잔액(₩16,000)이 발생하므로 이를 대변에 기입하여 제조간접비계정을 마감하고 상대계정을 재공품, 제품 및 매출원가로 처리하면 된다. 따라서 예제2의 경우에는 배부차이를 다음과 같이 조정하면 된다.

배부차이 조정	(차) 재공품 등	16,000	(대) 제조간접비	16,000

배부차이를 조정하는 구체적인 방법은 다음과 같다.

무배분법	비례배분법
(1) 매출원가조정법	(4) 총원가비례법
(2) 영업외손익법	(5) 원가요소비례법
(3) 이연법	

(1) 매출원가조정법

배부차이를 전액 매출원가에서 조정하는 방법으로 과소배부된 경우에는 매출원가를 증가시키고 과대배부된 경우에는 매출원가를 감소시킨다. 물론 상대계정은 제조간접비이다. 이 방법은 배부차이가 작거나 매출원가는 크고 재고자산은 작아서 재고자산에 배분되는 금액이 작을 경우에 유용한 방법이다.

• 과소배부된 경우	(차) 매출원가	×××	(대) 제조간접비	×××
• 과대배부된 경우	(차) 제조간접비	×××	(대) 매출원가	×××

(2) 영업외손익법

배부차이를 전액 영업외손익으로 처리하는 방법으로 과소배부된 경우에는 영업외비용으로 처리하고 과대배부된 경우에는 영업외수익으로 처리한다. 과소배부된 경우에 매출원가를 증가시키는 것이나 영업외비용으로 처리하는 것은 당기순이익에 미치는 영향이 동일하다. 이 방법은 비정상적인 원인으로 인하여 배부차이가 발생하여 원가성이 없는 경우에 사용하는 방법이다.

• 과소배부된 경우	(차) 영업외비용	×××	(대) 제조간접비	×××
• 과대배부된 경우	(차) 제조간접비	×××	(대) 영업외수익	×××

(3) 이연법

월차계산 등에서 주로 이용되는 방법으로 원가차이를 별도로 회계처리하지 않고 연말까지 이연시키는 방법이다. 이 방법은 장기적 관점에서 배부차이의 순액이 '0'이 되어 소멸된다고 가정한다.

(4) 총원가비례법

배부차이를 기말재공품, 기말제품 및 매출원가의 총원가비율로 배분하는 방법이다. 이 방법은 배분시 기준금액이 되는 총원가의 비율과 총원가에 포함되어 있는 제조간접비의 비율이 같다고 가정한다. 그러므로 각각의 비율에 차이가 있는 경우에는 실제 원가와 일치하지 않는다.

• 과소배부된 경우	(차) 재 공 품	×××	(대) 제조간접비	×××
	제　　품	×××		
	매출원가	×××		
• 과대배부된 경우	(차) 제조간접비	×××	(대) 재 공 품	×××
			제　　품	×××
			매출원가	×××

(5) 원가요소비례법

배부차이를 기말재공품, 기말제품 및 매출원가에 포함된 제조간접비 배부기준(= 제조간접비)의 비율에 따라 각 계정에 배분하는 방법으로 이 방법에 의하면 실제원가계산과 동일한 결과를 얻을 수 있다. 이 방법은 총원가비율과 총원가에 포함되어 있는 제조간접비의 비율이 현저히 다를 경우에 유용하나 원가계산에 비용이 과다하게 발생한다는 문제점이 있다. 총원가비례법과 회계처리하는 방법은 같으나 배분되는 금액은 다른 것이 일반적이다.

예 제 3 정상원가계산 : 제조간접비 배부차이의 조정

㈜신혜의 20×1년 예산자료와 실제자료는 다음과 같다.

제조간접비예산	₩10,000,000
직접노무비예산	5,000,000
실제제조간접비	10,120,000
실제직접노무비	5,800,000
제조간접비배부기준	직접노무비

제조간접비 배부차이를 배분하기 전에 각 계정별 기말잔액에 포함된 직접노무비와 총원가는 다음과 같다.

	직접노무비	총원가
재 공 품	₩1,450,000	₩6,344,000
제 품	2,030,000	8,784,000
매 출 원 가	2,320,000	9,272,000

[요구사항]

1. 제조간접비 과대 또는 과소배부액은 얼마인가?
2. 총원가비례법으로 과대 또는 과소배부된 제조간접비를 배분하여 조정 후의 금액을 계산하시오.
3. 원가요소비례법을 이용해서 요구사항 2를 다시 계산하시오.

해답

1.

(1) 제조간접비 예정배부율

$$\frac{10,000,000}{5,000,000} = 2$$

(2) 배부차이

실제발생액		10,120,000
예정배부액	5,800,000 × 2 =	11,600,000
과대배부액		1,480,000

2. 총원가비례법

계 정 명	배분전 금액	배분비율	배분액	배분후 금액
재 공 품	6,344,000	26%	(384,800)	5,959,200
제 품	8,784,000	36%	(532,800)	8,251,200
매 출 원 가	9,272,000	38%	(562,400)	8,709,600
합 계	24,400,000	100%	(1,480,000)	22,920,000

3. 원가요소비례법

계 정 명	배분전금액	배부기준	배분비율	배분액	배분후금액
재 공 품	6,344,000	1,450,000	25%	(370,000)	5,974,000
제 품	8,784,000	2,030,000	35%	(518,000)	8,266,000
매 출 원 가	9,272,000	2,320,000	40%	(592,000)	8,680,000
합 계	24,400,000	5,800,000	100%	(1,480,000)	22,920,000

해설

1. 과대배부액은 각 계정에서 차감하여 조정한다.
2. 직접노무비를 기준으로 제조간접비를 예정배부하므로 기말재공품, 기말제품 및 매출원가에 포함된 제조간접비 예정배부액은 직접노무비 금액에 비례한다. 즉, 기말재공품, 기말제품 및 매출원가에 포함된 직접노무비의 비율은 1,450 : 2,030 : 2,320 이고 제조간접비 예정배부액의 비율은 2,900 : 4,060 : 4,640 이다. 따라서 이 문제에서 원가요소비례법으로 배부차이를 각 계정에 배분할 때에는 각 계정에 포함된 직접노무비를 기준으로 배분하면 된다. 물론 배부된 제조간접비를 기준으로 배부차이를 배분해도 결과는 같으나 이 문제에서는 직접노무비를 기준으로 배분하는 것이 더 간편하다.

6. 관련 한국채택국제회계기준 내용[3)]

한국채택국제회계기준(K－IFRS)에서는 자가제조하는 재고자산인 제품, 재공품 등의 취득원가는 원재료의 매입원가와 전환원가의 합계로 산정하도록 규정하고 있다. 전환원가(conversion cost)는 직접노무비와 제조간접비로 구성되며, 제조간접비는 변동제조간접비와 고정제조간접비로 구분할 수 있다. 변동제조간접비는 생산량에 따라 총원가는 변하지만 단위당 원가는 일정하므로 생산설비의 실제 사용(실제조업도)에 기초하여 원가를 배분하여도 제품의 단위당 원가는 왜곡되지 않는다. 그러나 고정제조간접비는 생산량에 따라 총원가는 변하지 않지만 단위당 원가는 변하기 때문에 생산설비의 실제 사용(실제조업도)에 기초하여 원가를 배분하는 경우 실제조업도가 비정상적이면 제품의 단위당 원가가 중요하게 변동되고 왜곡될 수 있다. 그래서 K－IFRS에서는 이를 방지하기 위하여 고정제조간접비를 생산설비의 정상조업도에 기초하여 재고자산 원가로 배부하는 것을 원칙으로 정하고 있다. 다만 이렇게 고정제조간접비를 배부하면 특정연도의 실제조업도가 정상조업도에 미달하거나 초과하는 경우에는 재고자산에 배부된 원가와 고정제조간접비 실제발생액에 차이가 발생하므로 이를 처리하기 위한 규정이 필요하다. 그래서 K－IFRS에서는 특정연도에 실제조업도가 낮아서 재고자산에 배부된 원가가 고정제조간접비 실제발생액에 미달하는 경우에는 그 차액을 발생한 기간의 비용으로 즉시 인식하고, 특정연도의 실제조업도가 높아서 재고자산에 배부된 원가가 실제 투입원가를 초과하는 경우에는 실제조업도에 따라 단위당 고정제조간접비 배부액을 감소시키도록 규정하고 있다. 예를 들어 고정제조간접비 실제발생액이 ₩24,000인 상황에서 실제 조업도가 1,500개이면 제품 단위당 고정제조간접비는 ₩16이고, 실제조업도가 800개이면 제품 단위당 고정제조간접비는 ₩30이 된다. 그 결과 실제조업도에 따라 제품의 단위당 원가가 중요하게 변동될 수 있다. 정상조업도가 1,000개라면 정상조업도를 기준으로 고정제조간접비를 배부하면 실제조업도에 관계없이 제품 단위당 ₩24의 고정제조간접비가 배부된다. 다만, 실제조업도가 800개인 경우 재고자산에 배부된 원가 ₩19,200(800개×₩24)이 고정제조간접비 실제발생액 ₩24,000에 미달하는 문제가 발생한다. 이 경우에는 그 차액 ₩4,800을 즉시 기간비용(조업도손실)으로 처리한다. 반면, 실제조업도가 1,500개인 경우 재고자산에 배부된 원가 ₩36,000(1,500개×₩24)이 고정제조간접비 실제발생액 ₩24,000을 초과하는 문제가 발생한다. 이 경우에는 실제조업도에 따라 제품 단위당 고정제조간접비 배부액을 ₩16으로 감소시킨다.

한편, 실제조업도가 정상조업도와 유사한 경우에는 정상조업도를 기준으로 고정제조간접비를 배부하지 않고, 실제조업도를 사용하여 고정제조간접비를 배분할 수 있다. 이는 실제

---

3) 김순기 · 황국재 · 임태종, 2015, 원가관리회계, 홍문사. 인용

조업도에 따라 제품 단위당 고정제조간접비가 조금씩 변동할 수는 있으나 그 차이가 중요하지 않기 때문에 실무적 편의를 위한 규정이라 판단된다. 다만 실무에서 제조간접비 배부와 관련하여 K-IFRS의 규정을 적용하기 위해서는 실제조업도와 정상조업도가 유사한 경우에 대한 판단 기준이 있어야 하는데 아직 그 기준은 제시되어 있지 않다. 실제조업도와 정상조업도가 유사한 지에 대해서는 기업이 스스로 판단할 문제인 것 같다.

참 고 | K-IFRS 제1002호 재고자산 문단 10~16

10. 재고자산의 취득원가는 매입원가, 전환원가 및 재고자산을 현재의 장소에 현재의 상태로 이르게 하는 데 발생한 기타 원가 모두를 포함한다.
11. 재고자산의 매입원가는 매입가격에 수입관세와 제세금(과세당국으로부터 추후 환급받을 수 있는 금액은 제외), 매입운임, 하역료 그리고 완제품, 원재료 및 용역의 취득과정에 직접 관련된 기타 원가를 가산한 금액이다. 매입할인, 리베이트 및 기타 유사한 항목은 매입원가를 결정할 때 차감한다.
12. 재고자산의 전환원가는 직접노무원가 등 생산량과 직접 관련된 원가를 포함한다. 또한 원재료를 완제품으로 전환하는데 발생하는 고정 및 변동 제조간접원가의 체계적인 배부액을 포함한다. 고정제조간접원가는 공장 건물이나 기계장치의 감가상각비와 수선유지비 및 공장 관리비처럼 생산량과는 상관없이 비교적 일정한 수준을 유지하는 간접 제조원가를 말한다. 변동제조간접원가는 간접재료원가나 간접노무원가처럼 생산량에 따라 직접적으로 또는 거의 직접적으로 변동하는 간접 제조원가를 말한다.
13. 고정제조간접원가는 생산설비의 정상조업도에 기초하여 전환원가에 배부하는데, 실제조업도가 정상조업도와 유사한 경우에는 실제조업도를 사용할 수 있다. 정상조업도는 정상적인 상황에서 상당한 기간 동안 평균적으로 달성할 수 있을 것으로 예상되는 생산량을 말하는데, 계획된 유지활동에 따른 조업도 손실을 고려한 것을 말한다. 생산단위당 고정제조간접원가 배부액은 낮은 조업도나 유휴설비로 인해 증가되지 않으며, 배부되지 않은 고정제조간접원가는 발생한 기간의 비용으로 인식한다. 그러나 비정상적으로 많은 생산이 이루어진 기간에는, 재고자산이 원가 이상으로 측정되지 않도록 생산단위당 고정제조간접원가 배부액을 감소시켜야 한다. 한편, 변동제조간접원가는 생산설비의 실제 사용에 기초하여 각 생산단위에 배부한다.
15. 기타 원가는 재고자산을 현재의 장소에 현재의 상태로 이르게 하는 데 발생한 범위내에서만 취득원가에 포함된다. 예를 들어 특정한 고객을 위한 비제조 간접원가 또는 제품 디자인원가를 재고자산의 원가에 포함하는 것이 적절할 수도 있다.
16. 재고자산의 취득원가에 포함할 수 없으며 발생기간의 비용으로 인식하여야 하는 원가의 예는 다음과 같다.
    (1) 재료원가, 노무원가 및 기타 제조원가 중 비정상적으로 낭비된 부분
    (2) 후속 생산단계에 투입하기 전에 보관이 필요한 경우 이외의 보관원가
    (3) 재고자산을 현재 장소에 현재 상태로 이르게 하는데 기여하지 않은 관리간접원가
    (4) 판매원가

연습문제

COST ACCOUNTING

문 1 단답형 기출문제1

1. 다음은 개별원가계산제도를 이용하는 ㈜경애의 원가자료이다. 제조간접비는 기본원가(prime)를 기준으로 배부한다.

	작업 #1	작업 #2	작업 #3	합계
기초재공품	₩2,000	₩4,000	₩0	₩6,000
직접재료비	2,800	3,000	2,200	8,000
직접노무비	4,000	5,000	3,000	12,000
제조간접비				6,000

작업 #1과 작업 #3은 당기에 완성되었고, 작업 #2는 기말 현재 미완성되었다. ㈜경애의 기말재공품은 얼마인가?

2. ㈜은미는 제조원가 항목을 직접재료비, 직접노무비 및 제조간접비로 분류한 후 개별정상원가계산을 적용하고 있다. 기초재공품(작업 #23)의 원가는 ₩22,500이며, 당기에 개별 작업별로 발생된 직접재료비와 직접노무비는 다음과 같이 집계하였다.

	작업 #23	작업 #24	작업 #25
직접재료비	₩2,000	₩9,000	₩14,000
직접노무비	6,000	10,000	8,000

제조간접비는 직접노무비에 비례하여 예정배부한다. 직접노무비는 ₩20,000, 제조간접비는 ₩30,000으로 예측되었다. 기말 현재 진행 중인 작업은 작업 #25뿐이다. 당기제품제조원가는 얼마인가?

3. ㈜신혜는 개별원가계산을 사용하고 있으며, 직접노무비의 150%를 제조간접비로 예정배부하고 있다. 제조간접비 배부차이는 전액 매월말 매출원가에서 조정한다. 다음 자료에 의할 때, 당월중 제조간접비 배부차이는 얼마인가?

기초재공품	
직접재료비	₩6,000
직접노무비	4,000
제조간접비	6,000
계	₩16,000

당기투입원가	
직접재료비	₩45,000
직접노무비	36,000
실제제조간접비	59,000
계	₩140,000

4. ㈜영선은 정상원가시스템하에서 개별원가계산을 사용한다. 20×1년 4월 동안 이 회사의 재공품 계정의 내역은 다음과 같다.

기초잔액 :	₩4,000	직접재료비 :	₩24,000
직접노무비 :	₩16,000	제조간접비 :	₩12,800
제품계정으로의 대체액 :	₩48,000		

회사는 제조간접비를 제품에 배부할 때 예정 제조간접비율을 사용하며 당기의 제조간접비 예정배부율은 직접노무비의 80%이다. 당기에 새로 시작한 작업 #5가 4월말 현재 유일하게 완성되지 않은 작업이며 작업 #5를 완성하는데 예정된 직접노무비는 ₩3,000이지만 당기에 투입된 실제 직접노무비는 ₩2,000이다. 작업 #5에 지금까지 투입된 직접재료비는 얼마인가?

5. ㈜원재는 정상원가계산을 사용하고 있으며, 직접노무시간을 기준으로 제조간접비를 예정배부하고 있다. ㈜원재의 20×1년도 연간 제조간접비 예산은 ₩600,000이고, 실제 발생한 제조간접비는 ₩650,000이다. 20×1년도 연간 예정조업도는 20,000시간이고 실제 직접노무시간은 18,000시간이다. ㈜원재는 제조간접비 배부차이를 전액 매출원가에서 조정하고 있다. 20×1년도 제조간접비 배부차이 조정전 매출총이익이 ₩400,000이라면, 포괄손익계산서에 인식할 매출총이익은 얼마인가?

해답

1.

- 제조간접비 배부율 : 6,000÷(8,000+12,000) = 0.3
- 작업 #2의 원가 : 4,000 + 3,000 + 5,000 + (3,000+5,000)×0.3 = 14,400

〈참고〉

재 공 품

기초	6,000	제품(작업 #1, #3)	17,600
직접재료비	8,000		
직접노무비	12,000		
제조간접비	6,000	기말(작업 #2)	14,400
	32,000		32,000

2.

- 제조간접비 예정배부율 : 30,000÷20,000 = 1.5
- 작업 #23의 원가 : 22,500 + 2,000 + 6,000 + 6,000×1.5 = 39,500
- 작업 #24의 원가 : 14,000 + 8,000 + 8,000×1.5 = 34,000

- 당기제품제조원가 : 39,500+34,000 = 73,500

☞ 기말 현재 진행 중인 작업은 작업 #25뿐이므로 작업 #25의 원가는 기말재공품원가가 되고, 나머지 당기에 완성된 작업 #23과 작업 #24의 원가는 당기제품제조원가가 된다. 이때 작업 #23에 대한 기초재공품원가를 포함함에 주의해야 한다.

3.

제조간접비

실제발생액	예정배부액
59,000	36,000×150% = 54,000

과소배부 5,000

4.

재공품

기초	4,000	제품	48,000
직접재료비	24,000	기말	8,800
직접노무비	16,000		
제조간접비	12,800		
	56,800		56,800

#5 직접재료비		5,200	← 역산
직접노무비		2,000	
제조간접비	2,000×80% =	1,600	
		8,800	

5.

- 제조간접비 예정배부율 : 600,000÷20,000 = 30
- 제조간접비 예정배부액 : 18,000×30 = 540,000
- 제조간접비 배부차이 : 650,000−540,000 = 110,000(과소배부)
- 조정후 매출총이익 : 400,000−110,000 = 290,000

문 2 단답형 기출문제2

1. ㈜연희의 제조간접비 배부차이계정의 차변잔액이 ₩1,800이다. 배부차이를 매출원가조정법으로 회계처리하는 경우에 비하여 총원가비례법으로 회계처리하면 당기순이익은 얼마가 증감하겠는가? 단, 계정 잔액은 다음과 같다.

원재료	기말재공품	기말제품	매출원가
1,000	1,400	2,600	5,000

2. ㈜아라는 개별정상원가계산제도를 채택하고 있다. ㈜아라는 제조간접원가를 예정배부하며, 예정배부율은 직접노무원가의 60%이다. 제조간접원가의 배부차이는 매기 말 매출원가에서 전액 조정한다. 당기에 실제 발생한 직접재료원가는 ₩24,000이며, 직접노무원가는 ₩16,000이다. 기초재공품은 ₩5,600이며, 기말재공품에는 직접재료원가 ₩1,200과 제조간접원가 배부액 ₩1,500이 포함되어 있다. 또한 기초제품은 ₩5,000이며, 기말제품은 ₩8,000이다. 제조간접원가 배부차이를 조정한 매출원가가 ₩49,400이라면 당기에 발생한 실제 제조간접원가는 얼마인가?

3. ㈜준희는 정상원가계산을 적용하고 있으며, 제조간접비는 기본원가(prime cost)의 50%를 예정배부한다. ㈜준희는 제조간접비 배부차이를 원가요소기준 비례배부법으로 조정한다. 기초재고자산은 없으며, 9월의 기본원가, 매출액과 배부차이 조정 후 기말재고자산은 다음과 같다.

기본원가	₩750,000	매출액	₩1,000,000
기말재공품	120,000	기말제품	180,000

9월의 배부차이 조정 후 매출원가율이 80%일 때 배부차이는 얼마인가?

4. ㈜신혜는 20×1년초에 설립되었으며 정상원가계산(normal costing)을 적용하고 있다. 제조간접비는 직접노무시간을 기준으로 예정 배부한다. 회사는 제조간접비 배부차이를 기말재고자산 및 매출원가에 포함된 제조간접비 예정배부액에 비례하여 안분한다. 당기에 기말재공품, 기말제품 및 매출원가에는 1 : 3 : 4의 비율로 제조간접비가 각각 예정배부 되었고, 기말재공품에 차감하여 조정된 배부차이는 ₩2,500이었다. 당기의 실제 제조간접비는 ₩180,000이고, 실제 직접노무시간은 총 1,250시간이었다면, 제조간접비 예정배부율은 직접노무시간당 얼마인가?

해답

1. $1,800 \times \frac{1,400+2,600}{1,400+2,600+5,000} = ₩800$ 증가

☞ 제조간접비 배부차이계정 차변잔액은 과소배부(부족배부)를 의미한다. 이를 조정하면 상대계정이 증가하는데 상대계정 중 매출원가에 적게 배분될수록 당기순이익이 더 많이 증가한다. 즉, 재공품과 제품에 많이 배분될수록 당기순이익이 더 많이 증가한다.

(차)	재 공 품	280	(대)	제조간접비(배부차이)	1,800
	제 품	520			
	매출원가	1,000			

한편, 제조간접비 배부차이는 제조간접비 이후 계정에만 배분하는 것이므로 원재료 기말재고는 제조간접비배부차이를 배분받을 자격이 없다. 즉, 원재료 기말재고에서는 제조간접비 배부차이가 발생하지 않았기 때문이다.

2.

• 계정분석

재공품

차변		대변	
기 초	5,600	제품	50,000
직접재료원가	24,000		
직접노무원가	16,000		
제조간접원가	9,600	기말	5,200*
	55,200		55,200

제품

차변		대변	
기 초	5,000	매출원가	47,000
당기제품제조원가	50,000		
		기 말	8,000
	55,000		55,000

* 기말재공품 = 1,200 + (1,500÷0.6) + 1,500 = 5,200

• 배부차이 : 49,400(조정후 매출원가)－47,000(조정전 매출원가) = 2,400(과소배부)

• 실제발생 제조간접원가 : 9,600+2,400 = 12,000

3.

• 배부차이 조정 전 재공품계정

차변		대변	
기 초	0	제 품	
기본원가	750,000		
제조간접비	375,000	기 말	
	1,125,000		1,125,000

• 배부차이 조정 후 기말재공품, 기말제품, 매출원가의 합계

₩120,000+180,000+1,000,000×0.8 = ₩1,100,000

- 배부차이

제조간접비 예정배부액에 의한 총원가	₩1,125,000	
제조간접비 실제발생액에 의한 총원가	1,100,000	
배부차이	25,000	과대배부

☞ 매출원가율은 매출액에 대하여 매출원가가 차지하는 비율이다. 매출액이 ₩1,000이고 매출원가가 ₩600이면 매출원가율은 60%이다. 참고로 매출총이익률은 매출액에 대하여 매출총이익이 차지하는 비율이다. 따라서 이 경우 매출총이익률은 40%이다.

4.

제조간접비

실제발생액	예정배부액	
180,000	200,000	= 1,250 × 160

초과배부 2,500×8 = 20,000

☞ 기말재공품에 차감하여 조정된 배부차이가 ₩2,500이라는 것은 전체 조정될 금액은 ₩20,000(2,500×8)이고, 초과배부 되었다(차감 조정)는 의미이다.

문 3 실제개별원가계산 - 종합

㈜다락은 실제발생한 제조간접비 총액을 월말에 집계하여 직접노동시간에 따라 개별작업에 배분하고 있다. 1월 1일의 재고자산계정 잔액은 다음과 같다.

원 재 료	₩35,000
재 공 품(작업 #102)	₩20,000
제　　품(작업 #101)	₩60,000

1월 중 다음과 같은 거래가 발생하였다.

① 원재료 ₩105,000을 외상으로 구입하였고 월말원재료는 ₩9,000이다.

② 1월중 작업 #103, #104를 착수하였으며 #102, #103이 완성되었다. 작업원가표의 내용중 당월분은 다음과 같다.

	#102	#103	#104	합계
직 접 재 료 비	₩20,000	₩50,000	₩45,000	₩115,000
직 접 노 무 비	35,000	40,000	15,000	90,000
직접노동시간	500시간	400시간	100시간	1,000시간

③ 당월중 노무비 발생액은 ₩100,000이다.

④ 당월에 발생된 실제제조간접비 총액은 ₩80,000이다.

⑤ 작업 #101, #102가 각각 ₩75,000과 ₩120,000에 외상으로 판매되었다.

[요구사항]

1. 간접재료비와 간접노무비 발생액은 얼마인가?
2. 당기에 발생한 제조간접비를 개별작업별로 배분하시오.
3. 각 작업에 투입되는 노동자의 숙련도가 다르다고 한다. 당기의 작업 중에서 숙련공이 작업한 것은 어느 것인가? 그 이유는 무엇인가?
4. 기말 제품과 재공품 재고액은 얼마인가?
5. 당기 매출총이익은 얼마인가?

해답

1.

(1) 원재료사용액 = 35,000 + 105,000 − 9,000 = ₩131,000

간접재료비 = 원재료사용액 − 직접재료비 = 131,000 − 115,000 = ₩16,000

(2) 간접노무비 = 노무비 − 직접노무비 = 100,000 − 90,000 = ₩10,000

2.

$$제조간접비배부율 = \frac{80,000}{1,000} = ₩80/직접노동시간$$

#102 : 500 × 80 = ₩40,000

#103 : 400 × 80 = ₩32,000

#104 : 100 × 80 = ₩8,000

3.

작업별 직접노동시간당 임률

#102	#103	#104
$\frac{35,000}{500}$ = ₩70	$\frac{40,000}{400}$ = ₩100	$\frac{15,000}{100}$ = ₩150

#104이다. 왜냐하면 직접노동시간당 임률이 높기 때문이다.

4. 흐름파악
   - #101 (기초제품 → 당기매출)
   - #102 (기초재공품 → 당기매출)
   - #103 (당기착수 → 기말제품재고)
   - #104 (당기착수 → 기말재공품재고)

	#103(제품)	#104(재공품)
직 접 재 료 비	50,000	45,000
직 접 노 무 비	40,000	15,000
제 조 간 접 비	32,000	8,000
	122,000	68,000

5.

	#101	#102	합 계
매 출	75,000	120,000	195,000
매 출 원 가	(60,000)	(115,000)*	(175,000)
매 출 총 이 익	15,000	5,000	20,000

* 20,000 + 20,000 + 35,000 + 40,000 = 115,000

문 4 정상원가계산 - 총원가비례기준법

㈜정선은 20×1년 1월초에 영업을 개시하였다. 회사는 정상개별원가계산을 사용하고 있으며, 제조간접원가 배부기준은 직접노동시간이다. 회사는 당기 초에 연간 제조간접원가를 ₩640,000으로, 직접노무시간을 ₩80,000시간으로 예상하였다. ㈜정선의 20×1년 1월의 생산 및 판매 관련 자료는 다음과 같다.

1. 1월 중 작업 #101, #102, #103을 착수하였으며, 당월 중 작업별 실제 발생한 제조직접원가와 실제 사용된 직접노무시간은 다음과 같다.

	#101	#102	#103	합 계
직 접 재 료 원 가	₩34,000	₩39,000	₩13,000	₩86,000
직 접 노 무 원 가	16,000	20,600	1,800	38,400
직 접 노 동 시 간	2,750시간	3,800시간	400시간	6,950시간

2. 1월 중 실제 발생한 제조간접원가는 총 ₩51,600이다.

3. 1월 중 작업 #101과 #102는 완성되었으나 작업 #103은 1월말 현재 작업 중이다. 작업 #101은 1월 중에 판매 되었으나, 작업 #102는 1월말 현재 판매되지 않았다.

[요구사항]

1. 제조간접원가 예정배부율을 구하시오.
2. 제조간접원가 배부차이를 구하시오.
3. 총원가비례배분법으로 배부차이를 조정 한 후의 20×1년 1월말의 재공품과 제품, 그리고 20×1년 1월의 매출원가를 구하시오.

해답

1. 제조간접원가 예정배부율 : 640,000÷80,000 = 8

2.

제조간접원가			
실제발생액	51,600	예정배부액	6,950×8=55,600

초과배부 4,000

3. 조정 전 원가

	매출원가(#101)	기말제품(#102)	기말재공품(#103)
직접재료원가	34,000	39,000	13,000
직접노무원가	16,000	20,600	1,800
제조간접원가	2,750×8 = 22,000	3,800×8 = 30,400	400×8 = 3,200
조정 전 원가	72,000	90,000	18,000
총원가비율	0.4	0.5	0.1
조정액	4,000×0.4 = 1,600	4,000×0.5 = 2,000	4,000×0.1 = 400
조정 후 원가	70,400	88,000	17,600

문 5 정상개별원가계산 - 종합

㈜신혜는 직접노동시간을 기준으로 제조간접비를 예정배부하는 정상개별원가계산제도를 이용하고 있다. 연초에 예상한 연간제조간접비는 ₩800,000 직접노동시간은 10,000시간이다. 전기말까지는 제조간접비배부차이가 발생하지 않았으며 20×1년 1월 1일의 재고자산계정 잔액은 다음과 같다.

원재료	₩35,000
재공품(작업 #102)	₩20,000
제 품(작업 #101)	₩60,000

1월 중 다음과 같은 거래가 발생하였다.

① 원재료 ₩105,000을 외상으로 구입하였고 월말원재료는 ₩10,000이다.

② 1월 중 작업 #103, #104를 착수하였으며 #102, #103이 완성되었다. 수행된 작업에 대한 당월의 작업원가표는 다음과 같다.

	#102	#103	#104	합 계
직 접 재 료 비	₩20,000	₩50,000	₩45,000	₩115,000
직 접 노 무 비	35,000	40,000	15,000	90,000
직 접 노 동 시 간	500시간	400시간	100시간	1,000시간

③ 월초 미지급임금은 ₩12,000이고, 월말 미지급임금은 ₩15,000이며 당월 임금 지급액은 ₩100,000이다.

④ 당월에 발생된 실제제조간접비 총액은 ₩76,000(간접재료비, 간접노무비 포함)이다.

⑤ 작업 #101, #102가 각각 ₩75,000과 ₩120,000에 외상으로 판매되었다.

[요구사항]

1. 간접재료비와 간접노무비 발생액은 얼마인가?
2. 제조간접비를 예정배부하여 #102, #103, #104의 제조원가를 구하시오.
3. 제조간접비 배부차이를 구하시오. 단, 과소, 과대를 반드시 밝히시오.
4. 동 회사는 제조간접비 배부차이를 매월 매출원가에서 전액 조정한다고 가정한다. 제조간접비 배부차이 조정에 필요한 분개를 제시하시오.
5. 물음4와 달리 제조간접비 배부차이를 원가요소비례법으로 기말재고자산과 매출원가에 배분하는 경우에 배분후의 총매출원가는 얼마인가?

해답

1.

(1) 원재료사용액 = 35,000 + 105,000 − 10,000 = ₩130,000

간접재료비 = 130,000 − 115,000 = ₩15,000

(2) 간접노무비 = *103,000 − 90,000 = ₩13,000

* 미지급임금

현 금	100,000	기 초	12,000
기 말	15,000	노무비	103,000

2.

$$\text{예정배부율} = \frac{800,000}{10,000\ \text{직접노동시간}} = ₩80/\text{직접노동시간}$$

	#102	#103	#104
기 초	20,000	0	0
직접재료비	20,000	50,000	45,000
직접노무비	35,000	40,000	15,000
제조간접비	500×80 = 40,000	400×80 = 32,000	100×80 = 8,000
	₩115,000	₩122,000	₩68,000

3.

배부액 = 40,000 + 32,000 + 8,000 = ₩80,000

제조간접비			
실제	76,000	배부(재공품)	80,000

∴ 과대배부액 = 80,000 − 76,000 = ₩4,000

4. 분개 : (차) 제조간접비 4,000 (대) 매출원가 4,000

5.

(1) 흐름파악

#101 (기초제품 → 당기매출)

#102 (기초재공품 → 당기매출)

#103 (당기착수 → 기말제품재고)

#104 (당기착수 → 기말재공품재고)

(2) 조정후 매출원가

#101 : ₩60,000

#102 : 115,000 − (4,000 × 0.5)* = ₩113,000

$$* \frac{500\text{시간}}{1,000\text{시간}} = \frac{₩40,000}{₩80,000} = 0.5$$

∴ 60,000 + 113,000 = ₩173,000

해설

요구사항5에서 원가요소비례법에 의하여 제조간접비배부차이를 배분하는 경우에 다음에 주의하여야 한다.

1. 작업 #101은 전기에 완성된 것이므로 당기에 발생한 제조간접비배부차이를 배분받을 자격이 없다. 따라서 과대배부액 ₩4,000을 배분받을 자격은 작업 #102, #103, #104만 있다.
2. 원가요소비례법으로 배분하므로 제조간접비배부기준인 직접노동시간에 비례하여 과대배부액을 배분하여야 한다. 이는 각 작업에 포함된 제조간접비 비율과 동일하다.
3. 비율

	# 102	# 103	# 104
직접노동시간	500시간(0.5)	400시간(0.4)	100시간(0.1)
제 조 간 접 비	₩40,000(0.5)	₩32,000(0.4)	₩8,000(0.1)

문 6 정상원가계산 - 금액추정

㈜은미는 개별원가계산제도를 채택하고 있다. 20×1년 5월의 월초재료는 ₩30,000, 월초제품은 ₩40,000이고, 재공품재고액은 다음과 같다.

	월초재공품	월말재공품
직 접 재 료 비	₩20,000	₩15,000
직 접 노 무 비	21,000	20,000

〈추가자료〉

① 제조간접비 예정배부율은 직접노무비의 140%이다.

② 제조간접비 과대배부액은 ₩45,000이다.

③ 제조간접비 과대배부액을 조정하기 전의 매출원가는 ₩806,000이다.

④ 당월의 노무비지급액은 ₩350,000이며, 미지급임금의 월초잔액은 ₩60,000이다. 또한 직접노동시간은 1,500시간, 간접노동시간은 200시간이며 시간당 임률은 ₩180이다.

⑤ 당월의 재료매입액은 ₩200,000이며, 당월의 제품제조원가는 ₩836,000이다.

[요구사항]

상기 자료를 이용하여 다음 금액을 계산하시오.

1. 월말재료재고액
2. 당월재료사용액
3. 미지급임금 월말잔액
4. 월말재공품재고액
5. 월말제품재고액
6. 제조간접비 실제발생액

해답

원재료

월 초	30,000	재 공 품	180,600*1
매 입 액	200,000	월 말	49,400
	230,000		230,000

*1 재공품 T계정 참조

미지급임금

현 금	350,000	월 초	60,000
월 말	16,000	재 공 품	270,000*2
		제조간접비	36,000
	366,000		366,000

*2 1,500시간 × 180 = ₩270,000

제조간접비

실제발생액	333,000	배 부 액	378,000*3
과대배부액	45,000		
	378,000		378,000

*3 ₩270,000 × 140% = ₩378,000

재공품

월 초	70,400*4	제 품	836,000
직접재료비	180,600*6	월 말	63,000*5
직접노무비	270,000		
제조간접비	378,000		
	899,000		899,000

*4 20,000 + 21,000 + 21,000 × 140% = ₩70,400

*5 15,000 + 20,000 + 20,000 × 140% = ₩63,000

*6 899,000 − (70,400+270,000+378,000) = ₩180,600

제품

월 초	40,000	매출원가	806,000
재 공 품	836,000	월 말	70,000
	876,000		876,000

1. 월말재료재고액 : ₩49,400
2. 당월재료사용액 : ₩180,600
3. 미지급임금 월말잔액 : ₩16,000
4. 월말재공품재고액 : ₩63,000
5. 월말제품재고액 : ₩70,000
6. 제조간접비 실제발생액 : ₩333,000

해설

1. 본 문제의 경우에는 원가계산을 위한 자료와 원가계산 결과가 동시에 제시되어 있다. 이런 경우에는 T계정을 이용하여 관련된 자료를 기입한 후에 상호관계를 파악하여 요구사항에 답하는 방법으로 접근한다. 미지급임금의 기초잔액이란 전기에 미지급한 노무비를 뜻하며, 미지급임금의 기말잔액이란 당기에 미지급한 노무비를 의미한다.
2. 제조간접비를 예정배부하고 있으므로 제조간접비 배부액은 예정액으로 배부한 금액이 될 것이다. 그런데 제조간접비 과대배부액이 ₩45,000이라고 하였으므로 제조간접비 실제발생액은 ₩333,000(= 378,000−45,000)이 된다.

문 7 원가흐름의 이해

다음은 ㈜경은의 당기 회계처리 내용이며, 기초재고자산은 없다.

① (차)	원 재 료	360,000	(대)	외 상 매 입 금	360,000
② (차)	재 공 품	300,000	(대)	원 재 료	320,000
	간 접 재 료 비	20,000			
③ (차)	재 공 품	200,000	(대)	미 지 급 임 금	220,000
	간 접 노 무 비	20,000			
④ (차)	보 험 료	61,000	(대)	현 금	100,000
	수 선 비	39,000			
⑤ (차)	재 공 품	80,000	(대)	제 조 간 접 비	80,000
⑥ (차)	제 조 간 접 비	140,000	(대)	간 접 재 료 비	20,000
				간 접 노 무 비	20,000
				보 험 료	61,000
				수 선 비	39,000
⑦ (차)	제 품	464,000	(대)	재 공 품	464,000
⑧ (차)	매 출 원 가	406,000	(대)	제 품	406,000

[요구사항]

1. 회사의 원가계산방법은 무엇이며 그 이유는 무엇인가?
2. 직접재료비는 얼마인가?
3. 재공품계정과 제품계정을 작성하시오.
4. 재공품, 제품, 매출원가에는 총원가에 비례하여 제조간접비 예정배부액이 포함되어 있다. 이때 과부족배부제조간접비를 총원가비례법으로 회계처리한다면 수정 후 각 계정잔액은 얼마인가?
5. 기말재공품에 포함된 제조간접비 예정배부액을 계산하시오.

해답

1. 정상원가계산이다. 정상원가계산의 경우 제조간접비 예정배부액이 제품원가를 구성하는데 제조간접비 예정배부액이 재공품계정의 상대계정이 되었기 때문이다. ⑤는 예정배부액이고 ⑥은 실제발생액으로 양자가 다르기 때문에 정상원가계산을 적용한 것으로 추정할 수 있다.

2. ②의 분개를 통해 재공품계정에 인과관계에 따라 직접대응된 ₩300,000이 직접재료비이다.
   ∴ 직접재료비 = ₩300,000

3.

재공품

차변		대변	
기 초	0	제 품	464,000
직접재료비	300,000	기 말	116,000
직접노무비	200,000		
제조간접비	80,000		
	580,000		580,000

제품

차변		대변	
기 초	0	매출원가	406,000
재 공 품	464,000	기 말	58,000
	464,000		464,000

4. 제조간접비 예정배부액은 ₩80,000이며 제조간접비 계정에 집계된 실제제조간접비는 ₩140,000이므로 과소배부액은 ₩60,000이 된다.

계 정 명	배부전금액	배부금액		배부후금액
기말재공품	₩116,000	60,000* $\times \frac{116,000}{580,000}$ =	12,000	₩128,000
기 말 제 품	58,000	60,000 $\times \frac{58,000}{580,000}$ =	6,000	64,000
매 출 원 가	406,000	60,000 $\times \frac{406,000}{580,000}$ =	42,000	448,000
계	₩580,000		60,000	₩640,000

* 실제제조간접비는 ₩140,000이 발생했는데 ₩80,000만 재고자산 및 매출원가에 포함되었으므로 ₩80,000을 ₩140,000으로 만들어줘야 한다. 그러므로 과소배부액을 각 계정에 가산하면 된다.

5. 기말재공품에 포함된 제조간접비 예정배부액

$= 116,000 \times \frac{80,000}{580,000}$

$=$ ₩16,000

문 8 개별원가계산(서비스기업)

태종회계법인은 개별원가계산시스템을 이용하고 있다. 회계감사, 세무조정, 원가계산, 법인설립 및 법인전환, 경영자문 등은 총괄공인회계사, 책임공인회계사, 담당공인회계사 및 보조자에 의해 수행되고 있다.

20×1년의 예산은 다음과 같다.

공인회계사 및 보조자에 대한 급여	₩8,000,000,000
간 접 비	1,600,000,000
총예산원가	₩9,600,000,000

3월에 T회사에 대한 회계감사에 소요된 직접인건비 시간은 직급별로 다음과 같다.

직급	3월 첫째주	3월 둘째주	총시간	청구요율	총청구액
총괄공인회계사	5	7	12	₩120,000	₩1,440,000
책임공인회계사	7	10	17	100,000	1,700,000
담당공인회계사	20	30	50	80,000	4,000,000
보 조 자	50	50	100	40,000	4,000,000
총 시 간	82	97	179		₩11,140,000

[요구사항]

1. 서비스업의 원가요소를 나열하시오.
2. 태종회계법인은 간접비를 직접인건비에 대한 예산비율에 따라 용역에 배부하고 있다. 법인의 경험에 따르면 공인회계사 및 보조자에 대한 급여의 75%는 직접인건비이며 나머지 25%는 추가적인 간접비로 분류된다. 직접인건비에 대한 간접비예정배부율을 계산하시오.
3. T회사에 대한 총원가를 계산하시오. 한편 T회사에 대한 회계감사에 참여한 직급별 주당 평균급여(주당 40시간 기준)는 직접인건비기준으로 다음과 같다.

총괄공인회계사	₩3,000,000
책임공인회계사	2,500,000
담당공인회계사	2,000,000
보조자	1,000,000

4. 태종회계법인의 목표영업이익은 총예산원가의 50%이다. 그러한 목표영업이익을 달성하기 위해서는 직접인건비의 몇 %를 수익으로 청구해야 하는가?

해답

1. 서비스업의 원가요소 : 직접인건비와 간접비
   서비스업의 경우에는 재료비가 없으므로 총원가는 직접인건비와 간접비(제조업이 아니므로 제조간접비의 제조를 빼면 된다)로 구성되어 있다.

2. 간접비 예정배부율

$$\frac{\text{간접비예산}}{\text{직접인건비예산}} = \frac{₩1{,}600{,}000{,}000+8{,}000{,}000{,}000\times 25\%}{8{,}000{,}000{,}000\times 75\%} = \text{직접인건비의 } 60\%$$

3. T회사 회계감사 원가계산표

직급	주당평균급여	시간당 급여	총시간	직접인건비
총괄공인회계사	₩3,000,000	₩75,000*1	12시간	₩900,000*3
책임공인회계사	2,500,000	62,500*2	17	1,062,500
담당공인회계사	2,000,000	50,000	50	2,500,000
보조자	1,000,000	25,000	100	2,500,000
	₩8,500,000		179시간	₩6,962,500
총직접인건비				₩6,962,500
간접비예정배부액	₩6,962,500 × 60%			4,177,500
총원가	₩6,962,500 × 160%			₩11,140,000

*1 3,000,000/40시간 = ₩75,000

*2 2,500,000/40시간 = ₩62,500

*3 7,500 × 12시간 = ₩900,000

4. 청구요율의 계산

(1) 총수익예산

직접인건비예산	8,000,000,000 × 75% =	₩6,000,000,000
간접비 예산	6,000,000,000 × 60% =	3,600,000,000
목표영업이익	9,600,000,000 × 50% =	4,800,000,000
총수익 예산		₩14,400,000,000

(2) 청구요율

$$\frac{\text{총수익예산}}{\text{직접인건비예산}} = \frac{₩14{,}400{,}000{,}000}{6{,}000{,}000{,}000} = \text{직접인건비의 } 240\%$$

해설

1. 태종회계법인의 경우 간접비가 직접인건비를 기준(직접인건비의 60%)으로 배부되므로 직접인건비만 계산하면 총원가를 쉽게 계산할 수 있다. 예를 들어 직접인건비가 ₩100,000이라면 총원가는 다음과 같이 계산된다.

직접인건비		₩100,000
간접비 예정배부액	100,000 × 60% =	60,000
총 원 가		₩160,000

2. 요구사항 3의 경우 T회사 회계감사에 소요된 직급별 직접인건비와 시간이 제시되어 있으므로 직급별 시간당 급여를 계산할 수 있다. 직급별 시간당 급여에 직급별 총시간을 곱하면 직급별 직접인건비가 계산된다.

문 9 서비스업의 간접원가배분

태종세무법인은 25명의 세무사(경력세무사 5명, 수습세무사 20명)로 구성되어 있다. 20×1년 세무사 1인당 평균예산연봉은 ₩20,800,000이다. 각 세무사는 20×1년에 고객에 대해1,600시간의 고객서비스시간을 가지도록 예산되었다. 모든 세무사의 직접노무비는 하나의 직접비에 포함되어 있으며 시간기준으로 각 작업까지 추적된다. 세무사의 연봉 이외의 모든 원가는 하나의 간접원가집합에 포함되어 있으며, 세무사의 고객서비스시간을 이용하여 배부되고 있다. 20×1년의 간접원가 예산은 ₩440,000,000이다.

[요구사항]

1. 세무사의 고객서비스시간당 예산직접비와 예산간접비는 얼마인가?
2. 다음과 같은 두 건의 작업이 제공될 경우 각 작업의 원가는 얼마인가?
   (1) 100시간의 고객서비스시간이 예상되는 A모씨의 상속관련 작업
   (2) 150시간의 고객서비스시간이 예상되는 B모씨의 양도관련 작업

※ 다음 자료를 이용하여 요구사항3~5에 답하시오.

태종세무법인은 더 정확한 원가계산을 위하여 직접비를 경력세무사와 수습세무사로 구분하고, 간접비도 일반지원과 비서지원으로 구분하기로 하였다. 직접비와 간접비에 대한 관련 예산정보는 다음과 같다.

■ 직접비

	경력세무사	수습세무사
세무사의 수	5	20
세무사당 고객서비스시간	연간 1,600	연간 1,600
1인당 평균연봉	₩40,000,000	₩16,000,000

■ 간접비

	일반지원	비서지원
연간 총원가	₩360,000,000	₩80,000,000
원가배부기준	전체세무사 고객서비스시간	경력세무사 고객서비스시간

3. 경력세무사와 수습세무사별로 고객서비스시간당 예산직접비와 일반지원과 비서지원별로 고객서비스시간당 예산간접비를 계산하시오.
4. 다음과 같은 두 건의 작업이 제공될 경우 각 작업의 원가는 얼마인가?
   (1) 경력세무사 60시간, 수습세무사 40시간이 예상되는 A모씨의 상속관련 작업
   (2) 경력세무사 30시간, 수습세무사 120시간이 예상되는 B모씨의 양도관련 작업

해답

1. 배부율

	총 액	배부기준	배부율
직접비	20,800,000 × 25 = 520,000,000	세무사 시간 40,000*	13,000
간접비	440,000,000	세무사 시간 40,000*	11,000

* 25 × 1,600 = 40,000시간

2. 각 작업의 원가

	A	B
직접비	100 × 13,000 = 1,300,000	150 × 13,000 = 1,950,000
간접비	100 × 11,000 = 1,100,000	150 × 11,000 = 1,650,000
합 계	2,400,000	3,600,000

3.

		총 액	배부기준	배부율
직접비	경력	200,000,000	경력시간 8,000*1	25,000
	수습	320,000,000	수습시간 32,000*2	10,000
간접비	일반	360,000,000	전체시간 40,000	9,000
	비서	80,000,000	경력시간 8,000	10,000

*1 5 × 1,600 = 8,000시간

*2 20 × 1,600 = 32,000시간

4. 각 작업의 원가

	A		B	
경력세무사	60 × 25,000 =	1,500,000	30 × 25,000 =	750,000
수습세무사	40 × 10,000 =	400,000	120 × 10,000 =	1,200,000
일반지원	100 × 9,000 =	900,000	150 × 9,000 =	1,350,000
비서지원	60 × 10,000 =	600,000	30 × 10,000 =	300,000
합계		3,400,000		3,600,000

PART

05

활동기준원가계산

제5장

활동기준원가계산

제 1 절 활동기준원가계산의 기초

1. 전통적인 원가계산의 문제점

제3장에서 이미 설명한 것처럼 전통적인 원가계산에서는 제조간접비를 부문별로 집계한 후에 두 단계 절차(two-stage procedure)를 통하여 제품에 배분한다. 즉, 첫 번째 단계에서 보조부문원가를 제조부문으로 배분하고 두 번째 단계에서 제조부문원가를 제품에 배분한다.

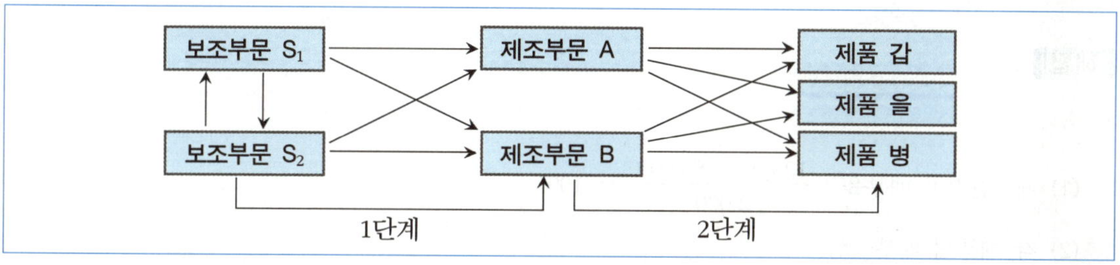

전통적인 원가계산은 생산량과 비례관계에 있는 직접노동시간이나 기계작업시간 등에 의하여 제조간접비를 배분하기 때문에 서로 다른 제품이라도 직접노동시간이나 기계작업시간이 비슷하면 원가를 고르게 배분하는 경향이 있는데 이를 원가평준화(cost smoothing) 또는 땅콩버터원가계산(peanut−butter costing)이라고 한다.

전통적인 원가계산에서는 보조부문원가를 제조부문에 아무리 잘 배분하더라도 제조부문원가를 제품에 배분할 때는 직접노동시간, 기계작업시간, 직접노무비와 같이 제품 생산량과 비례관계에 있는 배부기준(단위수준원가)을 사용하기 때문에 제품 생산량과 비례하지 않는 원인에 의하여 발생하는 원가(비단위수준원가)는 정확히 배분할 수가 없다는 문제점이 발생한다.

예 제 1 전통적인 원가계산의 문제점

㈜달곤은 A제품과 B제품을 묶음(batch)생산하고 있다. 즉, A제품은 한 묶음에 10개씩 생산하고, B제품은 한 묶음에 50개씩 생산하며, 한 묶음을 생산하기 위해서는 한 묶음당 몇 개를 생산하는지에 관계없이 1회 작업준비를 하여야 한다. 당기 중 발생한 제조간접비는 작업준비로 인하여 발생한 원가 ₩120,000과 기계장치 감가상각비 ₩80,000으로 구성되어 있다. 관련 자료는 다음과 같다.

	A제품	B제품
제 품 생 산 량	200개	200개
기 계 작 업 시 간	1,000시간	1,000시간

[요구사항]

1. 기계작업시간을 기준으로 제조간접비를 배분할 경우 각 제품에 배분되는 제조간접비는 얼마인가?
2. 요구사항1과 같이 기계작업시간을 기준으로 제조간접비를 배분하는 것은 정확한 원가계산 측면에서 어떤 문제점이 있는가? 보다 정확한 제조간접비 배부를 해보시오.

해답

1.

(1) 제조간접비 배부율 : $\frac{120{,}000+80{,}000}{2{,}000} = 100$

(2) 각 제품에 배부

A제품에 배분될 제조간접비 : 1,000시간 × 100 = ₩100,000

B제품에 배분될 제조간접비 : 1,000시간 × 100 = ₩100,000

2. 작업준비로 인하여 발생한 제조간접비도 있고 기계장치의 감가상각으로 인하여 발생한 제조간접비도 있으므로 정확한 원가계산을 위해서는 작업준비로 인하여 발생한 제조간접비는 작업준비횟수에 따라 배분하고, 기계장치의 감가상각으로 인하여 발생한 제조간접비는 기계작업시간에 따라 배분하여야 한다. 그런데 요구사항1에서는 구체적인 원가의 발생 원인을 고려하지 않고 생산량에 비례하는 기계작업시간을 기준으로 제조간접비를 배부하기 때문에 제품원가가 왜곡되는 문제가 있다. 정확한 원가계산을 하면 다음과 같다.

(1) 제품별 작업준비횟수

A제품 : 200 ÷ 10 = 20회

B제품 : 200 ÷ 50 = 4회

(2) 배부율

원가발생원인	발생 원가	원가발생원인의 수량	배부율
작업준비	120,000	20 + 4 = 24	5,000
기계작업	80,000	1,000 + 1,000 = 2,000	40

(3) 각 제품에 배부

A제품에 배분될 제조간접비 : 20회 × 5,000 + 1,000시간 × 40 = ₩140,000

B제품에 배분될 제조간접비 : 4회 × 5,000 + 1,000시간 × 40 = ₩60,000

2. 활동기준원가계산의 의의

활동기준원가계산(ABC : activity-based costing)이란 새로운 제조기술의 도입과 설비투자로 인하여 급격히 증가하고 있는 제조간접비를 제품에 정확히 배부하고 효과적으로 관리하기 위하여, 활동별로 제조간접비를 집계하고 이를 제품에 배부하는 새로운 원가계산방식을 말한다. 즉, 활동기준원가계산에서는 제조간접비를 부문별로 집계하여 조업도(생산량, 직접노동시간 등)기준으로 배분하는 전통적인 원가계산과 달리 제조간접비를 활동별로 집계하여 원가를 발생시킨 원인(원가유발동인=원가동인)에 해당하는 주문횟수, 작업준비횟수, 품질검사시간 등에 따라 제품에 배부한다. 따라서 활동기준원가계산에서는 활동(activity)이 원가계산의 중심이 된다.

부문별 원가계산	부문별로 원가집계	⟶ 하나의 배분기준(조업도)	제품에 배분
활동기준 원가계산	활동별로 원가집계	⟶ 다양한 배분기준(원가동인)	제품에 배분

원가는 스스로 발생하는 것이 아니라 무엇(something)에 의해 발생되는데 이때 무엇(something)에 해당하는 것이 곧 활동(activity)이다. 제조업에 있어서 재료처리, 검사, 조립, 포장 등이 활동에 해당한다. 이들 활동이 수행되면 자원(resource)이 소비되고 그 결과 원가가 발생한다. 활동이란 자원을 소비하는 사건(event)이나 거래(transaction)를 말하는 것으로 제품의 설계에서부터 제조가 완료될 때까지 발생하는 모든 작업을 뜻한다.

자원	수익창출활동에 이용되는 것	㉮ 공장감독자, 기계장치
활동	자원을 소비하여 제품을 생산하는 작업	㉮ 재료처리, 검사

활동기준원가계산은 '제품은 활동을 소비하고, 활동은 자원을 소비한다(Products consume activities, and activities consume resources)'는 사고에 근거하여 제품생산을 위하여 소비된 활동을 측정하여 이를 근거로 제품원가를 계산한다. 이러한 활동기준원가계산은 총체적 개념으로서 개별원가계산을 사용하는 기업뿐만 아니라 종합원가계산을 사용하는 기업에도 적용할 수 있으며, 제조업뿐만 아니라 서비스업에도 적용가능하다.

참 고 | 활동기준원가계산의 가정

활동기준원가계산에서는 기업이 제품을 생산하기 위해서는 활동을 수행하게 되고, 활동을 수행하게 되면 자원이 소비된다고 가정한다. 따라서 기업은 가능한 한 부가가치가 높은 활동을 수행하거나, 불필요한 활동을 줄여나감으로써 원가를 절감할 수 있다.

3. 활동기준원가계산의 도입배경

최근에는 제조환경이 급변하고 소비자의 욕구가 다양해짐에 따라 기업은 무한 경쟁에 직면하게 되었다. 이와 같은 상황에서 기업은 보다 정확한 원가정보를 필요로 하게 되었으며 이에 따라 등장하게 된 새로운 원가계산제도가 활동기준원가계산이다. 활동기준원가계산의 도입배경은 다음과 같이 정리할 수 있다.

(1) 제조환경의 급변

제조기술의 발달과 공장자동화로 인하여 직접노동을 제공하던 종업원이 감소하여 제조원가에서 많은 비중을 차지하던 직접노무비는 감소하게 된 반면 감가상각비, 수선유지비 등의 증가로 제조간접비는 증가하게 되었다. 따라서 제조간접비를 보다 정확히 배분할 수 있는 ABC가 등장하게 되었다.

(2) 소비자 욕구의 다양성

소비자의 욕구가 다양해짐에 따라 소품종 대량생산체제가 다품종 소량생산체제로 변하게 되었다. 소품종 대량생산체제에서는 제조간접비를 어떻게 배분하든 제품 종류별로 제품원가에 미치는 영향이 적었으나 다품종 소량생산체제에서는 제조간접비를 어떻게 배분하느냐에 따라 제품의 원가가 극심하게 변하기 때문에 제조간접비를 보다 정확히 배분할 수 있는 ABC가 등장하게 되었다.

(3) 경쟁의 심화

제조환경의 변화와 소비자 욕구의 다양성으로 인하여 기업간의 경쟁이 심화되어 경영자는 다양한 의사결정을 위하여 보다 정확한 원가정보를 필요로 하게 되었다. 이와 같은 정확한 원가정보에 대한 수요로 인하여 ABC가 등장하게 되었다.

(4) 정보기술의 발달

ABC를 적용하기 위해서는 많은 정보를 필요로 하는데 컴퓨터 통합생산시스템(CIM)의 도입에 따라 활동과 관련된 정보의 수집이 용이해 지고, 적은 비용으로 많은 정보를 수집 · 분석할 수 있게 되었다. 정보기술의 발달이 없었다면 ABC는 등장할 수 없었을 것이다.

참 고 | ABC의 적용이 적합한 기업

활동기준원가계산의 도입배경을 연상하면 이는 쉽게 이해할 수 있다. 활동기준원가계산의 적용이 적합한 기업은 다음과 같으며 연습문제를 풀어보면 보다 폭넓게 이해할 수 있을 것이다.

- ABC는 제조원가 중에서 제조간접비의 비율이 높은 기업에 적합하다.
- ABC는 다품종 소량생산을 하는 기업에 적합하다.
- ABC는 제품별로 생산량, 묶음의 크기(batch size), 제조과정의 복잡성 등에 차이가 많은 기업에 적합하다.
- 생산과 판매에 자신이 있는 제품의 수익성이 낮고, 생산과 판매에 자신이 없는 제품의 수익성이 높아서 원가왜곡이 의심되는 기업에 적합하다.
- 제품의 제조 및 마케팅 원가에 대해서 생산담당자와 판매담당자간에 견해 차이가 큰 기업은 원가왜곡으로 인하여 가격결정이 잘 못되었을 가능성이 높으므로 ABC를 적용하는 것이 적합하다.

제 2 절 활동기준원가계산의 절차

1. 활동기준원가계산의 원가배분과정

활동기준원가계산은 모든 원가를 활동별로 집계하고, 각 활동의 대표적인 원가동인을 배부기준으로 하여 활동별로 집계된 원가를 제품에 배부하는 원가계산제도이다. 활동기준원가계산의 원가배분과정을 이해하려면 먼저 관련 용어를 이해하여야 한다. 기업의 수익창출활동에 이용되는 것을 자원(공장감독자, 기계장치)이라 하며, 자원을 소비하여 제품을 생산하는 작업을 활동(재료처리, 조립)이라 한다. 자원의 원가를 활동에 배분하는 기준을 자원동인(감독시간, 기계장치 사용기간)이라 하며, 활동에 집계된 원가를 제품에 배분하는 기준을 원가동인(재료사용량, 조립시간)이라 한다. 활동기준원가계산에서 원가배분과정을 그림으로 나타내면 다음과 같다.

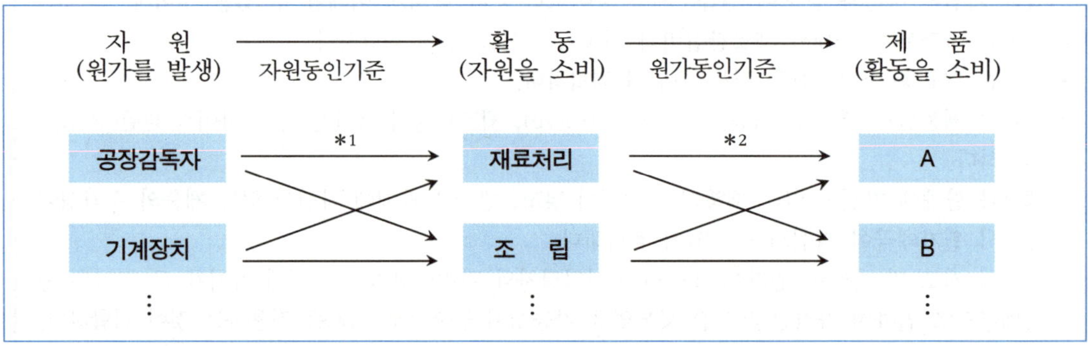

*1 공장감독자 임금을 감독시간(자원동인)을 기준으로 각 활동에 배분한다.

*2 재료처리활동에 집계된 원가를 재료처리횟수(원가동인)를 기준으로 각 제품에 배분한다.

이해

전통적인 원가계산에서는 원가계산시스템에 집계된 원가를 부문별로 집계하고, 보조부문원가를 제조부문에 배분하고, 제조부문원가를 제품에 배분한다. 이 중 수험목적상 필요한 것은 2단계 배분(보조부문 ⇨ 제조부문 ⇨ 제품)이다. 한편, 활동기준원가계산에서는 자원원가를 자원동인에 의해 활동에 배분하고, 활동별로 집계된 원가를 원가동인에 의해 제품에 배분한다. 이 중 수험목적상 필요한 것은 활동별로 집계된 원가를 제품에 배분하는 것이다. 문제상에서 자료가 제시될 때 이미 활동과 활동별 원가가 집계되어 있는 것이 일반적이다.

2. 활동기준원가계산의 절차

활동기준원가계산을 실무적으로 적용할 때는 피드백이 계속적으로 이루어지고 어떤 절차들은 반복적으로 수행되기 때문에 저자에 따라서 순서에 차이가 있을 수 있으나 수험목적으로는 다음과 같이 이해하면 된다. 그리고 이 절차는 그대로 문제풀이에 적용할 수 있다.

(1) 활동분석

ABC를 적용하려면 먼저 활동분석을 실시해야 한다. 활동분석(activity analysis)이란 제품을 생산하거나 서비스를 제공하는 데 필요한 활동들을 구분하고 분석하는 것을 말하며, 공정가치분석(process value analysis)이라고도 한다. 활동분석을 위해서는 원재료 수령에서부터 제품의 최종검사에 이르기까지 공정에서 이루어지는 모든 활동을 나타내는 흐름도를 작성하고 이를 통하여 활동을 파악해야 한다. 보통 이 단계에서는 100여개의 활동이 파악된다. 흐름도에 표시된 각각의 활동은 부가가치활동(value−added activities)과 비부가가치활동(non−value−added activities)으로 구분한다. 부가가치활동은 제품의 가치를 증가시키는 활동(조립, 포장 등)을 말하며, 비부가가치활동은 제품의 가치를 증가시키지 못하면서 자원만 낭비하는 활동(재료이동, 대기, 저장, 검사 등)을 말한다. 따라서 부가가치활동은 계속 수행하고 비부가가치활동은 제거하거나 감소시켜야 한다.

(2) 활동중심점의 설정 및 활동별 원가집계

활동분석의 결과 확인된 각 활동을 바탕으로 유사한 활동은 서로 통합하여 하나의 활동중심점(activity center 또는 cost pool)을 설정한다. 여기서 활동중심점이란 원가를 분리하여 집계할 수 있는 조직단위를 말한다. 활동중심점을 몇 개로 결정할 지는 필요로 하는 원가계산의 정확도와 원가정보의 산출비용에 따라 달라진다. 활동중심점이 많을수록 원가계산의 정확도는 높아지고, 원가정보를 산출하기 위한 비용도 증가한다. 일반적으로 활동중심점을 8~10개정도 설정하면 원가계산은 상당히 정확한 것으로 알려져 있다.

활동중심점을 설정하고 나면 활동을 수행하는 과정에서 소비한 자원의 원가를 파악하여 이를 자원동인을 기준으로 각 활동중심점에 배분하여 활동별 원가를 집계한다. 하나의 활동에 여러 원천의 자원이 배분되므로 인과관계를 잘 살펴서 자원동인을 찾아야 한다.

(3) 원가동인의 선택

활동별로 집계된 원가를 제품에 배부하기 위하여 각 활동별로 원가동인을 규명하고 선택하여야 한다. 원가동인이란 원가를 발생시킨 동인(원가유발동인)으로 활동의 작업량을 결정하고 그 작업을 수행하기 위해 필요한 노력의 정도를 결정하는 요소를 말한다. 원가동인은 활동별 원가의 발생과 밀접한 인과관계를 가져야 하며, 쉽게 적용할 수 있어야 한다. 원가동인은 매우 다양한데 이를 유형별로 분류하면 다음과 같다.

건수동인 (transaction drivers)	건수동인은 수행된 활동의 빈도를 집계하여 원가동인으로 사용하는 것으로 그 예로는 검사횟수, 주문횟수, 작업준비횟수 등이 있다.
시간동인 (duration drivers)	시간동인은 활동을 수행하기 위하여 소요된 시간을 원가동인으로 사용하는 것으로 그 예로는 검사시간, 작업준비시간 등이 있다.
직접동인=강도동인 (intensity drivers)	직접동인은 활동을 수행하기 위하여 소요된 자원을 직접 측정하여 원가동인으로 사용하는 것이다.

건수동인은 사용하기가 간편하고 비용이 적게 든다면 장점이 있으나 건수당 소비되는 자원의 크기가 다른 경우에는 원가계산이 정확하지 못하다는 단점이 있다. 한편, 직접동인은 원가계산이 정확하다는 장점이 있으나 원가측정에 비용이 많이 든다는 단점이 있다. 원가동인의 유형별 적용을 예를 들어 설명하면 다음과 같다.

검사활동과 관련하여 발생한 원가를 각 제품별로 배분하고자 할 때 검사횟수를 기준으로 배분한다면 이는 건수동인에 해당한다. 그런데 각 제품별로 검사횟수가 동일하다고 하여도 검사하는데 소요된 시간이 다르다면 검사횟수를 기준으로 배분하는 것은 합리적이지 못하다. 이런 경우에는 소요되는 검사시간(시간동인)을 기준으로 배분하여야 한다. 만약 특정 제품의 검사를 위해서는 고급인력이 필요한 경우라면 검사횟수나 검사시간은 합리적인 배분기준이 될 수 없다. 왜냐하면 검사원의 수준에 따라 발생하는 검사원가가 다를 것이기 때문이다. 이런 경우에는 직접동인을 사용하여야 한다. 일반적으로 사용되는 활동과 원가동인의 예는 다음과 같다.

활동과 원가동인의 예

활동	원가동인
재료처리활동	재료사용량, 재료처리횟수
절삭활동	기계시간
조립활동	조립시간
품질관리활동	품질검사시간, 검사횟수
기계수선활동	기계시간

(4) 활동별 제조간접비배부율의 계산

(2)에서 집계한 활동별 원가를 (3)에서 결정한 원가동인의 수량으로 나누어서 활동별로 원가동인당 배부율을 계산한다. 원가동인당 배부되는 원가를 활동별 제조간접비배부율이라 한다.

$$\text{활동별 제조간접비배부율} = \frac{\text{활동별 원가}}{\text{활동별 원가동인수}}$$

(5) 제조간접비의 배부

활동별로 집계된 제조간접비를 각각의 배부율에 따라 최종 제품에 배부하는 단계를 제조간접비의 배부라고 한다. 이 때 각 제품이 소비하는 활동량을 정확히 계산하여야 제품원가가 왜곡 없이 결정된다. 제품별 배부액은 다음과 같이 나타낼 수 있다.

$$\text{제품별 배부액} = \sum(\text{활동별 원가동인수} \times \text{활동별 제조간접비배부율})$$

예 제 2 활동기준원가계산의 절차

㈜재열은 두 종류의 제품(일반형, 고급형)을 생산 · 판매하고 있다. 20×1년 제조간접비는 ₩2,000,000이 발생할 것으로 추정되며, 고급형은 5,000개, 일반형은 40,000개가 생산 · 판매될 것으로 예상된다. 제품단위당 직접재료비와 직접노무비는 다음과 같다.

	고급형	일반형
직 접 재 료 비	150	110
직 접 노 무 비	20	10

ABC를 적용하기 위하여 활동분석 등을 통하여 다음과 같은 자료를 수집하였다.

활동	활동원가	원가동인	활동사용량	
			고급형	일반형
구매주문	84,000	주문횟수	100	200
설계변경	216,000	설계변경횟수	300	600
제품검사	450,000	검사시간	400	1,100
공장관리	1,250,000	기계시간	20,000	30,000
	2,000,000			

[요구사항]

1. 활동별로 원가동인당 배부율을 산정하시오.
2. 각 제품의 단위당 제조원가를 산정하시오.

해답

1.

활동	원가집계	÷	원가동인수	=	배부율
구매주문	84,000		100 + 200 = 300		280
설계변경	216,000		300 + 600 = 900		240
제품검사	450,000		400 + 1,100 = 1,500		300
공장관리	1,250,000		20,000 + 30,000 = 50,000		25

2.

(1) 제조간접비의 배부

활동	고급형		일반형	
구매주문	100 × 280 =	28,000	200 × 280 =	56,000
설계변경	300 × 240 =	72,000	600 × 240 =	144,000
제품검사	400 × 300 =	120,000	1,100 × 300 =	330,000
공장관리	20,000 × 25 =	500,000	30,000 × 25 =	750,000
계		720,000		1,280,000

(2) 단위당 제조원가

	고급형	일반형
직접재료비	150	110
직접노무비	20	10
제조간접비	144*	32*
단위당 제조원가	314	152

* 고급형 단위당 제조간접비 : 720,000 ÷ 5,000 = ₩144

일반형 단위당 제조간접비 : 1,280,000 ÷ 40,000 = ₩32

해설

활동기준원가계산의 절차 중에서 (1)~(3)단계는 문제상의 자료에 제시되어 있는 것이 일반적이다. 이 문제의 경우 (1) 활동분석이 끝난 상태에서 (2) 활동중심점 설정과 원가집계가 이미 되어 있고 (3) 원가동인이 선택되어 있으며 그 수량도 제시되어 있다. 따라서 (4) 활동별 원가동인당 배부율과 (5) 제품별로 배부만 정확히 하면 문제풀이는 별 어려움이 없다. 다만, 응용문제에서는 문제상의 자료를 분석하여 원가동인수를 구하게 하거나, (4)와 (5)의 자료를 제시하고 (2)나 (3)을 추정하게 한다.

제 3 절 활동의 유형

ABC에서는 활동이 원가를 발생시키는 기본적 단위이고, 활동별로 원가를 집계하여 배부하므로 활동을 구분하는 것이 매우 중요하다. 일반적으로 활동은 원가계층(cost hierarchy)에 따라 단위수준활동, 묶음수준활동, 제품수준활동 및 설비수준활동으로 구분할 수 있다. 활동을 원가계층에 따라 구분하면 각 활동별로 원가동인을 식별하여 정확한 원가계산을 하는 데에 도움이 된다.

1. 단위수준활동

단위수준활동(unit-level activities)은 한 단위의 제품을 생산할 때마다 수행되는 활동을 말한다. 즉, 그 활동량이 생산량 또는 생산량에 비례하는 직접노동시간 등에 비례하여 수행되는 활동을 말한다. 예를 들어 기계활동이나 직접노동활동은 생산량이 증가하는 경우에 그 활동량(기계작업시간이나 직접노동시간)이 비례하여 증가하는 활동이므로 단위수준활동에 해당한다. 단위수준활동은 생산 과정과 직접적으로 관련된 활동이다.

2. 묶음수준활동

묶음수준활동(batch-level activities)은 한 묶음(batch)의 제품을 처리하거나 생산할 때마다 수행되는 활동이다. 즉, 생산된 제품의 수량이 아니라 생산된 묶음의 수에 비례하여 수행되는 활동이다. 예를 들면 구매주문활동이나 선적활동은 제품 하나 하나마다 수행되는 것이 아니라 10개씩 또는 100개씩 묶음으로 수행된다. 묶음수준활동은 주로 생산 이전 단계(구매주문, 작업준비)나 이후 단계(품질검사, 선적)와 관련 있는 활동이다. 한 가지 주의할 점은 품질검사의 경우에는 상황에 따라 활동의 계층이 달라질 수 있다는 것이다. 예를 들어 전수검사(total inspection)하는 경우에는 생산량에 비례하여 수행되는 활동이므로 단위수준활동으로 분류되며, 표본검사(sample inspection)하는 경우에는 묶음수에 비례하여 수행되는 활동이므로 묶음수준활동으로 분류된다.

3. 제품수준활동

제품수준활동(product-level activities)은 하나의 제품라인을 유지하고 지원하기 위하여 수행되는 활동이다. 제품수준활동은 제품수량에 비례하여 수행되는 활동이 아니고 제품종류의 수에 비례하여 수행되는 활동 즉, 제품유지활동(product-sustaining activities)이다.

예를 들면 제품설계활동은 제품종류(A, B, C)의 수가 증가하면 이에 비례하여 활동량(제품설계횟수)이 증가하나 한 종류의 제품에 대하여 생산량(10개, 50개)이 증가한다고 활동량(제품설계횟수)이 증가하지는 않는다. 제품수준활동은 제품종류의 수에 비례하고 단위수준활동은 제품생산량에 비례하는 활동이므로 반드시 구분할 수 있어야 한다. 제품설계활동 외에도 제품개발활동, 엔지니어링활동, 부품관리활동 등도 제품수준활동에 해당한다.

4. 설비수준활동

설비수준활동(facility－level activities)은 전반적인 제조공정과 생산설비를 유지하고 지원하기 위하여 수행되는 활동으로 설비유지활동(facility－sustaining activities)을 말한다. 이러한 활동은 제품 생산량이나 제품 묶음수 또는 제품 종류에 관계없이 전반적인 제조공정을 유지하기 위하여 수행되는 활동이다. 예를 들면 공장관리활동, 조경활동, 조명활동, 냉난방활동 등이 있다. 설비수준활동은 생산량이나 묶음수 또는 제품 종류에 관계없이 수행되는 활동이므로 순수한 고정비의 성격을 갖는다. 따라서 외부보고를 위한 제품원가계산 목적으로는 개별 제품에 배분하여야 하나 원가관리 · 통제 목적으로는 원가배분을 할 필요가 없다. ABC가 정교한 원가계산방식이기는 하지만 설비수준활동이 있다면 여전히 원가를 자의적으로 배분할 수밖에 없다.

활동 유형과 유형별 원가동인

활동계층	대표적 활동	원가동인
설비수준활동	• 공장관리 • 회계 및 인사 • 감가상각	• 점유면적 • 작업자수 • 기계시간
제품수준활동	• 제품설계 • 부품관리 • 엔지니어링	• 제품 종류의 수 • 부품 종류의 수 • 설계변경횟수
묶음수준활동	• 작업준비 • 표본(sample)검사 • 구매주문	• 작업준비횟수 • 검사횟수(시간) • 주문횟수
단위수준활동	• 전수(total)검사 • 직접작업자의 감독 • 동력 및 윤활유	• 생산량 • 직접작업시간 • 기계사용시간

위 표에서 보는 것처럼 원가계층에서 가장 높은 계층은 설비수준활동이고 가장 낮은 계층은 단위수준활동이다. 이렇게 원가계층을 구분하는 이유는 높은 계층 활동은 낮은 계층 활동과 독립적임을 나타내기 위해서이다. 활동의 계층별 분류는 보다 정확한 원가동인을 찾을 수 있도록 도와주며 경영자의 다양한 의사결정에 유용한 정보를 제공한다.

예를 들어 묶음생산을 하는 회사에서 1회 작업준비(setup)로 제품 100개를 조립할 수 있다고 하자. 작업준비원가는 작업준비횟수에 비례하여 발생하는 원가이므로 제품을 50개 조립하든지 100개 조립하든지에 관계없이 동일하게 발생한다. 따라서 작업준비원가와 조립원가는 비례관계가 성립하지 않는다. 이는 작업준비는 묶음수준활동이고 조립은 단위수준활동이므로 활동계층이 구분되기 때문이다. 즉, 묶음수준활동은 단위수준활동과 비례하지 않는 활동이므로 단위수준활동의 입장에서는 묶음수준활동으로 인한 원가는 고정비의 성격이다. 결국 활동계층의 구분은 작업준비원가의 배분기준(작업준비횟수)과 조립원가의 배분기준(생산수량)은 달라야 한다는 것과 특별주문이 있는 경우에 고려해야 할 원가에 대한 판단기준을 제공해 준다.

예 제 3 활동계층

㈜경원은 활동기준원가시스템을 개발하고 있다. 제조지원활동(제조간접비)을 면밀히 분석하여 다음과 같은 자료를 수집하였다.

제조지원활동	활동원가	원가동인	예상활동수준
전수검사	₩200,000	검사횟수	4,000
작업준비	140,000	작업준비횟수	100
부품관리	180,000	부품수	800
건물임차	420,000	건물면적(㎡)	6,000

[요구사항]

1. 제조지원활동을 단위수준, 묶음수준, 제품수준 또는 설비수준활동으로 구분하시오.
2. 각 활동별로 원가동인당 배부율을 구하시오.
3. ㈜경원이 묶음(batch)생산을 하는 경우 한 묶음당 생산량(batch size)은 몇 개인지 위 자료를 기초로 추정하시오.

해답

1. 활동의 구분

   전수검사 : 단위수준활동

   작업준비 : 묶음수준활동

   부품관리 : 제품수준활동

   건물임차 : 설비수준활동

2. 활동별 원가동인당 배부율

활동	원가집계	원가동인수	배부율
전수검사	200,000	4,000	₩50/검사횟수
작업준비	140,000	100	₩1,400/작업준비횟수
부품관리	180,000	800	₩225/부품수
건물임차	420,000	6,000	₩70/m^2

3. 묶음당 생산량의 추정

   묶음당 생산량(batch size) : 4,000 ÷ 100 = 40개

해설

전수검사를 하는 상황에서 검사횟수가 4,000회라는 것은 생산량이 총 4,000개라는 의미이고 4,000개를 생산하는데 100회 작업준비를 한다는 것은 1회 작업준비를 하면 40개씩 생산한다는 뜻이다. 따라서 뱃치 사이즈는 40개라고 분석할 수 있다. 물론 구체적인 자료가 제시되는 경우에는 40개 아닐 수도 있다. 왜냐하면 묶음수와 생산량이 반드시 비례하는 것은 아니기 때문이다.

제 4 절 기타사항

1. 전통적인 원가계산과 활동기준원가계산의 비교

전통적인 원가계산에서는 직접재료비와 직접노무비는 개별 제품에 직접부과하고 제조간접비는 직접노동시간, 기계작업시간 등의 조업도(volume)를 기준으로 개별 제품에 배부하여 제품원가를 산정한다. 이때 제조간접비를 제품에 배부하기 위하여 우선 부문별로 원가를 집계하고 부문별로 집계된 원가 중에서 보조부문원가를 제조부문에 배분하고 제조부문원가를 제품에 배분하는 두 단계 배분 절차를 밟는다. 반면, 활동기준원가계산에서는 직접재료비와 직접노무비는 개별 제품에 직접부과하고 제조간접비는 구매주문횟수, 조립시간, 품질검사횟수, 부품수 등 활동에 영향을 미치는 다양한 원가동인(cost drivers)을 기준으로 개별 제품에 배부하여 제품원가를 산정한다. 이때 제조간접비를 제품에 배부하기 위하여 우선 활동별로 원가를 집계하고 활동별로 집계된 원가를 제품에 직접 배부한다.

이해

활동기준원가계산의 도입배경에서 설명한 것처럼 제조환경의 변화로 직접노무비가 감소하고 제조간접비가 급격히 증가하였기 때문에 활동기준원가계산에서는 직접재료비만 개별 제품에 직접부과하고 직접노무비와 제조간접비는 구분하지 않고 가공비로 집계한 후에 활동기준원가계산을 적용하기고 한다. 그러나 제조업에서는 제조간접비에 대하여 활동기준원가계산을 적용하는 것이 일반적이다.

전통적인 원가계산절차와 활동기준원가계산절차를 그림으로 나타내면 아래와 같으며 둘 간의 차이점은 다음과 같다.

전통적인 원가계산

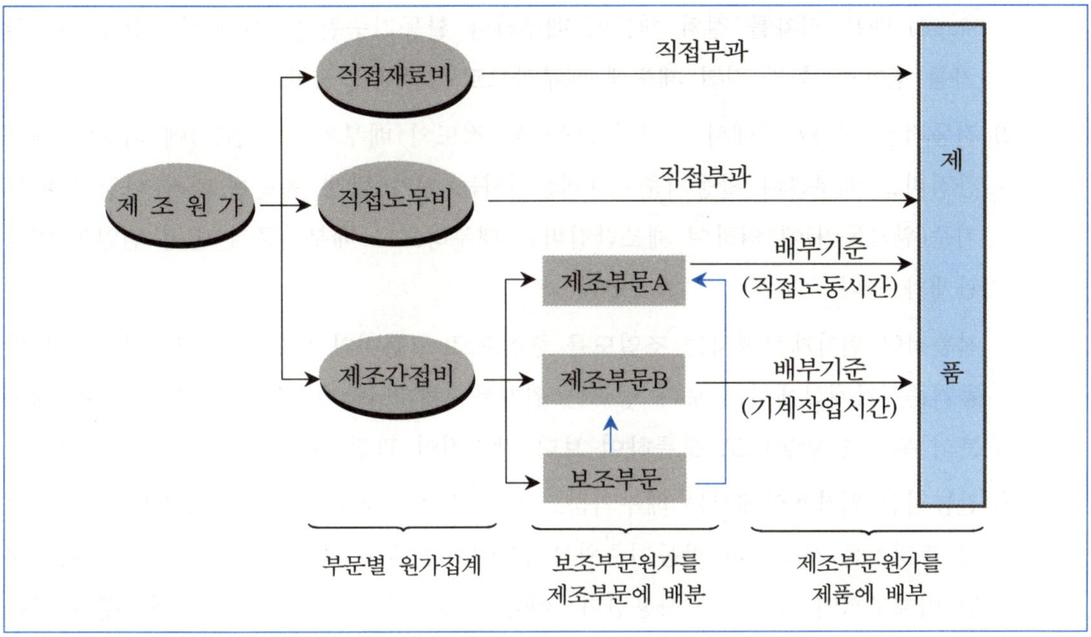

활동기준원가계산

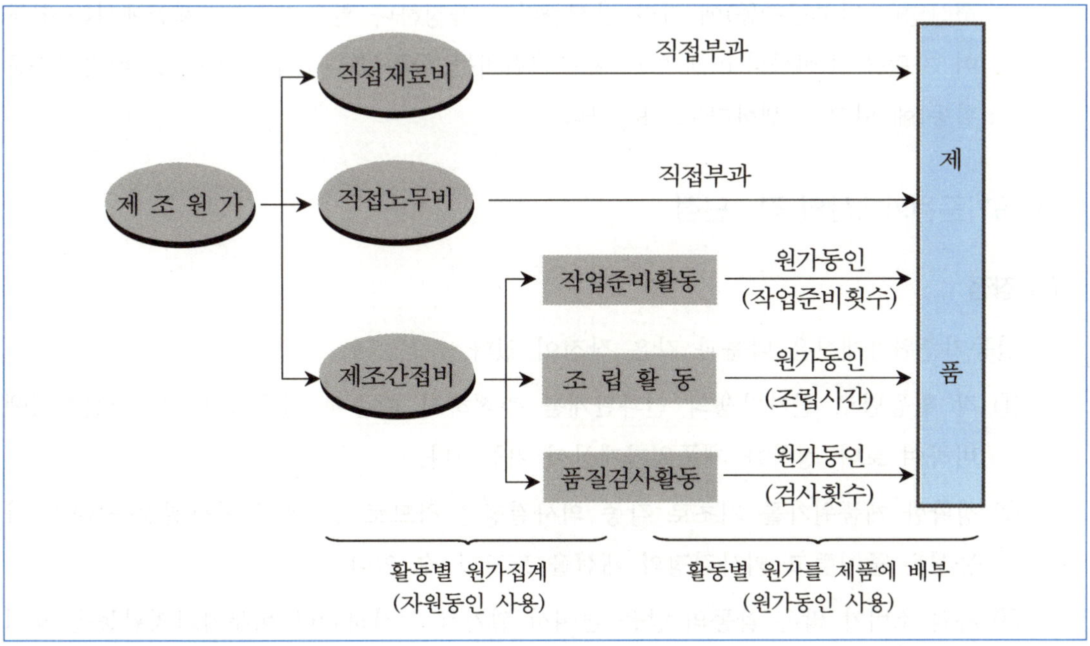

① 전통적인 원가계산에서는 제조간접비를 부문별로 집계한 후에 두 단계(two-stage) 배분 절차를 걸쳐 제품에 배부하나 활동기준원가계산에서는 활동별로 원가를 집계한 후에 직접 제품에 배부하므로 추적가능성이 높다.

② 전통적인 원가계산에서는 하나 또는 둘 정도의 배부기준(조업도)에 의하여 제조간접비를 배부하나 활동기준원가계산에서는 원가 발생 원인에 따라 다양한 배부기준(원가동인)에 의하여 제조간접비를 배부하므로 배부기준과 발생 원인의 인과관계가 높다.

③ 전통적인 원가계산에서는 조업도를 중심으로 고정비와 변동비를 구분하였으나 활동기준원가계산에서는 보다 정교한 원가분류체계(4단계 원가계층)를 통하여 대부분의 원가를 변동비로 분류하여 보다 장기적인 관점에서의 분석을 강조한다.

④ 전통적인 원가계산에서는 배부기준으로 주로 직접노무비나 직접재료비 등 재무적인 측정치를 사용하나 활동기준원가계산에서는 주로 작업준비횟수, 품질검사횟수 등 비재무적인 측정치를 사용한다. 이들 비재무적인 측정치는 원가정보뿐 아니라 성과평가 및 전략적 의사결정 등에 유용하게 활용된다.

⑤ 전통적인 원가계산에서는 제품이 자원을 소비한다고 보므로 제조간접비는 제품생산량(단위수준활동)에 따라 발생한다고 가정하나 활동기준원가계산에서는 활동이 자원을 소비한다고 보므로 제조간접비는 활동량(단위수준활동 및 비단위수준활동)에 따라 발생한다고 가정한다.

2. 활동기준원가계산의 장 · 단점

(1) 장점

활동기준원가계산은 다음과 같은 장점이 있다.

① 각 활동별로 원가발생의 인과관계를 추적하기 때문에 전통적인 원가계산방식에 비하여 보다 정확한 제품원가계산이 가능하다.

② 정확한 제품원가를 기초로 각종 의사결정을 하므로 잘 못된 의사결정을 내릴 가능성은 줄어들고 의사결정의 개선을 도모할 수 있다.

③ 자원 소비가 많은 활동의 양을 줄여서 원가를 절감하거나 비부가가치활동을 제거하여 원가를 절감할 수 있으며 이를 통하여 기업의 경쟁력을 강화할 수 있다.

④ 활동기준으로 원가계산을 하므로 제품구성이 변하더라도 제품생산을 위하여 어떤 활동이 수행되는지만 파악되면 원가계산을 신속하게 할 수 있고, 활동량의 변화에 따른 제품원가의 계산도 신축적으로 할 수 있다.

(2) 단점

활동기준원가계산은 다음과 같은 단점이 있다.

① 활동기준원가계산의 도입 초기에 비용이 과다하게 발생하고, 활동을 분석하고 측정하는데 비용이 많이 발생한다.

② 활동기준원가계산을 적용하기 위해서는 수많은 활동을 분석하고 활동중심점을 설정하여야 하는데 활동을 명확히 정의하고 구분할 기준이 존재하지 않는다.

③ 활동기준원가계산을 적용하는 경우에도 설비수준활동과 관련하여 발생하는 원가는 인과관계에 의하여 배분하기가 어려우므로 자의적인 원가배분이 여전히 존재한다.

④ 원가를 절감하기 위하여 활동량을 줄이다 보면 대량생산을 선호하게 되고 다양한 고객의 욕구에 대응하지 못 할 가능성이 있다(ABC가 만능인 것은 아니다).

3. 활동기준원가계산의 활용

활동기준원가계산은 다양한 원가동인을 사용하여 원가배분을 하므로 보다 정확한 원가계산을 가능하게 한다. 더욱이 다양한 원가동인으로 사용되는 비재무적인 측정치(작업준비횟수, 품질검사시간, 설계변경횟수 등)는 제품원가계산뿐만 아니라 원가관리·통제, 의사결정 및 성과평가에 활용된다. 따라서 활동기준원가계산은 제조업뿐만 아니라 유통업, 서비스업 등 모든 업종에서 활용할 수 있다. 예를 들어 유통업의 경우에는 제품을 생산하지 않고 완제품을 구입하여 판매하는 회사이므로 제조간접비의 배분과 통제를 위하여 활동기준원가계산은 필요하지 않지만 판매관리비의 배분과 통제 및 이를 통한 고객별 수익성 분석을 위하여 활동기준원가계산이 필요하다.

활동기준원가계산이 활용되는 사례로는 표준원가계산의 차이분석, 원가·조업도·이익분석(CVP분석), 단기특수의사결정, 활동기준경영(ABM), 목표원가계산 등이 있다.

연습문제

COST ACCOUNTING

문 1 ABC의 기초

㈜상완은 전문가용 컴퓨터와 일반용 컴퓨터를 제조하는 업체이다. 현재 회사는 직접노무비를 기준으로 제조간접비를 각 제품에 배부하고 있다. 회사는 20×1년에 ₩20,000,000의 제조간접비가 발생할 것으로 예상하고 있으며 전문가용 컴퓨터 10,000대와 일반용 컴퓨터 50,000대를 생산할 것으로 예상한다. 제품별 단위당 직접재료비와 직접노무비는 다음과 같다.

	전문가용	일반용
직 접 재 료 비	₩8,000	₩6,000
직 접 노 무 비	1,000	600

[요구사항]

1. 직접노무비를 기준으로 제조간접비를 배부할 때, 20×1년 제조간접비 예정배부율과 제품 단위당 제조원가를 계산하시오.
2. 회사는 제조간접비의 배부기준에 문제가 있다고 판단하고 활동기준원가계산을 도입할 것을 고려하고 있다. 활동기준에 의할 경우 20×1년 각 활동중심점에 대한 예정원가와 활동자료는 다음과 같다.

활동	원가동인	원가	전문가용	일 반 형
매 입	주 문 횟 수	₩4,000,000	300회	500회
부 품 관 리	부 품 수	10,000,000	50,000개	150,000개
제 품 검 사	검 사 횟 수	6,000,000	500회	1,000회
		₩20,000,000		

   활동기준원가계산에 의할 경우 제품 단위당 제조원가를 구하시오.
3. 각 활동을 계층별로 구분하시오.

해답

1.

(1) 제조간접비 예정배부율 $= \dfrac{20,000,000}{10,000 \times 1,000 + 50,000 \times 600}$ = 직접노무비의 50%

(2) 단위당 제조원가

	전문가용	일반형
직 접 재 료 비	₩8,000	₩6,000
직 접 노 무 비	1,000	600
제 조 간 접 비	500*1	300*2
	₩9,500	₩6,900

*1 1,000 × 0.5 = 500

*2 600 × 0.5 = 300

2.

(1) 배부율

활동	원가집계	원가동인수	배부율
매 입	4,000,000	800	₩5,000/회
부 품 관 리	10,000,000	200,000	₩50/개
제 품 검 사	6,000,000	1,500	₩4,000/회

(2) 배부

활동	전문가용		일반형	
매 입	300 × 5,000 =	1,500,000	500 × 5,000 =	2,500,000
부 품 관 리	50,000 × 50 =	2,500,000	150,000 × 50 =	7,500,000
제 품 검 사	500 × 4,000 =	2,000,000	1,000 × 4,000 =	4,000,000
		6,000,000		14,000,000

(3) 단위당 제조원가

	전문가용	일반형
직 접 재 료 비	₩8,000	₩6,000
직 접 노 무 비	1,000	600
제 조 간 접 비	600*1	280*2
	₩9,600	₩6,880

*1 6,000,000 ÷ 10,000 = 600

*2 14,000,000 ÷ 50,000 = 280

3. 활동의 계층별 구분
   매입활동 : 묶음수준활동
   부품관리 : 제품수준활동
   제품검사 : 묶음수준활동
   ☞ 생산량에 비하여 제품검사횟수가 현저히 적은 것은 표본검사한다는 의미이므로 제품검사는 묶음수준활동에 해당한다.

문 2 단답형 기출문제

1. ㈜재열은 두 종류의 제품(X와 Z)을 생산하고 있다. 이 회사의 원가담당자는 간접비 중 엔지니어링변경원가에 관심을 가지고 있다. 1회 엔지니어링 변경에 소요되는 원가는 ₩600이다. 제품별 생산량, 엔지니어링 변경횟수, 기계시간은 다음과 같다.

항 목	X제품	Z제품
생산량	1,000단위	1,000단위
엔지니어링 변경횟수	14회	6회
생산량 단위당 기계시간	1시간	2시간

엔지니어링 변경원가를 엔지니어링 변경횟수가 아닌 기계시간을 기준으로 배부한다면, X제품에 과대배부 혹은 과소배부 되는 금액은 얼마인가?

2. ㈜달곤은 각 작업에 대한 원가계산을 위하여 다음의 자료를 수집하였다.

활동	원가	원가범주	원가동인	최대활동량
생산준비	₩20,000	생산묶음	생산준비시간	1,000시간
재료처리	30,000	생산묶음	재료처리횟수	2,000회
기계사용	500,000	제품단위	기계작업시간	20,000시간
품질관리	100,000	생산묶음	품질관리횟수	12,500회
수선유지	40,000	제품단위	기계작업시간	20,000시간

활동기준원가계산을 이용할 때 다음의 작업 A의 총원가는 얼마인가?

작업	기초원가	생산수량	생산준비	재료처리	기계작업	품질관리
A	₩300,000	12,000단위	30시간	56회	4,000시간	70회

3. ㈜경원기계는 활동기준원가계산(activity−based costing)을 적용하고 있다. 회사는 제품생산을 위해 세 가지 활동을 수행하고 있다. 당기에 발생된 활동별 실제원가는 기계가동활동 ₩84,000, 엔지니어링활동 ₩60,000, 품질검사활동 ₩41,000이었다. 당기에 두 종류의 제품 A와 B를 생산하였으며, 생산관련 실제자료는 다음과 같았다.

항 목	제품A	제품B
생산량	500단위	1,200단위
기계가동(기계시간)	2,000시간	3,000시간
엔지니어링(작업시간)	500시간	700시간
품질검사(품질검사 횟수)	10회	15회

* 괄호 안은 각 활동의 원가동인을 의미함.

활동기준원가계산 및 위 자료에 근거할 때 제품A와 제품B에 배분될 원가는 각각 얼마인가?

4. ㈜상완의 영업팀은 활동원가에 근거하여 고객의 수익성을 평가한다. 당기에 주문처리와 고객관리를 위해 수행한 활동 및 원가 자료는 다음과 같다. 긴급주문 처리를 위해서는 통상적인 주문처리 원가에 추가하여 1회당 ₩100의 원가가 발생한다.

활동 및 원가항목	원가
주문처리	₩70/1회 주문
긴급주문 처리를 위한 추가원가	₩100/1회 긴급주문
고객상담	₩450/1회 상담
고객관계관리	₩80,000/고객 1인

상기 원가 이외에 매출원가는 매출액의 80%에 해당한다. 당기 중에 ㈜상완의 주요 고객인 A와 관련하여 매출액 ₩500,000, 주문처리 횟수 300회(이 중 70%는 긴급주문임), 고객상담 횟수 140회가 발생하였다. 고객관계관리는 모든 고객에게 공통으로 적용된다. 회사가 고객 A로부터 얻은 이익(혹은 손실)은 얼마인가?

5. ㈜서울은 가전제품을 생산하여 판매하는 기업이다 ㈜서울의 경영자는 현재 생산하고 있는 양문냉장고의 설계를 변경하는 경우 원가를 얼마나 절감할 수 있는지 알아보려 한다. 20×2년의 양문냉장고 예상판매량 100대를 현재 설계된 대로 생산하는 경우 직접재료원가 ₩100,000, 직접노무원가 ₩50,000, 그리고 제조간접원가 ₩350,000이 발생할 것으로 추정된다. ㈜서울은 활동기준원가계산을 적용하고 있는데 제조간접원가를 발생원인에 따라 항목별로 구분한 결과는 다음과 같다.

제조간접원가 항목	금액	원가동인 및 발생현황
기계가동원가	₩100,000	기계가동시간 100시간
작업준비원가	50,000	작업준비시간 10시간
검사원가	100,000	검사시간 10시간
재작업원가	100,000	재작업시간 20시간

설계를 변경하는 경우 기계가동시간과 재작업시간은 20% 감소되며, 작업준비시간은 25% 감소될 것으로 예상된다. 그러나 검사시간은 현재보다 20% 늘어날 것으로 예상된다. ㈜서울이 설계를 변경하는 경우 단위당 제조간접원가를 얼마나 절감할 수 있는가? 단, 상기 자료외의 원가는 고려하지 않는다.

해답

1.

	원가	원가동인	배부율	X제품
변경전	12,000	14+6 = 20	600	8,400
변경후	12,000	1,000×1+1,000×2 = 3,000	4	4,000

∴ 배부기준을 변경하면 X제품에 ₩4,400 과소배부된다.

2.

- 활동별 배부율

  생산준비 : 20,000÷1,000시간 = ₩20

  재료처리 : 30,000÷2,000회 = ₩15

  기계사용 : 500,000÷20,000시간 = ₩25

  품질관리 : 100,000÷12,500회 = ₩8

  수선유지 : 40,000÷20,000시간 = ₩2

- 작업 A의 총원가

기초원가	₩300,000
제조간접비	
생산준비 30시간×₩20 =	600
재료처리 56회×₩15 =	840
기계사용 4,000시간×₩25 =	100,000
품질관리 70회×₩8 =	560
수선유지 4,000시간×₩2 =	8,000
	₩410,000

3.

활동	원가	원가동인	배부율	제품A	제품B
기계가동	84,000	5,000	16.8	33,600	50,400
엔지니어링	60,000	1,200	50.0	25,000	35,000
품질검사	41,000	25	1,640.0	16,400	24,600
	185,000			75,000	110,000

4.

- 매출총이익 : 500,000×(1−0.8) = 100,000
- 주문 · 고객원가 : (300×70)+(300×70%×100)+(140×450)+80,000 = 185,000

∴ 고객 A의 이익(손실) : 100,000−185,000 = (85,000)

5.

- 총절감원가

기계가동원가 절감	100,000×0.2 =	−20,000
작업준비원가 절감	50,000×0.25 =	−12,500
검사원가 증가	100,000×0.2 =	+20,000
재작업원가 절감	100,000×0.2 =	−20,000
		−32,500

- 단위당 절감원가 : 32,500/100 = ₩325

문 3 묶음수준활동과 수익성비교

㈜한국은 최근에 지금까지 대량 생산 · 판매하여 왔던 표준형 티셔츠에 보다 가볍고 고품질의 고급형 티셔츠를 추가하기로 결정하였다. 이 고급형 티셔츠의 생산에는 보다 비싼 재료가 사용되며, 완성하는데 더 많은 시간이 소요된다. 표준형 티셔츠는 한 장당 30분만에 재단 · 재봉질을 마칠 수 있지만, 고급형은 45분이 걸린다. 표준형 티셔츠는 1,000장씩, 고급형 티셔츠는 100장씩 뱃치(batch)로 생산된다. 각 뱃치에 대한 품질검사에는 10시간이 소요된다. ㈜한국의 현행원가계산제도는 제조간접원가의 배부기준으로 직접노무비를 사용하고 있다.

구분	표준형 티셔츠	고급형 티셔츠
단위당 판매가격	₩20,000	₩60,000
단위당 직접재료비	4,000	20,000
단위당 직접노무비	4,000	6,000
단위당 제조간접원가	6,000	9,000
단위당 매출총이익	6,000	25,000
단위당 판매관리비	1,000	2,000
단위당 영업이익	₩5,000	₩23,000
연간 생산 · 판매량	90,000장	6,000장

㈜한국의 재무담당이사인 희동구씨는 활동기준원가계산을 적용하게 되면 표준형 티셔츠 및 고급형 티셔츠 원가 및 수익성을 보다 정확하게 파악할 수 있는 것이라고 믿고 있다. 이를 위해 희동구씨는 20×1회계연도에 제조간접원가 ₩594,000,000에 대한 활동별 원가집합과 원가동인에 관한 자료를 다음과 같이 수집하였다.

〈20×1년 중 실제 사용된 원가동인량〉

활동	활동원가	원가동인	표준형티셔츠	고급형티셔츠
노무감독	₩39,600,000	직접노무시간	45,000시간	4,500시간
구매주문	195,000,000	주문횟수	450회	200회
품질검사	359,400,000	품질검사시간	?	?
	₩594,000,000			

[요구사항]

1. 활동기준원가계산에 입각해서 표준형 티셔츠 및 고급형 티셔츠 각각 단위당 제조간접원가를 계산하시오.
2. 활동기준원가계산에 입각하여 표준형 티셔츠 및 고급형 티셔츠 각각의 단위당 이익을 계산하고 기존의 원가계산방식에서의 수익성과 비교하시오.
3. 전통적인 원가계산제도의 활동기준원가계산의 차이점을 설명하시오.
4. 활동기준원가계산이 전통적인 원가계산에 비해 어떤 경영상의 개선된 점을 가져다 줄 수 있는지 간단히 설명하시오.

해답

〈자료정리〉

	표준형	고급형
묶음수	90,000장 ÷ 1,000장 = 90묶음	6,000장 ÷ 100장 = 60묶음
품질검사시간	90 × 10 = 900시간	60 × 10 = 600시간

1.

활 동	활동원가	원가동인수	배 부 율
노무감독	₩39,600,000	45,000 + 4,500 = 49,500	₩800/시간
구매주문	195,000,000	450 + 200 = 650	₩300,000/회
품질검사	359,400,000	900 + 600 = 1,500	₩239,600/회
계	₩594,000,000		

활 동	표 준 형		고 급 형	
노무감독	45,000 × 800 =	36,000,000	4,500 × 800 =	3,600,000
구매주문	450 × 300,000 =	135,000,000	200 × 300,000 =	60,000,000
품질검사	900 × 239,600 =	215,640,000	600 × 239,600 =	143,760,000
		386,640,000		207,360,000
생산량		÷ 90,000장		÷ 6,000장
		₩4,296		₩34,560

2.

	표 준 형	고 급 형
단위당 판매가격	₩20,000	₩60,000
단위당 직접재료비	4,000	20,000
단위당 직접노무비	4,000	6,000
단위당 제조간접비	4,296	34,560
단위당 매출총이익(손실)	7,704	(560)
단위당 판매관리비	1,000	2,000
단위당 이 익	₩6,704	(₩2,560)

전통적인 배부기준으로 제조간접비를 배부하면 고급형이 수익성이 더 높지만 활동기준원가계산으로 제조간접비를 배부하면 표준형이 수익성이 높다.

3. 차이점
   ① 전통적인 원가계산에서는 제조간접비를 부문별로 집계한 후에 두 단계(two－stage) 배분절차를 걸쳐 제품에 배부하나 활동기준원가계산에서는 활동별로 원가를 집계한 후에 직접 제품에 배부한다.
   ② 전통적인 원가계산에서는 소수의 배부기준을 사용하나 활동기준원가계산에서는 다양한 배부기준을 사용한다.
   ③ 전통적인 원가계산에서는 배부기준으로 주로 재무적인 측정치를 사용하나 활동기준원가계산에서는 주로 비재무적인 측정치를 사용한다.
   ④ 전통적인 원가계산에서는 배부기준과 원가 발생원인간의 인과관계가 약하나 활동기준원가계산에서는 인과관계가 강하다.

4. 활동기준원가계산의 장점
   ① 원가의 추적가능성이 높아짐에 따라 보다 정확한 원가계산이 가능해 진다.
   ② 정확한 제품원가를 바탕으로 올바른 성과평가 및 의사결정이 가능하다.
   ③ 비부가가치활동를 제거함으로써 원가절감이 가능해 진다.
   ④ 제품구성의 변화에 따라 기존의 원가동인을 이용하여 신축적인 원가계산이 가능하다.

문 4 원가동인수의 산정

㈜성호는 일반형과 고급형의 제품을 생산하고 있다. 일반형은 오랜 기간동안 계속 생산해 왔지만 고급형은 새로운 시장개척을 위하여 몇 년 전부터 생산하기 시작하였다. 고급형은 경쟁회사의 동일 유형의 제품보다 저가로 판매하고 있으며, 판매량은 증가추세에 있다. 그러나 고급형의 도입으로 오히려 이익이 감소하고 있으며, 경영자는 원가계산시스템의 정확성에 대하여 불신을 가지게 되었다. 회사는 지금까지 직접노동시간을 기준으로 제조간접비를 배부해 왔다. 한편, 20×1년 제조간접비는 ₩2,000,000이 발생할 것으로 추정되며, 고급형은 5,000개, 일반형은 40,000개가 생산·판매될 것으로 예상된다. 동 회사의 직접노무비임률은 직접노동시간당 ₩10이다. 제품단위당 직접재료비와 직접노무비는 다음과 같다.

	고급형	일반형
직 접 재 료 비	150	110
직 접 노 무 비	20	10

ABC를 적용하기 위하여 활동분석 등을 통하여 다음과 같은 자료를 수집하였다.

활 동	활동원가	원가동인	활동사용량		
			고급형	일반형	계
구매주문	84,000	주문횟수	?	?	?
설계변경	216,000	설계변경횟수	300	600	900
제품검사	450,000	검사시간	?	?	?
공장관리	1,250,000	기계시간	20,000	30,000	50,000
총제조간접비	2,000,000				

고급형은 25단위를 1묶음으로 뱃치(batch)생산하며, 일반형은 100단위를 1묶음으로 뱃치생산 한다. 각 제품은 1묶음당 1회 검사를 실시하며 1회 검사시간은 고급형 2시간이고 일반형은 2.75시간이다. 한편, 생산에 필요한 원재료는 2묶음 생산에 소요될 량을 한꺼번에 구매주문 한다.

[요구사항]

1. 직접노동시간을 기준으로 20×1년의 제조간접비를 배부할 경우 제품별 단위당 제조원가를 계산하시오.
2. ABC를 적용할 경우 20×1년의 제품별 단위당 제조원가를 계산하시오.
3. 위에 제시된 자료상의 활동을 계층별로 분류하시오.(단, 제품검사활동은 제외)
4. 제품검사활동은 경우에 따라서 단위수준활동이나 묶음수준활동으로 각각 분류될 수 있다. 제품검사활동과 관련하여 분류기준이 될 수 있는 경우(상황)을 설명하시오.
5. 동 회사의 이익이 감소한 이유는 무엇이며, 가격정책은 적정한지 설명하시오.

해답

1. 추정직접노동시간 : 5,000 × (20÷10)* + 40,000 × (10÷10) = 50,000

   제조간접비 배부율 : 2,000,000 ÷ 50,000 = ₩40

	고급형	일반형
직접재료비	150	110
직접노무비	20	10
제조간접비	2 × 40 = 80	1 × 40 = 40
단위당 제조원가	250	160

* 직접노무비 = 직접노동시간 × 시간당임률

직접노동시간 = 직접노무비 ÷ 시간당임률

2.

(1) 자료정리

	고급형	일반형
묶 음 수	5,000 ÷ 25 = 200	40,000 ÷ 100 = 400
주 문 횟 수	200 ÷ 2 = 100	400 ÷ 2 = 200
검 사 기 간	200 × 2 = 400	400 × 2.75 = 1,100

(2) 제조간접비 배부

활 동	원가집계	원가동인수	배부율	고급형	일반형
구매주문	84,000	300	280	28,000*1	56,000
설계변경	216,000	900	240	72,000*2	144,000
제품검사	450,000	1,500	300	120,000	330,000
공장관리	1,250,000	50,000	25	500,000	750,000
				720,000	1,280,000

*1 100 × 280 = 28,000

*2 300 × 240 = 72,000

(3) 제품원가계산

	고급형	일반형
직접재료비	150	110
직접노무비	20	10
제조간접비	144*	32*
단위당 제조원가	314	152

* 고급형 단위당 제조간접비 : 720,000 ÷ 5,000 = 144

일반형 단위당 제조간접비 : 1,280,000 ÷ 40,000 = 32

3. 구매주문활동 : 묶음수준활동
   설계변경활동 : 제품수준활동
   공장관리활동 : 설비수준활동

4. 전수검사를 하는 경우 : 단위수준활동
   표본검사를 하는 경우 : 묶음수준활동

5. 이익이 감소한 이유는 제조간접비배부가 잘못되어서 고급형의 제조단가가 낮게 측정되고, 그 결과 가격이 낮게 설정되었기 때문이다. 그러므로 가격정책은 적정하지 못하다.

문 5 활동기준원가계산

㈜국세는 복사용지 제조업체로, 생산한 복사용지를 5개의 대형할인점(A, B, C, D, E)을 통해 1박스당 ₩10,000에 판매하고 있다. ㈜국세가 모든 대형할인점에 제공하는 복사용지의 매출총이익률은 15%로 동일하다. 20×1년도 한 해 동안 고객별로 매출액(반품 차감전)을 집계한 결과, 할인점 A ₩1,000,000, 할인점 B ₩2,000,000, 할인점 C ₩2,500,000, 할인점 D ₩3,000,000 그리고 할인점 E ₩1,500,000인 것으로 파악되었다. 할인점 A는 20×1년 7월에 거래를 시작하였으며, 할인점 B, C, D, E는 지난 10년 동안 거래해온 고객이다. 소비자가 구입한 제품을 대형할인점에 반품하는 경우, 대형할인점은 택배를 이용하여 ㈜국세로 반품하며, 배송비용은 ㈜국세가 부담한다. 반품된 제품은 정상적으로 판매할 수 있다. ㈜국세는 대형할인점과의 고객관계를 유지하기 위하여 총 ₩1,031,000의 판매관리비를 사용하고 있다.

㈜국세는 5개 대형할인점의 수익성을 파악하여 영업 전략을 수립하기 위해 활동기준원가계산을 적용하기로 하였다. 할동기준원가계산 적용을 위해 ㈜국세의 판매관리비를 발생시키는 활동을 파악한 결과 주문처리활동, 배송활동, 고객유지활동, 반품처리활동 등 4가지 활동이 파악되었다. 주문처리에 소요된 자원은 ₩105,000, 배송처리에 소요된 자원은 ₩186,000, 고객유지에 소요된 자원은 ₩600,000 그리고 반품처리에 소요된 자원은 ₩140,000으로 조사되었다. ㈜국세는 주문처리활동의 원가동인으로 주문건수, 배송활동의 원가동인으로 배송거리, 고객유지활동의 원가동인으로 접대횟수 그리고 반품처리활동의 원가동인으로 반품수량을 사용하였다. 다음은 ㈜국세의 고객인 대형할인점과 관련된 원가동인 자료이다.

구 분	대형할인점				
	A	B	C	D	E
주문건수	5건	5건	10건	5건	10건
배송거리	100km	120km	150km	150km	100km
접대횟수	2회	2회	2회	3회	3회
반품수량	20박스	10박스	10박스	20박스	10박스

[요구사항]

1. ㈜국세가 고객인 대형할인점 A, B, C, D, E로부터 20×1년 한 해 동안 벌어들인 영업이익은 각각 얼마인가?
2. ㈜국세가 20×1년 한 해 동안 영업활동을 가장 효율적으로 수행한 대형할인점을 선정하고, 그 근거를 제시하시오.

해답

1.

	A	B	C	D	E
총매출	1,000,000	2,000,000	2,500,000	3,000,000	1,500,000
반품매출	200,000	100,000	100,000	200,000	100,000
순매출	800,000	1,900,000	2,400,000	2,800,000	1,400,000
매출총이익	120,000	285,000	360,000	420,000	210,000
판매관리비					
주문처리	15,000	15,000	30,000	15,000	30,000
배　　송	30,000	36,000	45,000	45,000	30,000
고객유지	100,000	100,000	100,000	150,000	150,000
반품처리	40,000	20,000	20,000	40,000	20,000
영업이익	(65,000)	114,000	165,000	170,000	(20,000)

2.

	A	B	C	D	E
영업이익	(65,000)	114,000	165,000	170,000	(20,000)
순매출	800,000	1,900,000	2,400,000	2,800,000	1,400,000
영업이익률	−8.125%	6%	6.875%	6.07%	−1.43%

∴ 할인점 C에 대하여 가장 효율적으로 영업활동을 수행했다.

문 6 활동기준원가계산의 이해 및 의사결정

제품A와 제품B를 생산 · 판매하는 ㈜태종의 자료는 다음과 같다.

	제품A	제품B
생산량(판매량)	6,000개	2,000개
직접재료비	₩1,100,000	₩1,000,000
직접노무비	₩1,200,000	₩605,000

전통적인 원가계산방식에 의하면 제조간접비는 직접노무비를 기준으로 각 제품에 80%씩 배부한다. 한편, 활동기준원가계산에 의하면 제조지원활동은 다음과 같이 3가지로 구분할 수 있으며 활동별 배부율은 다음과 같다.

• 작업준비활동 :	작업준비시간당	₩1,800
• 품질검사활동 :	검사시간당	₩400
• 제품포장활동 :	제품단위당	?

(1) 제품A는 1뱃치(묶음)가 500개이고, 제품B는 1뱃치가 100개이다. 제품A는 뱃치당 15시간의 작업준비시간이 소요되며, 제품B는 뱃치당 10시간의 작업준비시간이 소요된다.

(2) 품질검사시간은 제품A는 단위당 4분이고, 제품B는 단위당 15분이다.

[요구사항]

다음 요구사항에 답하시오. 단, 단수 발생시에는 소수점 이하 둘째자리에서 반올림하시오.

1. 전통적인 원가계산에 의하여 제품 단위당 제조원가를 계산하시오.
2. 활동기준원가계산에 의하여 제품 단위당 제조원가를 계산하시오.
   단, 제품포장활동에 집계된 원가와 제품포장활동의 원가동인당 배부율을 반드시 산정하시오.
3. 설계변경을 하면 제품A의 1뱃치당 생산수량을 600개, 제품B의 1뱃치당 생산수량을 200개로 증가시킬 수 있다. 그리고 품질검사시간을 제품A는 단위당 1분 감소시킬 수 있고 제품B는 단위당 1.5분 감소시킬 수 있다. 설계변경에 소요되는 원가가 ₩500,000인 경우에 설계변경을 할 것인가? 계산근거를 밝히시오. 단, 설계변경의 효과는 단기에만 영향을 미친다고 가정한다.

해답

1.

	A제품	B제품
직접재료비	1,100,000	1,000,000
직접노무비	1,200,000	605,000
제조간접비	960,000	484,000
합 계	3,260,000	2,089,000
생산량	6,000	2,000
단위당 원가	543.3	1,044.5

2.

(1) 각 활동별 원가동인수

	A제품	B제품	계
작업준비활동	(6,000개÷500개) × 15시간 = 180	(2,000개÷100개) × 10시간 = 200	380시간
품질검사활동	(6,000개×4분) ÷ 60분 = 400	(2,000개×15분) ÷ 60분 = 500	900시간
포 장 활 동	6,000개	2,000개	8,000개

(2) 각 활동별 원가집계

작업준비활동	380 × 1,800 =	684,000
품질검사활동	900 × 400 =	360,000
제품포장활동		400,000 (역산)
총제조간접비		1,444,000 *

* (1,200,000+605,000) × 0.8 = 1,444,000

☞ 전통적인 원가계산에 의한 총제조간접비와 활동기준원가계산에 의한 총제조간접비는 동일하다. 다만 어떤 방법을 적용하느냐에 따라 개별 제품에 배분되는 금액이 달라질 뿐이다.

(3) 제품포장활동의 원가동인당 배부율

400,000 ÷ 8,000 = ₩50

(4) 제품별 제조간접비 배부

활 동	A제품		B제품	
작업준비활동	180 × 1,800 =	324,000	200 × 1,800 =	360,000
품질검사활동	400 × 400 =	160,000	500 × 400 =	200,000
제품포장활동	6,000 × 50 =	300,000	2,000 × 50 =	100,000
		784,000		660,000

(5) 제품 단위당 제조원가

	A제품	B제품
직접재료비	1,100,000	1,000,000
직접노무비	1,200,000	605,000
제조간접비	784,000	660,000
합 계	3,084,000	2,265,000
생산량	6,000	2,000
단위당 원가	514.0	1,132.5

3.

증분수익			
작업준비비	A : [(6,000÷500)−(6,000÷600)] × 15 × 1,800 =	54,000	
	B : [(2,000÷100)−(2,000÷200)] × 10 × 1,800 =	180,000	
품질검사비	A : 6,000 × 1/60 × 400 =	40,000	
	B : 2,000 × 1.5/60 × 400 =	20,000	294,000
증분비용			500,000
증분손익			(206,000)

∴ 설계변경하지 않는다.

문 7 ABC하의 설계변경과 목표원가

다음은 ㈜경원의 영업담당이사와 생산담당이사의 대화내용이다.

영업담당이사 : 최근에 당사의 제품에 대한 경쟁이 심화되어 현재의 판매가격으로는 현재의 판매수준을 유지할 수 없다고 판단됩니다. 이에 대한 생산담당이사님의 생각은 어떠하십니까?

생산담당이사 : 그렇습니다. 현재 시장상태는 많은 경쟁회사들이 출현하여 경쟁이 심해지고 있습니다. 따라서 현재 판매수준을 유지하려면 판매가격을 10%정도 인하해야 할 것으로 생각됩니다.

영업담당이사 : 판매가격을 10% 인하하기 위해서는 현재의 제품원가를 13%정도 절감해야 할 것으로 생각되는데, 원가를 절감할 수 있는 방안에는 어떤 것들이 있습니까?

생산담당이사 : 현재의 생산방식으로는 기존 제품원가를 0.5%정도 밖에 절감시킬 수 없습니다. 따라서 기존 제품에 대하여 설계변경을 통하여 추가적인 원가절감을 시도해야 할 것으로 생각합니다.

영업담당이사 : 현재 판매량은 600개이며 이 수준이 우리회사로 보면 적당하다고 봅니다. 따라서 현재 판매량을 유지하기 위해서는 가격인하가 불가피하니 설계변경을 통하여 제품원가를 13% 절감할 수 있는지에 대한 보고서를 준비해 주십시오.

생산담당이사가 현재의 생산방식에 의하여 600개를 생산하는 경우에 파악한 원가정보는 다음과 같다.

원 가 요 소	원가	기타
직접재료원가	₩12,000	
직접노무원가	10,000	
기계작업원가	4,000	고정원가
작업준비원가	6,000	단위당 작업준비시간 2시간
제품검사원가	7,760	검사시간당 ₩194
부품처리원가	5,240	부품처리횟수 80회
재 작 업 원 가	9,000	총 생산량(재작업수량 포함)의 10%
총 계	₩54,000	

원가절감을 위하여 설계를 변경하는 경우 작업별 활동량이 다음과 같이 절감될 것으로 예측된다.

기계작업원가 : 단위당 기계작업시간이 25% 절감
작업준비원가 : 단위당 작업준비시간이 1시간 감소
제품검사원가 : 총 검사시간이 10시간 절감
부품처리원가 : 부품처리횟수가 50회로 감소
재 작 업 원 가 : 총 생산량(재작업수량 포함)의 5%로 감소

[요구사항]

다음에 답하시오. 단, 소수점 이하 셋째자리에서 반올림하시오.

1. 활동기준원가계산을 이용하여 제품의 설계변경 후 단위당 제조원가를 구하시오.
2. 설계 변경한 후 회사의 목표원가를 달성하기 위하여 현재원가를 13% 이하로 절감시킬 수 있는지에 대하여 구체적인 수치를 제시하여 설명하시오.
3. 제조단계에서의 원가절감노력보다 제품설계단계에서의 원가절감노력이 더 효과적인 이유를 설명하시오.

해답

1. 설계변경 후 제품단위당 원가

(1) 원가동인수와 배부율 산정

활동	원가집계	원가동인수	배부율
기계작업원가	4,000	고정원가	고정원가
작업준비원가	6,000	600 × 2 = 1,200	5
검사활동원가	7,760	7760 ÷ 40 = 194	194
부품처리원가	5,240	80	65.5
재작업원가	9,000	600 × 0.1 = 60	150

☞ 제시된 정보를 이용하여 원가동인수가 주어지면 이를 이용하여 배부율을 산정하고, 배부율이 주어지면 이를 이용하여 원가동인수를 추정한다.

(2)

항목	계산	금액	합계
직접재료원가			₩12,000
직접노무원가			10,000
제조간접원가			
• 기계작업원가		4,000*	
• 작업준비원가	600개 × (2시간−1시간) × ₩5 =	3,000	
• 검사활동원가	(40시간−10시간) × ₩194 =	5,820	
• 부품처리원가	50회 × ₩65.5 =	3,275	
• 재작업원가	600개 × 5% × ₩150 =	4,500	20,595
총제조원가			₩42,595
생산수량			÷600개
단위당 제조원가			₩70.99

* 기계작업원가는 고정비이므로 기계작업시간이 25% 단축되어도 기계작업원가는 변동하지 않는다.

2. 목표원가 달성여부

	단위당 원가
현재 생산방식에 의한 원가	₩54,000 ÷ 600개 = ₩90.00
설계변경을 통한 새로운 원가	70.99
원가절감액	₩19.01
원가절감율	19.01 ÷ 90.00 = 21.12%

∴ 목표 원가절감율(13%)을 달성할 수 있다.

3. 제조단계보다 제품설계단계에서의 원가절감노력이 더 효과적인 이유

경쟁사회에서는 고객이 요구하는 가격, 품질, 성능이 다양하고 수시로 변하기 때문에 일단 제품설계가 끝난 상태에서 원가절감을 한다는 것은 한계가 있다. 왜냐하면 제품설계 이후에서는 제품설계과정에서 결정된 결과로 인하여 많은 비용이 고정비화 되고 새로운 개선을 위해서는 많은 추가 비용이 발생하기 때문이다. 그러므로 가치공학 등을 통하여 제품설계과정에서부터 달성할 수 있는 최소한의 목표원가를 설정하고 이를 달성하기 위하여 원가절감노력을 하는 것이 제조과정에서 원가를 절감하려는 것 보다 효과적이다.

문 8 고객별 수익성 분석

㈜한국은 A, B, C 세 고객과 거래를 하고 있다. ㈜한국은 직접재료비와 직접노무비를 제외한 나머지 비용을 기타비용으로 구분하고 있으며 기타비용은 직접노무비를 기준으로 고객별로 배부한다. ㈜한국의 최고경영자는 새로운 원가회계시스템을 구축하기 위하여 활동기준원가계산을 도입하였다. 활동기준원가계산의 도입으로 기타비용 중 작업준비원가는 작업준비시간을 기준으로, 조립지원원가는 직접노무비를 기준으로, 배달원가는 배달횟수를 기준으로 배부한다. 당기 영업활동에 관한 자료는 다음과 같으며, 동 회사는 생산량과 판매량이 동일하므로 재고는 보유하지 않는다.

	A고객	B고객	C고객	합 계
매 출 액	₩3,500	₩2,750	₩2,500	₩8,750
판매수량	200개	50개	100개	350개
원 가				
직접재료비	₩800	₩700	₩500	₩2,000
직접노무비	400	300	300	1,000
기타비용				
작업준비				1,800
조립지원				1,200
배달				1,000

㈜한국은 묶음(batch)생산을 하고 있는데 각 고객이 주문하는 제품은 상이하므로 각 고객에 따라 생산하는 제품의 묶음크기(batch size)도 상이하다. 각 고객이 주문하는 제품별로 생산의 묶음크기는 다음과 같다.

	A고객	B고객	C고객
묶음크기(batch size)	20개	10개	10개

한편, 각 고객은 제품이 필요할 때마다 주문하며 주문수량은 일정하지 않고 고객의 필요에 의해서 변한다. 고객의 주문이 있을 때 마다 즉시 배달하며, 각 고객에 대한 당기 동안의 배달횟수는 다음과 같다.

	A고객	B고객	C고객
배달횟수	25회	10회	5회

[요구사항]

1. 전통적인 원가계산을 적용할 경우 각 고객별 영업이익과 영업이익률 계산하시오.
2. 활동기준원가계산을 적용할 경우 각 고객별 영업이익과 영업이익률 계산하시오.

해답

1. 전통적인 원가계산
   (1) 기타비용 배부율 : (1,800+1,200+1,000) ÷ 1,000 = 4
   (2) 영업이익과 영업이익률

	A고객	B고객	C고객	합 계
매 출 액	₩3,500	₩2,750	₩2,500	₩8,750
원 가				
직접재료비	₩800	₩700	₩500	₩2,000
직접노무비	400	300	300	1,000
기타비용	1,600*	1,200	1,200	4,000
영업이익	₩700	₩550	₩500	₩1,750
영업이익률	20%	20%	20%	20%

* 400 × 4 = 1,600

2. 활동기준원가계산

(1) 생산 묶음수

	A고객	B고객	C고객
생산량	200	50	100
묶음크기	20	10	10
묶음수	10	5	10

(2) 배부율

- 작업준비 : 1,800/25 = 72
- 조립지원 : 1,200/1,000 = 1.2
- 배달활동 : 1,000/40 = 25

(3) 영업이익과 영업이익률

	A고객	B고객	C고객	합계
매 출액	₩3,500	₩2,750	₩2,500	₩8,750
원 가				
직접재료비	₩800	₩700	₩500	₩2,000
직접노무비	₩400	₩300	₩300	₩1,000
기타비용				
작업준비	720*1	360	720	1,800
조립지원	480*2	360	360	1,200
배달활동	625*3	250	125	1,000
영업이익	₩475	₩780	₩495	₩1,750
영업이익률	13.6%	28.4%	19.8%	20%

*1 10묶음 × ₩72 = 720

*2 ₩400 × ₩1.2 = 480

*3 25회 × ₩25 = 625

☞ 전통적인 원가계산방법으로 산정하나 활동기준원가계산으로 산정하나 기업의 총영업이익이나 영업이익률은 동일하다. 그러나 어떤 방법으로 배부하느냐에 따라 고객별 수익성은 달라진다. 고객별 수익성을 정확히 분석하여야 가격결정이나 영업정책을 올바르게 결정할 수 있다.

문 9 수익성 분석

㈜크린정수기의 수원공장은 표준형과 고급형 두 가지 모델의 정수기를 제조하여 판매하고 있다. 고급형 정수기는 3년 전에 새로 도입되어 해를 거듭함에 따라 판매량이 증가하고 있는 실정이며, 지난해의 제품별 손익계산서 및 생산판매량은 다음과 같다.

20×1년 회계연도 제품별 손익계산서

	표 준 형	고 급 형	계
매 출 액	₩3,000,000	₩3,000,000	₩6,000,000
매 출 원 가	1,950,000	1,900,000	3,850,000
매 출 총 이 익	₩1,050,000	₩1,100,000	₩2,150,000
판 매 관 리 비	625,000	625,000	1,250,000
영 업 이 익	₩425,000	₩475,000	₩900,000
생 산 판 매 량	3,000단위	2,000단위	5,000단위

㈜크린정수기의 20×1년도 회계연도 매출원가 ₩3,850,000에는 제조간접원가 ₩1,800,000이 포함되어 있다. ㈜크린정수기의 현행원가제도에서 제조간접원가는 직접노무시간을 배부기준으로, 판매관리비는 매출액을 배부기준으로 각 제품에 배부된다. 20×1년도에 각 모델을 생산할 때 실제로 사용한 직접노무시간은 각각 18,000시간이었으며 직접노무임률은 시간당 ₩25이었다. 단위당 직접재료원가는 표준형의 경우 ₩200, 고급형의 경우 ₩275이 발생하였다.

또한 표준형 정수기에 대한 고객의 평균 주문 1회당 수량은 50단위이며, 고급형은 20단위이다. 각 고객 주문마다 한 번의 뱃치(batch)생산이 필요하며, 각 뱃치생산마다 표준형은 3시간의 작업준비시간, 고급형은 5시간의 작업준비시간이 소요된다.

고급형 정수기의 성공적인 도입으로 고급형 정수기의 시장점유율이 상승했음에도 불구하고 지난 3년 동안에 걸쳐 ㈜크린정수기의 수익성이 하락하고 있는 것으로 나타났다. 이와 같은 수익성의 지속적인 감소에 대한 원인을 파악하기 위해 20×2년 1월초 ㈜크린정수기의 재무담당이사는 20×1년 회계연도의 실제 원가 및 운영자료를 이용하여 활동기준원가계산을 통해 제품별 수익성분석을 하고자 한다. 이를 위해 20×1년 회계연도 제조간접원가 ₩1,800,000에 대한 활동분석을 수행함으로써 다음과 같은 활동별 원가집합과 원가동인을 파악할 수 있었다.

활 동	활동원가	원가동인
품 질 검 사	₩480,000	생 산 량
작 업 준 비	680,000	작업준비시간
고 객 주 문 처 리	640,000	고객주문처리횟수
합 계	₩1,800,000	

또한 20×1년에 발생한 총 판매관리비를 면밀히 분석한 결과 총판매관리비에는 표준형 정수기 매출액의 5%에 해당하는 판매수수료와 고급형정수기 매출액의 10%에 해당하는 판매수수료가 포함되어 있음을 알 수 있었다. 20×1년 중에 표준형 정수기와 관련하여 발생한 광고 선전비는 ₩120,000, 고급형의 경우에는 ₩200,000으로 추적되었다. 그리고 나머지 판매관리비 ₩480,000은 각 제품에 대한 고객주문 횟수에 비례하여 발행하는 것으로 나타났다.

[요구사항]

1. ㈜크린정수기의 재무담당이사가 적용하고자 한 활동기준원계산을 이용하여 20×1년 회계연도의 각 모델별 단위당 제조원가 및 영업이익을 계산하시오.
2. ㈜크린정수기의 현행 원가제도하에서 각 모델의 단위당 제조원가 및 영업이익이 왜곡될 수 있는 주된 이유를 설명하시오.
3. ㈜크린정수기의 재무담당이사가 적용하고자 한 활동기준원가계산제도를 이용하여 어느 모델의 정수기가 보다 수익성이 높은지 영업이익률에 입각하여 평가하시오.
4. 요구사항3의 수익성분석에 입각하여 ㈜크린정수기의 수익성 증대를 위해 당신은 생산과 관련된 어떠한 권고 사항을 제시하겠는가?(3줄 이내)
5. 요구사항3의 수익성분석에 입각하여 ㈜크린정수기의 수익성 증대를 위해 당신은 판매와 관련된 어떠한 권고사항을 제시하겠는가?(3줄 이내)

해답

1. 활동기준원가계산
   (1) 활동원가동인 분석

활동가동인	표준형	고급형	합 계
생산 및 판매량	3,000단위	2,000단위	5,000단위
고객주문처리횟수	3,000 ÷ 50 = 60회	2,000 ÷ 20 = 100회	160회
작업준비시간	60회 × 3 = 180시간	100회 × 5 = 500시간	680시간

   (2) 활동별 원가분석(제조간접비)

활 동	활동원가		활동동인수		배부율
품질검사	₩480,000	÷	5,000단위(생산량)	=	₩96
작업준비	680,000	÷	680시간(작업준비시간)	=	1,000
고객주문처리	640,000	÷	160회(주문처리횟수)	=	4,000

(3) 단위당 제조원가

	표준형			고급형		
직접재료비	3,000단위×200 =		600,000	2,000단위×275 =		550,000
직접노무비	18,000시간×25 =		450,000	18,000시간×25 =		450,000
제조간접비						
품질검사	3,000단위×96 =	288,000		2,000단위×96 =	192,000	
작업준비	180시간×1,000 =	180,000		500시간×1,000 =	500,000	
고객주문처리	60회×4,000 =	240,000	708,000	100회×4,000 =	400,000	1,092,000
총제조원가			1,758,000			2,092,000
생산량		÷	3,000단위		÷	2,000단위
@제조원가			586			1,046

(4) 영업이익

	표준형			고급형		
매출액			3,000,000			3,000,000
매출원가			1,758,000			2,092,000
매출총이익			1,242,000			908,000
판매관리비						
판매수수료	3,000,000×5% =	150,000		3,000,000×10% =	300,000	
광고선전비		120,000			200,000	1,092,000
기타판관비	480,000×(60/160) =	180,000	180,000	480,000×(100/160) =	300,000	800,000
영업이익			792,000			108,000

2. 현행 원가계산제도

(1) 현행 원가계산제도에서는 직접노무시간만을 기준으로 제조간접비를 배부하므로 생산묶음의 크기가 작은 고급형에는 간접원가가 과소배분되고, 생산묶음의 크기가 큰 표준형에는 간접원가가 과대배부되어 제품원가가 왜곡된다.

(2) 현행 원가계산제도에서 판매관리비는 매출액만을 기준으로 배부하므로 판매관리비의 다양한 발생요인을 반영하지 못하고 있다.

3. ABC에 의한 모델별 수익성

표준형 정수기 영업이익률 : ₩792,000 ÷ ₩3,000,000 = 26.4%

고급형 정수기 영업이익률 : ₩108,000 ÷ ₩3,000,000 = 3.6%

∴ 표준형 정수기의 수익성이 보다 높다.

4. 생산활동과 관련한 수익성 증대방안

고급형 정수기에 있어서 생산묶음당 생산량을 늘리고 작업준비시간을 단축할 수 있는 방안을 강구하며, 고급형 정수기의 품질개선과 고급사양 채택으로 판매가격을 높일 수 있도록 한다.

5. 판매활동과 관련한 수익성 증대방안

수익성이 높은 표준형 정수기의 판매를 촉진하기 위해 표준형 정수기의 판매수수료를 높이고 광고선전비를 표준형 중심으로 재편성한다. 또한 고객의 평균 주문수량이 증가할 수 있는 마케팅 전략을 강구한다.

문 10 전통적 원가계산과 ABC의 비교

㈜태종의 이천공장에서는 두 종류의 자동차 엔진용 회전장치 R361과 R572를 생산하고 있다. 기존의 원가계산시스템은 공장의 제조간접비를 다음과 같은 4개의 원가집합으로 추적하여 배부하였다.

원가집합	제조간접비	원가동인
S_1(준비 · 관리)	₩1,176,000	직접노무비
S_2(수선 · 유지)	1,120,000	기계시간
P_1(주조)	480,000	–
P_2(기계)	780,000	–
	₩3,556,000	

기존의 원가계산시스템은 보조부문 S_1과 S_2의 원가를 직접노무비와 기계시간을 기준으로 두 제조부문 P_1과 P_2에 배분하고, P_1과 P_2에 집계된 원가는 직접노동시간을 기준으로 각 제품에 배부하였다. 두 제조부문의 제조간접비배부율은 각각 별도로 계산하였다. P_1과 P_2에서 발생하는 직접노무비 임률은 각각 직접노동시간당 ₩15, ₩18이다.

다음의 두 제품의 생산 및 판매와 관련된 자료이다.

부 문	직접노동시간			직접노무비
	R361	R572	합 계	
P_1(주조)	60,000	20,000	80,000	₩1,200,000
P_2(기계)	72,000	48,000	120,000	2,160,000
합 계	132,000	68,000	200,000	₩3,360,000

부 문	기계시간		
	R361	R572	합 계
P_1(주조)	30,000	10,000	40,000
P_2(기계)	72,000	48,000	120,000
합 계	102,000	58,000	160,000

	R361	R572
판 매 량	500,000개	400,000개
단위당 판매가격	₩19	₩20
단위당 직접재료비	₩8	₩10
주문횟수	1,000회	1,000회
작업준비횟수	2,000회	4,000회

회사는 활동기준원가계산을 실행하려고 한다. 기존의 원가집합을 새로운 활동원가집합으로 분류하면 다음과 같다.

활동	활동원가동인	S_1	S_2	P_1	P_2	합 계
1	P_1 직접노동시간	₩120,000	₩0	₩120,000	₩0	₩240,000
2	P_2 직접노동시간	240,000	0	0	120,000	360,000
3	작업준비시간	816,000	80,000	240,000	540,000	1,676,000
4	P_1 기계시간	0	260,000	120,000	0	380,000
5	P_2 기계시간	0	780,000	0	120,000	900,000
		₩1,176,000	₩1,120,000	₩480,000	₩780,000	₩3,556,000

R572의 작업준비가 R361의 작업준비보다 50% 더 복잡하므로 R572의 작업준비 1회당 작업준비시간이 R361의 작업준비시간의 1.5배이다.

[요구사항]

1. 기존의 원가계산시스템에 의한 각 제품의 총원가를 산정하시오.
2. 새로운 원가계산시스템에 의한 각 제품의 총원가를 산정하시오.
3. 두 가지 원가계산시스템에 의한 각 제품의 매출총이익률을 각각 산정하시오.
   예와 같이 소수점이하 셋째자리에서 반올림하시오.
   ㉠ 12.426% → 12.43%
4. 수익성 개선을 위하여 취할 수 있는 조치를 생산부문과 판매부문으로 나누어서 각각 3줄 이내로 설명하시오.
5. 새로운 원가계산시스템에 의한 제품원가에 대하여 경험이 많은 생산부문 관리자와 판매부문 관리자는 각각 어떻게 반응할 것으로 예상되는지 4줄 이내로 설명하시오.

해답

1. (1) 보조부문원가를 제조부문에 배분

	P₁			P₂		
			480,000			780,000
S_1 :	$1,176,000 \times \frac{120}{336}$	=	420,000	$1,176,000 \times \frac{216}{336}$	=	756,000
S_2 :	$1,120,000 \times \frac{40}{160}$	=	280,000	$1,120,000 \times \frac{120}{160}$	=	840,000
			1,180,000			2,376,000

(2) 제조부문원가를 제품에 배분

	R361			R572		
P_1 :	$1,180,000 \times \frac{60}{80}$	=	885,000	$1,180,000 \times \frac{20}{80}$	=	295,000
P2 :	$2,376,000 \times \frac{72}{120}$	=	1,425,600	$2,376,000 \times \frac{48}{120}$	=	950,400
			2,310,600			1,245,400

(3) 총제품원가

	R361			R572		
직접재료비 :	500,000 × 8	=	4,000,000	400,000 × 10	=	4,000,000
직접노무비 :	60,000 × 15	=	900,000	20,000 × 15	=	300,000
	72,000 × 18	=	1,296,000	48,000 × 18	=	864,000
제조간접비 :			2,310,600			1,245,400
			8,506,600			6,409,400

2. (1) 제품별 제조간접비

활동	원가	원가동인수	배부율	R361	R572
1	240,000	60,000 + 20,000 = 80,000	3.0	60,000 × 3.0	20,000 × 3.0
2	360,000	72,000 + 48,000 = 120,000	3.0	72,000 × 3.0	48,000 × 3.0
3	1,676,000	2,000 + 6,000* = 8,000	209.5	2,000 × 209.5	6,000 × 209.5
4	380,000	30,000 + 10,000 = 40,000	9.5	30,000 × 9.5	10,000 × 9.5
5	900,000	72,000 + 48,000 = 120,000	7.5	72,000 × 7.5	48,000 × 7.5
	3,556,000			1,640,000	1,916,000

* 4,000×1.5 = 6,000

(2) 총제품원가

	R361				R572			
직접재료비 :	500,000 × 8	=	4,000,000		400,000 × 10	=	4,000,000
직접노무비 :	60,000 × 15	=	900,000		20,000 × 15	=	300,000
	72,000 × 18	=	1,296,000		48,000 × 18	=	864,000
제조간접비 :			1,640,000				1,916,000
			7,836,000				7,080,000

3. (1) 기존 원가계산시스템

	R361				R572		
매 출 액 :	500,000 × 19	=	9,500,000		400,000 × 20	=	8,000,000
매출원가 :			8,506,600				6,409,400
매출총이익 :			993,400				1,590,600
			10.46%				19.88%

(2) 새로운 원가계산시스템

	R361				R572		
매 출 액 :	500,000 × 19	=	9,500,000		400,000 × 20	=	8,000,000
매출원가 :			7,836,000				7,080,000
매출총이익 :			1,664,000				920,000
			17.52%				11.50%

4. (1) 생산부문

작업준비로 인하여 발생하는 원가가 가장 많으므로 설계변경 등을 통하여 작업준비시간을 줄이고, 뱃치사이즈를 크게 할 수 있는 방안을 모색한다.

(2) 판매부문

수익성이 높은 R361에 대한 마케팅 활동을 증대시켜 판매량을 증가시키는 한편 R572에 대한 판매가격을 인상할 것을 검토한다.

5. 생산부문의 관리자는 R572 생산이 훨씬 복잡하므로 새로운 원가계산시스템에 의한 원가를 당연한 것으로 받아들일 것이다. 한편, 판매부문의 관리자는 판매를 많이 하기를 원하고, 기존의 원가에 근거하여 이미 형성된 고객과의 관계를 유지하기를 원하기 때문에 새로운 원가계산시스템에 의한 원가에 반대할 것이다.

문 11 활동기준원가계산과 목표원가계산

㈜서울은 20×1년 1월 초에 창업한 회사로 제품A와 제품B를 생산·판매한다. 20×1년 12월 말까지 발생된 제조간접원가는 ₩4,000,000이었다. ㈜서울은 활동기준원가계산을 적용하기 위하여 제조활동을 4가지로 구분하고 활동별로 제조간접원가를 집계하였다. ㈜서울은 무재고 정책을 시행하고 있으며, 전수조사를 통해 품질검사를 실시한다. 제품A는 1회 생산에 1,000단위씩 생산하며, 제품B는 1회 생산에 500단위씩 생산한다. 또한 각 제품은 1회 생산을 위하여 1회의 작업준비를 실시한다.

1. 생산량, 판매가격 및 직접원가 내역

구 분	제품A	제품B
생 산 량	10,000단위	5,000단위
판매가격	₩1,000/단위	₩1,500/단위
직접재료원가	₩3,000,000	₩4,000,000
직접노무원가	₩1,000,000	₩1,000,000

2. 활동원가 및 원가동인 내역

활 동	활동원가	원가동인	원가동인 소비량	
			제품A	제품B
작업준비	₩1,500,000	작업준비시간	15분/작업준비 1회	10분/작업준비 1회
품질검사	1,200,000	검사시간	2분/제품 1단위	4분/제품 1단위
공정수리	700,000	수리횟수	5회	2회
포 장	?	생산량	?	?

3. 제품A 시장의 경쟁이 심화되어, 20×2년도에 ㈜서울은 제품A의 대체품인 제품C를 10,000단위 생산하고자 한다. ㈜서울은 가격 경쟁력을 확보하기 위하여 제품C의 판매가격을 제품A보다 낮출 것을 고려하고 있다. 제품C는 1회 생산에 1,000단위씩 생산하며, 제품C를 생산할 경우 제품A보다 절감되는 원가 및 원가동인은 다음과 같다. 각 활동별 원가동인당 활동원가는 20×2년에도 20×1년과 동일할 것으로 예상된다.

항 목	절감되는 원가 및 원가동인
직접재료원가	제품 1단위당 ₩20 감소
직접노무원가	제품 1단위당 ₩10 감소
작업준비시간	작업준비 1회당 5분 감소
품질검사시간	제품 1단위당 1분 감소
공정수리횟수	1회 감소

[요구사항]

1. 20×1년도에 활동기준원가계산을 적용하여 각 제품의 단위당 제조원가와 매출총이익률을 구하시오.
2. 20×2년도에 제품C를 생산하면서 달성할 수 있는 단위당 최대 원가절감액을 구하시오.
3. 제품C의 목표매출총이익률을 제품A의 20×1년도 매출총이익률의 1.2배가 되도록 설정한 경우, 제품C의 단위당 제조원가를 구하시오. 단, 제품C의 판매가격은 제품A 판매가격의 80%로 책정된다.

해답

1.

(1) 단위당 제조원가

① 제조간접비

활 동	활동원가	원가동인수 *2	배부율	A제품	B제품
작업준비	1,500,000	250분	6,000/분 *3	900,000 *4	600,000 *5
품질검사	1,200,000	40,000분	30/분	600,000	600,000
공정수리	700,000	7회	100,000/회	500,000	200,000
포 장	600,000 *1	15,000개	40/개	400,000	200,000
	4,000,000			2,400,000	1,600,000

*1 4,000,000 − (1,500,000+1,200,000+700,000) = 600,000 역산

*2 원가동인수 산정

활 동	A제품	B제품	계
작업준비	(10,000÷1,000) × 15 = 150	(5,000÷500) × 10 = 100	250
품질검사	10,000 × 2 = 20,000	5,000 × 4 = 20,000	40,000
공정수리	5	2	7
포 장	10,000	5,000	15,000

*3 1,500,000 ÷ 250 = 6,000

*4 150 × 6,000 = 900,000

*5 100 × 6,000 = 600,000

② 단위당 제조원가

	A제품	B제품
직 접 재 료 원 가	3,000,000	4,000,000
직 접 노 무 원 가	1,000,000	1,000,000
제 조 간 접 원 가	2,400,000	1,600,000
계	6,400,000	6,600,000
생 산 량	÷ 10,000	÷ 5,000
단위당 제조원가	640	1,320

(2) 매출총이익률

	A제품	B제품
단위당 매출액	1,000	1,500
단위당 매출원가	640	1,320
단위당 매출총이익	360	180
매출총이익률	36%	12%

2.

직접재료원가 절감	10,000 × 20 =	200,000
직접노무원가 절감	10,000 × 10 =	100,000
작업준비원가 절감	(10,000÷1,000) × 5 × 6,000 =	300,000
품질검사원가 절감	10,000 × 1 × 30 =	300,000
공정수리원가 절감	1 × 100,000 =	100,000
계		1,000,000
생 산 량		÷ 10,000
단위당 원가절감액		100

3.

단위당 매출액	1,000 × 0.8 =	800.0	
단위당 매출원가		454.4	역산
단위당 매출총이익	800 × (0.36×1.2) =	345.6	

문 12 병원의 ABC

신혜보건병원은 국고보조금으로 알콜중독자 치료, 마약중독자 치료, 아동보호, 정신병자 치료 등 4개의 프로그램을 운영하고 있다. 20×1년도 예산은 다음과 같다.

전문인력급료		
의　　사 : 6명 × ₩100,000 =	₩600,000	
심리학자 : 19명 × ₩50,000 =	950,000	
간 호 사 : 23명 × ₩25,000 =	575,000	₩2,125,000
의료소모품비		300,000
일반간접원가(임차료, 식료품비 등)		1,275,000
		₩3,700,000

병원장은 알콜중독자 치료프로그램의 1인당 원가와 마약중독자 치료프로그램의 1인당 원가를 비교하여 원가가 적은 프로그램에 추가적으로 자금을 더 배분하려고 한다. 즉, 두 프로그램의 1인당 원가차이를 추가로 배분하여 두 프로그램의 1인당 원가를 같게 하려고 한다.
4개 프로그램에 투입되는 전문인력은 다음과 같으며, 1인당 투입시간은 동일하다. 각 프로그램에 대한 의사의 투입시간을 기준으로 의료소모품비를 배분하고, 일반간접원가는 전문인력급여를 기준으로 배분한다.

전문인력	알콜중독	마약중독	아동보호	정신병자	총인원
의　사	–	2명	4명	–	6명
심리학자	6명	4명	–	9명	19명
간 호 사	4명	6명	4명	9명	23명

병원장은 최근에 활동기준원가계산에 대해서 알게 되었으며, 다음과 같은 추가정보를 수집하였다.

〈추가자료〉

(1) 의료소모품비는 각 프로그램을 이용하는 환자의 입원일수에 따라 달라지게 된다.

(2) 일반간접원가의 내용은 다음과 같다.

임차료 및 병원청소비용	₩200,000
환자 식료품비 및 세탁비	800,000
실험실 운영비용	275,000
합　　계	₩1,275,000

(3) 각 프로그램에 대한 관련 정보는 다음과 같다.

구 분	알콜중독	마약중독	아동보호	정신병자	합 계
사용면적	$900m^2$	$900m^2$	$1,000m^2$	$1,200m^2$	$4,000m^2$
환자총입원일수	400일	500일	500일	600일	2,000일
환 자 수	80명	100명	200명	120명	500명
실험실 검사횟수	40회	140회	300회	70회	550회

[요구사항]

1. 기존의 원가계산시스템하에서 다음을 계산하시오.
   (1) 각 프로그램별 원가
   (2) 각 프로그램별 환자 1인당 원가
   (3) 알콜중독자 치료프로그램과 마약중독자 치료프로그램 중에서 추가적으로 예산이 배분되는 프로그램과 그 추가 배분액

2. 활동기준원가계산에 의하여 일반간접원가와 의료소모품비를 가장 적절하다고 판단되는 원가배분 기준으로 배분하는 경우에 다음을 계산하시오.
   (1) 각 프로그램별 원가
   (2) 각 프로그램별 환자 1인당 원가
   (3) 알콜중독자 치료프로그램과 마약중독자 치료프로그램 중에서 추가적으로 예산이 배분되는 프로그램과 그 추가배분액

해답

1. (1) 각 프로그램별 원가

① 각 프로그램별 전문인력급료

	알콜중독	마약중독	아동보호	정신병자	합 계
의 사		200,000	400,000		600,000
심리학자	300,000	200,000		450,000	950,000
간 호 사	100,000	150,000	100,000	225,000	575,000
합 계	400,000	550,000	500,000	675,000	2,125,000

② 각 프로그램별 원가

	알콜중독	마약중독	아동보호	정신병자
전문인력급료	400,000	550,000	500,000	675,000
의료소모품비		100,000*1	200,000	
일반간접원가	240,000*2	330,000	300,000	405,000
합 계	640,000	980,000	1,000,000	1,080,000

*1 (₩300,000÷6명) × 2명 = ₩100,000

*2 (₩1,275,000÷₩2,125,000) × ₩400,000 = ₩240,000

(2) 각 프로그램별 환자 1인당 원가

	알콜중독	마약중독	아동보호	정신병자
총원가	₩640,000	₩980,000	₩1,000,000	₩1,080,000
÷ 총환자수	÷ 80명	÷ 100명	÷ 200명	÷ 120명
환자 1인당 원가	₩8,000	₩9,800	₩5,000	₩9,000

(3) 추가예산 배분액

알콜중독자 치료프로그램에 (9,800−8,000) × 80명 = ₩144,000만큼 추가 배분한다.

2. (1) 각 프로그램별 원가

① 각 원가항목의 배부율

원가구성항목	배부기준	배 부 율				
의료소모품비	환자입원일수	₩300,000	÷	2,000일	=	₩150/일
임차료 및 청소비용	사용면적	200,000	÷	4,000m²	=	50/m²
식료품비 및 세탁비	환자입원일수	800,000	÷	2,000일	=	400/일
실험실 운영비용	검사횟수	275,000	÷	550회	=	500/회

② 각 프로그램별 원가

	알콜중독	마약중독	아동보호	정신병자
전문인력급여	₩400,000	₩550,000	₩500,000	₩675,000
의료소모품비	60,000*1	75,000	75,000	90,000
일반간접원가				
임차료 등	45,000*2	45,000	50,000	60,000
식료품비등	160,000	200,000	200,000	240,000
실험실운영비	20,000	70,000	150,000	35,000
합 계	₩685,000	₩940,000	₩975,000	₩1,100,000

*1 400일 × ₩150 = 60,000 *2 900m² × ₩50 = 45,000

(2) 각 프로그램별 환자 1인당 원가

	알콜중독	마약중독	아동보호	정신병자
총원가	₩685,000	₩940,000	₩975,000	₩1,100,000
÷ 총환자수	÷ 80명	÷ 100명	÷ 200명	÷ 120명
환자 1인당 원가	₩8,562.5	₩9,400	₩4,875	₩9,166.7

(3) 추가예산 배분액

알콜중독자 치료프로그램에 (9,400−8,562.5) × 80명 = ₩67,000만큼 추가 배분한다.

문 13 전통적방법과 ABC의 비교 및 법인세절감액

㈜한국은 원가계산시스템A를 현재 채택하고 있으며, 새로운 원가계산시스템으로의 변경을 고려중이다. ㈜한국은 갑과 을 두 가지 제품을 생산·판매하고 있다. 갑제품은 월 1회씩 정해진 생산계획에 따라 대량생산하고, 을제품은 주문을 받아 소량 생산한다. ㈜한국의 20×1년 한 해 동안의 판매가격, 원가, 그리고 생산·운영 자료는 다음과 같이 예상된다.

	갑제품	을제품
단위당 판매가격	₩100	₩250
단위당 직접재료비	₩40	₩20
단위당 직접노무시간	0.8시간	0.2시간
직접노무시간당 임률	₩10	₩10
기초재고수량	0개	0개
기말재고수량	1,000개	0개
생산수량	12,000개	2,000개
부품 가짓수	10가지	10가지
작업준비횟수	12회	18회

두 제품의 연간 제조간접비		₩450,000
변 동 비	₩30,000	
부품관리비	240,000	
작업준비비	180,000	

분석에 따르면, 제조간접비는 변동비와 고정비로 나뉘는데 변동비는 직접노무시간에 비례하여 발생하고, 고정비는 부품관리와 작업준비에 소요되는 원가로 밝혀졌다. 특히 부품관리비는 제품별 생산을 위해 관리해야하는 부품 가짓수에 비례하여 발생하며, 작업준비비는 제품별 작업준비횟수에 비례하여 발생하는 것으로 분석되었다.

원가계산시스템A는 모든 제조간접비를 직접노무시간을 기준으로 제품에 배부하여 제품원가를 계산한다. 한편, 원가계산시스템B는 제조간접비 중에서 변동비는 직접노무시간으로, 부품관리비는 부품가짓수로 그리고 작업준비비는 작업준비횟수로 제품에 배부하여 제품원가를 계산한다.

[요구사항]

1. 원가계산시스템A를 적용하여 갑제품과 을제품의 단위당 원가를 계산하시오.
2. 원가계산시스템B를 사용하여 갑제품과 을제품의 단위당 원가를 계산하시오.
3. 다음의 물음에 답하시오. 단, ㈜한국의 법인세율은 30%이며, 위 표에서 제시한 자료 이외의 수익과 비용은 없다고 가정한다.
   (1) 원가관리시스템A를 사용하여 갑제품과 을제품의 단위당 영업이익을 계산하고, ㈜한국의 20×1년 세후영업이익을 계산하시오.
   (2) 원가관리시스템B를 사용하여 갑제품과 을제품의 단위당 영업이익을 계산하고, ㈜한국의 20×1년 세후영업이익을 계산하시오.
4. 물음3과 관련하여 ㈜한국이 20×1년에 원가관리시스템A와 원가관리시스템B 중 어떤 원가계산시스템을 채택하는 것이 법인세를 얼마나 감소시킬 수 있는 5줄 이내로 설명하시오. 단, 설명에 대한 계산근거를 반드시 제시해야 하며, 계산근거는 5줄 제한에 포함되지 않는다.
5. 20×1년에는 ㈜한국이 원가계산시스템B를 채택했다고 가정하자. 20×2년의 생산량 및 제조원가와 관련한 내역은 20×1년과 동일할 것으로 예상된다. 그러나 20×2년의 판매량은 20×1년과 달리 갑제품은 13,000개 그리고 을제품은 1,500개가 될 것으로 예상된다. ㈜한국이 20×2년에는 원가계산시스템A와 원가계산시스템B 중 어떤 원가계산시스템을 채택하는 것이 법인세를 얼마나 감소시킬 수 있는지 5줄 이내로 설명하시오. 단, 설명에 대한 계산근거를 반드시 제시해야 하며, 계산근거는 5줄 제한에 포함되지 않는다.

해답

1.

(1) 제조간접비 배부율 : $\frac{450,000}{12,000 \times 0.8 + 2,000 \times 0.2} = 45$

(2) 제품단위당 원가

	갑제품		을제품	
직접재료비		40		20
직접노무비	10 × 0.8 =	8	10 × 0.2 =	2
제조간접비	45 × 0.8 =	36	45 × 0.2 =	9
단위당 원가		84		31

2.

(1) 제조간접비 배부율

- 변 동 비 : $\frac{30,000}{12,000 \times 0.8 + 2,000 \times 0.2} = 3$
- 부품관리비 : $\frac{240,000}{10 + 10} = 12,000$
- 작업준비비 : $\frac{180,000}{12 + 18} = 6,000$

(2) 제품단위당 원가

	갑제품		을제품	
직접재료비		40		20
직접노무비	10 × 0.8 =	8	10 × 0.2 =	2
제조간접비				
• 변 동 비	0.8 × 3 =	2.4	0.2 × 3 =	0.6
• 부품관리비	10 × 12,000 ÷ 12,000 =	10	10 × 12,000 ÷ 2,000 =	60
• 작업준비비	12 × 6,000 ÷ 12,000 =	6	18 × 6,000 ÷ 2,000 =	54
단위당 원가		66.4		136.6

3.

(1) • 갑제품 단위당 영업이익 : 100 − 84 = 16

을제품 단위당 영업이익 : 250 − 31 = 219

• 세후영업이익 : (11,000×16+2,000×219) × (1−0.3) = 429,800

(2) • 갑제품 단위당 영업이익 : 100 − 66.4 = 33.6

을제품 단위당 영업이익 : 250 − 136.6 = 113.4

• 세후영업이익 : (11,000×33.6+2,000×113.4) × (1−0.3) = 417,480

4. 기초재고자산이 없는 상황에서 판매가격과 총제조원가가 동일하므로 기말재고자산의 차이만큼 영업이익에 차이가 발생한다. 따라서 기말재고자산인 갑제품 1,000개의 원가를 작게 인식하는 B방법을 사용하면 법인세가 ₩5,280만큼 감소한다.

계산근거 : 1,000개 × (84−66.4) × 0.3 = 5,280

〈검산〉

A방법 법인세	(11,000×16+2,000×219) × 0.3 =	184,200
B방법 법인세	(11,000×33.6+2,000×113.4) × 0.3 =	178,920
법인세 차이		5,280

5. 기초재고자산, 판매가격 및 총제조원가가 동일하이므로 기말재고자산의 차이만큼 영업이익에 차이가 발생한다. 따라서 기말재고자산인 을제품 500개의 원가를 작게 인식하는 A방법을 사용하면 법인세가 ₩15,840만큼 감소한다.

   계산근거 : 500개 × (136.6−31) × 0.3 = 15,840

   〈검산〉

A방법 법인세	(1,000×33.6+12,000×16+1,500×219) × 0.3 =	166,230
B방법 법인세	(1,000×33.6+12,000×33.6+1,500×113.4) × 0.3 =	182,070
법인세 차이		15,840

PART 06 종합원가계산

제1절 종합원가계산의 기초
제2절 평균법과 선입선출법
제3절 공정별 종합원가계산

제6장

종합원가계산

제 1 절 종합원가계산의 기초

1. 종합원가계산의 의의

개별원가계산(job order costing)은 주문에 따라 상이한 제품을 소량으로 생산하는 상황에 적합한 원가계산방식이다. 그런데 산업의 근대화로 인하여 동종의 제품을 대량, 연속, 반복 생산하는 상황이 전개되자 개별원가계산은 그 적합성을 상실하게 되었다. 왜냐하면 동종의 제품을 대량생산하는 상황에서 개별원가계산을 적용하여 각 제품 하나하나마다의 원가를 산정하는 것은 시간과 비용이 너무 많이 소요되기 때문이다.

종합원가계산(process costing)은 동일한 재료를 투입하여 동일 공정에서 동종의 제품을 대량, 연속, 반복 생산하는 시멘트산업, 섬유업, 유리제조업 등에 적합한 원가계산 방식이다. 종합원가계산에서는 일정한 기간 동안 발생한 원가를 공정별로 집계한 후에 공정별로 집계된 원가를 그 기간 동안 해당 공정에서 생산한 산출물에 배분한다. 따라서 각 제품별로 원가를 개별적으로 산정하는 것이 아니라 전체 산출물에 대하여 평균적인 원가를 산정한다. 예를 들어 1개월 동안 A공정에 투입된 원가가 ₩1,000,000이고 그 기간 동안 A공정에서 산출된 수량이 5,000개일 때, 종합원가계산에서는 산출량 하나하나마다의 원가를 개별적으로 산정하지 않고, ₩1,000,000을 5,000개로 나누어서 단위당 원가를 ₩200으로 결정한다. 이와 같은 계산이 가능한 이유는 동일한 공정에서 동종의 제품을 대량, 연속, 반복 생산하는 상황이기 때문이다. 다만, 현실적으로는 각 공정별로 여러 가지 원가요소가 투입되고, 해당 공정의 산출물 중에는 완성된 것(완성품)도 있고 기말까지 미완성된 것(기말재공품)도 있기 때문에 다양한 원가요소별로 원가를 집계하고 완성품과 기말재공품에 어떤 비율로 배분할 지를 결정하여야 한다.

여러 개의 공정이 있는 경우 제1공정의 완성품이 그대로 판매 가능한 제품이 되는 것이 아니고 제2공정 또는 제3공정에서 추가가공 해야 하는 경우도 있다. 따라서 종합원가계산에서는 최종 완성되어 판매 가능한 완제품만을 제품이라 하고, 각 공정에서 완성된 것은 완성품이라 한다. 종합원가계산에서는 공정이 여러 개이면 재공품도 여러 가지가 존재한다.

개별원가계산에서 작업원가표를 작성하듯이 종합원가계산에서는 제조원가보고서를 작성한다. 작업원가표(job cost sheet)는 개별작업별로 소요된 제조원가를 집계하는 서류이고 제조원가보고서(cost of production report)는 제조공정별로 제조원가를 집계하는 서류이다. 개별원가계산에서는 개별작업별로 작업원가표에 집계된 원가가 각 제품이나 기말재공품의 원가가 된다. 즉, 완성된 작업의 작업원가표에 집계된 원가는 제품원가가 되고, 미완성된 작업의 작업원가표에 집계된 원가는 기말재공품의 원가가 된다. 그러나 종합원가계산에서는 각 공정별로 원가를 집계하여 일정기간 동안 그 공정에서 완성된 완성품과 미완성된 기말재공품에 일정한 기준에 의하여 제조원가를 배분한다. 즉, 제조원가보고서에 집계된 원가 중 완성품에 배분된 것이 완성품의 원가가 되고 기말재공품에 배분된 것이 기말재공품의 원가가 된다.

2. 종합원가계산의 특징

(1) 종합원가계산의 특징

종합원가계산의 특징을 정리하면 다음과 같다.

① 동일공정을 거쳐 생산되는 제품은 동질적이므로 각 제품의 단위당 원가는 동일하다고 가정하고, 제품의 원가를 평균개념에 의하여 산출한다. 여기서 제품이 동질적이라는 것은 모든 제품의 형태, 크기, 작업내용 및 규격이 같다는 의미이다.

② 같은 제품이 연속적이고 반복적인 형태로 대량생산되므로 생산이 완전히 종료되기 전까지는 생산량 파악이 어렵다. 따라서 인위적으로 원가계산 기간을 설정하여 그 기간에 발생된 총제조원가와 생산량을 구하여 원가계산을 한다. 종합원가계산은 보통 월별, 분기별로 원가계산을 한다.

③ 각 공정별로 원가가 집계되고 공정별로 제조원가보고서가 작성된다. 따라서 공정별로 원가가 집계되므로 원가에 대해 책임소재가 명확해진다. 따라서 종합원가계산에서는 원가통제와 성과평가는 제품별로 이루어지는 것이 아니라 공정별로 이루어진다. 또한 종합원가계산의 경우에는 동종의 제품을 대량생산하므로 제조간접비를 각 제품별로 배분하는 문제는 발생하지 않는다.

④ 종합원가계산에서는 특정 공정 내에서 발생하는 원가는 그 공정에 모두 집계한다. 따라서 원가를 직접비와 간접비를 구분할 필요가 없고, 오히려 재료비와 가공비로 구분하여 원가계산을 한다.

(2) 원가흐름비교

개별원가계산은 개별작업별로 원가를 집계하고, 종합원가계산은 공정별로 원가를 집계하기 때문에 다음과 같이 원가흐름이 다르다.

• 개별원가계산

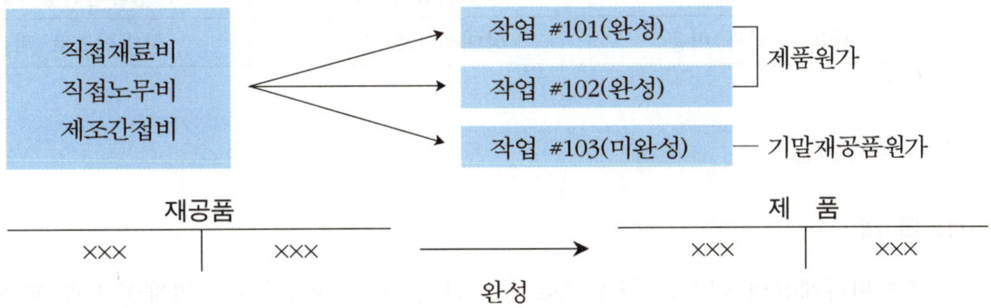

• 종합원가계산

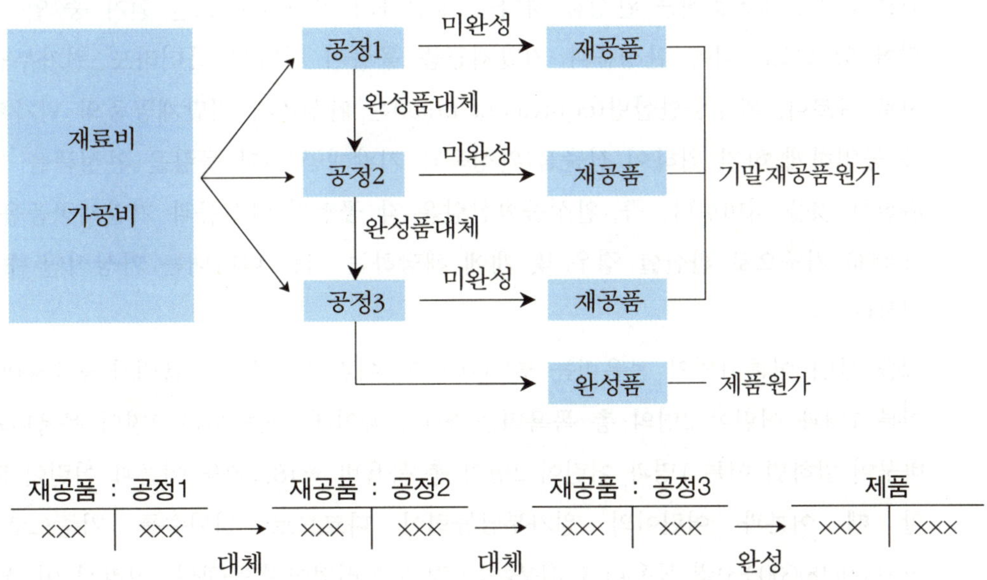

(3) 개별원가계산과 종합원가계산의 특징 비교

구 분	개별원가계산	종합원가계산
적용 생산형태	주문생산	시장생산
제품의 종류	이종 제품	단일 또는 동종 제품
생산수량	주문수량에 따라 결정	생산계획에 따라 결정
원가의 집계단위	개별제품	원가계산기간의 생산량
직 · 간접비의 구별	반드시 필요	원칙적으로 불필요
핵심과제	제조간접비 배부	완성품환산량 계산
관리 노력과 비용	상대적으로 많음	상대적으로 적음

3. 완성품환산량

(1) 의 의

종합원가계산의 핵심은 공정별로 집계된 원가를 완성품과 기말재공품에 배분하는 것이다. 완성품에는 완성품 하나를 생산하기 위하여 필요한 원가가 100% 다 투입되어 있으나 기말재공품에는 완성품 하나를 생산하기 위하여 필요한 원가 중 일부만 투입되어 있으므로 비록 완성품과 기말재공품 물량이 같다고 하더라도 원가부담능력은 서로 다르다. 완성품환산량(equivalent units)은 완성품과 기말재공품의 원가부담능력을 동일하게 하기 위하여 산출물(완성품과 기말재공품)의 물량을 완성품을 기준으로 환산한 것을 의미한다. 즉, 완성품환산량은 각 공정의 완성품과 기말재공품을 완성품(100%) 기준으로 환산할 경우 몇 개에 해당하는 지를 나타내는 가상적인 수치를 의미한다.

예를 들어 어른 1명의 목욕비는 ₩9,000이고 어린이 1명의 목욕비가 ₩4,500인 경우, 어른 1명과 어린이 2명의 총 목욕비는 ₩18,000인데 이는 어른 2명의 목욕비와 같다. 바꾸어 말하면 어른 1명과 어린이 2명의 총 목욕비 ₩18,000을 어른과 어린이에게 배분할 때 어른과 어린이의 원가부담능력이 다르므로 인원수를 기준으로 1명당 ₩6,000(18,000÷3)씩 목욕비를 배분하는 것은 합리적이지 못하다. 따라서 이 경우 어른을 기준으로 인원수를 환산(완성품환산량)하여 원가를 배분하여야 한다. 즉, 어른 1명과 어린이 2명은 원가부담능력 측면에서는 어른 2명과 같다. 따라서 어른 1명에 ₩9,000(18,000÷2)씩 배분하며, 그 결과 어른 1명에게 ₩9,000, 어린이 2명에게 ₩9,000

이 배분된다. 또 다른 예를 들면 기말재공품 10단위가 있는데 60% 완성된 것이라면 기말재공품 10단위는 원가가 100% 투입된 완성품기준으로 환산하면 6단위와 같다. 이때 기말재공품의 완성품환산량은 6단위(10단위×0.6)가 된다.

(2) 완성품환산량의 계산방법

완성품환산량은 대개 원가요소별로 다르게 계산하게 된다. 이것은 원가의 소비시점이 원가요소별로 다르기 때문이다. 일반적으로 재료의 경우에는 공정초에 모두 투입된다. 따라서 재료비는 공정초에 완성을 위해 필요한 원가의 100%가 투입되므로 비록 기말까지 가공이 덜 되어 완성되지 못하고 기말재공품으로 남았다고 하더라도 재료비 완성도는 100%이다. 따라서 이 경우 기말재공품 1단위에 투입된 재료비와 완성품 1단위에 투입된 재료비는 동일하다.

그러나 가공비는 공정 전반에 걸쳐서 균등하게 발생하는 경우가 일반적이므로 기말재공품에는 완성에 필요한 원가의 일부만이 투입되어 있다. 따라서 기말재공품의 가공비 완성품환산량을 산정하기 위해서는 기말재공품 물량에 진척된 정도(완성도)를 곱하여야 한다.

완성품환산량 = 물량 × 완성도

물론 모든 제조원가가 공정 전반에 걸쳐 균일하게 발생할 때에는 원가요소별로 구분하여 원가를 집계하고 완성품환산량을 구할 필요가 없다. 이때는 총원가를 묶어서 하나로 집계하고 완성품환산량도 하나로 산정하면 된다. 한편 여러 종류의 재료가 투입되고 재료별로 투입되는 방법이 다른 경우에는 각 재료별로 원가를 집계하고 완성품환산량도 따로 산정하여야 한다. 왜냐하면 재료별로 소비시점이 상이하므로 기말재공품에 투입된 재료비의 정도가 재료별로 다르기 때문이다.

예 제 1 완성품환산량

〈사례1〉

W회사는 책상을 생산하는 회사다. 공정의 특성상 재료는 공정초에 전량 투입되고, 가공비는 전공정을 통하여 균등하게 발생한다. 기초재고는 없으며 20×1년 책상 500단위를 생산에 착수해서 기말 현재 400단위를 완성하였고, 나머지 100단위는 기말재공품으로 남았는데 가공비 완성도는 40%이다. 당기 재료비와 가공비의 완성품환산량은 각각 얼마인가?

〈사례2〉

M회사는 책상을 생산하는 회사다. 공정의 특성상 재료A는 공정초에 전량 투입되고, 재료B는 공정말에 전량 투입되며, 가공비는 전공정을 통하여 균등하게 발생한다. 기초재고는 없으며 20×1년 책상 500단위를 생산에 착수해서 기말 현재 400단위를 완성하였고, 나머지 100단위는 기말재공품으로 남았는데 가공비 완성도는 40%이다. 당기 재료A, 재료B 및 가공비의 완성품환산량은 각각 얼마인가?

해답

〈사례1〉

	물량		완성품환산량: 재료비	완성품환산량: 가공비
완 성 품	400	(1, 1)	400 × 1 = 400	400 × 1 = 400
기말재공품	100	(1, 0.4)	100 × 1 = 100	100 × 0.4 = 40
	500		500	440

해설

위 표에서 (1, 1) 또는 (1, 0.4)라고 표시된 것은 원가요소별 완성도를 나타낸다. 앞에 표시된 것은 재료비의 완성도이고 뒤에 표시된 것은 가공비의 완성도이다. 재료는 공정초에 전량 투입되었기 때문에 완성품이나 기말재공품에 총 투입될 원가의 100%가 모두 투입되어 있다. 그러므로 재료비는 물량도 500단위이고 완성품환산량도 500단위(400 × 1 + 100 × 1)이다. 그러나 가공비는 완성품의 경우에는 총 투입될 원가의 100%가 모두 투입되어 있으나, 기말재공품의 경우에는 총 투입될 원가의 40%만 투입되었으므로 물량은 500단위이나 완성품환산량은 440단위(400 × 1 + 100 × 0.4)이다.

〈사례2〉

	물량	완성품환산량		
		재료A	재료B	가공비
완 성 품	400 (1, 1, 1)	400 × 1 = 400	400 × 1 = 400	400 × 1 = 400
기말재공품	100 (1, 0, 0.4)	100 × 1 = 100	100 × 0 = 0	100 × 0.4 = 40
	500	500	400	440

해설

위 표에서 (1, 1, 1) 또는 (1, 0, 0.4)라고 표시된 것은 원가요소별 완성도를 나타낸다. 맨 앞에 표시된 것은 재료A, 가운데 표시된 것은 재료B, 그리고 마지막에 표시된 것은 가공비의 완성도이다. 재료B는 공정말에 전량 투입되기 때문에 완성품에는 필요한 원가의 100%가 모두 투입되어 있으나 미완성된 기말재공품에는 원가가 전혀 투입되어 있지 않다. 그러므로 재료B의 물량은 500단위이나 완성품환산량은 400단위(400×1+100×0)이다.

4. 종합원가계산 방법에 대한 이해

종합원가계산 방법에 대한 전반적인 이해를 돕기 위하여 다음과 같은 간단한 예를 들어 설명하고자 한다.

W회사는 동종의 제품을 대량, 연속, 반복생산 하는 회사로 20×1년 1월초에 영업을 개시하였다. 1월 한 달 동안 재료비 ₩16,000, 가공비 ₩24,000을 투입하여 완성품 50개와 기말재공품 50개를 생산하였다. 공정의 특성상 재료는 공정초에 전량 투입되고 가공비는 전공정을 통하여 균등하게 발생한다. 한편, 기말재공품의 가공비 완성도는 60%이다.

위와 같은 상황에서 완성품과 기말재공품의 원가는 각각 얼마인가?

간단히 계산하는 방법 중 하나는 총제조원가 ₩40,000을 총생산량 100개로 나누어 단위당 원가 ₩400를 구한 후, 이를 각각 완성품과 기말재공품 수량에 적용하여 원가를 산정하는 것이다. 이 경우 완성품 원가는 ₩20,000(50 × 400), 기말재공품 원가는 ₩20,000(50 × 400)이 된다. 그러나 이 방법은 정확한 원가계산이라는 관점에서 적절하지 못하다. 즉, 재료비와 가공비가 투입되는 방식이 다른데 이를 구분하지 않았고, 완성품과 기말재공품의 완성도가 다른데 이에 대한 비중 조정을 하지 않았기 때문에 이 방법은 문제가 있다.

위 방법의 문제점을 해결하기 위하여 각 원가요소별로 원가를 집계하고, 원가요소별로 완성품환산량을 산출하여 이를 기준으로 원가를 배분하는 경우 완성품원가와 기말재공품원가는 다음과 같다.

(1) 완성품환산량

재료비의 당기 완성품환산량은 완성품이 50단위(50 × 1), 기말재공품이 50단위(50 × 1), 총 100단위이고, 가공비의 당기 완성품환산량은 완성품이 50단위(50 × 1), 기말재공품이 30단위(50 × 0.6), 총 80단위이다.

(2) 원가집계

당기에 발생한 재료비는 ₩16,000, 가공비는 ₩24,000이다.

(3) 완성품환산량 단위당 원가

완성품환산량 단위당 원가는 재료비는 ₩160(16,000 ÷ 100)이고, 가공비는 ₩300(24,000 ÷ 80)이다.

(4) 원가계산

완성품의 원가는 재료비 ₩8,000(50 × 160), 가공비 ₩15,000(50 × 300), 총 ₩23,000이고, 기말재공품의 원가는 재료비 ₩8,000(50 × 160), 가공비 ₩9,000(30 × 300), 총 ₩17,000이다.

위와 같은 계산과정을 체계적으로 정리하여 제조원가보고서를 작성하면 다음과 같다.

W회사 제조원가보고서 20×1년 1월

물량흐름과 완성품환산량

	물량	완성품환산량	
		재료비	가공비
기초재공품	0		
당기투입량	100		
	100		
당기완성	50 (1, 1)	50	50
기말재공품	50 (1, 0.6)	50	30
	100	100	80

총원가와 완성품환산량 단위당 원가

	재료비	가공비	총원가
기초재공품	–	–	–
당기투입	16,000	24,000	40,000
총원가	16,000	24,000	40,000
완성품환산량	÷ 100	÷ 80	
완성품환산량 단위당 원가	160	300	

완성품원가와 기말재공품원가

완성품	50 × 160 + 50 × 300	=	23,000
기말재공품	50 × 160 + 30 × 300	=	17,000
총원가			40,000

한편, 위의 내용을 T계정을 이용하여 정리하면 다음과 같다.

재공품(물량)

차변		대변	
기 초	0	완 성 품	50
당기투입	100	기 말	50
	100		100

재공품(금액)

차변		대변	
기 초	0	완 성 품	23,000
당기투입	40,000	기 말	17,000
	40,000		40,000

재공품계정을 통하여 알 수 있는 바와 같이, 종합원가계산 절차는 완성품환산량을 기준으로 물량자료를 원가자료로 변환시키는 과정이라 할 수 있다.

5. 종합원가계산의 장 · 단점

(1) 장 점

종합원가계산은 개별원가계산과는 달리 각 제품별로 제조간접비를 배부하는 문제가 없어서 기장절차가 단순하고 시간이 절약되며 관리비용이 적게 든다. 그리고 제품별로 원가를 집계하지 않고 공정별로 원가를 집계하므로 원가에 대한 책임소재가 명확해져서 원가통제 및 성과평가에 유용하다.

(2) 단 점

종합원가계산에서는 기말재공품에 원가를 배부하기 위해서 기말재공품의 완성도를 측정해야 되는데, 현실적으로 기말재공품의 완성도를 측정하는 것은 어려운 일이다. 그리고 산출물이 동질적이지 않거나 규격 등에 차이가 있는 경우에는 원가왜곡이 발생할 수 있으며, 개별원가계산에 비하여 원가계산이 부정확하다.

제 2 절 평균법과 선입선출법

기초재공품이 없는 경우에는 모든 원가가 당기에 투입된 것이고 모든 산출량도 당기에 작업한 것이므로 당기 완성품환산량을 기준으로 당기 투입 원가를 완성품과 기말재공품에 배분하면 된다. 그러나 기초재공품이 있는 경우에는 총투입 원가 중 일부는 전기에 투입한 것이고 나머지는 당기에 투입한 것이므로 이들 원가를 완성품과 기말재공품에 배분하기 위해서는 원가흐름의 가정이 필요하다. 물론 종합원가계산은 동종 제품을 대량 · 연속 · 반복 생산하는 환경에서 적용하는 원가계산방법이므로 실제 물량흐름은 선입선출법과 같을 것이다. 그러나 원가계산을 간편히 하기 위하여 평균법을 적용할 수도 있고, 원가관리를 보다 철저히 하기 위한 목적으로 선입선출법을 적용할 수도 있다.

1. 평균법

(1) 특징과 장단점

평균법(weighted average method)은 기초 재공품원가와 당기 투입원가를 구분하지 않고 이들 원가가 모두 당기에 투입된 것으로 가정하여 원가요소별로 총원가를 산정한 후에 이를 완성품과 기말재공품에 배분하는 방법이다. 즉, 평균법은 기초재공품의 기완성도를 무시하고 기초재공품도 당기에 처음 착수된 것처럼 간주하여 기초재공품과 당기투입량을 동등하게 취급하여 원가계산을 하는 방법이다. 그러므로 전기에 발생되어 기초재공품에 이미 배분되어 있는 기초재공품원가도 마치 당기 투입원가와 같이 당기에 발생된 것으로 간주하여 원가를 집계하고 배분한다. 따라서 평균법을 적용하게 되면 결과적으로 기초재공품원가의 일부는 기말재공품에 배분된다.

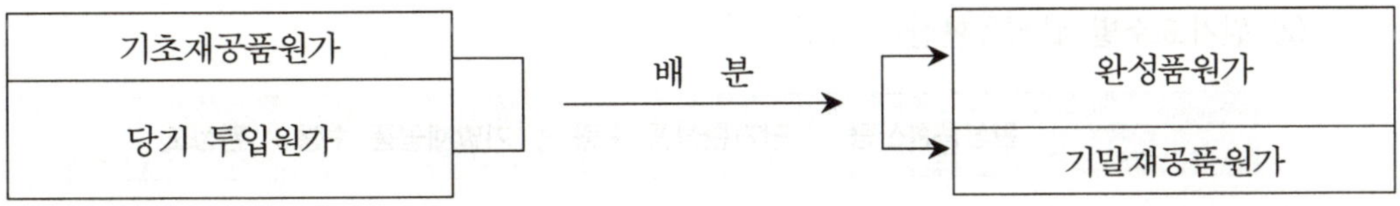

평균법은 계산이 쉽고, 실무적으로 많은 기업들이 사용하는 방법이므로 기업간에 제품원가의 비교가능성이 높다는 장점이 있다. 그러나 평균법은 실제 물량흐름과 일치하지 않고, 기초재공품원가가 당기 원가에 영향을 미칠 수 있어 원가관리 및 통제에 적합하지 못하다는 단점이 있다.

참고로 종합원가계산과 관련하여 교재에 따라 사용하는 용어에 다소 차이가 있다. 예를 들어 교재에 따라 평균법 또는 가중평균법이라는 용어를 사용하기도 하고, 재료비 또는 직접재료비라는 용어를 사용하기도 한다. 엄밀한 의미에서 이들 용어는 다른 의미이지만 종합원가계산에서 이 같은 용어를 사용하는 저자의 의도는 같은 것이므로 본 교재에서는 혼용하여 사용한다. 용어를 통일하면 좋겠지만 실무에서나 기출문제에서 다양한 용어를 사용하고 있기 때문에 독자들도 이것을 그대로 받아들이는 것이 좋겠다고 생각한다.

(2) 원가계산의 절차

평균법에 의한 종합원가계산 절차는 다음과 같다.

① 물량흐름 파악

기초재공품 수량 + 당기투입량 = 당기완성품 수량 + 기말재공품 수량

이를 T계정으로 나타내면 다음과 같은데 여기서 주의할 점은 평균법에서는 기초재공품도 당기에 투입된 것으로 간주하여 당기투입분과 동일하게 취급한다는 것이다. 즉, 실제로 당기 완성품은 기초재공품 완성분과 당기투입 완성분으로 구성되어 있으나 평균법에서는 기초재공품도 당기에 착수한 것으로 간주하므로 이러한 구분을 하지 않는다.

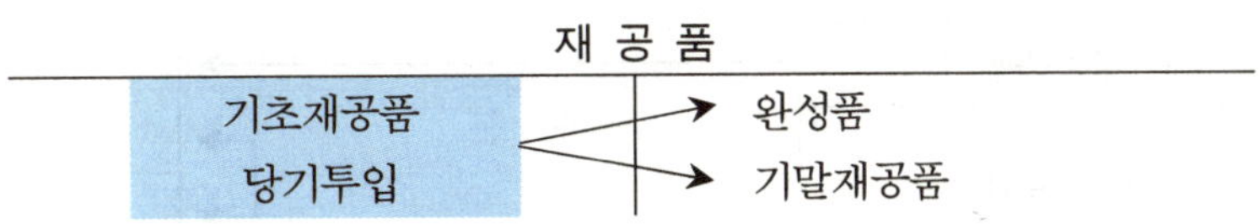

② 원가요소별 완성품환산량 계산

완성품환산량 = 당기완성품 수량 + 기말재공품 수량 × 완성도

평균법에서는 기초재공품과 당기투입분을 동등하게 보기 때문에 당기완성품은 모두 당기에 착수하여 당기에 완성된 것으로 간주한다. 따라서 완성품의 당기 완성도는 100%이고 그 결과 완성품수량은 완성품환산량과 항상 일치한다.

③ 원가요소별 총원가 집계

총원가 = 기초재공품원가 + 당기투입원가

④ 원가요소별 완성품환산량 단위당 원가 계산

완성품환산량 단위당 원가 = 총원가 ÷ 완성품환산량

⑤ 완성품원가와 기말재공품원가 계산

- **완 성 품 원 가 = 완성품 수량 × Σ원가요소별 완성품환산량 단위당 원가**
- **기말재공품원가 = Σ(기말재공품의 원가요소별 완성품환산량 × 원가요소별 완성품 환산량 단위당 원가)**

2. 선입선출법

(1) 특징과 장단점

선입선출법(first-in first-out method)은 기초재공품이 먼저 가공되어 완성품이 되고, 그 다음에 당기 투입분이 가공되어 완성품이 된다고 가정한다. 따라서 완성품은 기초재공품 완성분과 당기착수 완성분으로 구성된다. 그 결과 완성품원가는 기초재공품에 대하여 전기에 투입된 원가와 당기에 투입된 원가, 그리고 당기투입 완성분에 대해 당기에 투입된 원가로 구성된다.

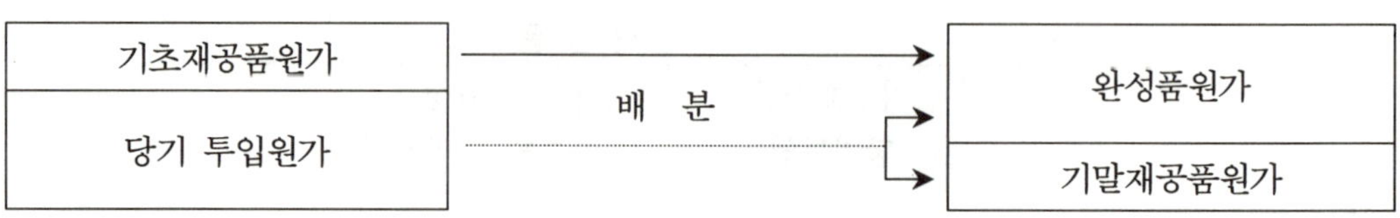

선입선출법은 실제 물량흐름과 원가흐름이 일치하고, 전기와 당기 분을 엄격히 구분하여 원가계산을 하므로 원가관리 및 통제에 유용하다는 장점이 있다. 그러나 선입선출법은 원가계산이 평균법에 비하여 복잡하므로 실무적용이 어렵고 그 결과 기업간 비교가능성이 떨어진다는 단점이 있다.

(2) 원가계산의 절차

선입선출법에 의한 종합원가계산 절차는 다음과 같다.

① 물량흐름 파악

> **기초재공품 수량 + 당기투입량**
> **= 기초재공품완성 수량 + 당기투입완성 수량 + 기말재공품 수량**

이를 T계정으로 나타내면 다음과 같은데 여기서 주의할 점은 선입선출법은 기초재공품이 먼저 가공되어 완성되고 그 다음에 당기 투입분이 가공되어 완성된다고 가정한다는 것이다. 따라서 당기 완성분은 기초재공 완성분과 당기투입 완성분으로 구성된다.

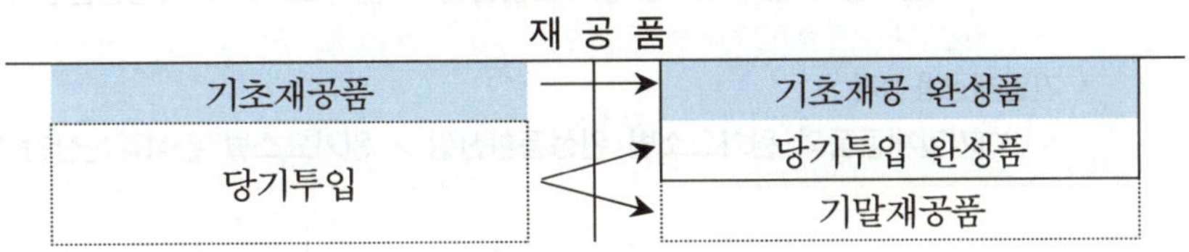

② 원가요소별 완성품환산량 계산

> **완성품환산량 = 기초재공품 수량 × 당기완성도 + 당기투입완성품 수량**
> **+ 기말재공품 수량 × 완성도**

선입선출법에서는 기초재공품이 먼저 가공되어 완성품이 되고, 기초재공품의 원가도 먼저 완성품의 원가를 구성한다고 가정한다. 따라서 당기에 완성품과 기말재공품에 배분하여야 할 원가는 당기투입 원가뿐이므로 완성품환산량을 산출할 때는 오직 당기 작업분만을 산정한다. 특히 기초재공품 완성분에 대한 완성품환산량을 구할 때는 순수하게 당기 작업분(당기 투입분)을 구하는 것에 주의하여야 한다.

③ 원가요소별 당기투입원가 집계

원가 ＝ 당기투입원가

선입선출법에서는 평균법과 달리 기초재공품원가가 먼저 완성품원가의 일부를 구성한다. 따라서 원가요소별로 원가를 집계할 때는 당기투입원가만을 집계한다. 즉, 완성품환산량(②)을 계산할 때 당기 작업량만을 계산한 것과 대응하여 원가를 집계(③)할 때도 당기투입원가만을 집계한다.

④ 원가요소별 완성품환산량 단위당 원가 계산

완성품환산량 단위당 원가 ＝ 당기투입원가 ÷ 당기 완성품환산량

⑤ 완성품원가와 기말재공품원가 계산

- **완 성 품 원 가**
  ＝ 기초재공품원가
  ＋ Σ(완성품의 원가요소별 완성품환산량 × 원가요소별 완성품환산량 단위당 원가)
- **기말재공품원가**
  ＝ Σ(기말재공품의 원가요소별 완성품환산량 × 원가요소별 완성품환산량 단위당 원가)

예 제 2 평균법과 선입선출법

W회사는 제품A를 단일공정에서 생산하는 회사이다. 공정의 특성상 재료는 공정초에 전량 투입되고, 가공비는 전공정에 걸쳐 균등하게 발생된다. 20×1년 7월 중 발생된 활동 및 관련 원가자료는 다음과 같다.

- 7월초 기초재공품재고는 1,000단위이며, 가공비 완성도는 70%이다.
- 7월 중 생산에 착수한 물량은 11,000단위인데 7월말까지 10,000단위는 완성되었고, 나머지 2,000단위는 기말재공품재고로 남아 있다.
- 기말재공품재고의 가공비 완성도는 50%이고, 원가요소별 원가는 다음과 같다.

	재료비	가공비
기초재공품원가	1,800	2,500
당기투입원가	13,200	20,600

[요구사항]

다음 각각의 방법으로 제품A의 완성품원가와 기말재공품원가를 계산하시오.

1. 평균법
2. 선입선출법

해답

1. 평균법

W회사	제조원가보고서			20×1년 7월

물량흐름과 완성품환산량

	물 량		완성품환산량	
			재료비	가공비
기초재공품	1,000			
당기투입량	11,000			
	12,000			
당기완성품	10,000	(1, 1)	10,000	10,000
기말재공품	2,000	(1, 0.5)	2,000	1,000
	12,000		12,000	11,000

총원가와 완성품환산량 단위당 원가

	재료비	가공비	총원가
기초재공품	1,800	2,500	4,300
당기투입	13,200	20,600	33,800
총원가	15,000	23,100	38,100
완성품환산량	÷12,000	÷11,000	
완성품환산량 단위당 원가	1.25	2.1	

완성품원가와 기말재공품원가

완성품	10,000 × 1.25 + 10,000 × 2.1 =	33,500
기말재공품	2,000 × 1.25 + 1,000 × 2.1 =	4,600
총원가		38,100

2. 선입선출법

W회사	제조원가보고서		20×1년 7월

물량흐름과 완성품환산량

	물 량		당기완성품환산량	
			재료비	가공비
기초재공품	1,000	(1, 0.7)		
당기투입량	11,000			
	12,000			
기초재공품완성	1,000	(0, 0.3)	0	300
당기투입완성	9,000	(1, 1)	9,000	9,000
기말재공품	2,000	(1, 0.5)	2,000	1,000
	12,000		11,000	10,300

총원가와 완성품환산량 단위당 원가

	재료비	가공비	총 계
기초재공품	1,800	2,500	4,300
당기투입	13,200	20,600	33,800
총원가	15,000	23,100	38,100
완성품환산량	÷11,000	÷10,300	
완성품환산량 단위당 원가	1.2	2.0	

완성품원가와 기말재공품원가

완성품	4,300 + 9,000 × 1.2 + 9,300 × 2 =	33,700
기말재공품	2,000 × 1.2 + 1,000 × 2.0 =	4,400
총원가		38,100

선입선출법의 핵심은 당기 작업분만 뽑아내는 것이다. 즉, 선입선출법의 가정에 의하여 기초재공품원가는 먼저 완성품원가를 구성한다. 따라서 당기투입원가를 순수한 당기 작업분인 당기 완성품환산량을 기준으로 완성품과 기말재공품에 배분한다. 이 같은 가정하에 위 풀이과정에서 다음에 주의하여야 한다.

(1) 기초재공품에 대한 재료비의 당기완성도는 0%이다. 왜냐하면 공정의 특성상 재료는 공정초에 전량 투입되므로 재료는 이미 전기에 다 투입되어 당기 작업분이 없기 때문이다.

(2) 기초재공품에 대한 가공비의 당기완성도는 30%이다. 왜냐하면 이미 전기에 가공비의 70%가 투입되었으므로 이를 완성시키기 위하여 당기에 투입된 것은 30%(1−0.7)이기 때문이다.

(3) 선입선출법에서 완성품환산량 단위당 원가는 당기 투입원가를 당기 완성품환산량으로 나누어서 산정한다. 왜냐하면 기초재공품에 대하여 전기에 투입된 원가는 완성품원가를 먼저 구성하기 때문에 우리가 배분할 금액은 순수한 당기 투입원가이고 그 배분기준은 순수한 당기 작업분인 당기 완성품환산량이기 때문이다.

3. 평균법과 선입선출법의 비교

구 분	가중평균법	선입선출법
기본가정	기초재공품도 당기 중에 착수되었다고 가정한다.	전기발생원가는 전기 작업분에 당기발생원가는 당기분에 투입된다고 가정한다.
물량흐름 파 악	기초재공품수량+당기투입량 = 완성품수량+기말재공품수량	기초재공품수량+당기투입량 = 기초재공완성품수량+당기투입완성품수량 + 기말재공품수량
완 성 품 환 산 량	총완성품환산량 = 당기까지의 작업분 = 완성품수량 +(기말재공품수량×기말재공품완성도)	당기완성품환산량 = 당기 중의 작업분 = 기초재공품수량 × (1−기초재공품완성도) + 당기투입완성품 수량 + (기말재공품수량×기말재공품완성도)
원가요약	기초재공품원가+당기투입원가 = 총원가	당기투입원가
완 성 품 환 산 량 단 가	$\frac{\text{총원가}}{\text{총완성품환산량}}$	$\frac{\text{당기투입원가}}{\text{당기완성품환산량}}$
완 성 품 원 가	완성품수량×Σ(원가요소별 완성품환산량 단가)	기초재공품원가+기초재공품을 완성시키기 위하여 당기 중 투입한 원가+당기투입완성품원가
기 말 재 공 품 원 가	Σ(기말재공품의 원가요소별 완성품환산량 × 원가요소별 완성품환산량 단가)	Σ(기말재공품의 원가요소별 완성품환산량× 원가요소별 완성품환산량 단가)
장 점	전기와 당기를 구분하지 않으므로 계산이 간편함	전기와 당기를 구분하므로 관리통제와 성과평가에 유용함

제 3 절 공정별 종합원가계산

1. 의 의

대부분의 제품은 하나의 공정을 통해서 완성되지 않고 여러 공정을 걸쳐서 생산되며 이러한 형태에 적용되는 종합원가계산을 공정별 종합원가계산이라고 한다. 이러한 경우 한 공정의 산출물이 다음 공정으로 대체되는데 이 때 대체되는 물량과 관련된 원가를 전공정대체원가 또는 전공정비(transferred−in cost)라고 한다. 공정별 종합원가계산의 물량흐름과 원가흐름은 다음과 같다.

- 연속되는 제조공정이 있는 경우의 물량흐름과 원가흐름

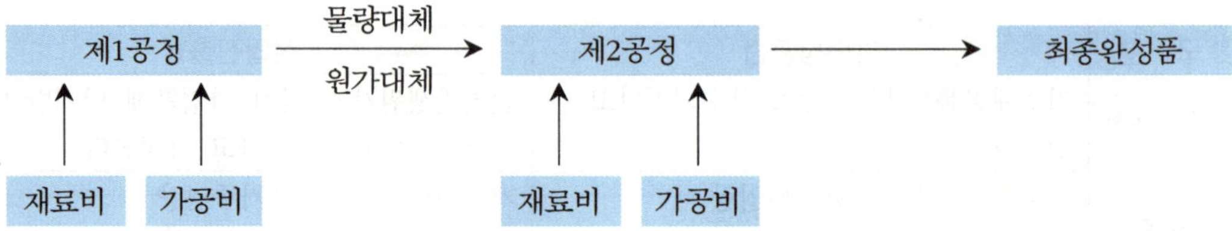

제1공정의 완성품은 제2공정으로 대체되는데, 이때 제1공정에서는 다음 공정으로 대체된다는 의미에는 대체원가를 차공정비(transferred−out cost)라고 하고, 제2공정에서는 앞 공정에서 대체되어 온 원가라는 의미에서 전공정비라고 한다.

- 원가의 흐름

재공품 : 제1공정	
기초 재공품원가	완성품원가 (차공정비)
재료비	
가공비	기말 재공품원가

재공품 : 제2공정	
기초 재공품원가	완성품원가 (당기제품 제조원가)
전공정비	
재료비	
가공비	기말 재공품원가

제품	
기초	매출원가
당기제품 제조원가	기말

2. 원가계산절차

제2공정부터는 재료비와 가공비 외에 전공정비에 대해서도 완성품환산량은 구해야 한다는 점을 제외하고는 앞의 종합원가계산절차가 그대로 적용된다. 다만 각 공정별로 원가흐름의 가정이 다를 수도 있다. 즉, 제1공정은 평균법을 적용하고 제2공정에서는 선입선출법을 사용할 수도 있다.

추가로 고려할 사항을 요약하면 다음과 같다.

첫째, 제2공정에 투입되는 원가요소를 전공정비, 재료비, 가공비로 구분하며, 원가요소별로 완성품환산량을 계산할 때 전공정비의 완성도에 주의를 하여야 한다. 전공정비는 제1공정에서 완성된 것이 제2공정으로 대체된 것을 의미하는데, 제1공정에서 완성된 것이 제2공정초에 투입되어야 제2공정에서 추가 작업을 진행하여 완성을 시킨다. 따라서 제2공정 입장에서 보면 전공정비는 제2공정초에 전량 투입되는 재료비와 성격이 동일하다. 따라서 특별한 가정이 없는 한 전공정비의 완성도는 항상 100%이라고 생각하면 된다.

둘째, 제2공정의 물량흐름에서 당기투입량은 제1공정에서 작업이 끝나 제2공정으로 대체되는 물량을 뜻한다. 즉, 특별한 가정이 없는 경우 제1공정의 완성품수량이 제2공정의 당기투입수량이 된다. 그리고 물량이 대체될 때 원가도 대체되므로 제1공정의 당기완성품원가(차공정비)는 제2공정의 당기투입 전공정비가 된다.

3. 회계처리

종합원가계산에서 원가흐름에 대한 회계처리는 개별원가계산과 유사하다. 먼저 공정별로 제조원가를 집계하여 이를 재공품계정에 대체하는 회계처리를 한다. 그리고 제품이 완성되면 재공품을 제품으로 대체하는 회계처리를 하고 마지막으로 판매가 이루어지면 판매에 따른 매출과 매출원가를 인식한다.

(1) 제1공정 제조원가 집계

재료비, 노무비 및 제조간접비가 발생하면 재공품계정에 집계한다. 종합원가계산의 특성상 노무비와 제조간접비가 구분되지 않는 경우가 많으므로 이를 묶어서 가공비로 처리해도 무방하다.

(차) 재 공 품－1공정	×××	(대) 원 재 료	×××
(차) 재 공 품－1공정	×××	(대) 노 무 비	×××
		제조간접비	×××

(2) 제1공정 완성품의 제2공정 대체

제1공정에 집계된 원가를 평균법이나 선입선출법을 이용하여 제1공정 완성품과 기말재공품에 배분한 후, 제1공정 완성품원가(차공정비)를 제2공정 재공품(전공정비)으로 대체한다.

(차) 재공품－2공정 (전공정비)	×××	(대) 재공품－1공정 (차공정비)	×××

(3) 제2공정 제조원가의 집계

제2공정에서 재료비, 노무비 및 제조간접비가 추가로 발생하면 제2공정 재공품계정에 집계한다. 종합원가계산의 특성상 노무비와 제조간접비가 구분되지 않는 경우가 많으므로 이를 묶어서 가공비로 처리해도 무방하다.

(차) 재공품—2공정	×××	(대) 원 재 료	×××
(차) 재공품—2공정	×××	(대) 노 무 비	×××
		제조간접비	×××

(4) 제2공정에서 제품의 완성

제2공정에 집계된 원가를 평균법이나 선입선출법을 이용하여 제2공정 완성품과 기말 재공품에 배분한 후, 제2공정이 최후 공정이면 제2공정 완성품원가를 제품으로 대체한다.

(차) 제 품	×××	(대) 재공품—2공정	×××

(5) 제품의 판매

제품이 판매되면 매출을 인식하고, 제품을 매출원가로 대체한다.

(차) 매출채권	×××	(대) 매 출	×××
(차) 매출원가	×××	(대) 제 품	×××

예 제 3 공정별 종합원가계산

W회사는 제품A를 생산하는 회사이다. 제품A는 두 공정을 걸쳐서 완성된다. 20×1년 4월 중 제2공정에서 발생된 활동 및 관련 원가자료는 다음과 같다.

- 4월초 기초재공품재고는 4,000단위이며, 가공비 완성도는 25%이다.
- 제2공정에서 원재료는 공정말에 투입하며, 가공비는 전공정에 걸쳐 균등하게 발생한다.
- 4월 중 제1공정에서 대체된 8,000단위의 전공정비는 ₩40,000이다.
- 기말재공품재고는 2,000단위이고, 가공비 완성도는 75%이며, 원가요소별 원가는 다음과 같다.

	전공정비	재료비	가공비
기초재공품원가	19,520	0	3,180
당기투입원가	40,000	30,400	38,220

[요구사항]

다음 각각의 방법으로 제2공정의 제조원가보고서를 작성하고 필요한 분개를 제시하시오.

1. 평균법
2. 선입선출법

해답

1. 평균법

(1) 제조원가보고서

W회사	제2공정	제조원가보고서		20×1년 4월

물량흐름과 완성품환산량

물량흐름		완성품환산량 전공정비	재료비	가공비
기초재공품	4,000			
당기투입량	8,000			
	12,000			
당 기 완 성	10,000 (1, 1, 1)	10,000	10,000	10,000
기말재공품	2,000 (1, 0, 0.75)	2,000	0	1,500
	12,000	12,000	10,000	11,500

총원가와 완성품환산량 단위당 원가

	전공정비	재료비	가 공 비	총 계
기초재공품	19,520	–	3,180	22,700
당기투입	40,000	30,400	38,220	108,620
총원가	59,520	30,400	41,400	131,320
완성품환산량	÷ 12,000	10,000	÷ 11,500	
완성품환산량 단위당 원가	4.96	3.04	3.60	

완성품원가와 기말재공품원가

완 성 품	10,000 × 4.96 + 10,000 × 3.04 + 10,000 × 3.60 =	116,000
기말재공품	2,000 × 4.96 + 0 × 3.04 + 1,500 × 3.60 =	15,320
		131,320

(2) 회계처리

(차) 재공품–2공정	40,000	(대) 재공품–1공정	40,000
(차) 재공품–2공정	68,620	(대) 재료비	30,400
		가공비	38,200
(차) 제 품	116,000	(대) 재공품–2공정	116,000

2. 선입선출법

(1) 제조원가보고서

W회사	제2공정	제조원가보고서		20×1년 4월

물량흐름과 완성품환산량

물량흐름		완성품환산량 전공정비	재료비	가공비
기초재공품	4,000 (1, 0, 0.25)			
당기투입량	8,000			
	12,000			
기초재공완성	4,000 (0, 1, 0.75)	0	4,000	3,000
당기투입완성	6,000 (1, 1, 1)	6,000	6,000	6,000
기말재공품	2,000 (1, 0, 0.75)	2,000	0	1,500
	12,000	8,000	10,000	10,500

총원가와 완성품환산량 단위당 원가

	전공정비	재료비	가공비	총 계
기초재공품	19,520	–	3,180	22,700
당기투입	40,000	30,400	38,220	108,620
총원가	59,520	30,400	41,400	131,320
완성품환산량	÷ 8,000	÷ 10,000	÷ 10,500	
완성품환산량 단위당원가	5*	3.04	3.64	

* 40,000 ÷ 8,000 = 5

완성품원가와 기말재공품원가

완 성 품	22,700 + 6,000 × 5 + 10,000 × 3.04 + 9,000 × 3.64 =	115,860
기말재공품	2,000 × 5.00 + 0 × 3.04 + 1,500 × 3.64 =	15,460
		131,320

(2) 회계처리

(차) 재공품—2공정	40,000	(대) 재공품—1공정	40,000
(차) 재공품—2공정	68,620	(대) 재료비	30,400
		가공비	38,220
(차) 제 품	115,860	(대) 재공품—2공정	115,860

연 습 문 제

COST ACCOUNTING

문 1 완성품환산량

㈜대한은 갑제품을 생산하는 회사다. 제조과정의 특성상 투입되는 재료의 종류가 다르고 투입되는 시점도 다르다. 재료의 종류와 투입시점은 다음과 같다.

- 재료 a는 공정시점에서 전량 투입된다.
- 재료 b는 가공비 완성도 50%시점에서 전량 투입된다.
- 재료 c는 가공비 완성도 50%시점부터 100%시점까지 균등하게 투입된다.
- 재료 d는 가공비 완성도 20%시점과 70%시점에서 각각 반씩 투입된다.

한편, 가공비는 전공정에서 걸쳐 균등하게 발생하며 공손은 발생하지 않았다. 기타 관련 자료는 다음과 같다.

	수 량	가공비 완성도
기초재공품	150	40%
당기투입량	1,200	–
완성품	1,100	100%
기말재공품	250	60%

[요구사항]

1. 평균법에 의할 때 재료 a, b, c, d와 가공비의 완성품환산량을 산출하시오.
2. 선입선출법에 의할 때 재료 a, b, c, d와 가공비와 완성품환산량을 산출하시오.

해답

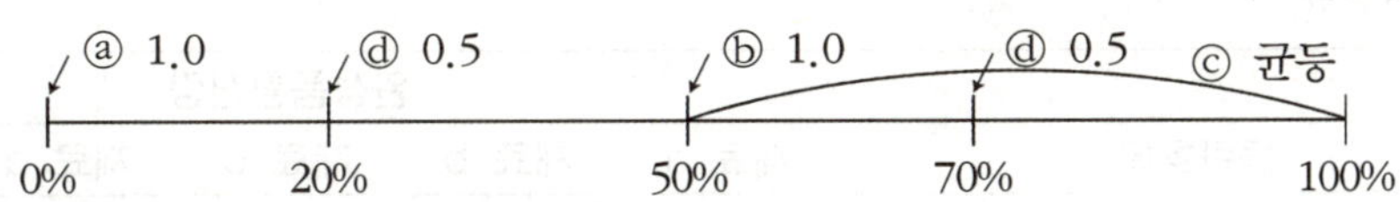

1. 평균법
   (1) 기말재공품 완성도
   가공비 : 60%
   재료 a : 공정초에 전량 투입되므로 100% 투입하였다.
   재료 b : 가공비 완성도 50% 시점에 전량 투입되는데, 가공비 완성도가 60%이므로 100% 투입하였다.

재료 c : 가공비 완성도 50%시점부터 100%시점까지 균등하게 투입되는데, 가공비 완성도가 60%이므로 10/50 즉, 20% 투입하였다.

재료 d : 가공비 완성도 20%시점과 70%시점에서 각각 반씩 투입되는데, 가공비 완성도가 60%이므로 20%에서만 반(50%)이 투입되었다.

(2) 완성품환산량

물량흐름		완성품환산량				
		재료 a	재료 b	재료 c	재료 d	가공비
기초재공품	150					
당기투입	1,200					
	1,350					
완성품	1,100	1,100	1,100	1,100	1,100	1,100
기말재공품	250 (0.6)	250	250	50	125	150
	1,350	1,350	1,350	1,150	1,225	1,250

2. 선입선출법

(1) 기초재공품 당기완성도

가공비 : 기초재공품 가공비 완성도가 40%이므로 당기에 60% 투입하였다.

재료 a : 공정초에 전량 투입된다. 전기에 이미 100% 투입되었으므로 당기에 0% 투입하였다.

재료 b : 가공비 완성도 50% 시점에 전량 투입된다. 기초재공품 가공비 완성도가 40%이므로 전기에 0% 투입하였고, 당기에 100% 투입하였다.

재료 c : 가공비 완성도 50%시점부터 100%시점까지 균등하게 투입된다. 기초재공품 가공비 완성도가 40%이므로 전기에 0% 투입하였고, 당기에 100% 투입하였다.

재료 d : 가공비 완성도 20%시점과 70%시점에서 각각 반씩 투입된다. 기초재공품 가공비 완성도가 40%이므로 전기 20% 시점에서 50% 투입하였고, 당기 70% 시점에서 50% 투입하였다.

(2) 완성품환산량

물량흐름		완성품환산량				
		재료 a	재료 b	재료 c	재료 d	가공비
기초재공품	150 (0.4)					
당기투입량	1,200					
	1,350					
기초재공완성	150 (0.6)	0	150	150	75	90
당기투입완성	950	950	950	950	950	950
기말재공품	250 (0.6)	250	250	50	125	150
	1,350	1,200	1,350	1,150	1,150	1,190

문 2 평균법과 선입선출법의 완성품환산량 비교

㈜민국은 종합원가계산제도를 채택하고 있다. 재료는 공정초기에 전량 투입되며, 가공비는 전공정을 통하여 균등하게 발생한다. 5월의 원가계산 자료는 다음과 같다. 괄호안의 숫자는 가공비 완성도를 의미한다.

기초재공품	8,000개(70%)	당기투입량	50,000개
당기완성품	46,000개	기말재공품	12,000개(60%)

[요구사항]

1. 평균법에 의한 재료비와 가공비의 완성품환산량은 각각 몇 단위인가?
2. 선입선출법에 의한 재료비와 가공비의 완성품환산량은 각각 몇 단위인가?
3. 평균법에서의 완성품환산량과 선입선출법에서의 완성품환산량의 의미는 어떻게 다른가?
4. 평균법의 완성품환산량을 이용하여 선입선출법의 완성품환산량을 구하시오.

해답

1. 평균법

	물량흐름		완성품환산량 재료비	완성품환산량 가공비
기초재공품	8,000			
당기착수량	50,000			
	58,000			
완성품	46,000	(1, 1)	46,000	46,000
기말재공품	12,000	(1, 0.6)	12,000	7,200
	58,000		58,000	53,200

2. 선입선출법

	물량흐름		완성품환산량 재료비	완성품환산량 가공비
기초재공품	8,000	(1, 0.7)		
당기착수량	50,000			
	58,000			
기초재공완성	8,000	(0, 0.3)	0	2,400
당기착수완성	38,000	(1, 1)	38,000	38,000
기말재공품	12,000	(1, 0.6)	12,000	7,200
	58,000		50,000	47,600

3. 완성품환산량의 의미

평균법에서의 완성품환산량은 기초재공품에 대하여 전기에 작업한 양을 포함하는 당기까지의 총완성품환산량을 의미한다. 한편, 선입선출법에서의 완성품환산량은 기초재공품에 대하여 전기에 작업한 양을 제외한 순수하게 당기에 작업된 완성품환산량을 의미한다.

4. 완성품환산량의 전환

	재 료 비	가 공 비
평균법의 완성품환산량	58,000	53,200
(−)기초재공품의 전기 작업분	8,000 × 1 = 8,000	8,000 × 0.7 = 5,600
선입선출법의 완성품환산량	50,000	47,600

평균법의 완성품환산량에는 기초재공품에 대하여 전기에 작업한 것이 포함되어 있고, 선입선출법의 완성품환산량은 순수한 당기에 작업한 것만 포함되어 있다. 따라서 평균법의 완성품환산량에서 기초재공품에 대하여 전기에 작업한 것을 차감하면 선입선출법의 완성품환산량이 된다. 기초재공품에 대하여 재료비는 전기에 100% 투입되었고, 가공비는 70% 투입되었다.

문 3 종합원가계산 : 평균법

㈜한국은 동종의 제품을 연속적으로 생산하고 있으며 종합원가계산시스템을 운영하고 있다. 공정 특성상 재료는 공정초에 전량 투입되고, 가공비는 전공정을 통하여 균등하게 발생한다. 20×1년 기초재공품은 300단위, 가공비 완성도는 40%이며, 재료비는 ₩72,000, 가공비는 ₩40,400이다. 회사는 당기에 1,700단위를 제조과정에 투입하였으며, 당기에 소비된 재료비는 ₩340,000이고 가공비는 ₩712,000이다. 당기에 1,800단위를 완성시켜 제품계정으로 대체하였으며, 기말재공품 200단위의 가공비 완성도는 50%이다. 이 회사는 재공품 평가에 평균법을 사용하고 있다.

[요구사항]

1. 당기의 완성품원가와 기말재공품원가를 계산하시오.
2. 완성품의 단위당 원가를 계산하고 완성품환산량 단위당 원가와 비교하시오.
3. 필요한 회계처리를 제시하시오.
4. 재공품계정에 수량과 원가를 기입해 보시오.

해답

1.

	물량흐름		완성품환산량 재료비	완성품환산량 가공비
기초재공품	300			
당기투입량	1,700			
	2,000			
완성품	1,800		1,800	1,800
기말재공품	200	(1,0.5)	200	100
	2,000		2,000	1,900

총원가	재료비	가 공 비	합 계
기초재공품원가	72,000	40,400	112,400
당기투입원가	340,000	712,000	1,052,000
	412,000	752,400	1,164,400

완성품환산량 단위당 원가		
완성품환산량	÷ 2,000	÷ 1,900
완성품환산량 단위당 원가	206	396

총원가의 배분

완 성 품 원 가 :	1,800 × 206 + 1,800 × 396 =	1,083,600
기말재공품원가 :	200 × 206 + 100 × 396 =	80,800
합 계		1,164,400

2. 완성품 단위당 원가 : 1,083,600 ÷ 1,800 = 602
   평균법에 의한 완성품 단위당 원가는 완성품환산량 단위당 원가 ₩602(206+396)와 일치한다.

해설

재공품의 평가방법이 평균법인 경우에는 완성품환산량 단위당 원가와 완성품의 단위당 원가가 같아진다. 왜냐하면 평균법은 기말재공품이 기초재공품과 당기투입량으로 구성되어 있다고 가정하고 있으므로 완성품이나 기말재공품이 부담하는 완성품환산량 단위당 원가가 같기 때문이다.

3.

원가소비	(차) 재공품	1,052,000	(대) 재료비	340,000
			가공비	712,000
제품완성	(차) 제 품	1,083,600	(대) 재공품	1,083,600

4.

재 공 품

	수 량	원 가		수 량	원 가
기초재공품	300	112,400	완 성 품	1,800	1,083,600
당기투입량	1,700	1,052,000	기말재공품	200	80,800
	2,000	1,164,400		2,000	1,164,400

문 4 종합원가계산 : 선입선출법

㈜민주는 동종의 제품을 연속적으로 생산하고 있으며 종합원가계산시스템을 운영하고 있다. 공정 특성상 재료는 공정초에 전량 투입되고, 가공비는 전공정을 통하여 균등하게 발생한다. 20×1년 기초재공품은 300단위, 가공비 완성도는 40%이며, 재료비는 ₩72,000, 가공비는 ₩40,400이다. 회사는 당기에 1,700단위를 제조과정에 투입하였으며, 당기에 소비된 재료비는 ₩340,000이고 가공비는 ₩712,000이다. 당기에 1,800단위를 완성시켜 제품계정으로 대체하였으며, 기말재공품 200단위의 가공비 완성도는 50%이다. ㈜민주는 재공품평가에 선입선출법을 사용하고 있다.

[요구사항]

1. 당기의 완성품원가와 기말재공품원가를 계산하시오.
2. 완성품의 단위당 원가를 계산하고 완성품환산량 단위당 원가와 비교하시오.
3. 필요한 회계처리를 제시하시오.
4. 재공품계정에 수량과 원가를 기입해 보시오.

해답

1.

	물량흐름	당기완성품환산량 재료비	당기완성품환산량 가공비
기초재공품	300 (1,0.4)		
당기투입량	1,700		
	2,000		
기초재고완성량	300 (0,0.6)	0	180
당기투입완성량	1,500 (1,1)	1,500	1,500
기말재공품	200 (1,0.5)	200	100
	2,000	1,700	1,780

총원가	재료비	가공비	합 계
기초재공품원가	72,000	40,400	112,400
당기투입원가	340,000	712,000	1,052,000
			1,164,400

완성품환산량 단위당 원가	재료비	가공비
완성품환산량	÷ 1,700	÷ 1,780
완성품환산량 단위당 원가	200	400

총원가 배분

완 성 품 원 가	: 72,000 + 40,400 + 1,500 × 200 + 1,680 × 400 =	1,084,400
기말재공품원가	: 200 × 200 + 100 × 400 =	80,000
		1,164,400

2. 완성품 단위당 원가 : 1,084,400 ÷ 1,800 = 602.44
선입선출법에 의한 완성품 단위당 원가는 ₩602.44이고 완성품환산량 단위당원가는 ₩600(200+400)이므로 양자는 일치하지 않는다.

해설

기초재공품에 포함된 재료비 ₩72,000은 전기에 재료비 완성품환산량 300단위를 완성시키는 데 투입된 원가이므로 전기 재료비 완성품환산량 단위당 원가는 ₩240(72,000÷300단위)이다. 그러나 당기에 투입된 재료비 ₩340,000은 당기의 완성품환산량 1,700단위를 완성시키는 데 투입된 원가이므로 당기 재료비 완성품환산량 단위당 원가는 ₩200(340,000÷1,700)이다. 이처럼 전기와 당기의 완성품환산량 단위당 원가가 다른 경우에 선입선출법을 적용하면 완성품 단위당 원가와 완성품환산량 단위당 원가가 달라진다.

3.

원가소비	(차) 재공품	1,052,000	(대) 재료비	340,000
			가공비	712,000
제품완성	(차) 제 품	1,084,400	(대) 재공품	1,084,400

4.

재 공 품

	수 량	원 가		수 량	원 가
기초재공품	300	112,400	완 성 품	1,800	1,084,400
당기투입량	1,700	1,052,000	기말재공품	200	80,000
	2,000	1,164,400		2,000	1,164,400

문 5 단답형 기출문제1

1. ㈜대한은 가중평균법을 적용한 종합원가계산으로 제품원가를 계산한다. 기말재공품의 물량은 8,000단위이고, 직접재료원가 완성도는 70%이며, 가공원가 완성도는 75%이다. 기말재공품의 원가가 ₩220,000이고, 완성품환산량 단위당 직접재료원가가 ₩20이라면 완성품환산량 단위당 가공원가는 얼마인가?

2. ㈜민국은 가중평균법에 의한 종합원가계산제도를 채택하고 있다. 직접재료는 공정 초에 전량 투입하고, 전환원가는 공정 전반에 걸쳐 균등하게 발생한다. 20×1년 직접재료원가에 대한 완성품완산량은 20,000단위, 전환원가에 대한 완성품환산량은 18,000단위이며 완성품수량은 15,000단위이다. 20×1년 기말재공품의 전환원가 완성도는 얼마인가?

3. ㈜만세는 가중평균법에 의한 종합원가계산을 도입하고 있다. 직접재료는 공정 초에 전량 투입되고 가공원가는 공정 전반에 걸쳐 균등하게 발생한다. 원가계산을 위해 다음과 같은 자료를 수집하였다.

• 직접재료원가의 완성품환산량	5,000단위
• 가공원가의 완성품환산량	4,400단위
• 당기완성품수량	3,500단위

위 자료를 이용하여 계산한 기말재공품의 가공원가 완성도는 얼마인가?

4. ㈜정의는 평균법에 의한 종합원가계산을 채택하고 있다. 기초재공품이 75,000단위이고 당기착수량이 225,000단위이다. 기말재공품이 50,000단위인데 직접재료는 전량 투입되었고, 가공원가완성도는 70%이다. 기초재공품에 포함된 가공원가가 ₩14,000이고 당기발생 가공비가 ₩100,000이면 기말재공품에 얼마의 가공원가가 배부되어야 하는가?

5. ㈜자유의 3월 제조와 관련된 자료는 다음과 같다, 가중평균법을 사용하는 경우 월말 재공품에 포함되는 가공원가는 얼마인가?

월초 재공품 완성도	60%	월말 재공품 수량	2,000개
월말 재공품 완성도	40%	월초 재공품 가공원가	₩30,320
월초 재공품 수량	9,200개	당월 발생 가공원가	₩52,000
당월 착수량	20,000개		

해답

1. • 기말재공품의 완성품환산량

   직접재료원가 : 8,000×0.7 = 5,600

   가공원가 : 8,000×0.75 = 6,000

   • 기말재공품 원가 : 5,600×20+6,000×P = 220,000

   ∴ P(완성품환산량 단위당 가공원가) = 18

2. • 기말재공품의 물량 : 20,000−15,000 = 5,000
   • 기말재공품의 전환원가 완성품환산량 : 18,000−15,000 = 3,000
   • 기말재공품의 전환원가 완성도 : 3,000÷5,000 = 60%

   ☞ 직접재료가 공정 초에 전량 투입되므로 가중평균법에 의한 직접재료원가의 완성품환산량(20,000단위)과 총 산출물량(20,000단위)은 같다.

3. • 기말재공품의 물량 : 5,000−3,500 = 1,500
   • 기말재공품의 가공원가 완성품환산량 : 4,400−3,500 = 900
   • 기말재공품의 가공원가 완성도 : 900÷1,500 = 60%

   ☞ 직접재료가 공정 초에 전량 투입되므로 가중평균법에 의한 직접재료원가의 완성품환산량(5,000단위)과 총 산출물량(5,000단위)은 같다.

4.

재공품					가공원가
기 초	75,000	완 성	250,000		250,000
착 수	225,000	기 말	50,000	(0.7)	35,000
	300,000		3000,000		285,000

- 완성품환산량 단가 : (14,000+100,000)÷285,000 = 0.4
- 기말재공품에 배분될 가공원가 : 35,000×0.4 = ₩14,000

5.

재공품						가공비
기 초	9,200	(0.6)	완 성	27,200		27,200
착 수	20,000		기 말	2,000	(0.4)	800
	29,200			29,200		28,000
						@2.94

∴ 기말재공품에 포함되는 가공원가 : 800×2.94 = ₩2,352

문 6 단답형 기출문제2

1. ㈜자유는 선입선출법에 의한 종합원가계산을 채택하고 있다. 전환원가는 공정 전반에 걸쳐 균등하게 발생한다. 기초재공품의 완성도는 30%이고, 기말재공품의 완성도는 40%이며, 당기발생 전환원가는 ₩1,066,000이다. 다음 자료를 활용할 때, 기말재공품원가에 포함된 전환원가는 얼마인가? 단, 공손 및 감손은 발생하지 않는다.

• 기초재공품	1,000단위	• 당기완성	4,000단위
• 당기착수	4,000단위	• 기말재공품	1,000단위

2. ㈜평등은 선입선출법 종합원가계산을 사용한다. 제2공정의 관련 자료는 다음과 같다.

	물량단위	가공원가완성도
기초재공품수량	500단위	40%
전공정대체량	5,400	
당기완성품수량	?	
기말재공품수량	200	80%

제2공정에서 재료가 가공원가완성도의 30%에서 전량 투입된다면, 재료원가와 가공원가의 당기 작업량의 완성품환산량은 각각 얼마인가?

3. ㈜평화는 종합원가계산을 사용하고 있다. 재료 중 1/2은 공정초기에 투입되고 나머지는 가공이 50% 진행된 시점부터 공정의 종점까지 공정진행에 따라 비례적으로 투입된다. 다음은 11월의 원가자료이다.

• 기초재공품 (가공원가 완성도 60%)	1,000단위
• 완성량	4,000단위
• 기말재공품(가공원가 완성도 20%)	2,000단위

제조과정에서 공손 등은 발생하지 않는다. 선입선출법에 의할 경우 11월의 재료원가 완성품환산량은 얼마인가?

4. ㈜통일의 월초재공품은 1,000단위이고 당월투입수량은 4,500단위이며, 월말재공품은 300단위이며 완성도는 30%이다. 선입선출법에 의한 완성품환산량이 4,600단위일 경우 월초재공품의 완성도는 몇 %인가?

5. ㈜정의는 종합원가계산제도를 채택하고 있으며, 원재료는 공정의 초기에 전량 투입되며, 가공원가는 공정 전반에 걸쳐서 진척도에 따라 균등하게 발생한다. 재료원가의 경우 평균법에 의한 완성품환산량은 78,000단위이고, 선입선출법에 의한 완성품환산량은 66,000단위이다. 또한 가공원가의 경우 평균법에 의한 완성품환산량은 54,400단위이고, 선입선출법에 의한 완성품환산량은 52,000단위이다. 기초재공품의 완성도는 몇 %인가?

6. ㈜한국은 선입선출법에 의한 종합원가계산을 채택하고 있다. 제품제조를 위하여 원재료 A와 원재료 B가 사용되는데 원재료 A는 공정초기에 전부 투입되고 원재료 B는 공정의 50% 시점에 전부 투입된다. 그리고 가공원가는 공정 전체를 통하여 균등하게 발생한다. ㈜한국의 당기 제품제조활동과 관련한 다음의 자료를 기초로 할 때, 기말재공품의 원가는 얼마인가?

- 기초재공품의 수량은 5,000개이며 가공원가완성도는 60%이다.
- 당기 완성품의 수량은 80,000개이다.
- 기말재공품의 수량은 10,000개이며 가공원가완성도는 30%이다.
- 기초재공품의 원가와 당기에 발생한 원가의 현황은 다음과 같다.

구분	원재료A	원재료B	가공원가	합계
기초재공품원가	₩850,000	₩900,000	₩400,000	₩2,150,000
당기발생원가	₩3,400,000	₩4,500,000	₩1,600,000	₩9,500,000

해답

1. • 전환원가의 완성품환산량 : 1,000×0.7+3,000+1,000×0.4 = 4,100
   • 전환원가의 완성품환산량 단위당 원가 : 1,066,000÷4,100 = 260
   • 기말재공품에 포함된 전환원가 : (1,000×0.4)×260 = 104,000

2.

재공품			재공품			재료원가	가공원가
기 초	500	(1, 0.4)	기초완성	500	(0, 0.6)	0	300
			착수완성	5,200	(1, 1)	5,200	5,200
착 수	5,400		기 말	200	(1, 0.8)	200	160
	5,900			5,900		5,400	5,660

∴ 재료원가 완성품환산량 : 5,400개
　가공원가 완성품환산량 : 5,660개

3.

재공품			재공품			재료원가
기 초	1,000	(0.6*[1])	기초완성	1,000	(0.4)	400
			착수완성	3,000		3,000
착 수			기 말	2,000	(0.5*[2])	1,000
				6,000		4,400

*[1] 0.5+0.5×(0.1/0.5) = 0.6

*[2] 0.5+0.5×(0/0.5) = 0.5

4.

물량흐름		물량흐름			완성품환산량
월 초	1,000	월초완성	1,000		310
		착수완성	4,200		4,200
착 수	4,500	월 밀	300	(0.3)	90
	5,500		5,500		4,600

1,000×(1−P) = 310

∴ P = 69%

5.

평균법과 선입선출법의 완성품환산량 차이는 기초재공품 환산량이므로

- 재료원가

  기초재공품 환산량 : 78,000−66,000 = 12,000

  원재료는 공정초기에 투입되므로 기초재공품 수량은 12,000

- 가공원가

  기초재공품 환산량 : 54,400−52,000 = 2,400

  기초재공품의 완성도는 2,400÷12,000 = 20%

6.

재공품				재료A	재료B	가공원가
기 초	5,000 (1, 1, 0.6)	기초완성	5,000 (0, 0, 0.4)	0	0	2,000
		착수완성	75,000	75,000	75,000	75,000
착 수	______	기 말	10,000 (1, 0, 0.3)	10,000	0	3,000
	______		90,000	85,000	75,000	80,000
				@40	@60	@20

∴ 기말재공품원가 : 10,000×40+3,000×20 = ₩460,000

문 7 다양한 기말재공품과 완성도 추정

㈜대한은 단일제품을 생산하며 선입선출법에 의한 종합원가계산제도를 채택하고 있다. 이 제품은 생산과정에서 두 가지 재료를 투입하는데 X재료는 공정초기에 투입하고 Y재료는 공정진척도 50% 시점에서 공정에 투입하며, 가공원가는 공정전반에 걸쳐서 균등하게 발생한다. 20×1년 6월과 7월의 제품에 관련된 정보는 다음과 같다.

1. 6월말 재공품 수량은 2,000단위이고 가공원가 완성도는 1,000단위는 90%, 500단위는 40%, 나머지 500단위는 20%이다.

2. 6월과 7월에 착수한 수량과 완성된 수량은 다음과 같다.

	6월	7월
착 수 량	4,500단위	5,000단위
완 성 량	5,000단위	5,500단위

3. 6월과 7월에 발생한 원가는 다음과 같다.

		6월	7월
기초재공품원가		58,000	?
당월투입원가	X재료 원가	54,000	65,000
	Y재료 원가	48,000	51,000
	가공원가	1,300,000	1,430,000

[요구사항]

1. 6월의 가공원가 당기 완성품환산량은 5,200단위이다. 이 경우 기초재공품의 가공원가 완성도를 산정하시오.
2. 6월의 완성품원가를 산정하시오.
3. 7월의 가공원가 당기 완성품환산량이 5,200단위이다. 이 경우 기말재공품의 가공원가 완성도를 산정하시오.
4. 7월의 완성품원가를 산정하시오.

해답

■ 6월 자료정리

재공품				재료X	재료Y	가공원가
기 초	2,500	기초완성	2,500	0	2,500	1,500
		착수완성	2,500	2,500	2,500	2,500
		기 말	1,000 (0.9)	1,000	1,000	900
			500 (0.4)	500	0	200
착 수	4,500		500 (0.2)	500	0	100
	7,000		7,000	4,500	6,000	5,200
				@12	@8	@250

1. 기초재공품의 가공원가 완성도 : 2,500 × (1−P) = 1,500　∴ P = 40%

2.

(1) 완성품환산량 단위당 원가

재료X = ₩12　재료Y = ₩8　가공원가 = ₩250

(2) 완성품원가

58,000 + 2,500 × 12 + 5,000 × 8 + 4,000 × 250 = 1,128,000

■ 7월 자료정리

재공품				재료X	재료Y	가공원가
기초재공	1,000(0.9)	기초완성	1,000	0	0	100
	500(0.4)		500	0	500	300
	500(0.2)		500	0	500	400
		투입완성	3,500	3,500	3,500	3,500
당기투입	5,000	기말재공	1,500 (0.6)	1,500	1,500	900
	7,000		7,000	5,000	6,000	5,200
				@13	@8.5	@275

3. 기말재공품의 가공원가 완성도 : 900 ÷ 1,500 = 60%

4.

(1) 완성품환산량 단위당 원가

재료X = ₩13　　재료Y = ₩8.5　　가공원가 = ₩275

(2) 완성품원가

332,000 + 3,500 × 13 + 4,500 × 8.5 + 4,300 × 275 = 1,598,250

문 8 전공정비가 있는 경우

㈜한국은 제품A를 생산하는 회사이다. 제품A는 두 공정을 걸쳐서 완성된다. 20×1년 4월 중 제2공정에서 발생된 활동 및 관련 원가자료는 다음과 같다.

- 제2공정에서 원재료는 공정의 60% 시점에서 전량 투입하며, 가공비는 전공정에 걸쳐 균등하게 발생한다.
- 4월초 기초재공품재고는 2,000단위이며, 가공비 완성도는 70%이다.
- 4월 중 제1공정에서 대체된 물량은 15,000단위이다.
- 기말재공품재고는 3,000단위이고, 가공비 완성도는 50%이다
- 원가요소별 원가는 다음과 같다.

	전공정비	재료비	가공비
기초재공품원가	12,500	20,000	16,150
당기투입원가	157,500	120,000	84,600

[요구사항]

다음 각각의 방법으로 제2공정의 제조원가보고서를 작성하시오.

1. 평균법
2. 선입선출법

해답

1. 평균법

제2공정 제조원가보고서

물량흐름과 완성품환산량

물량흐름			완성품환산량 전공정비	재료비	가공비
기초재공품	2,000				
당기투입량	15,000				
	17,000				
당 기 완 성	14,000	(1, 1, 1)	14,000	14,000	14,000
기말재공품	3,000	(1, 0, 0.5)	3,000	0	1,500
	17,000		17,000	14,000	15,500

총원가와 완성품환산량 단위당 원가

	전공정비	재료비	가 공 비	총 계
기초재공품	12,500	20,000	16,150	48,650
당기투입	157,500	120,000	84,600	362,100
총원가	170,000	140,000	100,750	410,750
완성품환산량	17,000	14,000	15,500	
완성품환산량 단위당 원가	10	10	6.5	

완성품원가와 기말재공품원가

완 성 품	14,000×10 + 14,000×10 + 14,000×6.5 =	371,000
기말재공품	3,000×10 + 0×10 + 1,500×6.5 =	39,750
		410,750

2. 선입선출법

제2공정 제조원가보고서

물량흐름과 완성품환산량

물량흐름		완성품환산량		
		전공정비	재료비	가공비
기 초 재 공 품	2,000 (1, 1, 0.7)			
당 기 투 입 량	15,000			
	17,000			
기초재공완성	2,000 (0, 0, 0.3)	0	0	600
당기투입완성	12,000 (1, 1, 1)	12,000	12,000	12,000
기 말 재 공 품	3,000 (1, 0, 0.5)	3,000	0	1,500
	17,000	15,000	12,000	14,100

총원가와 완성품환산량 단위당 원가

	전공정비	재료비	가공비	총 계
기초재공품	12,500	20,000	16,150	48,650
당기투입	157,500	120,000	84,600	362,100
총원가	170,000	140,000	100,750	410,750
완성품환산량	15,000	12,000	14,100	
완성품환산량 단위당원가	10.5*	10	6	

* 157,500 ÷ 15,000 = 10.5

완성품원가와 기말재공품원가

완 성 품	48,650 + 12,000×10.5 + 12,000×10 + 12,600×6	=	370,250
기말재공품	3,000×10.5 + 0×10 + 1,500×6	=	40,500
			410,750

PART 07 공손회계

제7장

공손회계

제 1 절 공손회계의 기초

1. 공손회계의 의의

제6장에서 종합원가계산을 설명할 때 특별한 언급을 하지 않았지만 사실 엄격한 가정을 하고 있었다. 그것은 총투입량과 총산출량이 같다는 것이다. 즉, 재공품계정을 물량으로 나타낼 때 차변의 총투입량(기초재고+당기투입)과 대변의 총산출량(완성품+기말재고)이 같다는 것이다. 그런데 현실적으로는 생산 공정 중에 여러 가지 이유로 유실이나 공손이 발생하여 총투입량과 총산출량이 일치하지 않는 경우가 많다. 따라서 제7장에서는 보다 현실적으로 공손을 고려한 종합원가계산을 다루고자 한다.

기업은 일반적으로 일정한 품질수준을 정해 놓고 제품의 제조과정이나 제품의 완성시에 정해진 품질수준을 유지하기 위하여 품질검사를 한다. 이 경우 품질검사에서 합격판정을 받은 재공품이나 제품을 정상품 또는 양품이라고 하고, 불합격 판정을 받은 재공품이나 제품을 공손품이라고 한다. 공손품(spoiled units)은 공정 중에 일부가 파손되거나 규격, 품질, 함량 면에서 표준에 미달하는 불합격품으로, 가치가 없거나 있다고 하더라도 극히 작은 것이 일반적이다. 공손품은 제품제조에 사용되는 재료의 불량, 작업 기술의 미숙, 기계 · 설비의 정비 불량 등의 원인으로 발생한다.

공손회계에서 다루는 주된 내용은 검사과정에서 발견된 공손품의 원가를 산정하여, 이를 제품의 원가로 인정할 것인지 아니면 기간비용으로 처리할 것인지이다. 즉, 공손회계의 핵심은 공손품에 투입된 원가에 대해 원가성을 인정하여 이를 제품원가에 포함 시킬 것인지 아니면 원가성을 인정하지 않고 손실로 처리할 것인지의 문제이다.

2. 공손품의 분류

공손품은 발생 원인에 따라 정상공손과 비정상공손으로 구분한다. 공손품을 정상공손과 비정상공손으로 구분하는 이유는 그 발생 원인이 따라 상이하게 회계처리하기 위해서이다.

(1) 정상공손

정상공손(normal spoilage)은 능률적인 생산 작업조건에서도 공정의 성격상 불가피하게 발생하는 공손을 의미한다. 즉, 정상공손은 현재의 기술수준에서 최선을 다해 작업하더라도 어쩔 수 없이 발생하는 공손으로 양품을 생산하는 과정에서 불가피하게 발생하는 것이다. 따라서 정상공손도 제조활동의 일부에 해당하므로 정상공손원가를 제품원가로 간주한다.

(2) 비정상공손

비정상공손(abnormal spoilage)은 능률적인 생산 작업조건에서 피할 수 있었던 성질의 공손을 의미한다. 즉, 비정상공손은 효율적으로 작업을 했다면 피할 수 있었던 것을 그렇게 하지 못했기 때문에 발생한 공손이다. 따라서 작업을 비효율적으로 하거나 설비를 잘 정비하지 못하여 발생한 비정상공손원가를 제품원가로 처리하면 제품원가가 왜곡되므로 비정상공손원가는 전액 기간비용(영업외비용)로 처리한다.

3. 정상공손수량과 비정상공손수량의 파악

정상공손이나 비정상공손은 발생원인에 따라 구분한 것일 뿐 외형적으로는 차이가 없다. 따라서 실무적으로는 정상공손과 비정상공손의 구분이 어렵기 때문에 과거의 경험 등에 비추어 정상공손의 범위를 일정비율까지 정해놓고 그 범위 내에서 발생하는 것은 정상공손으로 간주하고 그 범위를 초과하여 발생하는 것은 비정상공손으로 처리한다.

(1) 정상공손수량을 계산하는 기준

정상공손수량은 당기 중에 검사시점을 통과하여 합격 판정을 받은 수량의 일정비율로 결정할 수도 있고, 당기 중에 검사를 받은 총수량의 일정비율로 결정할 수도 있다. 전자를 검사시점 통과기준 또는 합격품(양품)기준이라 하고, 후자를 검사시점 도달기준 또는 검사받은 수량기준이라 한다.

정상공손은 검사시점을 통과한 합격품(양품)을 생산하기 위하여 생산과정상 필연적으로 발생하는 공손을 의미하므로 정상공손수량은 양품의 일정비율로 산정하는 것이 합리적이다. 만약 검사시점 도달기준으로 정상공손수량을 산정한다면 정상공손수량을 산정하기 위한 모집단에 양품뿐만 아니라 비정상공손도 포함되어 있으므로 정상공손수량을 결정하는데 비정상공손수량이 영향을 미치게 되는 모순이 발생한다. 예를 들어서 검사시점에 도달한 총수량이 100단위라고 한다면 100단위 중에는 양품과 정상공손뿐만 아니라 비정상공손도 있다. 그런데 총 100단위를 기준으로 정상공손수량을 결정하게 되면 정상공손수량을 결정하는 과정에 비정상공손수량이 영향을 미치게 된다. 즉, 비정상공손수량이 많아지면 정상공손수량도 많아진다. 따라서 정상공손수량은 검사시점을 통과한 양품을 기준으로 산정하는 것이 합리적이다.

(2) 당기 중 검사시점을 통과한 합격품수량의 계산

검사시점을 통과한 수량을 기준으로 정상공손수량을 산정하기로 한 경우에 검사시점을 통과한 수량을 어떻게 결정할 것인가도 중요한 문제이다. 왜냐하면 기초재공품이 있는 경우 실제 물량흐름에 관계없이 원가흐름의 가정에 따라 원가를 산정하므로, 원가흐름의 가정에 따라 검사시점을 통과한 수량을 산정할지, 아니면 실제 물량흐름에 따라 검사시점을 통과한 수량을 산정할지를 결정해야 하기 때문이다.

정상공손수량을 파악하는 이유는 생산과정상 불가피하게 발생하는 공손에 대하여 원가성을 인정하여 제조원가를 결정하고, 원가를 관리통제하기 위해서 이다. 이와 같은 취지에 부합하려면 검사시점을 통과한 수량을 산정할 때 전기에 검사시점을 통과했는지 당기에 검사시점을 통과했는지를 엄격히 구분해야 한다. 따라서 정상공손수량은 원가흐름의 가정과 무관하게 전기 분과 당기 분을 구분 할 수 있도록 실제 물량흐름에 따라 산정하여야 한다. 물론 정상공손수량이 파악된 후 완성품환산량을 구하거나 정상공손원가, 기말재공품원가 등을 산정하는 일련의 계산과정은 원가흐름의 가정을 따라야 하지만 정상공손수량을 산정할 때는 실제 물량흐름에 따라야 한다. 그런데 실제 물량흐름은 선입선출법과 개념상으로 일치하므로 정상공손수량은 선입선출법에 따라 산정한다고 할 수도 있다. 즉, 원가흐름의 가정과 관계없이 정상공손수량의 산정은 실제 물량흐름(선입선출법)에 따른다.

당기에 검사시점을 통과한 수량이 될 수 있는 것은 기초재공품완성량, 당기투입완성량 및 기말재공품수량이다. 이 때 주의할 것은 기초재공품이 전기에 이미 검사시점을 통과한 것이라면 당기에는 검사를 받지 않았을 것이므로 검사시점을 통과한 물량에 포함시키면 안 된다는 것이다. 그리고 기말재공품의 완성도가 검사시점보다 높다면 기말재공품은 당기에 검사시점을 통과했다는 의미이다.

예 제 1 정산공손수량의 산정

㈜한국은 제품A를 생산하는 회사이다. 제품A는 단일 공정을 통해 완성되며, 20×1년 4월의 활동 및 관련 원가자료는 다음과 같다.

- 4월 초 기초재공품재고는 1,000단위이며, 가공비 완성도는 40%이다.
- 4월 중 생산에 착수한 물량은 11,000단위인데 4월말까지 8,000단위를 완성했다.
- 기말재공품재고는 2,000단위이고 가공비 완성도는 60%이다.

[요구사항]

1. 공손수량은 몇 단위인가?
2. 당기 중 검사시점을 통과한 양품의 10%까지를 정상공손으로 허용한다. 검사시점이 다음과 같을 경우 정상공손수량을 각각 구하시오.
   ① 20% ② 50% ③ 80%
3. 물음2와 달리 당기 중 검사를 받은 총수량의 10%까지를 정상공손으로 허용한다. 검사시점이 다음과 같을 경우 정상공손수량을 각각 구하시오.
   ① 20% ② 50% ③ 80%

해답

1.

재공품(수량)

기초	1,000	(0.4)	기초재공완성	1,000	
			당기투입완성	7,000	
			공손	2,000	(?)
당기투입	11,000		기말	2,000	(0.6)
	12,000			12,000	

2.

① 20%

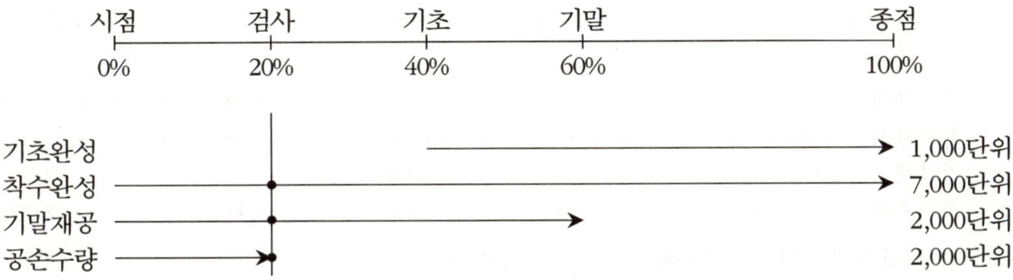

정상공손 수량 (7,000+2,000) × 10% = 900단위

해설

검사시점 통과기준이므로 당기에 검사시점(그림에서 만나는 점)을 통과한 수량의 10%를 정상공손수량으로 허용한다. 기초재공품의 완성도가 40%이고 검사시점이 20%이므로 기초재공품은 전기에 이미 검사시점을 통과했다. 따라서 기초재공품완성품은 당기 정상공손수량 산정에 포함하지 않는다. 반면 기말재공품의 완성도는 60%이고 검사시점이 20%이므로 기말재공품은 당기에 검사시점을 통과했다. 따라서 기말재공품은 당기 정상공손수량 산정에 포함한다.

② 50%

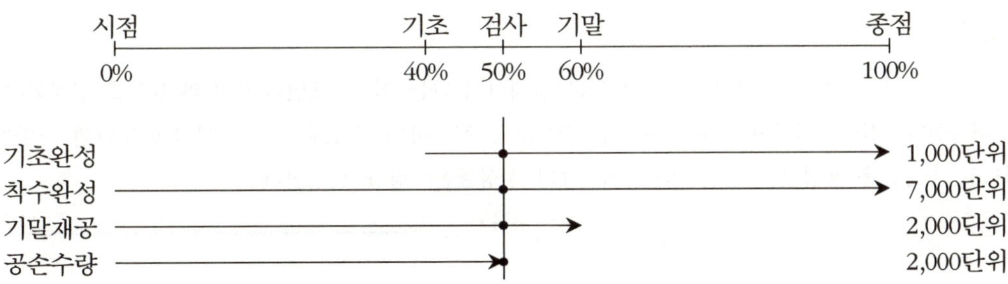

정상공손 수량 : (1,000+7,000+2,000) × 10% = 1,000단위

해설

기초재공품의 완성도가 40%이고 검사시점이 50%이므로 기초재공품은 당기에 검사시점을 통과했다. 따라서 기초재공품완성품은 당기 정상공손수량 산정에 포함한다.

③ 80%

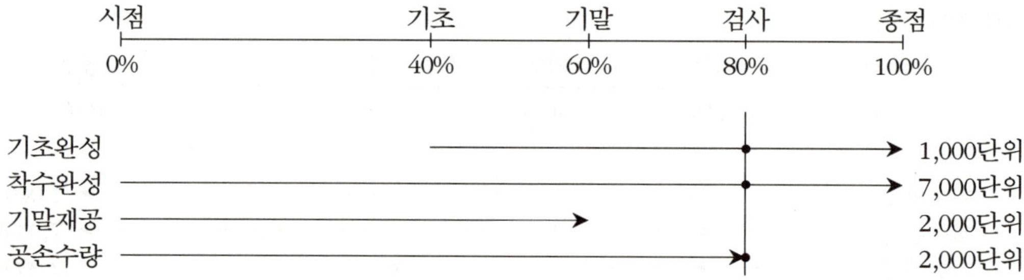

정상공손수량 : (1,000+7,000) × 10% = 800단위

해설

기말재공품의 완성도는 60%이고 검사시점이 80%이므로 기말재공품은 당기에 검사시점을 통과하지 못했다. 따라서 기말재공품은 당기 정상공손수량 산정에 포함하지 않는다.

3.

① 정상공손수량 (7,000+2,000+2,000) × 10% = 1,100단위
② 정상공손수량 (1,000+7,000+2,000+2,000) × 10% = 1,200단위
③ 정상공손수량 (1,000+7,000+2,000) × 10% = 1,000단위

해설

검사시점 도달기준이므로 당기에 검사시점(그림에서 만나는 점)에 도달한 수량의 10%를 정상공손수량으로 허용한다. 검사시점 통과기준과 동일한 방법으로 접근하되, 공손품도 검사시점에 도달한 수량에 포함되므로 공손품을 포함한 수량을 기준으로 당기 정상공손수량을 산정한다.

제 2 절 공손의 회계처리

1. 공손의 회계처리 방법

공손의 회계처리 방법은 크게 두 가지가 있다. 하나는 공손품을 전혀 인식하지 않는 방법이고, 다른 하나는 공손을 분리하여 별도로 인식하는 방법이다.

(1) 공손을 인식하지 않는 방법

공손을 인식하지 않는 방법은 완성품환산량을 계산할 때 공손수량을 전혀 반영하지 않는 것이다. 이렇게 하면 완성품환산량을 산정할 때 공손품에 대한 완성품환산량만큼 전체 완성품환산량이 감소된다. 그 결과 완성품환산량 단위당 원가가 증가하여 공손원가를 별도로 인식하여 완성품과 기말재공품에 배분하지 않아도 공손원가가 자연스럽게 완성품과 기말재공품에 배분된다.

이 방법을 사용하면 공손에 대한 회계처리가 간편하다는 장점이 있다. 그러나 공손을 별도로 인식하지 않으면 정상공손원가와 비정상공손원가가 모두 제품원가로 처리되고, 기말재공품이 검사를 받지 않은 경우에도 기말재공품에 공손품원가가 배분되는 결과를 가져오게 되며, 공손원가를 별도로 인식하지 않기 때문에 품질관리가 소홀해질 수 있다는 단점이 있다.

(2) 공손을 분리하여 인식하는 방법

공손을 분리하여 인식하는 방법은 공손원가를 별도로 인식하여 정상공손원가는 제품원가로 처리하고, 비정상공손원가는 기간비용으로 처리하는 방법이다. 이 방법에서는 정상공손과 비정상공손을 구분한 후에 완성품환산량을 계산하는 과정에 포함시킨다.

이 방법은 계산과정이 복잡하고 어렵다는 단점이 있으나 원가 관리통제에 적합하고 보다 정확한 원가계산을 할 수 있다는 장점이 있다. 이 방법이 보다 합리적인 방법이므로 이하 내용은 이 방법에 의하여 설명할 것이다.

2. 정상공손원가의 배분

정상공손은 양품의 생산을 위하여 불가피하게 발생한 공손이므로 정상공손원가는 제품원가를 구성하여야 한다. 그러므로 정상공손원가는 검사시점을 통과한 완성품과 기말재공품에 배분 한다. 정상공손원가를 배분할 때 주의할 점 몇 가지가 있다.

첫째, 엄밀히 말하면 정상공손원가는 완성품과 기말재공품에 배분하는 것이 아니고, 당기에 검사시점을 통과한 완성품과 기말재공품에 배분한다. 즉, 기말재공품이 검사시점을 통과하지 못했다면 정상공손원가는 완성품에만 배분한다. 그리고 선입선출법을 적용하는 경우 전기에 검사시점을 통과한 기초재공품이 당기에 완성품이 된 것이 있다면 이 부분은 비록 완성품이지만 당기에 발생한 정상공손원가를 배분받을 자격이 없다. 왜냐하면 이 부분은 이미 전기에 발생한 정상공손원가 중 일부를 전기에 배분받았기 때문이다. 이상의 내용을 한마디로 정리한다면 정상공손원가는 당기에 검사시점을 통과한 합격품(양품)에 배분한다.

둘째, 정상공손원가는 완성품환산량을 기준으로 배분하지 않고 검사시점을 통과한 물량단위를 기준으로 배분한다. 왜냐하면 정상공손원가는 양품을 생산하기 위하여 불가피하게 희생한 원가이고, 특별한 가정이 없는 한 검사시점 이후에는 공손이 추가로 발생하지 않는다고 가정하기 때문에 검사시점 이후에 얼마나 더 가공을 받았느냐에 따라 정상공손원가를 배분받는 자격이 달라지지 않기 때문이다.

(1) 기말재공품이 검사시점을 통과하지 않은 경우

기말재공품이 검사시점을 통과하지 않은 경우에는 기말재공품에서는 공손이 발생하지 않았으므로 정상공손원가는 전액 완성품에 배분한다. 기말재공품이 검사시점을 통과하지 않은 경우에는 평균법이든 선입선출법이든 정상공손원가는 완성품에만 배분한다.

(2) 기말재공품이 검사시점을 통과한 경우

기말재공품이 검사시점을 통과한 경우에는 기말재공품에서도 공손이 발생하였으므로 정상공손원가를 완성품과 기말재공품에 배분한다. 이때는 '기초재공품이 전기에 검사시점을 통과했는지?, 원가흐름의 가정이 무엇인지?'에 따라 정상공손원가의 배분 방법이 달라진다.

정상공손원가의 배분을 상황별로 정리하면 다음과 같다.

<table>
<tr><th colspan="2">기말 · 기초재공품의
검사시점 통과여부</th><th>평 균 법</th><th>선입선출법</th></tr>
<tr><td rowspan="2">기말재공품이 검사시점 통과(×)</td><td>기초재공품이 전기에 검사시점 통과(×)</td><td colspan="2" rowspan="2">기말재공품이 검사시점을 통과하지 않았으므로 완성품만 정상공손원가를 배분받을 자격이 있다. 그러므로 평균법이냐 선입선출법이냐에 관계없이 정상공손원가 전액을 완성품에 배분한다.</td></tr>
<tr><td>기초재공품이 전기에 검사시점 통과(○)</td></tr>
<tr><td rowspan="2">기말재공품이 검사시점 통과(○)</td><td>기초재공품이 전기에 검사시점 통과(×)</td><td colspan="2">기초재공품이 전기에 검사시점을 통과하지 않았으므로 기초재공품에는 정상공손원가가 없다. 그러므로 평균법이냐 선입선출법이냐에 관계없이 당기 정상공손원가를 완성품수량과 기말재공품수량을 기준으로 배분한다.</td></tr>
<tr><td>기초재공품이 전기에 검사시점 통과(○)</td><td>기초정상공손원가와 당기정상공손원가를 합한 총정상공손원가를 완성품수량과 기말재공품수량을 기준으로 배분한다.</td><td>기초정상공손원가는 완성품에 배분하고, 당기정상공손원가는 당기투입완성품 수량과 기말재공품수량을 기준으로 배분한다.</td></tr>
</table>

위 표는 상황별로 자세한 설명을 하고 있으나 한 가지만 명심하면 정상공손원가의 배분은 쉽게 해결된다. 정상공손원가는 당기에 검사시점을 통과한 양품에만 배분한다. 다만 평균법인 경우에는 기초재공품도 당기에 투입한 것으로 가정하므로 기초재공품에 포함된 정상공손원가도 당기에 발생한 것으로 보아 배분한다.

(3) 검사시점이 2개인 경우의 정상공손원가의 배분

1차 정상공손원가는 1차 검사시점을 통과한 물량을 생산하기 위하여 필수적으로 발생한 원가이므로 1차 검사시점을 통과한 물량에 대하여 배분하여야 한다. 1차 검사시점 통과한 물량에는 최종완성품, 검사시점을 통과한 기말재공품뿐만 아니라 1차 검사시점을 통과한 후에 2차 검사시점에서 정상공손이나 비정상공손이 된 물량도 포함된다. 비록 2차 검사시점에서 정상공손이나 비정상공손이 된 경우에도 1차 검사시점에서는 양품이었으므로 이들도 1차 정상공손원가를 배분 받는데 하등의 차이가 없다. 그러므로 1차 정상공손원가는 당기에 1차 검사시점을 통과한 2차 정상공손원가, 2차 비정상공손원가, 기말재공품, 완성품에 배분한다. 이것도 한마디로 정리하면 1차 정상공손원가는 당기에 1차 검사시점을 통과한 양품에 배분한다.

예 제 2 정상공손원가의 배분

㈜한국은 제품A를 단일공장에서 연속적으로 생산하고 있다. 제품A에 대한 4월의 관련 자료는 다음과 같다.

- 원재료는 공정초에 투입되며, 가공비는 전공정에 걸쳐서 균등하게 발생한다.
- 공손품검사는 가공비가 75% 투입되었을 때 하며, 검사시점을 통과한 정상품(양품)의 10%까지를 정상공손으로 간주한다.
- 기초재공품은 1,500단위이고 가공비 완성도는 60%이며, 기말재공품은 2,000단위이며 가공비 완성도는 80%이다.
- 당기에 투입된 물량은 8,500단위, 당기 완성품은 7,000단위이며, 관련원가는 다음과 같다.

	재료비	가공비
기초재공품원가	14,000	5,260
당기투입원가	68,000	84,500

- 이 회사는 정상공손원가를 인식하여 해당 재고자산에 배분한다.

[요구사항]

1. 정상공손과 비정상공손 수량은 각각 몇 단위인가?
2. 평균법을 사용할 경우 완성품원가와 기말재공품원가를 계산하시오.
3. 선입선출법을 사용할 경우 완성품원가와 기말재공품원가를 계산하시오.

해답

1.

재공품

차변			대변		
기초재공	1,500	(1, 0.6)	기초재공완성	1,500	
			당기투입완성	5,500	
당기투입	8,500		공손	1,000	(1, 0.75)
			기말재공	2,000	(1, 0.8)
	10,000			10,000	

정상공손수량 : (1,500+5,500+2,000) × 10% = 900단위

비정상공손수량 : 1,000 − 900 = 100단위

해설

기초재공품의 완성도가 60%이므로 기초재공품은 당기에 검사시점을 통과하였고, 기말재공품의 완성도가 80%이므로 기말재공품도 당기에 검사시점을 통과하였다. 그리고 원가흐름의 가정과 관계없이 정상공손 수량은 실제 물량흐름(선입선출법)에 의하여 산정한다.

2. 평균법

물량흐름			완성품환산량	
			재료비	가공비
기초재공품	1,500			
당기투입량	8,500			
	10,000			
완성품	7,000	(1, 1)	7,000	7,000
정상공손	900	(1, 0.75)	900	675
비정상공손	100	(1, 0.75)	100	75
기말재공품	2,000	(1, 0.8)	2,000	1,600
	10,000		10,000	9,350

	재료비	가공비	합 계
기초재공품	14,000	5,260	19,260
당기투입	68,000	84,500	152,500
총원가	82,000	89,760	171,760
완성품환산량	÷ 10,000	÷ 9,350	
완성품환산량 단위당 원가	8.2	9.6	

정상공손원가 $900 \times 8.2 + 675 \times 9.6 = 13,860$

정상공손원가 배분
- 완성품 $13,860 \times \frac{7,000}{7,000+2,000} = 10,780$
- 기말재공품 $13,860 \times \frac{2,000}{7,000+2,000} = 3,080$

비정상공손원가	$100 \times 8.2 + 75 \times 9.6 =$	1,540
완성품원가	$10,780 + 7,000 \times 8.2 + 7,000 \times 9.6 =$	135,380
기말재공품원가	$3,080 + 2,000 \times 8.2 + 1,600 \times 9.6 =$	34,840
		171,760

3. 선입선출법

물량흐름			완성품환산량 재료비	가공비
기 초 재 공 품	1,500	(1, 0.6)		
당 기 투 입 량	8,500			
	10,000			
기초재공완성	1,500	(0, 0.4)	0	600
당기착수완성	5,500	(1, 1)	5,500	5,500
정 상 공 손	900	(1, 0.75)	900	675
비 정 상 공 손	100	(1, 0.75)	100	75
기 말 재 공 품	2,000	(1, 0.8)	2,000	1,600
	10,000		8,500	8,450

	재료비	가공비	합계
기초재공품	14,000	5,260	19,260
당기투입	68,000	84,500	152,500
총원가	82,000	89,760	171,760
완성품환산량	÷8,500	÷8,450	
완성품환산량단위당원가	8*	₩10	

* 선입선출법이므로 당기투입원가와 당기완성품환산량 대응 : 68,000 ÷ 8,500 = 8

정상공손원가 900 × 8 + 675 × 10 = 13,950

정상공손원가 배분
- 완 성 품 $13,950 \times \frac{7,000}{7,000+2,000}$ = 10,850
- 기말재공품 $13,860 \times \frac{2,000}{7,000+2,000}$ = 3,080

비정상공손원가	100 × 8 + 75 × 10 =	1,550
완성품원가	10,850 + 19,260 + 5,500 × 8 + 6,100 × 10 =	135,110
기말재공품원가	3,100 + 2,000 × 8 + 1,600 × 10 =	35,100
		171,760

3. 공손품의 처분가치가 있는 경우

공손품의 처분가치가 있는 경우에는 공손원가에서 공손품의 순실현가치를 차감한 순공손원가를 앞에서 배운 내용처럼 처리하면 된다. 즉, 순정상공손원가는 검사시점을 통과한 완성품과 기말재공품에 배분하고 순비정상공손원가는 영업외비용으로 처리한다. 이때 공손품의 순실현가치는 공손품이라는 재고자산으로 계상된다. 순실현가치는 다음과 같이 구할 수 있다.

순실현가치(NRV) = 총판매가액 − 추가비용 = 공손수량 × (판매단가−단위당 추가비용)

공손품이 발생하면 공손품의 순실현가치를 공손품(재고자산)계정 차변과 재공품계정 대변에 각각 기록하고, 공손품을 현금으로 매각하면 공손품계정 대변과 현금계정 차변에 각각 기록한다. 회계처리는 다음과 같다.

(차) 공 손 품	×××	(대) 재 공 품	×××
(차) 현 금	×××	(대) 공 손 품	×××

공손품의 처분가치가 있는 경우 재공품계정은 다음과 같다.

재 공 품

기 초 재 공 품	×××	완 성 품	×××	
재 료 비	×××	비정상공손원가	×××	⇦ 영업외비용으로 처리
가 공 비	×××	공 손 품	×××	⇦ 공손품의 NRV(재고자산)
		기 말 재 공 품	×××	

예 제 3 공손품의 처분가치가 있는 경우

㈜한국은 제품A를 단일공장에서 연속적으로 생산하고 있다. 이 회사는 선입선출법에 의한 종합원가계산을 하고 있다. 제품A에 대한 4월의 관련 자료는 다음과 같다.

- 원재료는 공정 초에 투입되며, 가공비는 전공정에 걸쳐서 균등하게 발생한다.
- 공손품검사는 가공비가 75% 투입되었을 때 하며, 검사시점을 통과한 정상품(양품)의 10%까지를 정상공손으로 간주한다.
- 기초재공품은 1,500단위이고 가공비 완성도는 60%이며, 기말재공품은 2,000단위이고 가공비 완성도는 80%이다.

• 당기에 투입된 물량은 8,500단위, 당기 완성품은 7,000단위이며, 관련원가는 다음과 같다.

	재료비	가공비
기초재공품원가	₩14,000	₩5,260
당기투입원가	68,000	84,500

• 이 회사는 정상공손원가를 인식하여 해당 재고자산에 배분한다.

[요구사항]

1. 정상공손과 비정상공손 수량은 각각 몇 단위인가?
2. 완성품원가와 기말재공품원가를 계산하시오.
3. 금액으로 표시한 재공품계정을 나타내시오.
4. 기본자료와 동일한 상황에서 공손품의 처분가치가 단위당 ₩6이고, 판매시 판매비용이 단위당 ₩1 발생한다고 가정한다. 이때 완성품원가와 기말재공품원가를 계산하시오.
5. 요구사항4를 반영하여 금액으로 표시한 재공품계정을 나타내시오.

해답

1.

재공품

기 초 재 공	1,500	(1, 0.6)	기초재공완성	1,500	
			당기투입완성	5,500	
당 기 투 입	8,500		공 손	1,000	(1, 0.75)
			기 말 재 공	2,000	(1, 0.8)
	10,000			10,000	

정상공손수량 : (1,500+5,500+2,000) × 10% = 900단위

비정상공손수량 : 1,000 − 900 = 100단위

2.

물량흐름			완성품환산량	
			재료비	가공비
기 초 재 공 품	1,500	(1, 0.6)		
당 기 투 입 량	8,500			
	10,000			
기초재공완성	1,500	(0, 0.4)	0	600
당기착수완성	5,500	(1, 1)	5,500	5,500
정 상 공 손	900	(1, 0.75)	900	675
비 정 상 공 손	100	(1, 0.75)	100	75
기 말 재 공 품	2,000	(1, 0.8)	2,000	1,600
	10,000		8,500	8,450

	재료비	가공비	합계
기초재공품	14,000	5,260	19,260
당기투입	68,000	84,500	152,500
총원가	82,000	89,760	171,760
완성품환산량	÷ 8,500	÷ 8,450	
완성품환산량 단위당 원가	₩8*	₩10	

* 선입선출법이므로 당기투입원가와 당기완성품환산량 대응 : 68,000 ÷ 8,500 = 8

정상공손원가 $900 \times 8 + 675 \times 10 = 13,950$

정상공손원가 배분

- 완 성 품 $13,950 \times \dfrac{7,000}{7,000+2,000} = 10,850$
- 기말재공품 $13,860 \times \dfrac{2,000}{7,000+2,000} = 3,080$

비정상공손원가	$100 \times 8 + 75 \times 10 =$	1,550
완성품원가	$10,850 + 19,260 + 5,500 \times 8 + 6,100 \times 10 =$	135,110
기말재공품원가	$3,100 + 2,000 \times 8 + 1,600 \times 10 =$	35,100
		171,760

3.

재 공 품

차변	금액	대변	금액
기 초 재 공 품	19,260	완 성 품	135,110
재 료 비	68,000	비정상공손원가	1,550
가 공 비	84,500	기 말 재 공 품	35,100
	171,760		171,760

4.

정상공손원가　　$900 \times 8 + 675 \times 10 - 900 \times 5 = 9{,}450$

정상공손원가 배분
- 완 성 품　$9{,}450 \times \dfrac{7{,}000}{7{,}000+2{,}000} = 7{,}350$
- 기말재공품　$9{,}450 \times \dfrac{2{,}000}{7{,}000+2{,}000} = 2{,}100$

비정상공손원가	$100 \times 8 + 75 \times 10 - 100 \times 5 =$	1,050
공손품원가	$1{,}000 \times 5 =$	5,000
완성품원가	$7{,}350 + 19{,}260 + 5{,}500 \times 8 + 6{,}100 \times 10 =$	131,610
기말재공품원가	$2{,}100 + 2{,}000 \times 8 + 1{,}600 \times 10 =$	34,100
		171,760

5.

재 공 품

차변	금액	대변	금액
기 초 재 공 품	19,260	완 성 품	131,610
재 료 비	68,000	비정상공손원가	1,050
가 공 비	84,500	공 손 품	5,000
		기 말 재 공 품	34,100
	171,760		171,760

제 3 절 감손의 회계처리[4)]

1. 의 의

감손(waste, shrinkage)은 제조과정 중에서 증발, 분산, 가스화, 소화 등으로 제품화되지 못하고 소실된 원재료로서 이 경우의 감손은 형체가 없으므로 가치는 전혀 없다. 감손도 공손과 같이 정상감손원가는 정상품에 배분하고 비정상감손원가는 영업외비용으로 처리한다.

2. 감손과 수율

예를 들어 어떤 기업이 A라는 제품을 생산하기 위하여 100kg의 원재료를 제조과정에 투입하였는데, 제조과정에서 원재료의 일부가 소실되었다. 제조과정에서 소실된 양을 알아보기 위해서 가공이 끝난 제품의 무게를 달아보니 60kg이었다. 이 때 투입량 100kg에서 산출량 60kg을 차감한 40kg, 즉 소실되어 없어진 양을 감소량이 한다. 이 경우에 재료투입량에 대한 감손량의 비율을 감손율이라 하고, 재료투입량에 대한 산출량의 비율을 수율(yield rate)이라고 한다. 이를 산식으로 표시해 보면 다음과 같다.

- $\text{감손율} = \dfrac{\text{감손량}}{\text{투입량}} = \dfrac{40kg}{100kg} = 40\%$
- $\text{수 율} = \dfrac{\text{산출량}}{\text{투입량}} = \dfrac{60kg}{100kg} = 60\%$
- $\text{감손율} + \text{수율} = 100\%$

이 때 감손율은 40%이고, 수율은 60%이다. 그러므로 제조과정에 투입된 원재료는 제조과정에서 감손되거나, 아니면 재공품이나 제품으로 산출될 것이므로 감손율과 수율을 합하면 100%가 된다. 완성도와 수율 및 감손율의 관계를 그림으로 나타내면 다음과 같다.

4) 이광우 · 임태종, 2004, 원가관리회계, 도서출판 홍.

감손율이 40%인 경우

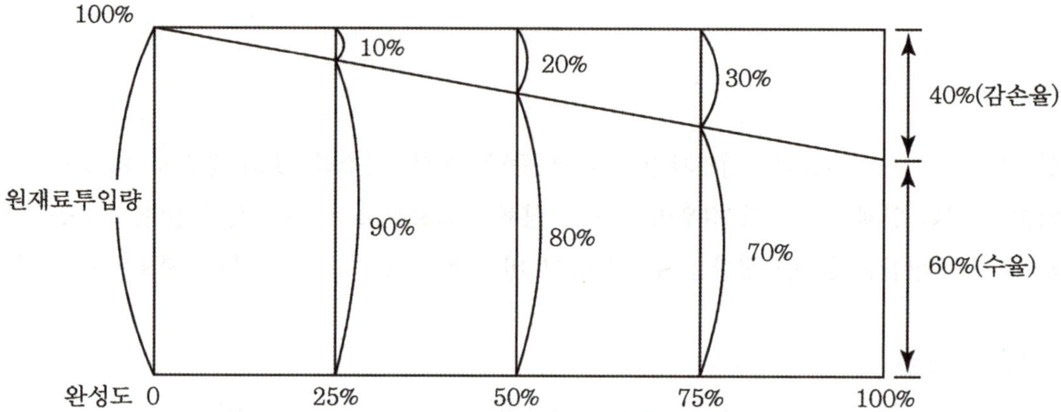

완성도가 높아짐에 따라 감손량도 증가하므로 결국 완성도와 감손량은 비례관계에 있다. 따라서 완성될 때까지 발생할 총감손량에 대한 현재까지 발생한 감손량의 비율은 현재의 완성도와 같게 된다. 그러므로 감손량을 이용해 현재의 완성도를 다음과 같이 구할 수 있다.

$$\text{현재의 완성도} = \frac{\text{현재의 감손량}}{\text{100\% 완성시 발생하는 감손량}} \times 100\%$$

$$= \frac{\text{현재의 감손량}}{\text{예상 총감손량}}$$

3. 감손의 원가계산

감손이 공정전반에 걸쳐 균등하게 발생하는 경우(이를 누증적 감손이라 함)에는 투입량을 기준으로 물량흐름을 표시하고 다음의 각 방법에 의하여 원가계산을 한다. 감손에서 핵심이 되는 것은 가공비이다. 이론적으로는 분리계산법이 우수하나 실무적으로는 계산이 간편한 비분리계산법을 선호한다.

(1) 비분리계산법

감손을 따로 분리시키지 않고 투입량을 기준으로 가공비의 완성품환산량을 계산하는 방법이다. 비분리계산법은 감손이 있는데도 불구하고 감손이 없는 것처럼 간주하여 완성품환산량을 계산하고, 이에 따라 완성품원가와 기말재공품원가를 계산하는 방법이다.

(2) 분리계산법

감손을 따로 분리시켜서 실제 가공량을 기준으로 가공비와 완성품환산량을 계산하는 방법이다. 다시 말하면 재료가 공정초에 전량 투입되는 경우에는 비록 감손이 되었다 하더라도 재료는 100% 투입된 상태에서 감손이 발생하였으므로 감손의 재료비 완성도는 100%이다. 그러나 가공비의 경우에는 공정초에 원재료가 투입되자마자 감손된 것도 있을 것이고, 어느 정도 가공을 받은 후에 감손된 것도 있으며, 가공이 거의 끝난 상태에서 감손된 것도 있을 것이므로 감손이 평균적으로 발생한다면 감손의 가공비 완성도는 현재까지 작업 받은 완성도의 50%가 된다. 재료가 공정초에 전량 투입되는 경우 감손의 완성도는 다음과 같다.

- 감손의 재료비 완성도 = 100%
- 감손의 가공비 완성도 = 50%

예 제 4 감손의 회계처리

㈜한국은 하나의 제조공정을 거쳐서 동일 종류의 제품을 생산하고 있다. 제조과정의 전공정을 통하여 20%의 감손이 발생하며, 재료는 공정 초에 모두 투입된다. 감손은 모두 정상적인 것으로 간주한다.

	수 량	완성도
기 초 재 공 품	1,840kg	40%
당 기 착 수 량	8,000	
당 기 완 성 품	4,800	
기 말 재 공 품	3,520	60%

[요구사항]

1. 기초재공품의 감손전 수량(투입량)은 얼마인가?
2. 기말재공품의 감손전 수량(투입량)은 얼마인가?
3. 원가흐름의 가정이 평균법인 경우에 비분리계산법으로 완성품환산량을 계산하시오.
4. 원가흐름의 가정이 평균법인 경우에 분리계산법으로 완성품환산량을 계산하시오.
5. 원가흐름의 가정이 선입선출법인 경우에 비분리계산법으로 완성품환산량을 계산하시오.
6. 원가흐름의 가정이 선입선출법인 경우에 분리계산법으로 완성품환산량을 계산하시오.

해답

1.

현재의 감손율 = 0.2×0.4 = 0.08

감손전 수량 = (1,840 ÷ 0.92) = 2,000kg

2.

현재의 감손율 = 0.2×0.6 = 0.12

감손전 수량 = (3,520÷0.88) = 4,000kg

3. 비분리계산법 : 투입량기준

	물 량		완성품환산량	
			재료비	가공비
기초재공품	2,000	(0.4)		
당기착수량	8,000			
계	10,000			
완 성 품	6,000		6,000	6,000
기말재공품	4,000	(0.6)	4,000	2,400
계	10,000		10,000	8,400

4. 분리계산법 : 산출량기준

	물 량		완성품환산량	
			재료비	가공비
기초재공품	2,000	(0.4)		
당기착수량	8,000			
계	10,000			
완 성 품	6,000	(1.0)	6,000	5,400*[1]
기말재공품	4,000	(0.6)	4,000	2,256*[2]
계	10,000		10,000	7,656

*[1] (6,000+4,800) × 1.0 × 0.5 = 5,400

*[2] (4,000+3,520) × 0.6 × 0.5 = 2,256

5. 비분리계산법 : 투입량기준

	물량		완성품환산량	
			재료비	가공비
기 초 재 공 품	2,000	(0.4)		
당 기 착 수 량	8,000			
계	10,000			
기초재공완성	2,000		0	1,200
당기착수완성	4,000		4,000	4,000
기 말 재 공 품	4,000	(0.6)	4,000	2,400
계	10,000		8,000	7,600

6. 분리계산법 : 산출량기준

	물량		완성품환산량	
			재료비	가공비
기 초 재 공 품	2,000	(0.4)		
당 기 착 수 량	8,000			
계	10,000			
기초재공완성	2,000		0	1,032*1
당기착수완성	4,000		4,000	3,600*2
기 말 재 공 품	4,000	(0.6)	4,000	2,256*3
계	10,000		8,000	6,888

*1 (1,840+1,600) × 0.6 × 0.5 = 1,032

*2 (4,000+3,200) × 1.0 × 0.5 = 3,600

*3 (4,000+3,520) × 0.6 × 0.5 = 2,256

해설

- 요구사항4 : 분리계산법－평균법

① 완성품

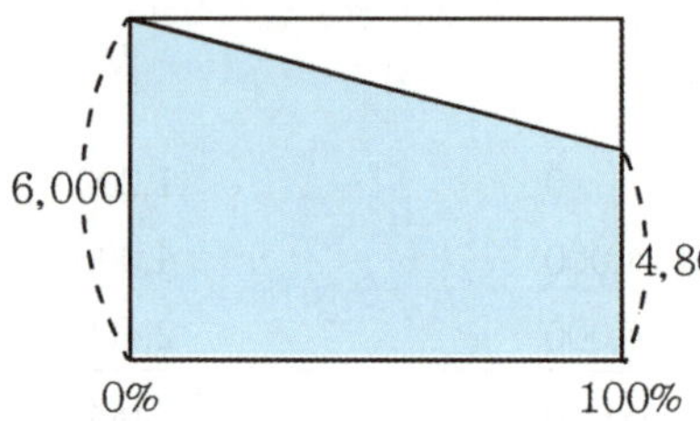

② 기말재공품

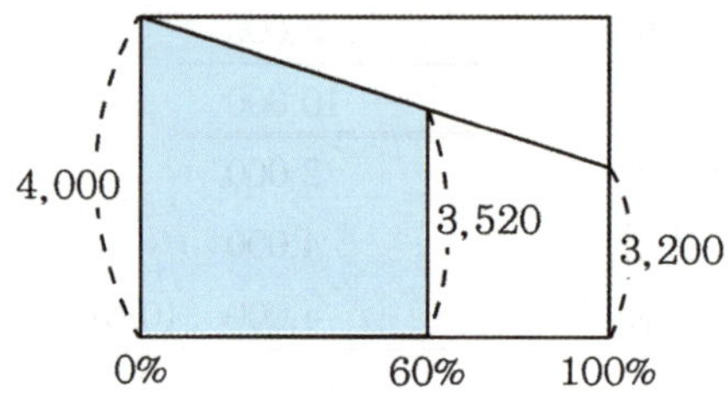

		가공비 완성품환산량
① 완성품	(6,000+4,800)×1.0×0.5 =	5,400
② 기말재공품	(4,000+3,520)×0.6×0.5 =	2,256
		7,656

- 요구사항6 : 분리계산법－선입선출법

① 기초재공완성

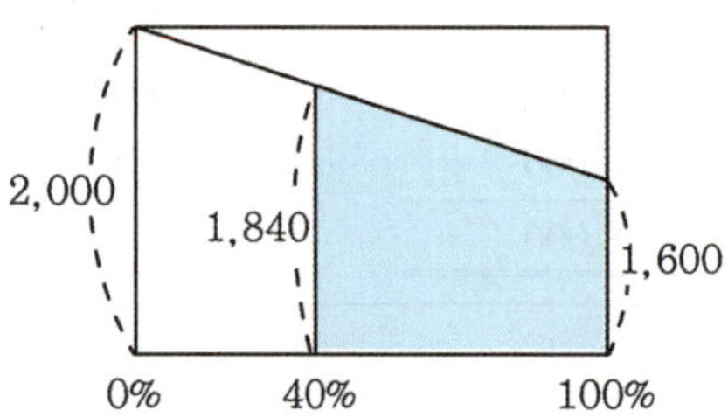

② 당기착수완성

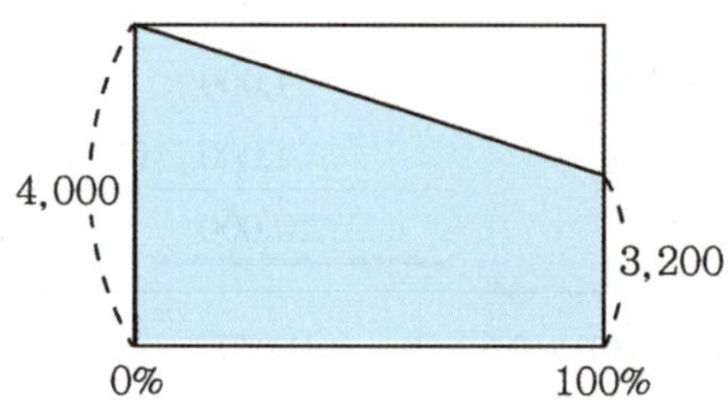

③ 기말재공품

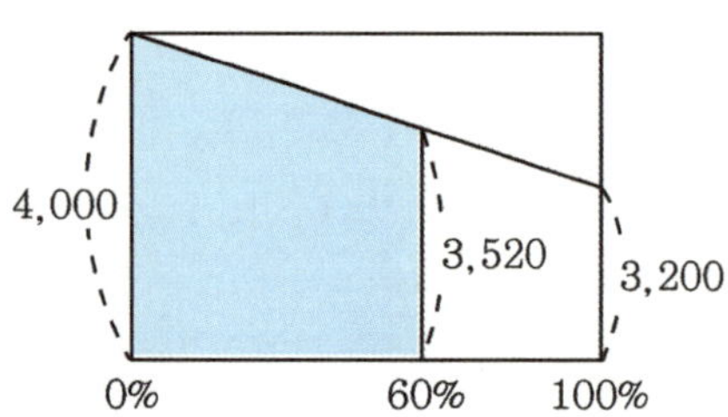

		가공비 완성품환산량
① 기초재공완성	(1,840+1,600)×0.6×0.5 =	1,032
② 당기착수완성	(4,000+3,200)×1.0×0.5 =	3,600
③ 기말재공품	(4,000+3,520)×0.6×0.5 =	2,256
		6,888

연습문제

COST ACCOUNTING

문 1 단답형 기출문제

1. ㈜대한은 컴퓨터칩을 생산하고 있다. 직접재료는 생산공정의 초기에 투입되며, 가공원가는 공정의 전반에 결쳐 균등하게 발생한다. 생산공정에서 공손품이 발생하는데 이러한 공손품은 제품을 검사하는 시점에서 파악된다. 정상적인 공손품은 품질검사시점을 통과한 합격품의 10%의 비율로 발생한다. 5월의 생산자료를 보면, 월초재공품(완성도 30%) 10,000개, 당월 생산착수수량 75,000개, 당월 생산착수완성품 52,000개, 월말재공품(완성도 80%) 15,000개, 공손품 8,000개이다. 품질검사가 생산공정의 20% 시점에서 실시되는 경우 정상공손품 수량은 얼마인가? 만약 생산공정의 50% 시점에서 품질검사가 실시된다면, 정상공손품 수량은 얼마인가?

2. ㈜한국은 종합원가계산에 의하여 제품을 생산한다. 재료는 공정의 초기단계에 투입이 되며, 가공원가는 전체 공정에 고르게 투입된다. 20×1년 6월 1일의 재공품 10,000단위에 대해서는 공정이 50% 진행되었고, 동년 6월 30일의 재공품 20,000단위에 대해서는 공정이 90% 진행되었다. 품질검사는 공정이 80% 진행되었을 때에 실시하며, 불합격품에 대해서는 재작업을 실시하지 않는다. 정상공손은 당월의 품질검사에서 합격한 제품의 5%로 설정하고 있다. 6월중 55,000단위가 착수되었으며, 총 40,000단위가 완성이 되었다. 6월에 발생한 비정상공손품의 가공원가 완성품환산량은 얼마인가?

3. ㈜자유는 하나의 공정에서 단일 종류의 제품을 생산하며, 종합원가계산(process costing)을 적용하여 제품원가를 계산한다. 원재료는 공정의 초기단계에 100% 투입된다. 당기의 생산 및 원가자료는 다음과 같다.

구분	물량단위	가공비 완성도	직접재료비	가공비
기초재공품	600	1/3	₩5,000	₩60,950
	400	1/2		
당기착수(투입)	9,000	–	135,000	281,700
기말재공품	200	40%	?	?
	300	70%		

재공품 평가방법은 평균법이고 공정의 종료단계에서 품질검사를 실시하였다. 검사받은 총수량의 2%가 공손품인 것으로 판명되었다. 공손품원가는 얼마인가?

4. ㈜평등은 단일공정을 거쳐서 제품을 생산하며, 선입선출법에 의한 종합원가계산을 적용하고 있다. 20×1년도 기초재공품은 1,000단위(완성도 40%)이고, 기말재공품은 3,000단위(완성도 80%)이며, 당기 완성품은 5,000단위이다. 공정 중에 품질검사를 실시한 결과 공손품 500단위가 발생하였고, 모두 정상공손으로 간주하였으며, 공손품의 처분가치는 없다. 기초재공품과 기말재공품은 모두 당기에 품질검사를 받은 것으로 판명되었다. 직접재료원가와 가공원가는 공정 전반에 걸쳐 균등하게 발생한다. 제품원가계산 결과 당기의 완성품환산량 단위당 원가는 ₩180이고, 완성품에 배부된 정상공손원가는 ₩33,750이었다. 품질검사는 완성도 몇 % 시점에서 이루어진 것으로 추정되는가?

5. ㈜한국은 두 개의 공정을 거쳐서 제품을 생산한다. 회사의 재공품 평가방법은 선입선출법(FIFO)이고, 공정별 종합원가계산을 적용하여 제품원가를 계산한다. 다음은 두 번째 공정의 생산 및 원가자료이다.

구 분	물량단위	전공정대체원가	직접재료비	가공비
기초재공품	1,000(60%)	₩172,000	₩450,000	₩320,000
당기투입	5,000	625,000	1,470,000	924,000
완성품	4,000			
기말재공품	1,500(40%)			

* 괄호 안의 숫자는 가공비 완성도를 의미함.

두 번째 공정의 원재료는 50% 시점에서 모두 투입되고, 가공비는 전 공정을 통해 균등하게 발생한다. 공정의 80% 시점에서 품질검사를 실시하며, 정상공손 허용수준은 합격품의 5%이다. 공손품은 모두 폐기되며, 정상공손비는 합격품원가에 가산되고, 비정상공손비는 기간비용으로 처리된다. 두 번째 공정의 비정상공손비와 완성품원가는 각각 얼마인가?

해답

1.

- 검사시점 20% 일 때 : (52,000+15,000)×0.1 = 6,700개
- 검사시점 50% 일 때 : (10,000+52,000+15,000)×0.1 = 7,700개

2.

- 총공손량 : 65,000−60,000 = 5,000
- 정상공손 : (10,000+30,000+20,000)×5% = 3,000
- 비정상공손 : 5,000−3,000 = 2,000
- 비상공손의 가공원가 완성품환산량 : 2,000개×80% = 1,600개

3.

공손품수량 : (600+400+8,500)×2% = 190개

또는 (600+400+9,000−200−300)×2% = 190개

재공품				재료비	가공비
기 초	600 (1/3)	완 성	9,310 (1.0)	9,310	9,310
	400 (1/2)	공손품	190 (1.0)	190	190
		기 말	200 (0.4)	200	80
착 수	9,000		300 (0.7)	300	210
	10,000		10,000	10,000	9,790
				@14	@35

∴ 공손품원가 : 190×(14+35) = ₩9,310

4.

- 정상공손원가 : 500×공손품의 완성도(P)×180
- 완성품에 배부된 정상공손원가 : 500×P×180×5,000/8,000 = 33,750

∴ P = 60%

☞ 공손품으로 판명이 되면 더 이상 작업을 진행하지 않으므로 검사시점과 공손품의 완성도는 일치한다.

5.

재공품				전공정비	재료비	가공비
기 초	1,000 (0.6)	기초완성	1,000	0	0	400
		착수완성	3,000	3,000	3,000	3,000
		정상공손*	200 (0.8)	200	200	160
		비정상공손	300 (0.8)	300	300	240
착 수	5,000	기 말	1,500 (0.4)	1,500	0	600
	6,000		6,000	5,000	3,500	4,400
				@125	@420	@210

* 정상공손수량 : (1,000+3,000)×5% = 200

(1) 비정상공손비 : 300×125+300×420+240×210 = 213,900

(2) 완성품원가 : 172,000+450,000+320,000+3,200×125+3,200×420+3,560×210 = 3,433,600

☞ 기말재공품이 검사시점을 통과하지 못하였으므로 정상공손원가는 전액 완성품에 배분된다. 따라서 정상공손원가를 별도로 산정하지 않고 완성품원가를 산정할 때 정상공손원가를 포함하였다.

문 2 정상공손원가의 배분 - 가중평균법

㈜한국은 세 개의 공정을 통하여 A제품을 생산하고 있으며, 가중평균법에 의한 종합원가계산을 적용하여 제품원가를 계산하고 있다. 직접재료는 각 공정의 초기에 전량 투입되고, 가공원가는 전공정에 걸쳐 균등하게 발생한다. 20×1년 2월 최종공정인 제3공정의 생산 및 원가자료는 다음과 같다.

구분	물량단위	가공원가 완성도	전공정원가	직접재료원가	가공원가
기초재공품	3,000	40%	₩14,750	₩2,000	₩10,250
당기투입	12,000	?	56,500	58,000	92,950
완성품	10,000	?			
기말재공품	4,000	60%			

제3공정에서는 공손품 검사를 공정의 50%시점에서 실시하며, 당월에 검사를 통과한 합격품의 5%를 정상공손으로 간주한다. 정상공손원가는 당월 완성품과 월말 재공품에 배부하는 회계처리를 한다. 20×1년 2월중 제3공정에서 발견한 공손품은 추가가공 없이 즉시 모두 폐기하며, 공손품의 처분가치는 없다.

[요구사항]

1. 정상공손수량은 몇 단위인가?
2. 제3공정의 제조원가보고서를 작성하시오.
3. 금액으로 표시한 제3공정의 재공품계정을 나타내시오,
4. 제3공정의 비정상공손원가와 완성품원가와 관련된 월말 분개를 제시하시오.

해답

1.

당기 검사시점 통과 수량 : 3,000(기초완성)+7,000(착수완성)+4,000(기말재공) = 14,000단위

정상공손수량 : 14,000×5% = 700단위

2.

재공품				전공정원가	재료원가	가공원가
기초	3,000	완성품	10,000 (1, 1, 1)	10,000	10,000	10,000
		정상공손	700 (1, 1, 0.5)	700	700	350
		비정상공손	300 (1, 1, 0.5)	300	300	150
착수	12,000	기말	4,000 (1, 1, 0.6)	4,000	4,000	2,400
	15,000		6,000	15,000	15,000	12,900

	전공정원가	재료원가	가공원가
기초재공품	₩14,750	₩2,000	₩10,250
당기투입	56,500	58,000	92,950
총원가	71,250	60,000	103,200
완성품환산량	÷ 15,000	÷ 15,000	÷ 12,900
완성품환산량 단위당 원가	4.75	4	8

정상공손원가 $700 \times 4.75 + 700 \times 4 + 350 \times 8 = 8,925$

정상공손원가 배분

- 완 성 품 $8,925 \times \frac{10,000}{10,000+4,000} = 6,375$
- 기말재공품 $8,925 \times \frac{4,000}{10,000+4,000} = 2,550$

비정상공손원가	$300 \times 4.75 + 300 \times 4 + 150 \times 8 =$	3,825
완성품원가	$6,375 + 10,000 \times (4.75 + 4 + 8) =$	173,875
기말재공품원가	$2,550 + 4,000 \times 4.75 + 4,000 \times 4 + 2,400 \times 8 =$	56,750
		234,450

3.

재공품

기 초 재 공 품	27,000	완 성 품	173,875
전 공 정 원 가	56,500	비정상공손원가	3,825
직접재료원가	58,000		
가 공 원 가	92,950	기 말 재 공 품	56,750
	234,450		234,450

4.

(차) 제품	173,875	(대) 재공품–제3공정	177,700
비정상공손	3,825		

문 3 정상공손원가의 배분 - 선입선출법

㈜한국은 단일제품을 시장생산하고 있으며, 선입선출법에 의한 종합원가계산제도를 실시하고 있다. 이 제품의 생산과정에서 두 가지 원재료가 투입되는데 재료A는 가공비 완성도 25%시점에서 공정에 투입되고, 재료B는 75%시점에서 공정에 투입된다. 제품에 대한 검사는 재료B 투입직전에 실시하고, 검사를 통과한 합격품에만 재료B가 투입된다. 그리고 정상공손은 검사를 통과한 합격품의 2%이다. 한편, 가공비는 전공정을 통하여 균등하게 발생한다.

20×1년 8월의 제품과 관련된 사항은 다음과 같다.

- 기초재공품수량은 2,500단위이고, 가공비완성도는 40%이다.
- 기말재공품의 완성도는 900단위는 10%, 1,000단위는 80%이다.
- 당기에 착수된 수량은 3,520단위이며, 완성된 수량은 4,000단위이다.
- 8월에 발생한 원가는 다음과 같다.

재료A	₩524,000
재료B	415,000
가공비	1,194,000
기초재공품원가	677,000

[요구사항]

다음 금액을 구하시오. 단, 단수 발생시에는 소수점 첫째자리에서 반올림하시오.

1. 비정상공손원가
2. 완성품원가
3. 기말재공품원가
4. 기본자료와 동일한 상황에서 공손품의 처분가치가 단위당 ₩150이고, 판매시 판매비용이 단위당 ₩25이라고 가정한다. 이때 비정상공손원가와 공손품원가를 구하시오.
5. 기본자료와 동일한 상황에서 선입선출법 대신 평균법을 적용하는 경우의 완성품환산량을 계산하시오.

해답

물량흐름

기초재공품	(0.4)	2,500	완 성 품		4,000
당 기 투 입		3,520	정 상 공 손	(0.75)	100*
			비정상공손	(0.75)	20
			기말재공품	(0.10)	900
				(0.80)	1,000
		6,020			6,020

* 정상공손수량 = (4,000+1,000) × 0.02 = 100단위

■ 완성품환산량

	물량흐름		완성품환산량		
			재료A	재료B	가공비
기초재공품	2,500	(1, 0, 0.4)			
당기투입량	3,520				
계	6,020				
기초재공완성	2,500	(0, 1, 0.6)	0	2,500	1,500
당기투입완성	1,500	(1, 1, 1)	1,500	1,500	1,500
정 상 공 손	100	(1, 0, 0.75)	100	0	75
비정상공손	20	(1, 0, 0.75)	20	0	15
기말재공품	900	(0, 0, 0.1)	0	0	90
기말재공품	1,000	(1, 1, 0.8)	1,000	1,000	800
계	6,020		2,620	5,000	3,980

■ 완성품환산량 단위당원가

	재료A	재료B	가공비
당월투입원가	₩524,000	₩415,000	₩1,194,000
완성품환산량 단위당 원가	₩200	₩83	₩300

1. (1) 정상공손원가 = ₩200 × 100 + ₩300 × 75 = ₩42,500

정상공손원가의 배분

$$\begin{cases} \text{완성품} = ₩42{,}500 \times \dfrac{4{,}000}{4{,}000+1{,}000} = ₩34{,}000 \\ \text{기말재공품} = ₩42{,}500 \times \dfrac{1{,}000}{4{,}000+1{,}000} = ₩8{,}500 \end{cases}$$

(2) 비정상공손원가 = ₩200 × 20 + ₩300 × 15 = ₩8,500

2. 완성품

₩34,000 + ₩677,000 + 1,500 × ₩200 + 4,000 × ₩83 + 3,000 × ₩300 = ₩2,243,000

3. 기말재공품

₩8,500 + 1,000 × ₩200 + 1,000 × ₩83 + 890 × ₩300 = ₩558,500

4. 공손품의 처분가치가 있을 때

비정상공손원가 = 20 × ₩200 + 15 × ₩300 − 20 × ₩125 = ₩6,000

공손품원가 = 120 × ₩125 = ₩15,000

5. 평균법의 완성품환산량

원재료A = 4,000 + 100 + 20 + 1,000 = 5,120

원재료B = 4,000 + 1,000 = 5,000

가공비 = 4,000 + 75 + 15 + 90 + 800 = 4,980

해설

1. 정상공손수량

기초재공품이 검사시점을 통과하지 않았으므로 완성품은 모두 당기에 검사시점을 통과하였고, 기말재공품 중에서는 1,000단위만 검사시점을 통과하였다. 따라서 [4,000(완성품) + 1,000(기말재공품)] × 0.02 = 100단위이다.

2. 공손품의 처분가치가 있는 경우에는 공손품의 순실현가치를 정상공손원가와 비정상공손원가에서 차감한 후 정상공손원가순액은 완성품 등에 배분하고 비정상공손원가순액은 손실로 처리한다. 그리고 공손품원가(NRV)는 재고자산으로 계상한다.

〈참고〉 공손품의 처분가치가 있을 때

- 정상공손원가 = 100 × ₩200 + 75 × ₩300 − 100 × ₩125 = ₩30,000

  정상공손원가의 배분

  ① 완성품 $= ₩30,000 \times \dfrac{4,000}{4,000+1,000} = ₩24,000$

  ② 기말재공품 $= ₩30,000 \times \dfrac{1,000}{4,000+1,000} = ₩6,000$

- 완성품과 기말재공품원가

  ① 완성품

  ₩24,000 + ₩677,000 + 1,500 × ₩200 + 4,000 × ₩83 + 3,000 × ₩300 = ₩2,233,000

  ② 기말재공품

  ₩6,000 + 1,000 × ₩200 + 1,000 × ₩83 + 890 × ₩300 = ₩556,000

- 재공품계정

기초재공품	677,000	비정상공손원가	6,000
재료(A)	524,000	공손품	15,000
재료(B)	415,000	완성품	2,233,000
가공비	1,194,000	기말재공품	556,000
	2,810,000		2,810,000

3. 기초재공품이 있을때 평균법으로 산정한 완성품환산량이 선입선출법으로 산정한 완성품환산량보다 크다. 왜냐하면 평균법에서는 기초재공품도 당기에 작업한 것으로 가정하여 완성품환산량을 산정하기 때문이다. 선입선출법으로 산정한 완성품환산량에 기초재공품의 전기 작업분을 가산하면 평균법으로 산정한 완성품환산량이 된다.

   원재료 A = 2,620 + 2,500 = 5,120
   원재료 B = 5,000 + 0 = 5,000
   가 공 비 = 3,980 + 1,000 = 4,980

문 4 기초재공품이 전기에 검사시점을 통과한 경우

㈜평화는 다음과 같이 두 개의 공정을 통하여 최종제품을 생산하고 있다. 다음은 20×1년 1월의 제2공정 생산관련 자료이다.

기 초 재 공 품	2,000단위(70%)
당 기 착 수 량	10,800단위
완 성 품	10,000단위
기 말 재 공 품	1,200단위(90%)

공정의 특성상 A재료는 공정시점에서, B재료는 공정종점에서 각각 투입되며, 가공비는 공정의 진행에 따라 균일하게 발생된다. 공손의 발생에 대한 검사는 공정의 50%시점에서 실시하고 있으며, 검사시점을 통과한 물량의 10%까지를 정상공손으로 허용하고 있다.

	전공정비	A재료비	B재료비	가공비	정상공손원가
기초재공품원가	₩16,600	₩7,280	–	₩17,160	₩900
당기 투입 원가	124,200	32,400	75,000	172,920	–

[요구사항]

1. 재공품 평가방법이 선입선출법일 경우 다음 물음에 답하시오.
   (1) 정상공손수량
   (2) 완성품환산량 단위당 원가
   (3) 정상공손원가, 비정상공손원가, 완성품원가, 기말재공품원가

2. 재공품 평가방법이 평균법일 경우 다음 물음에 답하시오.
   단, 단수발생시에는 소수점 첫째자리에서 반올림하시오.
   (1) 정상공손수량
   (2) 정상공손원가
   (3) 완성품원가

해답

1.

	물량흐름		완성품환산량			
			전공정비	A재료비	B재료비	가공비
기초재공품	2,000	(1, 1, 0,0.7)				
당기착수량	10,800					
	12,800					
기초완성	2,000	(0, 0, 1,0.3)	0	0	2,000	600
당기착수완성	8,000	(1, 1, 1, 1)	8,000	8,000	8,000	8,000
정상공손	920	(1, 1, 0, 0.5)	920	920	0	460
비정상공손	680	(1, 1, 0, 0.5)	680	680	0	340
기말재공품	1,200	(1, 1, 0, 0.9)	1,200	1,200	0	1,080
	12,800		10,800	10,800	10,000	10,480

	전공정비	A	B	가공비
기초재공품원가	16,600	7,280	0	17,160
당기투입원가	124,200	32,400	75,000	172,920
	140,800	39,680	75,000	190,080
	÷10,800	÷10,800	÷10,000	÷10,480
완성품환산량단위당원가	11.5	3	7.5	₩16.5

☞ 선입선출법이므로 당기분(음영)만 고려한다.

(1) 정상공손수량 = (8,000+1,200) × 10% = 920단위

☞ 기초재공품은 전기에 검사를 받았으므로 포함하지 않는다.

(2) 완성품환산량 단위당 원가

전공정비	A	B	가공비
₩11.5	₩3	₩7.5	₩16.5

(3) ① 정상공손원가 = 920 × ₩11.5 + 920 × ₩3 + 460 × ₩16.5 = ₩20,930

정상공손원가의 배분

$$\text{완성품} = 20{,}930 \times \frac{8{,}000}{8{,}000+1{,}200} = 18{,}200$$

$$\text{기말재공품} = 20{,}930 \times \frac{1{,}200}{8{,}000+1{,}200} = 2{,}730$$

② 비정상공손원가 = 680 × ₩11.5 + 680 × ₩3 + 340 × ₩16.5 = ₩15,470

③ 완성품원가 = ₩18,200 + ₩41,940 + 8,000 × ₩11.5 + 8,000 × ₩3 + 10,000 × ₩7.5 + 8,600 × ₩16.5 = ₩393,040

④ 기말재공품원가 = ₩2,730 + 1,200 × ₩11.5 + 1,200 × ₩3 + 1,080 × ₩16.5 = ₩37,950

2.

	물량흐름		완성품환산량			
			전공정비	A재료비	B재료비	가공비
기초재공품	2,000					
당기착수량	10,800					
	12,800					
완성품	10,000	(1, 1, 1, 1)	10,000	10,000	10,000	10,000
정상공손	920	(1, 1, 0, 0.5)	920	920	0	460
비정상공손	680	(1, 1, 0, 0.5)	680	680	0	340
기말재공품	1,200	(1, 1, 0, 0.9)	1,200	1,200	0	1,080
	12,800		12,800	12,800	10,000	11,880
기초재공품원가			16,600	7,280	0	17,160
당기투입원가			124,200	32,400	75,000	172,920
계			140,800	39,680	75,000	190,080
			÷12,800	÷12,800	÷10,000	÷11,880
완성품환산량단위당원가			11	3.1	7.5	16

(1) 정상공손수량 = (8,000+1,200) × 10% = 920단위

(2) 정상공손원가 = ₩900 + 920 × ₩11 + 920 × ₩3.1 + 460 × ₩16 = ₩21,232

정상공손원가의 배분

$$\text{완성품} = 21{,}232 \times \frac{10{,}000}{10{,}000+1{,}200} = 18{,}957$$

$$\text{기말재공품} = 21{,}232 \times \frac{1{,}200}{10{,}000+1{,}200} = 2{,}275$$

(3) 완성품원가 = ₩18,957 + 10,000 × (₩11+3.1+7.5+16) = ₩394,957

해설

기초재공품이 전기에 검사시점을 통과하였으므로 전기에 발생한 정상공손원가 중에 기초재공품에 배분된 금액(₩900)이 있다. 동 금액은 원가흐름의 가정에 따라 처리하는 방법이 다르다.

1. 선입선출법

   기초재공품이 먼저 완성된 것으로 가정하므로 전기에 발생한 정상공손원가 중에 기초재공품에 배분된 금액은 당기 완성품원가에 전액 포함된다.

2. 평균법

   기초재공품도 당기에 작업된 것으로 가정하므로 기초재공품에 포함된 전기 정상공손원가와 당기에 발생한 정상공손원가를 합하여 완성품과 검사시점을 통과한 기말재공품에 배분한다.

문 5 검사시점이 두 개인 경우의 종합원가계산

㈜통일의 20×1년 10월 생산에 관련된 자료는 다음과 같다.

기초재공품	800개(완성도 60%)
당기착수	5,200개
완성품	5,000개
1차공손	300개
2차공손	200개
기말재공품	500개(완성도 40%)

재료A는 공정초기에 투입, 재료B는 75%시점에서 투입, 가공비는 공정전반에 걸쳐 발생하고, 1차 검사시점은 공정의 50%시점이고, 2차 검사시점은 공정의 100%시점에서 이루어진다. 정상공손수량은 검사시점을 통과한 양품을 기준으로 1차는 5%, 2차 2%이다.

20×1년 10월의 각 원가요소별 원가자료는 다음과 같다.

	재료A	재료B	가공비	정상공손원가
기초재공품원가	₩35,000	₩0	₩27,400	₩7,000
당기투입원가	208,000	156,000	354,900	

당사는 원가계산방법으로 선입선출법을 사용하고 있으며, 공손품의 처분가치는 없는 것으로 간주한다.

[요구사항]

1. 각 검사시점의 정상공손수량을 구하시오.
2. 원가요인별로 완성품환산량을 계산하시오.
3. 정상공손원가 배분후의 완성품원가를 구하시오.

해답

- 공정흐름

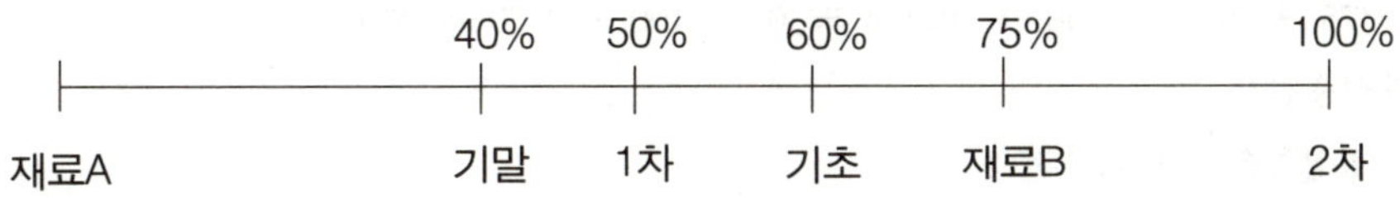

1. 정상공손수량

   1차 검사시점 : (4,200+200) × 5% = 220단위

   2차 검사시점 : (800+4,200) × 2% = 100단위

2.

		물량흐름	완성품환산량 재료A	재료B	가공비
기초재공완성		800(0, 1, 0.4)	0	800	320
당기착수완성		4,200	4,200	4,200	4,200
1차공손	정상공손	220(1, 0, 0.5)	220	0	110
	비정상공손	80(1, 0, 0.5)	80	0	40
2차공손	정상공손	100(1, 1, 1)	100	100	100
	비정상공손	100(1, 1, 1)	100	100	100
기말재공품		500(1, 0, 0.4)	500	0	200
완성품환산량			5,200	5,200	5,070

3. 완성품원가

(1) 완성품환산량 단위당 원가

재료 A : ₩208,000 ÷ 5,200 = ₩40

재료 B : ₩156,000 ÷ 5,200 = ₩30

가공비 : ₩354,900 ÷ 5,070 = ₩70

(2) 완성품원가

① 1차 정상공손원가 : 220 × ₩40 + 110 × ₩70 = ₩16,500

1차 정상공손원가 배분

- 완성품 : ₩16,500 × $\frac{4,200}{4,200+100+100}$ = ₩15,750
- 2차 정상공손 : ₩16,500 × $\frac{100}{4,200+100+100}$ = ₩375
- 2차 비정상공손 : ₩16,500 × $\frac{100}{4,200+100+100}$ = ₩375

② 2차 정상공손원가

₩375 + 100 × ₩40 + 100 × ₩30 + 100 × ₩70 = ₩14,375

③ 완성품원가

• 정상공손원가 배분전 :

₩69,400 + 4,200 × ₩40 + 5,000 × ₩30 + 4,520 × ₩70 = ₩703,800

• 정상공손원가 배분후 :

₩703,800 + ₩15,750 + ₩14,375 = ₩733,925

해설

1. 기말재공품이 검사시점을 통과하지 못했으므로 기말재공품은 정상공손원가를 배분받을 자격이 없다.
2. 1차 검사시점을 통과한 물량은 검사시점 통과 후의 가공정도에 관계없이 1차 검사시점에서 발생한 정상공손원가를 배분 받는데 동등한 자격이 있다. 왜냐하면 정상공손원가는 검사시점을 통과한 양품을 생산하기 위하여 불가피하게 발생한 원가이기 때문이다. 따라서 1차 검사시점 통과 후에 2차 검사시점에서 비정상공손품이 된다 해도 1차 검사시점에서 발생한 정상공손원가를 배분받는 데는 동등한 자격이 주어진다.
3. 2차 검사시점이 완성도 100% 시점이므로 2차 검사시점에서 발생한 정상공손원가는 완성품에만 배분된다.

문 6 재공품계정의 완성

㈜대한은 2개의 공정을 통하여 완성품을 생산하고 있다. 선입선출법에 따라 제2공정의 완성품환산량을 적절히 계산한 후 산출된 완성품환산량 단위당 원가는 다음과 같다.

전공정비	재료비	가공비
₩15	₩10	₩20

재료는 공정의 40% 시점에서 전량 투입되고, 가공비는 전공정을 통하여 균등하게 발생하며, 공손품은 50% 시점에서 검사한다. 당기의 생산현황은 다음과 같으며, 괄호안의 숫자는 가공비 완성도를 나타낸다.

기초재공품	1,000개(60%)
당기완성품	5,000개
정상공손	100개
비정상공손	200개
기말재공품	2,000개(60%)

기초재공품원가는 ₩36,900이며, 그 구성요소는 다음과 같다.

전공정비	재료비	가공비	정상공손원가
₩10,000	₩8,700	₩18,000	₩200

모든 공손품은 단위당 ₩6.5으로 판매될 수 있으며, 순정상공손원가는 검사시점을 통과한 양품(합격품)에 배분된다.

[요구사항]

다음 재공품계정의 ① ~ ⑦에 들어갈 금액을 산정하시오.

재공품

차변	금액	대변	금액
기 초	36,900	완 성 품	④
전 공 정 비	①	비정상공손손실	⑤
재 료 비	②	공 손 품	⑥
가 공 비	③	기 말	⑦
	?		?

해답

재공품				전공정비	재료비	가공비
기초	1,000(1, 1, 0.6)	기초완성	1,000(0, 0, 0.4)	0	0	400
		착수완성	4,000(1, 1, 1)	4,000	4,000	4,000
		정상공손	100(1, 1, 0.5)	100	100	50
		비정상공손	200(1, 1, 0.5)	200	200	100
		기말	2,000(1, 1, 0.6)	2,000	2,000	1,200
	7,300		7,300	6,300	6,300	5,750
				@15	@10	@20

• 당기투입원가

① 전공정비 : 6,300 × 15 = 94,500

② 재 료 비 : 6,300 × 10 = 63,000

③ 가 공 비 : 5,750 × 20 = 115,000

• 정상공손원가

100 × 15 +100 × 10 +50 × 20 − 100 × 6.5 = 2,850

• 정상공손원가의 배분

완성품에 배분될 원가 : $2,850 \times \frac{4,000}{4,000+2,000} = 1,900$

기말재공품에 배분될 원가 : $2,850 \times \frac{2,000}{4,000+2,000} = 950$

• 대변금액

④ 완성품 원가 : 36,900 + 1,900 + 4,000 × 15 + 4,000 × 10 + 4,400 × 20 = 226,800

⑤ 비정상공손손실 : 200 × 15 +200 × 10 +100 × 20 − 200 × 6.5 = 5,700

⑥ 공손품 : 300 × 6.5 = 1,950

⑦ 기말재공품 : 950 + 2,000 × 15 + 2,000 × 10 + 1,200 × 20 = 74,950

문 7 감손 발생시 완성도 추정

1. ㈜한국은 가공공정과 완성공정의 두 공정을 거쳐서 단일 종류의 제품을 생산한다. 가공공정에서는 전공정을 통하여 30%의 감손이 발생하며, 원재료는 공정착수시점에서 전량 투입된다. 7월의 기초재공품은 1,700kg이고 완성도는 50%이다. 그리고 당월의 투입재료는 9,000kg, 당기완성량은 6,720kg이다. 기말재공품이 1,064kg이라면 기말재공품의 완성도는 몇 %인가?

2. ㈜서울은 하나의 제조공정을 거쳐서 단일 종류의 제품을 생산하고 있다. 제조과정에서 전공정을 통하여 20%의 감손이 발생하며, 재료는 공정의 개시시점에 전량 투입된다. 1월의 원가계산 자료가 다음과 같은 경우, 기초재공품의 완성도는 몇 %인가?

기초재공품 : 920kg 완성도 ?
당기착수량 : 4,000kg
당기완성량 : 2,400kg
기말재공품 : 1,760kg 완성도 60%

해답

1.

(1) 투입량기준 물량흐름

기초재공품의 감손율 : 0.3×0.5 = 15%

기초재공품의 투입량 : 1,700÷0.85 = 2,000

완성품의 투입량 : 6,720÷0.7 = 9,600

재공품 (투입량기준)

차변		대변	
기초재공품	2,000	완성품	9,600
당기투입량	9,000	기말재공품	1,400
	11,000		11,000

(2) 기말재공품의 완성도 : $\frac{\text{현재 감손량}}{\text{예상 총감손량}} = \frac{1{,}400-1{,}064}{1{,}400\times0.3} = 80\%$

2. 기초재공품의 완성도 추정

(1) 투입량기준 물량흐름의 파악

완성품의 투입량 : 2,400÷0.8 = 3,000

기말재공품의 감손율 : 0.2×0.6 = 12%

기말재공품의 투입량 : 1,760÷0.88 = 2,000

재공품			(투입량기준)
기초재공품	1,000	완성품	3,000
당기투입량	4,000	기말재공품	2,000
	5,000		5,000

(2) 기초재공품의 완성도 추정

기초재공품 감손량 : 1,000−920 = 80kg

기말재공품의 완성도 : $\frac{\text{현재 감손량}}{\text{예상 총감손량}} = \frac{80}{1{,}000 \times 0.2} = 40\%$

■ **별해**

100% : 200kg = x : 80kg

∴ x = 40%

해설

㈜한국의 경우는 다음과 같이 이해하면 된다.

1. 완성품은 30%의 감손이 발생한 후의 수량이며, 기초재공품은 완성도가 50%이므로 15%의 감손이 발생한 후의 수량이다. 이와 같이 감손 발생율이 다른 경우에는 모두 감손전 수량, 즉 투입량으로 환산하여 접근해야 한다.
2. 기초재공품의 투입량에 당기투입량을 가산하면 총투입량은 11,000kg이 된다. 완성품의 투입량이 9,600kg이므로 기말재공품의 투입량은 1,400kg이 된다. 그런데 기말재공품이 100% 완성된다면 1,400kg의 30%에 해당하는 420kg의 감손이 발생할 것인데, 현재까지 336kg (1,400−1,064)의 감손이 발생하였으므로 기말재공품의 완성도는 80%(336÷420)이다.

PART

08 결합원가계산

제8장

결합원가계산

제 1 절 결합원가계산의 기초

1. 의 의

동일한 원재료를 투입하여 동일한 제조공정에서 가공이 된 후에 일정시점에서 동시에 생산되는 서로 다른 종류의 제품을 결합제품(joint products)이라 한다. 그리고 동일한 원재료를 동일한 제조공정을 통하여 가공하면서 발생하는 원가를 결합원가(joint costs)라 한다. 결합원가계산이란 결합원가를 결합제품에 어떤 방법으로 배분할 것인가를 결정하고 그에 따라 결합제품 각각에 대하여 제품원가를 결정하는 것이다.

정유업의 예를 들어보자. 원유라는 동일한 원료를 사용하여 동일한 공정처리를 거치다가 나중에야 휘발유 · 등유 · 경유 · 중유 등으로 분리되어 여러 가지 제품을 생산하게 된다. 이렇게 생산되는 제품을 결합제품 또는 연산품이라 부른다. 이런 제품들을 생산하는 기업에서는 이 제품들의 제조원가를 계산함에 있어 한 가지 문제에 부딪히게 된다. 휘발유 · 등유 · 경유 · 중유 등으로 나뉘어 생산되기 전에 동일한 원료가 투입되고 동일 공정을 거치게 되므로 그 때 발생한 재료비와 가공비 등(결합원가)을 어떻게 각 제품의 제조원가로 배분하느냐에 관한 것이다. 결합원가계산이란 결합제품을 생산하기 위해 발생한 결합원가를 합리적인 기준을 이용하여 각 제품별로 배분시켜 개별제품의 제조원가를 계산하는 것이다.

2. 관련 용어와 공정흐름도

(1) 분리점

분리점(split−off point)이란 결합생산공정에서 결합제품이 개별적으로 식별될 수 있는 일정시점 또는 단계를 말한다. 결합제품은 분리점에서 개별제품으로 분리되어 그냥 판매되기도 하고 추가가공을 더 거친 후에 판매되기도 한다. 분리점은 하나 또는 여러 개가 존재한다.

(2) 결합원가

결합원가(joint costs)란 분리점에 도달하기까지 결합제품의 제조과정에서 발생한 제조원가로서 인과관계에 따라 개별제품에 추적할 수 없는 공통원가를 말한다. 왜냐하면 분리점에 도달할 때까지는 개별제품의 식별이 불가능하므로 특정 제조활동이 특정 제품을 위하여 어느 정도 수행되었는지를 알 수 없기 때문이다.

(3) 분리원가

분리원가(separable costs)란 분리점 이후에 개별제품을 추가가공하는 과정에서 발생하는 원가로서 개별원가 또는 추가원가라고도 한다. 분리원가는 주로 개별제품의 추가가공원가로 구성되는 것이 일반적이나 개별제품을 위해 별도의 추가 재료가 투입되는 경우도 있다. 경우에 따라 수개의 분리점이 있는 경우 앞의 분리점에서 보면 분리원가로 간주되는 것도 그 다음 분리점에서 보면 또 하나의 결합원가가 되기도 한다.

(4) 연산품과 부산물

결합제품 중에서 상대적으로 판매가치가 큰 주제품을 연산품(major products)이라하고, 결합제품 중에서 상대적으로 판매가치가 적은 제품을 부산물(by−products)이라 한다. 즉 연산품은 당해 기업이 생산하여 판매하는 주된 대상이 되는 제품으로 수익에 대한 공헌도가 큰 중요한 제품을 의미하고, 부산물은 연산품의 제조과정에서 부수적으로 생산되는 제품으로 연산품에 비하여 상대적 판매가치 및 수량의 중요성의 낮은 제품을 의미한다.

(5) 공정흐름도

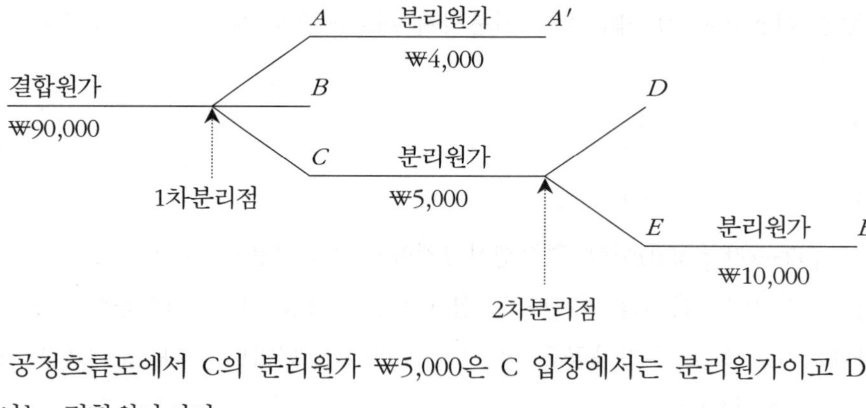

위 공정흐름도에서 C의 분리원가 ₩5,000은 C 입장에서는 분리원가이고 D와 E 입장에서는 결합원가이다.

3. 결합원가계산 적용 업종과 결합제품의 특징

(1) 적용 업종

결합원가계산을 적용하는 업종의 예는 다음과 같다.

산 업	원재료	연산품(결합제품)
정유업	원 유	휘발유, 등유, 경유, 중유 등
제련업	원 석	금, 은, 동 등
제당업	사 탕 수 수	당밀, 흑설탕, 백설탕 등
낙농업	생 우 유	버터, 치즈, 생크림 등

(2) 결합제품의 특징

결합제품은 분리점에 도달하기 전까지는 개별 제품으로 식별되지 않으며, 일정시점 이후에야 비로소 개별제품으로 확인된다. 따라서 어떠한 결합제품도 다른 결합제품을 수반하지 않고 독자적으로 생산될 수 없으며, 인위적으로 제품배합(product mix)을 조정할 수 없는 것이 일반적이다. 그리고 결합원가를 인과관계에 따라 개별제품으로 추적하는 것이 불가능하므로 어떠한 배분기준을 사용하더라도 정확한 제품원가계산은 불가능하다.

예를 들어 소를 사육하는 경우 소를 키우기 위하여 투입된 원가를 결합원가라 하고, 소를 키워서 얻게 되는 산출물인 등심, 안심, 소가죽, 사골 등을 결합제품이라 한다. 소를 도축하기 전에는 등심, 안심, 소가죽, 사골 등을 개별적으로 식별할 수 없고, 등심만 더 많이 생산되도록 인위적으로 조정할 수도 없다. 그리고 소를 키우기 위하여 투입된 결합원가를 여러 가지 방법으로 등심, 안심, 소가죽, 사골 등 결합제품에 배분할 수는 있으나 결합원가가 특정 결합제품을 위하여 얼마나 투입되었는지를 인과관계에 의하여 추적하는 것은 불가능하다. 단지, 원가계산과 기말재고자산 측정을 위하여 결합원가를 합리적인 기준에 따라 결합제품에 배분할 뿐이다.

제 2 절 결합원가의 배분방법

결합원가는 결합제품을 생산하는데 소요된 원가이므로 결합제품의 원가에 포함되어야 한다. 그러나 결합원가와 결합제품과의 명백한 인과관계를 파악하기가 어렵기 때문에 합리적인 배분기준을 정하여 이에 따라 결합원가를 개별제품에 배분하게 된다. 결합원가를 배분하는 방법에는 분리점에서의 상대적 판매가치법, 순실현가치법, 균등이익률법, 물량기준법 등이 있다.

1. 분리점에서의 상대적 판매가치법

(1) 의의

분리점에서의 상대적 판매가치법(relative sales value method)이란 분리점에서 개별제품을 판매할 수 있는 경우 분리점에서 존재하는 개별제품의 상대적 판매가치를 기준으로 결합원가를 개별제품에 배분하는 방법이다. 이 방법을 사용하기 위해서는 분리점에서 개별제품의 판매가치를 신뢰성 있게 측정할 수 있어야 한다. 만약 분리점에서 개별제품을 판매할 수 있는 시장이 존재하지 않으면 이 방법을 적용하기 어렵다.

분리점에서의 상대적 판매가치법은 상대적으로 판매가치가 높은 제품에 높은 원가를 배분하고, 판매가치가 낮은 제품에 낮은 원가를 배분한다. 이는 원가부담능력에 따라 결합원가를 배분하려는 사고를 반영한 것이다. 즉, 분리점에서의 상대적 판매가치법은 수익의 크기에 비례하여 원가를 배분하고자 하는 방법이다.

(2) 특징

분리점에서의 상대적 판매가치법의 특징은 다음과 같다.

① 분리점에서의 상대적 판매가치법은 판매가치가 높은 제품을 생산하는데 많은 원가가 투입되었다는 가정하에 판매가치를 기준으로 결합원가를 배분하는 방법이다. 그러므로 개별제품의 수익창출능력에 의해 즉, 원가부담능력기준에 의해 결합원가를 배분한다.

② 분리점에서의 상대적 판매가치법을 사용하면 개별제품의 판매가치 비율에 따라 결합원가를 개별제품에 배분하기 때문에 개별제품의 판매가치 비율과 동일한 비율로 결합원가가 배분된다. 따라서 이 방법을 사용하면 분리점에서 개별제품의 매출총이익률이 동일하게 나타난다.

예 제 1 분리점에서의 상대적 판매가치법

W회사는 연산품을 생산하여 판매하고 있는데, 당기에 분리점까지 재료비 ₩30,000과 가공비 ₩60,000을 투입하여 연산품 A, B, C를 생산하였다. 각 연산품의 분리점에서의 판매가치는 각각 ₩40,000, ₩40,000, ₩80,000이다. 이 회사는 분리점에서의 상대적 판매가치법으로 결합원가를 배분한다.

[요구사항]

1. 결합원가를 배분하시오.
2. 분리점에서 각 제품의 매출총이익률을 계산하시오.

해답

공정흐름도 표시

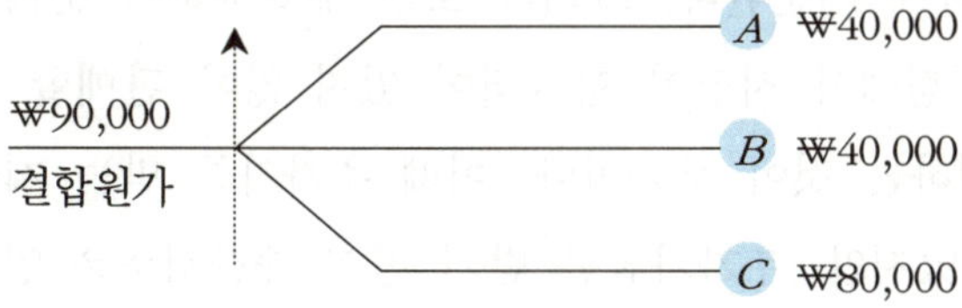

1.

제품	분리점의 판매가치	배분비율	결합원가배분액
A	₩40,000	25%	₩22,500
B	40,000	25	22,500
C	80,000	50	45,000
합계	₩160,000	100%	₩90,000

2.

제품	분리점의 판매가치	결합원가 배분액	매출총이익	매출총이익률
A	₩40,000	₩22,500	₩17,500	43.75%
B	40,000	22,500	17,500	43.75
C	80,000	45,000	35,000	43.75
합계	₩160,000	₩90,000	₩70,000	

참 고 연산품의 회계처리

위 예제에서 제품이 완성되면 다음과 같이 분개한다.

(차)	A 제품	22,500	(대) 재공품	90,000
	B 제품	22,500		
	C 제품	45,000		

2. 순실현가치법

(1) 의 의

결합제품을 분리점에서 즉시 판매할 수 있는 경우에는 분리점에서의 상대적인 판매가치를 기준으로 결합원가를 개별제품에 배분한다. 그러나 모든 결합제품이 분리점에서 판매 가능한 것은 아니다. 분리점에서 시장이 형성되어 있지 않아 판매할 수 없는 경우에는 추가가공을 하여 판매하는 것이 보통이다. 이때 추가가공 받는 제품은 최종제품에 대해서는 시장가격이 있지만, 추가가공을 받기 전의 중간제품은 일반적으로 시장가격이 형성되어 있지 않다. 이런 경우에 중간제품에 결합원가를 배분하기 위해서 사용하는 방법이 순실현가치법이다.

순실현가치법(net realizable value method : NRV)이란 개별제품의 분리점에서의 순실현가치를 기준으로 결합원가를 배분하는 방법이다. 여기서 순실현가치란 개별제품의 최종판매가치에서 추가가공원가, 추가재료비 및 추가판매비 등을 차감한 금액을 말한다.

순실현가치 = 최종판매가치 − 추가원가(비용)

(2) 특징

순실현가치법의 특징은 다음과 같다

① 순실현가치법은 분리점에서 개별제품의 상대적 판매가치를 알 수 없는 경우에 주로 사용하는 방법이다. 분리점에서 상대적 판매가치를 알 수 있다면 분리점에서의 상대적 판매가치를 이용하는 것이 순실현가치법을 이용하는 것 보다 더 합리적이다. 왜냐하면 분리점에서의 상대적 판매가치는 시장에서 형성된 객관적인 가치인데 비하여 순실현가치는 최종판매가치로부터 역산하여 추정한 가치이기 때문이다.

② 순실현가치는 최종판매가치에서 추가원가를 차감하여 산정한다. 순실현가치법에서는 이렇게 산정된 순실현가치를 분리점에서의 판매가치와 동일한 것으로 가정하고 결합원가를 배분한다. 이와 같은 가정으로 인하여 순실현가치법은 추가원가가 이익창출에 기여하지 못하는 것으로 간주한다. 예를 들어 중간제품에 대하여 추가원가 ₩5,000을 투입하여 최종제품을 생산한 후 이를 ₩12,000에 판매하는 경우 순실현가치법에서는 최종제품의 판매가치 ₩12,000에서 추가원가 ₩5,000을 차감한 금액인 ₩7,000을 분리점에서의 판매가치로 본다. 이 같은 가정은 추가원가 ₩5,000만큼만 판매가치 ₩5,000(12,000−7,000)이 증가한다고 보는 것으로 이에 따를 경우 추가원가는 이익창출에 기여하지 못하고 오직 결합원가만이 이익창출에 기여한다는 문제점이 발생한다.

③ 순실현가치법을 이용하는 경우 분리점에서의 제품별 매출액이익률은 동일하나 각 제품별로 추가원가가 서로 다르게 발생하므로 최종 판매시점에서의 제품별 매출액이익률은 동일하지 않게 된다.

(3) 복수의 분리점이 있는 경우의 계산절차

순실현가치법에 의해 결합원가를 배분하는 경우 최종판매가치부터 역으로 후순위 분리점에서의 개별제품별 순실현가치를 계산한 후 이를 기초로 1차 분리점에서의 개별제품별 순실현가치를 계산한다. 구체적인 절차는 다음과 같다.

① 개별제품들의 물량흐름과 모든 결합원가와 추가원가의 발생시점을 명확하게 나타내는 공정흐름도를 작성한다.

② 최종분리점에서 시작하여 역으로 최초분리점에 도달할 때까지 각 분리점에서의 개별제품별 순실현가치를 계산하여 총적수를 구한다. 이와 같이 순실현가치를 역순으로 구하는 이유는 순실현가치를 최종판매가치에서 추가원가를 차감하여 계산하기 때문이다.

③ 최초 분리점부터 시작하여 그 이후의 분리점으로 차례대로 가면서 개별제품별 순실현가치가 총적수에서 차지하는 상대적 비율에 의하여 결합원가를 배분한다. 즉, 순실현가치를 계산할 때는 뒤에서 앞으로 오면서 역순으로 계산하고, 결합원가를 배분할 때는 앞에서 뒤로 가면서 순서대로 배분한다.

(4) 순실현가치가 음(−)인 제품이 있는 경우

순실현가치법은 분리점에서의 상대적 판매가치법의 대용방법으로 이 방법 또한 원가부담능력에 따라 결합원가를 배분한다. 따라서 연산품의 순실현가치가 음(−)인 경우에는 원가부담능력이 없으므로 해당 제품에는 결합원가를 배분하지 않는다. 즉, 순실현가치가 음(−)인 연산품은 없는 것으로 보고 나머지 연산품의 순실현가치를 기준으로 결합원가를 배분한다.

(5) 장점과 단점

순실현가치법은 분리점에서 개별제품의 판매가치를 모르는 경우에도 사용할 수 있고, 연산품의 수익성을 고려하여 결합원가를 배분한다는 장점이 있다. 그러나 추가원가가 이익창출에 기여하지 못한다는 가정상의 한계점이 있고, 원가에 이익을 가산하여 판매가격을 결정하는 방식에는 적용하기 곤란하다는 단점이 있다.

예 제 2 | 순실현가치법

W회사는 연산품을 생산하여 판매하고 있는데, 당기에 제1공정 분리점까지 재료비 ₩30,000과 가공비 ₩60,000을 투입하여 연산품 A, B, C를 생산하였다. 연산품A와 B는 분리점에서 각각 ₩40,000씩에 판매가능 하나, 연산품C는 분리점에서 판매가 불가능하고 제2공정에서 추가원가 ₩50,000을 투입하여 제품X를 생산한 후 ₩120,000에 판매할 수 있다. 이 회사는 순실현가치법으로 결합원가를 배분한다.

[요구사항]

1. 각 제품별로 결합원가를 배분하시오.
2. 각 제품별 제조원가와 매출총이익률을 계산하시오.

해답

공정흐름도 표시

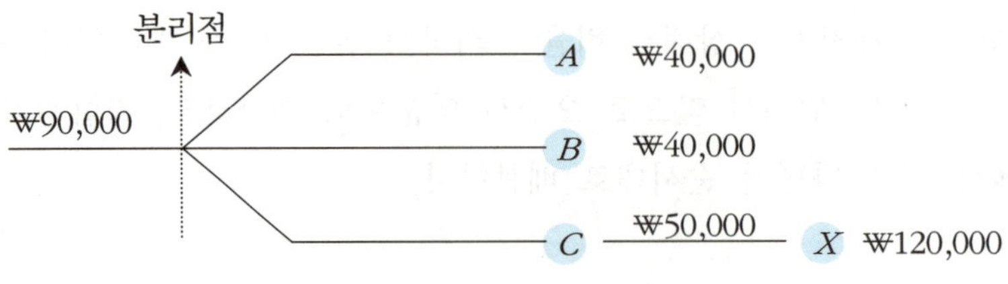

1.

제품	최종판매가치	추가원가	순실현가치	배분비율	결합원가 배분액
A	₩40,000	–	₩40,000	4/15	₩24,000
B	40,000	–	40,000	4/15	24,000
X	120,000	₩50,000	70,000	7/15	42,000
합계	₩200,000	₩50,000	₩150,000	100%	₩90,000

2.

제품	최종판매가치	제조원가	매출총이익	매출총이익률
A	₩40,000	24,000 + 0 = ₩24,000	₩16,000	40.0%
B	40,000	24,000 + 0 = 24,000	16,000	40.0
X	120,000	42,000 + 50,000 = 92,000	28,000	23.3
합계	₩200,000	₩140,000	₩60,000	

해설

위 예제에서 분리점에서의 각 제품의 매출총이익률은 각 제품의 매출총이익을 분리점에서의 판매가치(순실현가치)로 나누어 다음과 같이 계산할 수 있다.

A제품 : ₩16,000 ÷ ₩40,000 = 40%
B제품 : 16,000 ÷ 40,000 = 40%
X제품 : 28,000 ÷ 70,000 = 40%

각 제품의 매출총이익률이 모두 40%로 같다. 이 때 C제품을 추가가공함에 따라 증가하는 수익은 최종판매가치 ₩120,000에서 분리점에서의 판매가치(대용치로 순실현가치를 사용함) ₩70,000을 차감한 ₩50,000이 된다. 그런데 C제품의 추가원가도 ₩50,000이므로 추가원가로 인하여 증가하는 매출총이익은 없다. 이것은 C제품의 추가가공이 기업의 이익창출에 아무런 공헌도 하지 못하고 단지 원가만을 회수한다는 의미가 된다.

참 고 | 연산품의 회계처리

위 예제에서 필요한 회계처리를 제시하면 다음과 같다.

(차)	A제품	24,000	(대) 재공품(1공정)	90,000
	B제품	24,000		
	재공품(2공정)	42,000		
(차)	재공품(2공정)	50,000	(대) 가공비	50,000
(차)	X제품	92,000	(대) 재공품(2공정)	92,000

예 제 3 순실현가치법 : 복수분리점

W회사는 동일한 재료를 사용하여 동일 공정에서 세 종류의 연산품 A, B, C를 생산하고 있다. 이들 제품은 각각 단위당 ₩120, ₩100, ₩140에 판매되고 있다. 20×1년 3월에는 중간제품 Y 3,000개와 완제품 A 2,250개를 생산하였다. 제품 A와 중간제품 Y를 생산하는데 ₩300,000이 소요되었으며, 중간제품 Y에 ₩145,000을 추가로 투입하여 제품 B와 C를 각각 1,200개, 1,800개 생산하였다. 최종적으로 B와 C를 추가가공 하는데 각각 ₩70,000, ₩52,000이 소요되었다.

[요구사항]

1. 순실현가치법을 이용하여 결합원가를 개별제품에 배분하시오.
2. 개별제품별로 제조원가와 제조단가를 계산하시오.

해답

공정흐름도

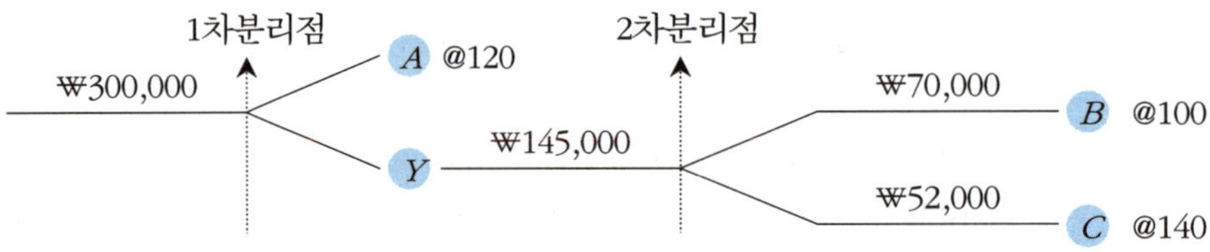

1.

(1) 각 분리점에서의 순실현가치

① 2차 분리점의 순실현가치

제 품	생산량	판매가격	추정판매가치	추가원가	순실현가치	배분비율
B	1,200	100	120,000	70,000	50,000	20%
C	1,800	140	252,000	52,000	200,000	80
합 계	3,000		372,000	122,000	250,000	100%

② 1차 분리점의 순실현가치

제 품	생산량	판매가격	추정판매가치	추가원가	순실현가치	배분비율
A	2,250	120	270,000	–	270,000	72%
Y	3,000		250,000*	145,000	105,000	28
합 계	5,250		520,000	145,000	375,000	100%

* 제품 B와 C의 2차분리점의 순실현가치 합계

(2) 결합원가의 배분

① 1차 분리점의 결합원가 배분

제품 A : ₩300,000 × 72% = ₩216,000

중간제품 Y : ₩300,000 × 28% = ₩84,000

② 2차 분리점의 결합원가 배분

제품 B : (₩84,000+₩145,000) × 20% = ₩45,800

제품 C : (₩84,000+₩145,000) × 80% = ₩183,200

③ 개별제품의 결합원가 배분액

제품 *A*	₩216,000
제품 *B*	45,800
제품 *C*	183,200
합계	₩445,000

〈검산〉 ₩300,000 + ₩145,000 = ₩445,000

2. 개별제품의 제조원가와 제조단가

제 품	결합원가 배분액	+	추가원가	=	제조원가	생산량	제조단가
A	216,000		—		216,000	2,250	96.00
B	45,800		70,000		115,800	1,200	96.50
C	183,200		52,000		235,200	1,800	130.67
합 계	445,000		122,000		567,000	5,250	

3. 균등이익률법

(1) 의 의

균등이익률법(uniform percentage contribution method)이란 개별제품이 분리점 이후에 추가가공을 받는 경우에도 각 연산품이 최종판매가치에 대하여 동일한 매출총이익률을 나타낼 수 있도록 결합원가를 배분하는 방법이다. 그러므로 균등이익률법은 결합원가와 추가가공원가가 모두 이익창출에 공헌한다고 보는 방법이다.

(2) 절 차

균등이익률법을 적용하는 절차는 다소 복잡하다. 그러나 각 단계를 별도로 외울 필요 없이 전체 연산품의 손익계산서를 작성하여 쉽게 해결할 수 있다. 여기서는 먼저 각 절차에 대하여 순서대로 설명하고, 손익계산서를 통한 접근법은 예제에서 설명하고자 한다. 균등이익률법의 적용 절차는 다음과 같다.

① 각 연산품별 예상판매가치 총액에서 결합원가 총액과 각 연산품별 추가원가 총액을 차감하여 연산품 전체의 매출총이익을 계산한다.

> 전체 매출총이익 = 예상판매가치 총액 − (결합원가 총액+추가원가 총액)

② 전체 매출총이익을 전체 예상판매가치 총액으로 나누어 연산품 전체 매출총이익률을 계산한다.

$$\text{전체 매출총이익률} = \frac{\text{전체 매출총이익}}{\text{전체 예상판매가치 총액}}$$

③ 각 연산품별 매출총이익률이 전체 매출총이익률과 동일해 지도록 인위적으로 개별제품에 결합원가를 배분한다.

> 연산품별 최종판매가치 − 연산품별 결합원가 배분액 − 추가원가
> = 연산품별 최종판매가치 × 전체 매출총이익률

> 연산품별 최종판매가치 − 추가원가 − 연산품별 최종판매가치 × 전체 매출총이익률
> = 연산품별 결합원가 배분액

> 연산품별 최종판매가치 − 추가원가 − 매출총이익 = 연산품별 결합원가 배분액

④ 각 연산품별로 배분받은 결합원가에 추가원가를 가산하여 각 연산품별 제조원가를 계산한다.

> 연산품별 제조원가 = 연산품별 결합원가 배분액 + 추가원가

(3) 장점과 단점

균등이익률법은 추가원가도 이익창출에 공헌한다고 가정하므로 순실현가치법의 단점을 극복할 수 있다는 장점이 있다. 그러나 개별제품의 이익률이 균등하도록 결합원가를 인위적으로 배분하다보면 어떤 제품에는 음(−)의 결합원가 배분되는 경우도 발생할 수 있다는 문제점이 있다.

예 제 4 균등이익률법

W회사는 연산품을 생산하여 판매하고 있는데, 당기에 제1공정 분리점까지 재료비 ₩30,000과 가공비 ₩60,000을 투입하여 연산품 A, B, C를 생산하였다. 연산품A와 B는 분리점에서 각각 ₩40,000씩에 판매가능 하나, 연산품C는 분리점에서 판매가 불가능하고 제2공정에서 추가원가 ₩50,000을 투입하여 제품X를 생산한 후 ₩120,000에 판매할 수 있다. 이 회사는 균등이익률법으로 결합원가를 배분한다.

[요구사항]

1. 결합원가를 배분하시오.
2. 각 제품별 제조원가를 계산하시오.

해답

공정흐름도 표시

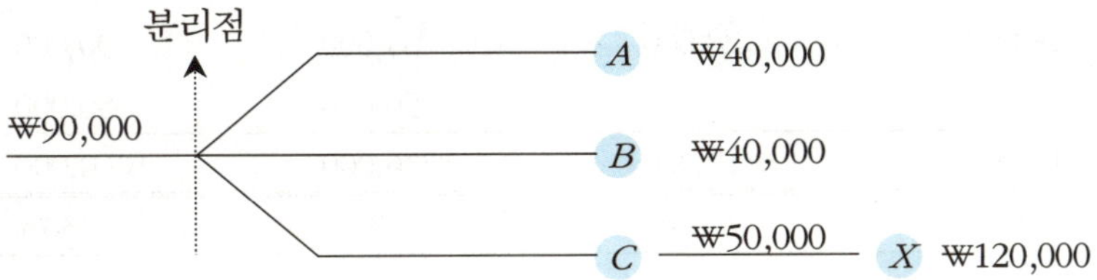

1.

(1) 전체 제품의 매출총이익

예상판매가치 총액	40,000 + 40,000 + 120,000	=	₩200,000
결합원가			90,000
추가원가			50,000
매출총이익			₩60,000

(2) 평균매출총이익

$$\frac{60,000}{200,000} = 30\%$$

(3) 결합원가의 배분

제품	최종판매가치	추가원가	매출총이익	결합원가 배분액*
A	₩40,000	–	12,000	₩28,000
B	40,000	–	12,000	28,000
X	120,000	50,000	36,000	34,000
합계	₩200,000	₩50,000	₩60,000	₩90,000

* 개별제품의 결합원가 배분액은 개별제품의 최종판매가치에서 추가원가와 매출총이익을 차감하여 구한다.

2. 제품별 제조원가

제품	결합원가 배분액	추가원가	제조원가
A	₩28,000	–	₩28,000
B	28,000	–	28,000
X	34,000	50,000	84,000

해설

손익계산서를 통한 접근법

	A제품	B제품	X제품	합계
매출액	₩40,000	₩40,000	₩120,000	₩200,000
결합원가	28,000	28,000	34,000	90,000
추가원가	0	0	50,000	50,000
매출총이익	₩12,000	₩12,000	₩36,000	₩60,000
매출총이익률	30%	30%	30%	30%

① 합계란을 구하고 합계란에서 ② 전체 매출총이익률을 결정한다. 그리고 ③ 각 연산품별로 이 매출총이익률이 유지되도록 결합원가를 끼워넣기식으로 배분한다.

4. 물량기준법

(1) 의 의

물량기준법(physical quantities method)이란 분리점에서 개별제품의 수량 · 중량 · 부피 · 면적 등의 비율을 기준으로 결합원가를 개별제품에 배분하는 방법이다. 물량기준법은 결합제품의 물리적인 단위가 같을 때 사용할 수 있는 방법으로, 동일한 공정에서 상대적으로 많이 생산된 제품에 결합원가를 많이 배분하므로 각 제품의 수혜정도에 따라 결합원가를 배분하고자 하는 방법이다.

이 방법은 제품의 가격이 알려져 있지 않거나, 제품의 시장가격이 심하게 변동하는 경우 또는 원가가 먼저 결정되고 나서 그에 따라 가격을 결정해야 하는 경우에 주로 사용된다.

(2) 장점과 단점

물량기준법은 적용하기가 간편하고 이해하기 쉽다는 장점이 있다. 그러나 물량기준법은 결합제품의 물리적 단위가 서로 상이한 경우에는 적용하기 어렵고, 결합원가를 배분할 때 개별제품의 수익성을 전혀 고려하지 않는다는 문제점이 있다.

예 제 5 물량기준법

W회사는 연산품을 생산하여 판매하고 있는데, 당기에 분리점까지 재료비 ₩30,000과 가공비 ₩60,000을 투입하여 연산품 A, B, C를 생산하였다. 연산품 A, B, C는 판매가격 변동이 매우 심한 상황이며, 분리점에서의 각 연산품 생산량은 각각 2,000kg, ₩1,000kg, 2,000kg이다.

[요구사항]

물량기준법으로 결합원가를 배분하시오.

해답

제 품	물량	배분율	결합원가 배분액
A	2,000kg	2/5	₩36,000
B	1,000kg	1/5	18,000
C	2,000kg	2/5	36,000
합 계	5,000kg	100%	₩90,000

제 3 절 부산물의 회계처리

1. 의 의

부산물(by−products)이란 주산품의 제조과정에서 필연적으로 생산되는 부차적인 물품으로서, 주산품과 비교해 볼 때 가치나 수량면에서 상대적으로 중요성이 적은 제품을 말한다. 예를 들면 주조장의 밀 찌꺼기, 목공소의 톱밥, 비누공장의 글리세린 등이 부산물에 해당된다. 한편, 작업폐물은 제조공정 중에 나오는 원재료의 찌꺼기로서 판매가치가 지극히 낮거나(scrap) 또는 오히려 폐기하는 과정에서 추가비용이 발생하여 음(−)의 가치를 갖는 경우(waste products)도 한다. 그러나 주산품, 부산물 및 작업폐물의 구분은 상대적인 개념이므로 상황에 따라 달라질 수 있다는 것에 주의해야 한다.

2. 부산물의 회계처리

부산물의 회계처리와 관련된 중요한 사항은 부산물의 존재를 언제 인식하고 어떻게 회계처리할 것인가이다. 부산물의 존재는 생산시점에서 인식할 수도 있고, 판매시점에서 인식할 수도 있다. 그리고 부산물에 대한 회계처리는 결합원가 중 일부를 부산물에 배분하여 부산물의 원가를 결정할 것인가 아니면 부산물에는 결합원가를 전혀 배분하지 않고 부산물이 판매될 때 회수되는 금액을 이익으로 처리할 것이냐에 따라 달라진다. 이를 결합하면 4가지 조합이 나올 수 있으나 실무적으로는 다음과 같은 두 가지 방법이 주로 사용된다.

(1) 생산시점의 원가차감법

생산시점의 원가차감법은 부산물의 가치가 나름대로 중요하여 재고자산이나 이익에 상당한 영향을 미치는 경우에 주로 사용하는 방법이다. 이 방법에서는 생산시점에서 부산물의 존재를 인식하여 결합원가 중 일부를 부산물에 배분하고, 이를 차감한 나머지 결합원가를 순실현가치법이나 균등이익률법 등에 의하여 주산품에 배분한다. 이때 주의할 점은 생산시점의 원가차감법을 적용하는 경우 생산시점에서 부산물의 존재를 인식하여 부산물에도 결합원가를 배분하는 것은 맞지만 그렇다고 하여 부산물과 주산품을 동일하게 취급하는 것은 아니라는 것이다. 즉, 부산물에 대해서는 순실현가치를 구하여 그 금액에 해당하는 만큼만 결합원가를 배분하고 이를 제외한 나머지 결합원가는 회사가 정해 둔 결합원가배분 방법에 따라 주산품에 배분한다. 부산물에 대하여 이렇게 처리하게 되면 일반적으로 부산물에서는 이익도 손실도 발생하지 않게 된다. 생산시점의 원가차감법을 적용하는 경우 회계처리는 다음과 같다.

① 부산물의 생산시점

분리점에서의 부산물 순실현가치에 해당하는 만큼의 결합원가를 부산물에 배분한다. 따라서 주산품에 배분되는 결합원가는 그 만큼 줄어든다. 분리점에서 완제품A, B와 부산물이 생산되었다면 회계처리는 다음과 같다.

(차) 제 품 A	×××	(대) 재공품	×××
제 품 B	×××		
부 산 물	×××		

↳ 분리점에서 부산물의 순실현가치

② 부산물의 판매시점

재고자산으로 계상되어 있는 부산물을 대변에 기입하고 처분가액을 차변에 기입한다. 일반적으로 두 금액은 일치하지만 예외적으로 실제 판매가격이나 실제 추가원가 등이 생산시점에서 예상한 것과 다른 경우에는 처분손익이 발생할 수도 있다.

(차) 현 금	×××	(대) 부산물	×××

(2) 판매시점의 잡수익법

판매시점의 잡수익법은 부산물의 가치가 불확실하거나 가치가 아주 작아서 재고자산이나 이익에 미치는 영향이 미미한 경우에 사용한다. 이 방법에서는 생산시점에서는 부산물의 존재를 전혀 인식하지 않고 부산물에 대하여 결합원가를 배분하지도 않고 있다가 부산물이 판매되어 판매수익이 발생하는 경우에 이를 잡수익(영업외수익)으로 처리한다. 따라서 판매시점의 잡수익법을 사용하면 모든 결합원가가 주산품에만 배분되기 때문에 생산시점의 원가차감법을 사용하는 경우에 비하여 주산품의 원가가 높아진다. 판매시점의 잡수익법을 적용하는 경우 회계처리는 다음과 같다.

① 부산물의 생산시점

생산시점에서 부산물에 대한 회계처리는 없으며, 모든 결합원가는 주산품에만 배분된다. 분리점에서 완제품 A, B와 부산물이 생산되었다면 회계처리는 다음과 같다.

(차)	제 품 *A*	×××	(대) 재공품	×××
	제 품 *B*	×××		

② 부산물의 판매시점

만약 부산물의 처분비용이 있으면 판매가치에서 처분비용을 차감한 순수익을 잡수익으로 처리한다. 부산물 판매시의 회계처리는 다음과 같다.

(차)	현　금	×××	(대) 잡수익	×××

예 제 6 부산물의 회계처리

W회사는 20×1년 7월 동안 원재료 100리터를 가공하여 제품A 40리터, 제품B 50리터, 그리고 제품C 10리터를 생산하였다. 결합원가는 ₩10,000이며, 제품A, B, C의 리터당 판매가격은 각각 ₩200, ₩240, ₩50이다. 당기 중 제품C는 모두 예상과 같이 판매되었다.

[요구사항]

제품C가 부산물인 것으로 가정할 때 다음 방법에 의하여 결합원가를 배분하고 부산물생산시점과 판매시점의 회계처리를 제시하시오. 단, 이 회사는 순실현가치를 기준으로 결합원가를 배분한다.

1. 생산시점의 원가차감법
2. 판매시점의 잡수익법

해답

NRV A = 40 × ₩200 = ₩8,000

NRV B = 50 × 240 = 12,000

NRV C = 10 × 50 = 500

1. 생산시점의 원가차감법

제품	순실현가치	결합원가 배분액	
A	8,000(40%)	9,500 × 0.4 =	3,800
B	12,000(60%)	9,500 × 0.6 =	5,700
C	500		500
			10,000

(차) 제 품 A	3,800	(대) 재공품	10,000
제 품 B	5,700		
부 산 물	500		
(차) 현 금	500	(대) 부산물	500

2. 판매시점의 잡수익법

제품	순실현가치	결합원가 배분액	
A	8,000(40%)	10,000 × 0.4 =	4,000
B	12,000(60%)	10,000 × 0.6 =	6,000
			10,000

(차) 제 품 A	4,000	(대) 재공품	10,000
제 품 B	6,000		
(차) 현 금	500	(대) 잡수익	500

3. 부산물 회계처리방법의 비교

생산시점의 원가차감법은 부산물의 순실현가치를 차감한 후의 결합원가를 주산품에 배분한다. 이에 비해 판매시점의 잡수익법은 생산시점에서는 일단 결합원가 전액을 주산품에 배분하고, 부산물이 판매되는 시점에서 부산물의 순실현가치를 잡수익으로 처리한다. 판매시점의 잡수익법으로 처리하면 생산시점의 원가차감법에 비해 주산품의 제조원가가 높아져서 매출원가가 높아지고 결과적으로 주산품의 판매이익은 낮아진다. 그러나 이 방법에서는 판매시점에서 부산물의 순실현가치를 잡수익으로 인식하므로, 같은 기간에 주산품과 부산물이 모두 판매된다면 두 방법하의 순이익은 같아진다. 만약 생산된 부산물이 여러 회계기간에 걸쳐서 처분된다면 기간별 순이익은 달라지지만 전체 기간의 순이익은 같아진다.

두 방법에서 부산물에 대한 회계처리 부분만을 비교하면 다음과 같다.

구 분	생산시점의 원가차감법	판매시점의 잡수익법
생 산 시 점	(차) 부산물(NRV) ×××	회계처리 없음
	(대) 재공품 ×××	(결합원가 전액을 주산품에 배분)
추 가 가 공	(차) 부산물 ×××	(차) 부산물* ×××
	(대) 가공비 등 ×××	(대) 가공비 등 ×××
판 매 시 점	(차) 현 금 ×××	(차) 현 금 ×××
	(대) 부산물 ×××	(대) 잡수익 ×××
주산품 원가	상대적으로 낮아짐	상대적으로 높아짐

* 판매기준법하의 잡수익법인 경우에도 분리점 이후에 부산물의 추가가공으로 인하여 발생하는 원가는 당연히 부산물에 부담시켜야 한다. 다만 부산물의 가액이 중요하지 않은 경우에 판매기준법하의 잡수익법을 적용하므로 판매기준법하의 잡수익법을 적용하는 경우에는 부산물의 추가가공 문제는 발생하지 않는 것이 일반적이다.

생산시점의 원가차감법과 판매시점의 잡수익법 비교

	생산시점의 원가차감법	판매시점의 잡수익법
적용상황	부산물의 가치가 중요한 경우	부산물의 가치가 중요하지 않은 경우
부산물의 존재인정	생산시점에서 부산물의 존재를 인정함	생산시점에서 부산물의 존재를 인정하지 않음
부산물에 결합원가 배분	부산물의 NRV만큼 부산물에 결합원가를 배분함	부산물에는 결합원가를 배분하지 않음
주산품에 배분될 결합원가	총결합원가 − 부산물의 NRV	총결합원가

부산물의 총원가	부산물에 배분된 결합원가 + 개별원가	개별원가
양 방법에서의 상대적인 크기	판매시점의 잡수익법에 비하여 부산물 원가가 더 커짐	생산시점의 원가차감법에 비하여 주산품 원가가 더 커짐

☞ '생산시점의 원가차감법'을 '판매시 손익을 인식하지 않는 방법' 또는 '생산시 순실현가치로 인식하는 방법' 등으로도 표현한다.

참 고

작업폐물이 발생하면 폐기물을 처리하기 위하여 추가적인 원가가 소요된다. 따라서 작업폐물은 부산물과 달리 일반적으로 음(−)의 순실현가치를 갖는다. 이 때 작업폐물은 주산품을 생산하기 위하여 필수적으로 발생하는 것이므로 작업폐물에 대한 음(−)의 순실현가치는 작업폐물이 생산되는 공정의 제조간접비로 보아 결합원가에 가산하고 이를 주산품에 배분한다.

4. 결합원가계산과 관련된 한국채택국제회계기준 내용[5)]

한국채택국제회계기준(K−IFRS)에서는 결합원가를 합리적이고 일관성 있는 방법으로 각 제품에 배부한다고 규정하고 있으며, 각 제품을 분리하여 식별가능한 시점 또는 완성 시점의 제품별 상대적 판매가치를 기준으로 배부할 수 있다고 예시하고 있다. 따라서 기업은 처한 상황에 따라 분리점에서의 상대적 판매가치법, 순실현가치법, 균등이익률법 등 합리적인 방법을 적용하여 결합원가를 배부하고, 이를 일관성 있게 적용하면 된다. 한편, 부산물은 순실현가능가치로 측정하며 주산물의 원가에서 차감된다고 되어 있는데 이것도 예시규정으로 보인다. 따라서 기업이 처한 상황에 따라 부산물에 대한 합리적인 결합원가 배부방법을 적용하여 일관성 있게 적용하면 될 것으로 판단된다.

참 고 K−IFRS 제1002호 재고자산 문단 14

14. 연산품이 생산되거나 주산물과 부산물이 생산되는 경우처럼 하나의 생산과정을 통하여 동시에 둘 이상의 제품이 생산될 수도 있다. 이 경우, 제품별 전환원가를 분리하여 식별할 수 없다면, 전환원가를 합리적이고 일관성 있는 방법으로 각 제품에 배부한다. 예를 들어, 각 제품을 분리하여 식별가능한 시점 또는 완성 시점의 제품별 상대적 판매가치를 기준으로 배부할 수 있다. 한편 대부분의 부산물은 본래 중요하지 않은데, 이 경우 부산물은 흔히 순실현가능가치로 측정하며 주산물의 원가에서 차감된다. 따라서 주산물의 장부금액은 원가와 중요한 차이가 없다.

5) 김순기 · 황국재 · 임태종, 2015, 원가관리회계, 홍문사. 인용

제 4 절 추가가공 의사결정

다양한 의사결정에 대해서는 관리회계에서 자세히 설명할 것이다. 따라서 여기에서는 결합제품의 추가가공 의사결정에 대해서 간략히 설명하고자 한다.

1. 의 의

연산품이 분리점에서 시장가치를 가지고 있고 동시에 추가가공의 기회도 가지고 있는 경우에 는, 연산품을 분리점에서 판매할 것인가 아니면 추가가공 후에 판매할 것인가를 결정하게 되는데, 이와 같은 의사결정 문제를 연산품의 즉시판매 · 추가가공 의사결정(decision to sell or process further)이라고 한다.

2. 의사결정기준

즉시판매 · 추가가공 의사결정의 경우에는 분리점에서 판매하는 것보다 추가가공하여 판매하는 경우 증가되는 수익과 비용을 비교하여 의사결정 한다. 즉, 추가가공하는 경우에 증가되는 수익이 증가되는 비용보다 커서 증분이익이 발생하는 경우에는 연산품을 추가가공한 후에 판매한다. 그러나 추가가공하는 경우에 증가되는 수익이 증가되는 비용보다 적은 경우에는 증분손실이 발생하므로 추가가공하지 않고 분리점에서 즉시 판매한다.

> 추가가공하는 경우의 증분이익 〉 0 → 추가가공
> 추가가공하는 경우의 증분이익 〈 0 → 즉시판매

이 때 연산품을 추가가공하는 경우에 증가되는 수익이란 추가가공 후의 판매가치에서 분리점에서의 판매가치를 차감한 금액을 말한다. 그리고 연산품을 추가가공하는 경우에 증가되는 비용이란 추가가공원가와 추가판매비 등을 합한 금액을 말한다.

> 증분수익 = 추가가공 후의 판매가치 − 분리점에서의 판매가치
> 증분비용 = 추가가공원가 + 추가판매비

여기서 한 가지 유의해야 할 사항은 결합원가나 결합원가의 배분방법은 의사결정에 영향을 미치지 못한다는 점이다. 왜냐하면 결합원가는 분리점 이전에 연산품을 가공하는 데 발생한 원가로서 매몰원가이므로, 본 의사결정과 관련이 없는 원가이기 때문이다. 즉, 결합원가는 추가가공여부에 관계없이 이미 발생한 원가이므로 추가가공여부에 따라 증감하지 않

는다. 따라서 결합원가나 결합원가의 배분방법이 달라진다 하더라도 추가가공 의사결정 결과는 달라지지 않는다.

3. 추가가공 의사결정시 고려해야 할 질적 정보

연산품의 즉시판매·추가가공 의사결정시에는 위에서 살펴본 양적 정보뿐만 아니라 다음과 같은 질적 정보도 고려하여 최종적인 결정을 내려야 한다.

① 추가가공하기 위해 초과근무 등이 필요한지 여부
② 추가가공한 제품에 대한 시장수요 및 시장성이 있는지의 여부
③ 추가가공에 필요한 설비를 구입해야 하는 경우 자금조달 및 설비의 대체적 용도
④ 추가가공으로 인한 기업의 이미지, 기술축적 기회 등

예 제 7 추가가공 의사결정

W회사는 ₩40,000의 결합원가를 투입하여 세 종류의 연산품을 생산하고 있다. 결합원가는 순실현가치법으로 각 연산품에 배분한다. 이 제품들은 분리점에서 판매할 수도 있고 추가가공하여 판매할 수도 있다. 분리점 이후에 추가가공과 관련하여 발생하는 원가는 모두 변동비이다. 세 종류의 연산품과 관련된 판매가치 및 원가자료가 다음과 같다.

	A	B	C
분리점에서의 판매가치	₩20,000	₩28,000	₩11,000
추가가공원가	5,000	9,000	6,000
추가가공후의 판매가치	26,000	36,000	20,000

[요구사항]

각 제품의 추가가공여부를 결정하시오.

해답

추가가공하는 경우의 증분수익과 비용은 다음과 같다.

	A	B	C
증분수익	₩6,000*	₩8,000	₩9,000
증분비용	5,000	9,000	6,000
증분이익	₩1,000	₩(1,000)	₩3,000
의사결정	추가가공	즉시판매	추가가공

* ₩26,000 − 20,000 = ₩6,000

해설

추가가공과 관련하여 발생하는 원가가 모두 변동비라는 것은, 추가가공원가는 추가가공을 하면 발생하지만 추가가공을 하지 않으면 발생하지 않는 원가라는 뜻이다. 따라서 추가가공원가는 의사결정과 관련된 원가이다. 연산품을 추가가공하는 경우의 증분수익은 각 제품별로 추가가공 후의 판매가치에서 분리점에서의 판매가치를 차감하여 구한다. 그리고 증분비용은 각 중간제품을 추가가공하는 경우에 발생하는 추가가공원가가 된다.

연 습 문 제

COST ACCOUNTING

문 1 균등이익률법과 순실현가치법의 비교

W회사는 하나의 화학공정을 가동하고 있으며 분리점은 하나이다. 분리점에서 A, B, C 세 종류의 제품이 분리된다. B제품과 C제품은 분리점에서 즉시 판매되나 A제품은 추가가공을 받은 후에 판매된다. 결합제품과 관련된 자료는 다음과 같다.

제품명	판매량	기말재고량	단위당 판매가격
A	200kg	100kg	₩210
B	280	120	210
C	300	200	140

결합원가는 총 ₩74,000 발생하였으며, A제품을 완성하기 위한 추가가공원가는 ₩56,200이 소요된다.

[요구사항]

1. 순실현가치법을 사용하여 제품별 기말재고액, 손익계산서, 제품별 매출총이익률과 전체 매출총이익률을 구하시오. 단수 발생시 소수점 셋째자리에서 반올림하시오.
2. 균등이익률법을 사용하여 제품별 기말재고액, 손익계산서, 제품별 매출총이익률과 전체 매출총이익률을 구하시오.

해답

공정흐름도

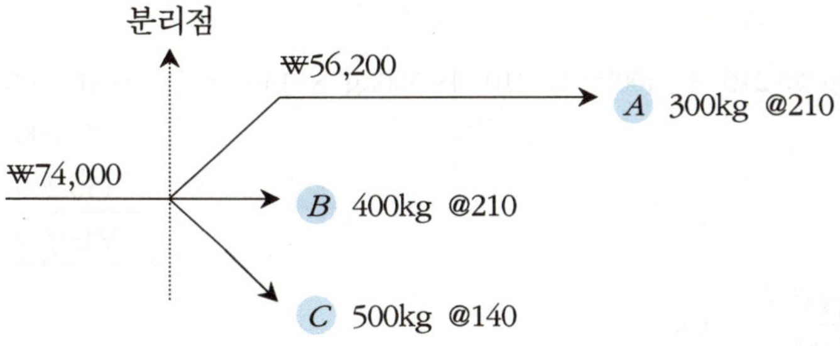

1. 순실현가치법

• 분리점에서의 순실현가치

A : 300kg × 210 − 56,200	=	₩6,800
B : 400kg × 210	=	84,000
C : 500kg × 140	=	70,000
합 계		₩160,800

(1) 제조원가, 단위당 원가 및 기말재고액

제품	결합원가배분액	+ 추가원가	= 제조원가	단위당 원가	기말재고액
A	$74,000 \times \frac{6,800}{160,800}$	56,200	59,329	197.76	19,776
B	$74,000 \times \frac{84,000}{160,800}$	−	38,657	96.64	11,597
C	$74,000 \times \frac{70,000}{160,800}$	−	32,214	64.43	12,886

(2) 손익계산서, 제품별 매출총이익률, 전체 매출총이익률

	A제품	B제품	C제품	합계
매출액	₩42,000	₩58,800	₩42,000	₩142,800
매출원가	39,553	27,060	19,328	85,941
매출총이익	₩2,447	₩31,740	₩22,672	₩56,859
매출총이익률	5.83%	53.98%	53.98%	39.82%

2. 균등이익률법

(1) 제품별 기말재고액

① 전체 매출총이익

총판매가치	300kg × 210 + 400kg × 210 + 500kg × 140 =	₩217,000
결합원가		(74,000)
추가가공원가		(56,200)
전체 매출총이익		₩86,800

② 전체 매출총이익률 $= \frac{86,800}{217,000} = 40\%$

③ 결합원가의 배분

제품	최종판매가치	추가원가	매출총이익	결합원가배분액
A	₩63,000	₩56,200	₩25,200*	₩(18,400)
B	84,000	—	33,600	50,400
C	70,000	—	28,000	42,000
합계	₩217,000	₩56,200	₩86,800	₩74,000

* ₩63,000 × 40% = ₩25,200

④ 제조원가, 단위당 원가, 기말재고액

제품	결합원가배분액	추가원가	제조원가	단위당원가	기말재고액
A	₩(18,400)	₩56,200	₩37,800	@126	₩12,600*
B	50,400	—	50,400	126	15,120
C	42,000	—	42,000	84	16,800
합계	₩74,000	₩56,200	₩130,200	—	₩44,520

* 100kg × @126 = ₩12,600

(2) 손익계산서, 제품별 매출총이익률, 전체 매출총이익률

	A제품	B제품	C제품	합계
매출액	₩42,000*1	₩58,800	₩42,000	₩142,800
매출원가	25,200*2	35,280	25,200	85,680
매출총이익	₩16,800	₩23,520	₩16,800	₩57,120
매출총이익률	40%	40%	40%	40%

*1 판매량 × 판매가격 *2 판매량 × 단위당 원가

문 2 결합원가의 배분 - 여러 가지 배분방법의 비교

W회사는 동일재료를 동일공정에 투입하여 X, Y, Z 세 가지의 결합제품을 생산·판매하고 있다. 당기의 결합원가는 ₩105,000(재료비 ₩60,000, 가공비 ₩45,000)이다. 각 제품은 분리점 이후 추가가공 되어 판매되며 당기 자료는 다음과 같다.

제품	생산수량	판매수량	추가가공비	단위당 판매가격
X	500개	300개	₩50/단위	@₩200
Y	200개	180개	100/단위	250
Z	300개	250개	70/단위	220
계	1,000개	730개		

기초재공품과 기말재공품은 없다.

[요구사항]

1. 물량기준에 의해 결합원가를 배분하고 각 제품별 단위당 원가를 구하시오.
2. 분리점에서 제품 X, Y, Z의 단위당 판매가격이 각각 ₩128, ₩200, ₩120일 경우 분리점에서의 상대적 판매가치법에 의해 결합원가를 배분하고 각 제품별 단위당 원가를 구하시오.
3. 분리점에서의 판매 단가를 전혀 모른다고 가정하고, 순실현가치법에 의해 각 제품별 기말재고액을 구하시오.

해답

1. 물량기준법

① 결합원가 배분

제품	결합원가 배분액
X	$₩105,000 \times \frac{500}{1,000} = ₩52,500$
Y	$₩105,000 \times \frac{200}{1,000} = ₩21,000$
Z	$₩105,000 \times \frac{300}{1,000} = ₩31,500$
계	₩105,000

② 각 제품별 단위당 원가

X제품 : $\frac{52,500}{500} + 50 = ₩155$

Y제품 : $\frac{21,000}{200} + 100 = ₩205$

Z제품 : $\frac{31,500}{300} + 70 = ₩175$

2. 상대적 판매가치법

① 결합원가 배분

제품명	분리점에서의 판매가치	결합원가 배부액
X	₩128 × 500 = ₩64,000	$₩105,000 \times \frac{64,000}{140,000} = ₩48,000$
Y	200 × 200 = 40,000	$105,000 \times \frac{40,000}{140,000} = 30,000$
Z	120 × 300 = 36,000	$105,000 \times \frac{36,000}{140,000} = 27,000$
계	₩140,000	₩105,000

② 각 제품별 단위당 원가

X제품 : $\frac{48,000}{500}$ + 50 = ₩146

Y제품 : $\frac{30,000}{200}$ + 100 = ₩250

Z제품 : $\frac{27,000}{300}$ + 70 = ₩160

3. 순실현가치법

① 결합원가 배분

제품	판매가치		추가원가		순실현가치	배부율	결합원가 배분액
X	₩200×500 =	₩100,000	₩50×500 =	₩25,000	₩75,000	50%	₩52,500
Y	250×200 =	50,000	100×200 =	20,000	30,000	20%	21,000
Z	250×300 =	66,000	70×300 =	21,000	45,000	30%	31,500
계		₩216,000		₩66,000	₩150,000	100%	₩105,000

② 각 제품의 단위당 원가

X제품 : $\frac{52,500}{500}$ + 50 = ₩155

Y제품 : $\frac{21,000}{200}$ + 100 = ₩205

Z제품 : $\frac{31,500}{300}$ + 70 = ₩175

③ 제품별 기말재고자산액

X제품 : 155 × 200 = ₩31,000

Y제품 : 205 × 20 = ₩4,100

Z제품 : 175 × 50 = ₩8,750

해설

결합원가는 분리점에서 식별되는 제품을 생산하기 위하여 발생한 원가이다. 따라서 결합원가를 배분할 때는 생산량이 모두 판매되는 것으로 가정하고 그에 따른 판매가치나 순실현가치를 구하여 이를 기준으로 배분한다. 즉, 결합원가는 생산 활동과 관련하여 발생하는 원가이므로 판매수량이 아니라 생산량을 기준으로 배분하여야 한다.

문 3 단답형 기출문제

1. ㈜한국은 결합제품 A, B, C를 생산하며 순실현가치법에 의하여 결합원가를 배분한다. 기초 및 기말의 재고자산은 없으며, 당기의 제조 및 판매에 관한 자료가 다음과 같을 경우 제품C의 매출총이익은 얼마인가?

	A	B	C	합 계
생산량	7,000개	5,000개	3,000개	15,000개
결합원가	?	?	?	₩400,000
추가가공원가	₩50,000	₩20,000	₩40,000	110,000
판매가격	380,000	200,000	130,000	710,000

2. ㈜대한정유는 수입한 원유를 정제하여 제품 X, Y, Z를 생산하고 있다. 다음은 20×1년 1월 한 달 동안 정제공정에 투입된 총 공통원가와 X, Y, Z의 생산량에 관한 자료이다.

(1) 원가

1월 한 달 동안 정제공정에 투입된 재료비(원유)	₩150,000,000
1월 한 달 동안 정제공정에 투입된 노무비와 제조경비	130,000,000

(2) 생산량과 판매가격

제품	생산량	판매량	단위당 판매가격
X	20,000 l	15,000 l	₩15,000
Y	16,000 l	16,000 l	12,000
Z	12,000 l	10,000 l	9,000

공통원가는 각 제품이 공정에서 분리되는 시점에서 상대적 판매가치에 비례하여 배분한다. Y에 배분되는 공통원가는 얼마인가? 단, 20×1년 1월 1일 현재 기초재공품은 없다.

3. 아래 그림과 같이 제품A는 공정1, 공정2, 공정4를 거쳐서 생산되고 제품B는 공정1, 공정2, 공정5를 거쳐서 생산된다. 제품C는 공정1과 공정3을 거쳐서 생산된다. 각 공정의 제조원가는 그림에서 주어진 수치와 같다. 결합원가가 순실현가치를 기준으로 배부되고, 제품A, 제품B, 제품C의 판매가액이 각각 ₩500,000, ₩200,000, ₩300,000일 때, 제품A의 총제조원가는 얼마인가?

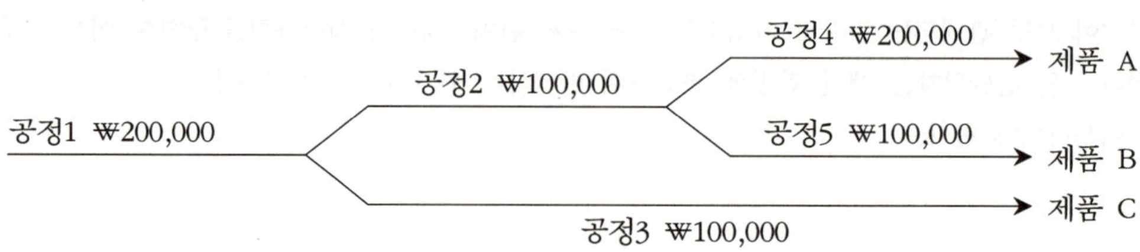

4. ㈜한국은 동일한 원료를 결합공정에 투입하여 주산품 X, Y와 부산품 B를 생산한다. 결합원가는 순실현가치(net realizable value)를 기준으로 제품에 배부한다. 당기에 결합공정에 투입된 총원가는 ₩150,000이고, 주산품 X, Y 및 부산품 B의 분리점에서 순실현가치의 상대적 비율은 6 : 3 : 1 이었다. 주산품 X에 배부된 결합원가가 ₩80,000이었다면, 부산품 B의 순실현가치는 얼마인가? 단, 부산품은 생산된 시점에서 순실현가치로 평가하여 재고자산으로 계상한다.

5. ㈜한국은 결합공정을 통해 중간재 X를 생산하고, 이를 추가가공하여 결합제품A와 B를 생산한다. 20×1년 결합공정에서 기초재공품은 없었고, 완성품은 8,000kg, 기말재공품은 1,000kg(완성도 40%)을 생산하였으며, 공손 및 감손은 없었다. 결합제품과 관련된 자료는 다음과 같다.

제품	기초제품 수량	생산량	기말제품 수량	분리점이후 추가가공원가	단위당 판매가치
A	100개	4,000개	700개	₩20,000	₩50
B	500	2,000	125	40,000	80

당기 중 결합공정에 투입된 직접재료원가는 ₩72,000이었고, 가공원가는 ₩33,600이었다. 결합공정에서 재료는 공정 초에 모두 투입되고, 가공원가는 공정전반에 걸쳐 균등하게 발생한다. 순실현가치법으로 결합원가를 배부할 때 결합제품A에 얼마가 배부되는가? 단, 원가흐름은 평균법을 가정하며, 분리점 이후 추가공정에서 재공품은 없었다.

해답

1.

	순실현가치	%	결합원가
A	₩330,000	55	₩220,000
B	180,000	30	120,000
C	90,000	15	60,000
	₩600,000	100	₩400,000

제품C의 매출총이익 : 130,000−60,000−40,000 = ₩30,000

2.

	분리점에서의 상대적 판매가치	
X	20,000 × 15,000 =	₩300,000,000
Y	16,000 × 12,000 =	192,000,000
Z	12,000 × 9,000 =	108,000,000
		₩600,000,000

∴ Y에 배분되는 공통원가

$$(150{,}000{,}000+130{,}000{,}000) \times \frac{192{,}000{,}000}{600{,}000{,}000} = ₩89{,}600{,}000$$

3.

- 순실현가치

NRV(A) : 500,000－200,000 ＝ 300,000

NRV(B) : 200,000－100,000 ＝ 100,000

NRV(AB) : 300,000＋100,000－100,000 ＝ 300,000

NRV(C) : 300,000－100,000 ＝ 200,000

- 제품A 총제조원가

$$\left\{(200{,}000\times\frac{300{,}000}{500{,}000})+100{,}000\right\}\times\frac{300{,}000}{400{,}000}+200{,}000=₩365{,}000\ 0$$

4. $[150{,}000 - NRV(B)] \times \frac{6}{9} = 80{,}000$

$\therefore$ NRV(B) ＝ ₩30,000

5.

- 배분대상 결합원가

직접재료비 : $72{,}000 \times \frac{8{,}000}{9{,}000} =$ 64,000

가 공 비 : $33{,}600 \times \frac{8{,}000}{8{,}400} =$ 32,000

96,000

- 순실현가치

A제품 : 4,000×50 － 20,000 ＝ 180,000

B제품 : 2,000×80 － 40,000 ＝ 120,000

300,000

- A제품에 배분될 결합원가

$$96{,}000 \times \frac{180{,}000}{300{,}000} = ₩57{,}600$$

☞ 당기에 투입된 결합원가 중에서 기말재공품에 포함되어 있는 것은 당기에 생산한 결합제품에 배분할 대상이 아니다. 따라서 완성품환산량을 기준으로 결합제품에 배분할 결합원가를 산정한다.

문 4 복수의 분리점 - 감손이 있는 경우

㈜대한은 X, Y, Z의 세 가지 제품을 생산하고 있으며, 세 가지 제품은 모두 주산품이다. 당기의 제조공정은 다음과 같다.

1. 부문 A에서는 원재료 110,000kg를 총원가 ₩120,000에 가공한다. 부문 A에서 가공한 수량의 60%가 부문 B로 이동되고, 40%는 부문 C로 이동된다.

2. 부문 A에서 대체된 재공품은 부문 B에서 총원가 ₩40,000을 투입하여 추가 가공된다. 부문 B에서 가공한 수량의 70%는 부문 D로 이동되고, 30%는 Y가 된다. Y는 kg당 ₩2로 판매된다. Y를 처분하는 데 발생하는 판매비는 ₩27,600이다.

3. 부문 D에서 추가적으로 총원가 ₩30,600을 투입하여 가공한 후 최종 완성된 제품 X는 kg당 ₩3으로 판매할 수 있다.

4. 부문 C로 이동한 물량은 부문 C에서 추가적으로 총원가 ₩160,000을 투입하여 가공한 후 최종 제품 Z가 된다. 이 부문에서 Z의 정상적인 감손량은 Z양품 산출량의 10%이다. Z의 양품 산출량은 kg당 ₩12으로 판매된다.

[요구사항]

순실현가치법을 사용하여 X, Y, Z의 총제조원가를 구하시오.

해답

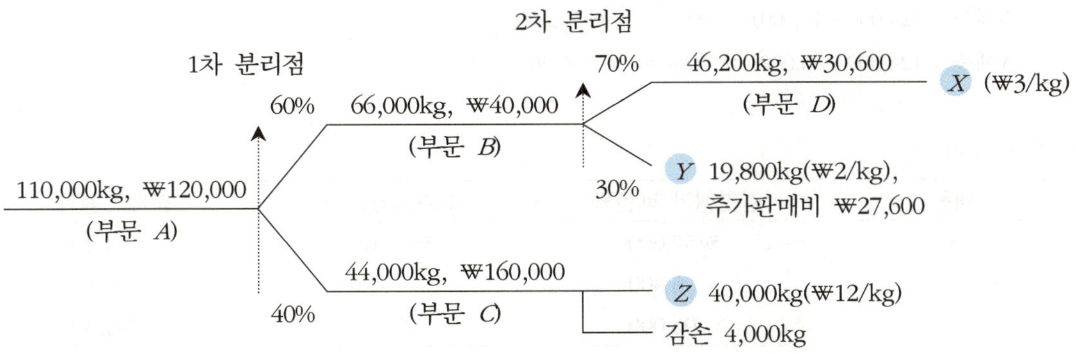

1. 각 분리점에서의 순실현가치

(1) 2차 분리점의 순실현가치

제품	최종판매가치	추가가공원가	추가판매비	순실현가치	배분비율
X	₩138,600①	₩30,600	–	₩108,000	90%
Y	39,600②	–	₩27,600	12,000	10
합계	₩178,200	₩30,600	₩27,600	₩120,000	100%

① 46,200kg × 3 = ₩138,600

② 19,800kg × 2 = ₩39,600

(2) 1차 분리점의 순실현가치

제품	최종판매가치	추가가공원가	순실현가치	배분비율
중간제품(X, Y)	₩120,000①	₩40,000	₩80,000	20%
Z	480,000②	160,000	320,000	80
합계	₩600,000	₩200,000	₩400,000	100%

① X제품과 Y제품의 2차 분리점의 순실현가치 합계

② 40,000kg × ₩12 = ₩480,000

2. 결합원가의 배분

(1) 1차분리점의 결합원가배분

중간제품(X, Y) : 120,000 × 20% = ₩24,000

Z제품 : 120,000 × 80% = 96,000

(2) 2차분리점의 결합원가배분

X제품 : (24,000+40,000) × 90% = ₩57,600

Y제품 : (24,000+40,000) × 10% = 6,400

3. 총제조원가

제품	결합원가 배분액	+	추가가공원가	=	총제조원가
X	₩57,600		₩30,600		88,200
Y	6,400		–		6,400
Z	96,000		160,000		256,000
합계	₩160,000		₩190,600		₩350,600

해설

1. Z제품을 추가가공하는 과정에서 감손이 발생하였다. 제품 Z의 정상적인 감손량은 양품 Z의 10%이므로, 양품생산량을 x라고 하면 다음의 식이 성립한다.

   투입량 = 산출량

   44,000kg = x + 0.1x

   ∴ x(Z의 양품생산량) = 40,000kg

2. Z제품을 제조하기 위해 44,000kg이 투입되어 4,000kg이 감손되고 40,000kg이 양품으로 산출되었으므로 Z제품의 순실현가치는 양품 40,000kg에 대해서만 구해야 한다. 따라서 분리점에서의 순실현가치(NRV)는 다음과 같이 구한다.
   - 일반적인 경우 : 중간제품 생산량 × 판매단가 − 추가가공원가 및 판매비
   - 감손발생시 : (중간제품 생산량−감손량) × 판매단가 − 추가가공원가 및 판매비

3. 2차 분리점에서 X제품과 Y제품에 배분해야 할 결합원가는 1차분리점으로부터 X와 Y의 중간제품이 배분받은 ₩24,000에 추가가공원가 ₩40,000을 가산한 ₩64,000이 된다.

문 5 부산물의 회계처리

㈜민국은 제품A, B와 부산물C를 생산하고 있다. 이들 제품은 결합생산되며, 당기에 결합공정(1공정)에서 발생한 결합원가는 ₩52,000이다. 제품A와 제품B는 2공정과 3공정에서 각각 추가가공을 거친 다음 최종완성되어 판매되며, 부산물C는 분리점에서 즉시 판매가능하다. 당기의 생산 및 판매와 관련된 자료는 다음과 같다.

제품	생산량	판매량	추가가공원가	단위당 판매가격
A	500단위	400단위	₩40,000	₩200
B	250단위	200단위	50,000	360
C	100단위	100단위	0	100
합계	850단위	700단위	₩90,000	

부산물C의 단위당 판매비용은 ₩60이다. 기초재고자산은 없었으며, 회사는 결합원가를 순실현가치법에 의하여 배분하고 있다.

[요구사항]

1. 생산시점에서 부산물의 순실현가치를 주산품에 배분될 결합원가에서 차감하고자 한다. 제품A, B와 부산물C의 단위당 원가는 얼마인가?
2. 요구사항1에서 당기순이익은 얼마인가?
3. 판매시점에서 부산물의 순수익을 잡이익으로 처리하고자 한다. 제품A, B와 부산물C의 단위당 원가는 얼마인가?
4. 요구사항3에서 당기순이익은 얼마인가?
5. 부산물C를 추가가공 하여 제품D를 만들 수 있다. 추가가공 하는데 발생하는 원가는 ₩11,000이며 제품D의 단위당 판매가격은 ₩250, 단위당 판매비용은 ₩70이다. 한편, 공정의 특성상 추가가공을 하면 투입량의 10%만큼 감손이 발생한다. 부산물C의 추가가공 의사결정을 하시오. 단, 계산근거를 반드시 밝히시오.
6. 요구사항5와 관련하여 ㈜민국이 만약 물량기준법으로 결합원가를 배분하는 경우라면 추가가공 의사결정이 달라지겠는가? 그 이유를 간략히 설명하시오.

해답

1.

제품	순실현가치	배분비율	결합원가배분액	개별원가	총원가	단위당원가
A	₩60,000	60%	₩28,800*[2]	₩40,000	₩68,800	₩137.6
B	40,000	40%	19,200	50,000	69,200	276.8
소계	₩100,000	100%	48,000	90,000	138,000	
C			4,000*[1]	0	4,000	40.0
합계			₩52,000	₩90,000	₩142,000	

*[1] NRV C = 100개 × @100 − 100개 × @60 = ₩4,000

*[2] (52,000−4,000) × 60% = 28,800

2.

A	400 × (200−137.6)	=	24,960
B	200 × (360−276.8)	=	16,640
C	100 × (100−40−60)	=	0
합계			41,600

3.

제품	순실현가치	배분비율	결합원가배분액	개별원가	총원가	단위당원가
A	₩60,000	60%	₩31,200*	₩40,000	₩71,200	₩142.4
B	40,000	40%	20,800	50,000	70,800	283.2
소계	₩100,000	100%	52,000	90,000	142,000	
C			0	0	0	0
합계			₩52,000	₩90,000	₩142,000	

* 52,000 × 60% = 31,200

4.

A	400 × (200 − 142.4)	=	23,040
B	200 × (360 − 283.2)	=	15,360
C	100 × (100 − 60)	=	4,000
합계			42,400

5.

증분수익	90 × 250 − 100 × 100	=		12,500
증분비용	90 × 70 − 100 × 60	=	300	
			11,000	11,300
증분이익				1,200

∴ 추가가공한다.

■ **별해** : 추가가공 전 이익 = 100 × (100 − 60) = 4,000
추가가공 후 이익 = 90 × (250 − 70) − 11,000 = 5,200
∴ 추가가공한다.

6. 추가가공 의사결정에 영향이 없다. 결합원가는 매몰원가이므로 결합원가를 어떤 방법으로 배분할 것인가는 회사전체의 원가나 이익에 영향을 미치지 않는다. 따라서 결합원가의 배분방법이 추가가공 의사결정에 영향을 미치지 않는다.

문 6 작업폐물의 회계처리

㈜대한은 1공정을 통해서 결합제품 A, B를 생산하고 있다. A제품은 2공정에서 추가가공을 받아 최종제품 X가 되고, B제품은 3공정에서 추가가공을 받아 Y제품과 Z제품이 된다. Z제품은 4공정에서 추가가공을 하여 제품Z'가 된다.

1. 생산량 및 단위당 판매가격

제품	생산량	단위당 판매가격
X	800단위	₩500
Y	400단위	600
Z'	100단위	200

2. 원가자료

1공정	₩241,000
2공정	100,000
3공정	50,000
4공정	10,000

[요구사항]

특별한 가정이 없는 한 다음 요구사항은 각각 독립적이다. 계산근거와 함께 요구사항에 답하시오.

1. Z'는 주산물이다. 순실현가치법으로 결합원가를 배분할 때 제품X, Y, Z'의 총원가를 계산하시오.
2. Z'는 3공정에서 발생하는 부산물이며, 부산물에 대하여는 생산기준법하에서 원가차감법을 적용한다. 순실현가치법으로 결합원가를 배분할 때 제품X, Y, Z'의 총원가를 계산하시오.
3. 위 기본 자료와 달리 Z는 Y제품을 생산하는 과정에서 발생하는 작업폐물(환경오염물질)이다. 따라서 4공정에서 정제과정을 걸친 후 Z'제품이 되어 단위당 ₩20에 판매될 수 있다. 작업폐물에 대한 회계처리는 생산기준법하의 원가차감법을 적용한다. 순실현가치법으로 결합원가를 배분할 때 제품X, Y의 총원가를 계산하시오.
4. 요구사항3에서 작업폐물Z의 순실현가치가 음(−)인 경우에 이를 어떻게 처리하여야 하는지 간략히 설명하시오.

해답

공정흐름도

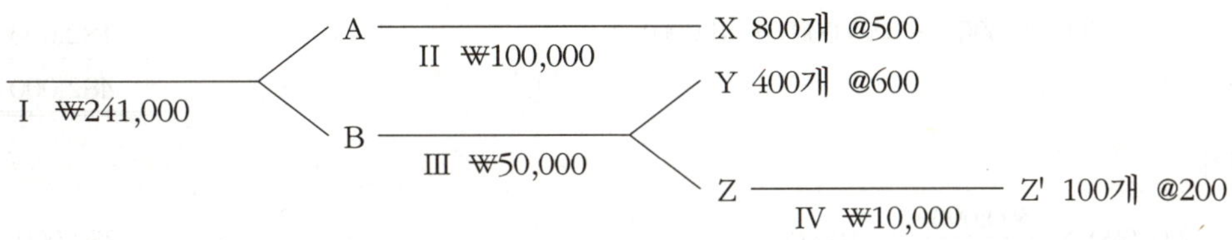

1.

$$\begin{aligned}
\text{NRV A} &= 800 \times 500 - 100{,}000 & & & &= 300{,}000 \\
\text{NRV Y} &= 400 \times 600 &= 240{,}000 \\
\text{NRV Z} &= 100 \times 200 - 10{,}000 &= 10{,}000 \\
\text{NRV B} &= & 250{,}000 & - 50{,}000 & &= 200{,}000 \\
& & & & & \quad 500{,}000
\end{aligned}$$

∴ 총원가

$$X = 241{,}000 \times \frac{300{,}000}{500{,}000} + 100{,}000 = 244{,}600$$

$$Y = \left[241{,}000 \times \frac{200{,}000}{500{,}000} + 50{,}000\right] \times \frac{240{,}000}{250{,}000} = 140{,}544$$

$$Z' = \left[241{,}000 \times \frac{200{,}000}{500{,}000} + 50{,}000\right] \times \frac{10{,}000}{250{,}000} + 10{,}000 = 15{,}856$$

2.

$$\text{NRV Z} = 100 \times 200 - 10{,}000 = 10{,}000$$

$$\text{NRV B} = 400 \times 600 - (50{,}000 - 10{,}000) = 200{,}000$$

∴ 총원가

$$X = 241{,}000 \times \frac{300{,}000}{500{,}000} + 100{,}000 = 244{,}600$$

$$Y = 241{,}000 \times \frac{200{,}000}{500{,}000} + 40{,}000 = 136{,}400$$

$$Z' = 10{,}000 + 10{,}000 = 20{,}000$$

3.

NRV A	= 800 × 500 − 100,000	=	300,000
NRV Z	= 100 × 20 − 10,000 = −8,000		
NRV B	= 400 × 600 − (50,000 + 8,000)	=	182,000
			482,000

∴ 총원가

$$X = 241{,}000 \times \frac{300{,}000}{482{,}000} + 100{,}000 = 250{,}000$$

$$Y = 241{,}000 \times \frac{182{,}000}{482{,}000} + 58{,}000 = 149{,}000$$

4. 작업폐물Z는 제품Y를 생산하기 위하여 발생한 원가이므로 음(−)의 순실현가치는 완제품인 제품Y의 원가에 가산한다. 작업폐물인 경우에는 음(−)의 순실현가치만큼 작업폐물이 생산되는 공정의 제조간접비로 보아 추가가공원가에 가산한다.

문 7 결합원가계산 종합

㈜유진은 여러 공정을 거쳐서 최종적으로 제품 F(1,000개), 제품 G(1,000개), 제품 H(1,000개), 부산물 W(120개) 등 4개의 제품을 생산하고 있다. 공정 1에서는 원재료 X를 투입하여 최종제품 F와 중간제품 R(2,000개), 부산물 W를 생산하고 있다. 중간제품 R은 판매시장이 존재하지 않아 추가가공을 하여야 한다. 따라서 공정 2 에서는 중간 제품 R을 추가가공하여 제품 G와, 제품 H를 생산하다. 제품 G와, 제품 H는 각각 ₩500,000과 ₩1,000,000의 원가를 추가로 투입하여야 최종제품이 된다. 부산물은 생산시점의 원가차감법(순실현가치법)을 적용한다. 공정별 원가 및 제품별 단위당 판매가격은 다음과 같다.

- 공정 1의 결합원가 : ₩1,512,000
- 공정 2의 결합원가 : 1,200,000
- 단위당 판매가격

  최종 제품 F : ₩1,700
  최종 제품 G : ₩1,000
  최종 제품 H : ₩2,000
  부산물 W : ₩100

[요구사항]

1. 순실현가치법을 기준으로 결합원가를 배분할 때, 각 제품(부산물 포함)에 배분될 결합원가는 얼마인가?
2. 요구사항1에 기초할 때 각 제품별로 최종제품의 단위당 원가를 구하시오.
3. 위 기본자료와 달리 부산물 W가 폐기물에 해당하여 판매가치는 전혀 없고 폐기처분하는데 단위당 ₩50이 소요된다고 가정한다. 순실현가치법으로 결합원가를 배분할 때 최종제품 G의 총원가는 얼마인가?
4. 기본자료와 동일한 상황에서 모든 제품은 최종 완성되기 이전에는 판매가치가 없다고 가정한다. 제품 H의 판매가격이 단위당 ₩400으로 떨어진다면 각 제품별 생산여부 의사결정을 수행하시오.
5. 중간제품 R의 판매가격이 ₩500일 때 제품 R을 추가가공하여 최종제품 G와 H를 생산하려 한다. 추가가공하기 위한 최종제품 H의 최소 판매가격을 구하시오. 단, 제품 G의 판매가격은 동일하다.

해답

공정흐름도

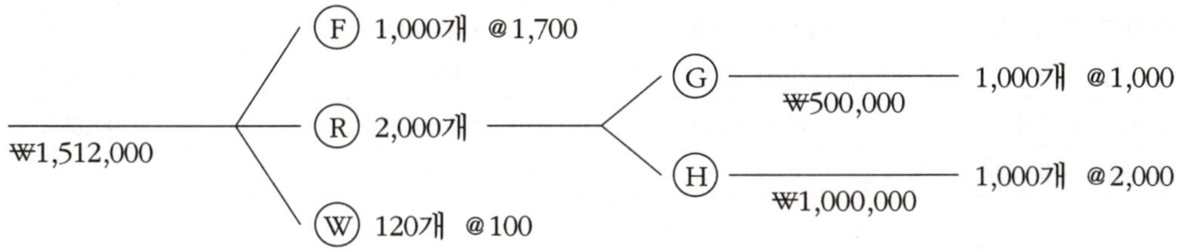

내용정리

NRV(F) = 1,000 × 1,700 = 1,700,000
NRV(G) = 1,000 × 1,000 − 500,000 = 500,000
NRV(H) = 1,000 × 2,000 − 1,000,000 = 1,000,000
　　　　　　　　　　　　　　　　　　1,500,000

NRV(R) = 1,500,000 − 1,200,000 = 300,000
NRV(W) = 120×100 = 12,000

1. 결합원가 배분액

F제품	G제품	H제품	W제품	합계
1,275,000*1	475,000*2	950,000	12,000	2,712,000

*1 $(1,512,000-12,000) \times \frac{1,700,000}{1,700,000+300,000} = 1,275,000$

*2 $\left[(1,512,000-12,000) \times \frac{300,000}{1,700,000+300,000} + 1,200,000\right] \times \frac{500,000}{1,500,000} = 475,000$

2. 각 제품별 단위당 원가

구 분	F제품	G제품	H제품	W부산물
총 원 가	₩1,275,000	₩975,000	₩1,950,000	₩12,000
생 산 량	1,000개	1,000개	1,000개	120개
단위당 원가	₩1,275	₩975	₩1,950	₩100

3. 폐기물의 가치 = −50 × 120 = −6,000

최종제품 G의 총원가

$$= \left[(1{,}512{,}000+6{,}000) \times \frac{300{,}000}{2{,}000{,}000} + 1{,}200{,}000\right] \times \frac{500{,}000}{1{,}500{,}000} + 500{,}000$$

= ₩975,900

4.

구분	H제품	G제품	F제품
매 출 액	400,000	1,000,000	1,700,000
추가가공원가	(1,000,000)	(500,000)	
결 합 원 가		(1,200,000)	(1,500,000)
총이익(손실)	(600,000)	(700,000)	200,000
가 공 여 부	×	×	○

5.

증분수익				
G매출액	1,000 × 1,000	=	1,000,000	
H매출액	1,000 × P	=	1,000P	1,000,000 + 1,000P
증분비용				
R매출액	2,000 × 500	=	1,000,000	
추가가공비			2,700,000*	3,700,000
증분이익				1,000,000 + 1,000P − 3,700,000

* 1,200,000+500,000+1,000,000 = 2,700,000

∴ 1,000,000+1,000P−3,700,000 〉 0

∴ P 〉 2,700

해설

1. 양의 순실현가치가 있는 부산물은 생산시점의 원가차감법이나 판매시점의 잡수익법을 적용한다. 그러나 음의 순실현가치가 발생하는 작업폐물의 경우에는 음의 순실현가치를 제조간접비로 보아 결합원가에 가산한다.
2. 요구사항4에서 H제품의 가격이 일정수준 이하로 떨어져서 순실현가치가 (−)가 되면 H제품을 추가가공하지 않는다. 이때 G제품과 H제품의 생산을 위해 발생하는 결합원가는 전액 G제품에 배분된다. 그 결과 G제품의 순실현가치도 (−)가 되므로 결합원가 ₩1,500,000은 전액 F제품에 배분된다.

문 8 균등이익률법과 의사결정

20×1년에 ㈜태종은 결합공정에서 원재료 100,000kg을 가공하여 주산품 A와 B 및 부산물 Y를 생산하였다. A제품은 즉시 판매되고, B제품과 부산물 Y는 추가 가공되어 판매된다. 관련 자료는 다음과 같다.

	제품 A	제품 B	부산물 Y	계
(1) 결합원가				
변동비				₩50,000
고정비				160,000
(2) 추가가공비				
변동비	−	₩30,000	₩1,000	31,000
고정비	−	70,000	9,000	79,000
(3) 생산량	50,000개	30,000개	10,000개	90,000개
(4) 판매단가	₩5.2	₩8	₩2	

㈜태종은 기초 및 기말재고자산을 보유하지 않는다. 원재료 투입에 대한 제품의 생산비율은 일정하며, 각 제품의 생산비율과 판매비율은 동일하다.

[요구사항]

특별한 가정이 없는 한 다음은 각각 독립된 상황이다.

1. 균등이익률법에 의해 결합원가를 배분하는 경우 A, B 및 Y의 단위당 원가를 구하시오. 단, 회사는 생산시점에서 부산물의 순실현가치를 주산품에 배분될 결합원가에서 차감한다.
2. 회사가 부산물에 대하여 판매시점의 잡수익법을 적용하는 경우에 물음1에 답하시오.
3. 20×2년에 ₩68,300의 이익을 얻기 위해서는 연간 원재료 몇 kg을 가공하여 판매하여야 하는가? (원재료 기준으로 답하시오.)
4. 물음3에서 각 제품(A, B 및 Y)의 판매량은 각각 몇 개인가?

5. 컨설팅업체의 최신정보에 의하면 A제품을 추가가공하면 고품질의 슈퍼A제품으로 생산이 가능하다고 한다. 추가가공비는 개당(투입량기준) ₩2씩 발생하며, 기존에 연간 ₩30,000의 임대수익을 발생시키고 있는 유휴설비를 활용해야 한다고 한다. 이 경우 슈퍼A제품의 판매가격은 개당 ₩10이며 수율(투입량에 대한 산출량의 비율)은 80%이다. 한편, 슈퍼A를 판매하기 위해서는 추가로 개당 ₩0.8씩 판매비가 발생한다. 추가가공할 경우 증분이익 또는 증분손실은 얼마인가?

해답

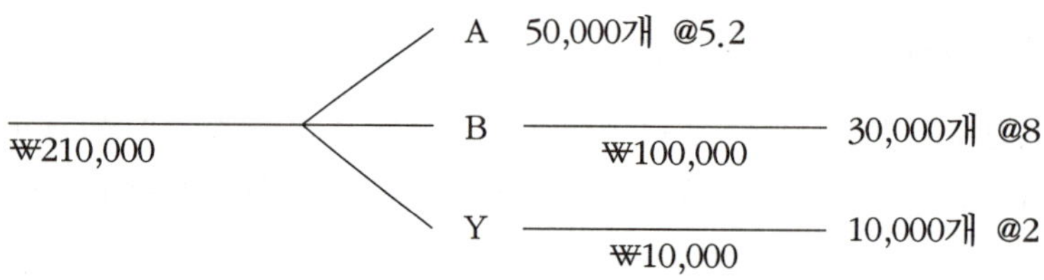

1. 생산시점의 원가차감법

(1) 결합원가의 배분

	A	B	합 계
매 출	50,000 × 5.2 = 260,000	30,000 × 8 = 240,000	500,000
추가가공원가	–	100,000	100,000
결합원가	156,000	44,000	200,000*
매출총이익	104,000	96,000	200,000
매출총이익률	40%	40%	40%

* 부산물의 순실현가치(10,000×2−10,000 = ₩10,000)는 결합원가에서 차감하여야 한다. 따라서 주산물에 배분될 결합원가는 ₩200,000이다.

☞ 합계란에서 매출총이익과 매출총이익률이 먼저 결정된 후에 개별 제품의 매출총이익률이 40%가 되도록 결합원가를 배분한다. 부산물은 주산물에 포함되지 않기 때문에 균등이익률을 유지할 필요가 없다.

(2) 단위당 원가

A = 156,000 ÷ 50,000 = ₩3.12

B = (100,000+44,000) ÷ 30,000 = ₩4.8

Y = (10,000+10,000) ÷ 10,000 = ₩2

2. 판매시점의 잡수익법

(1) 결합원가의 배분

	A	B	합계
매 출	50,000 × 5.2 = 260,000	30,000 × 8 = 240,000	500,000
추가가공원가	–	100,000	100,000
결합원가	161,200	48,800	210,000*
매출총이익	98,800	91,200	190,000
매출총이익률	38%	38%	38%

* 결합원가 전액이 주산물에 배분된다.

(2) 단위당 원가

A = 161,200 ÷ 50,000 = ₩3.224

B = (100,000+48,800) ÷ 30,000 = ₩4.96

Y = 10,000 ÷ 10,000 = ₩1

☞ 부산물에 결합원가를 배분하지 않더라도 부산물의 추가가공원가는 부산물의 제조원가에 포함된다.

3.

(1) 원재료 100,000kg 가공 · 판매시 공헌이익

매 출 : 50,000 × 5.2 + 30,000 × 8+ 10,000 × 2 = ₩520,000

변 동 비 : 50,000 + 30,000 + 1,000 = ₩81,000

공헌이익 : 520,000 − 81,000 = ₩439,000

(2) 목표이익을 얻기 위한 원재료 가공량(Q)

4.39Q − (160,000+79,000) = 68,300

∴ Q = 70,000kg

4. A = 70,000 × 0.9* × 50,000/90,000 = 35,000개

B = 70,000 × 0.9* × 30,000/90,000 = 21,000개

Y = 70,000 × 0.9* × 10,000/90,000 = 7,000개

* 100,000kg을 투입하면 90,000개의 제품이 생산된다.

5. 추가가공시

증분수익	40,000개 × 10 − 50,000 × 5.2 =	₩140,000
증분비용		
추가가공비	50,000개 × 2 =	100,000
추가판매비	40,000개 × 0.8 =	32,000
기회비용		30,000
증분이익(손실)		(22,000)

문 9 등급품의 원가계산

㈜유나는 특수공정을 통하여 세 가지 등급의 제품을 생산하는 회사로서 7월 동안 등급품 전체의 완성품원가는 ₩235,000이다. 당사는 각 제품의 판매가격을 기준으로 등가계수를 정하고 있으며, 원가계산과 관련된 자료는 다음과 같다.

	상급품	중급품	하급품
생산량	300개	800개	400개
단위당 판매가격	₩400	₩240	₩160

[요구사항]

1. 하급품을 기준으로 등가계수를 결정하시오.
2. 각 등급품의 단위당 제조원가를 계산하시오.
3. 고급제품에 대한 수요가 많아서 하급품을 중급품으로 추가가공하고 중급품을 상급품으로 추가가공하려고 한다. 이 같이 추가가공하는 데는 ₩70,000의 원가가 소요 될 것으로 예상된다. 최종제품의 생산량은 다음과 같이 기대된다.

	상급품	중급품
생산량	600개	900개

추가가공여부를 결정하시오.

해답

1. 등가계수

상급품 = 400 ÷ 160 = 2.5

중급품 = 240 ÷ 160 = 1.5

하급품 = 160 ÷ 160 = 1.0

2.

	상급품	중급품	하급품	계
생 산 량	300개	800개	400개	1,500개
등 가 계 수	2.5	1.5	1.0	
적 수	750개	1,200개	400개	2,350개
원 가 배 분	₩75,000*1	₩120,000	₩40,000	₩235,000
단위당제조원가	₩250*2	₩150	₩100	

*1 $₩235{,}000 \times \frac{750}{2{,}350} = ₩75{,}000$

*2 ₩75,000 ÷ 300 = ₩250

3.

증분수익	(600−300) × 400	=	120,000	
	(900−800) × 240	=	24,000	₩144,000
증분비용	400 × 160	=	64,000	
			70,000	(134,000)
증분이익(손실)				₩10,000

∴ 추가가공한다.

■ **별해** :

증분수익	(240 − 160) × 400	=	32,000	
	(400 − 240) × 300	=	48,000	₩80,000
증분비용				(70,000)
증분이익				₩10,000

문 10 결합원가계산과 종합원가계산

㈜유현은 두 개의 제조공정에서 제품A, B를 생산한다. 1공정에서는 1:2의 비율로 연산품 A 와 B를 생산하는데, 연산품 A는 1공정 종료시점에서 즉시 판매할 수 있으며 연산품 B는 2공정에서 추가가공한다. 당기동안의 생산 및 원가자료는 다음과 같다.

1공정 :			
	기초재공품	500개	₩3,000
	제품A의 생산량	2,000개	?
	중간제품B의 생산량	4,000개	?
	당기발생 총제조원가		₩22,000
	기말재공품	600개	₩4,000

2공정 :	기초재공품 없음		
	완제품B의 생산량	3,000개	?
	가공비		₩14,800

〈추가자료〉

① 제품 A와 B의 단위당 판매가격은 각각 ₩4과 ₩7이다.

② 2공정에서 재료비는 발생하지 않았으며, 기말재공품의 가공비완성도는 70% 이다.

③ 회사는 결합원가를 순실현가치에 의하여 배분하고 있다.

④ 공손은 발생하지 않았다.

[요구사항]

1. 1공정의 결합원가 중 당기에 배분할 원가는 얼마인가?
2. 2공정의 가공비 완성품환산량과 완성품환산량 단위당원가를 구하시오.
3. 1공정의 결합원가 중 A제품에 배분될 금액은 얼마인가?
4. 2공정의 기말재공품원가와 완성품원가는 얼마인가?
5. 1공정과 2공정의 재공품계정을 작성하시오.
6. 재공품계정과 관련있는 회계처리를 하시오.

해답

물량흐름도

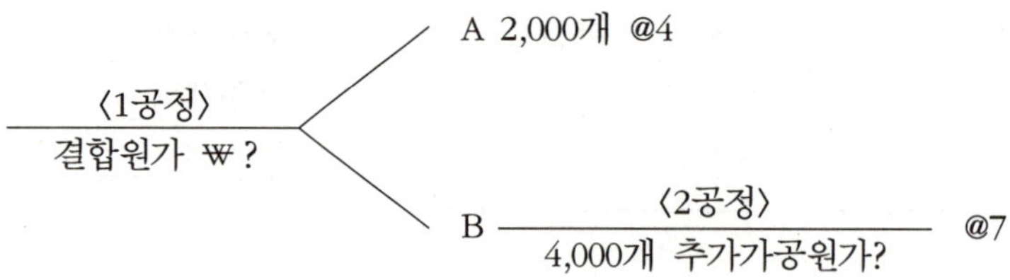

1. 3,000 + 22,000 − 4,000 = 21,000

	물량흐름	완성품환산량 전공정비	완성품환산량 가공비
기초재공품	0		
당기착수	4,000		
	4,000		
당기완성	3,000	3,000	3,000
기말재공품	1,000(70%)	1,000	700
	4,000	4,000	3,700
		0	0
		12,600	14,800
총원가		12,600	14,800
		÷4,000	÷3,700
완성품환산량단위당원가		@3.15	@4

• 원가의 배분

완성품원가	3,000개 × @3.15 + 3,000개 × @4 =	₩21,450
기말재공품원가	1,000개 × @3.15 + 700개 × @4 =	5,950
합　　계		₩27,400

☞ 제조원가보고서의 ▒ 부분은 결합원가를 배분한 후에 계산되는 부분이다.

2. 2공정 가공비 완성품환산량과 완성품환산량 단위당원가

완성품환산량 = 3,700개

완성품환산량 단위당원가 = ₩4

3. 결합원가의 배분

제품	순실현가치		배분비율	결합원가배분액
A	2,000개 × @4 =	8,000	40%	₩8,400
B	4,000개 × (@7−@4*) =	12,000	60%	12,600
합 계		20,000	100%	₩21,000

* 2공정의 가공비 완성품환산량 단위당 원가

4. 기말재공품원가 = ₩5,950

완성품원가 = ₩21,450

5. 재공품계정작성

재공품－1공정

차변		대변	
기초재공품	3,000	완성품원가	
		차공정	12,600
		A제품	8,400
당기발생	22,000	기말재공품	4,000
	25,000		25,000

재공품－2공정

차변		대변	
기초재공품	0	완성품원가	
		B제품	21,450
전공정비	12,600		
가공비	14,800	기말재공품	5,950
	27,400		27,400

6. 회계처리

①	(차) 재공품－1공정	22,000	(대) 원 재 료 노 무 비 제조간접비	22,000
②	(차) 재공품－2공정 제 품 A	12,600 8,400	(대) 재공품－1공정	21,000
③	(차) 재공품－2공정	14,800	(대) 노 무 비 제조간접비	14,800
④	(차) 제 품 B	21,450	(대) 재공품－2공정	21,450

해설

1. 1공정에서 발생한 원가 중에서 완성품에 배분된 원가만이 당기에 A, B제품에 배분될 결합원가이다. 왜냐하면 1공정의 기말재공품에 배분된 원가는 당기에 생산한 A, B제품과 무관하기 때문이다.
2. 1공정의 결합원가(₩21,000)를 A, B제품의 순실현가치를 기준으로 배분하는 것이 1차 목표이다. 이때 A제품 생산량 2,000개와 B제품 생산량 4,000개가 모두 판매되는 경우의 순실현가치를 구하여 배분하여야 한다. 왜냐하면 1공정의 결합원가(₩21,000)는 A제품 2,000개와 B제품 4,000개를 생산하기 위하여 발생한 것이므로 이들이 모두 판매되는 경우의 순실현가치를 기준으로 배분하여야 하기 때문이다.
3. 2공정에서 B제품 4,000개가 모두 완성되었다면 순실현가치를 구하는 것은 아주 간단하다(순실현가치 = 4,000×7－14,800). 그런데 2공정에서 발생한 가공비 ₩14,800은 4,000개의 완성품을 생산하는데 투입된 원가가 아니고 완성품환산량 3,700개를 생산하는데 투입된 원가이다. 즉 3,700개를 생산하기 위하여 ₩14,800이 투입되었으므로 단위당 가공비는 ₩4이다. 따라서 4,000개를 생산하여 판매하는 경우의 순실현가치(최종판매가치 － 추가가공비)는 다음과 같이 구할 수 있다. 순실현가치 = 4,000 × 7 － 4,000 × 4 = 4,000 × (7－4)
4. 각 제품의 순실현가치를 구하여 1공정의 결합원가를 배분할 때 B제품에 배분된 금액은 2공정의 입장에서는 전공정비가 된다.

PART

09 표준원가계산1

제9장

표준원가계산1

제 1 절 표준원가계산의 기초

1. 의 의

표준원가(standard costs)란 효율적인 작업조건하에서 제품을 생산할 때 달성 가능한 원가를 말한다. 따라서 표준원가는 단순한 예정원가가 아니라, 사전에 객관적이고 합리적인 방법에 의하여 산정한 원가로서, 생산현장에서 실제원가가 발생하는 경우에 원가통제나 성과평가의 기준이 되는 원가를 말한다. 표준원가계산(standard costing system)에서는 직접재료비, 직접노무비, 제조간접비 등의 원가요소에 대하여 과학적인 방법에 의해 산정된 표준원가를 미리 정해 놓고, 그 표준원가를 기초로 제품원가를 계산하고 성과평가를 하므로 신속한 원가계산이 가능하고 통제와 관리를 할 수 있다.

2. 표준원가계산의 절차

표준원가계산은 미리 설정된 표준원가를 기초로 원가계산을 하고, 표준원가와 실제원가를 비교하여 생산부문의 성과를 평가하며, 이를 통하여 원가를 관리 · 통제하는 시스템이다. 표준원가계산은 다음과 같은 절차를 밟는다.

1단계 : 표준원가의 설정
과학적인 통계기법을 이용해서 비교대상이 되는 표준원가를 설정한다.

2단계 : 차이분석
미리 설정된 표준원가와 실제 발생한 원가를 비교하여 원가차이를 분석한다.

3단계 : 차이의 조정
차이분석의 결과를 성과평가에 반영하고 표준원가와 실제원가와의 차이를 조정한다.

세부적인 내용은 절과 장을 달리하여 자세히 살펴볼 것이다.

3. 유용성과 한계점

(1) 유용성

표준원가계산에서는 사전에 설정한 표준원가를 기초로 원가를 산정하기 때문에 다음과 같은 유용성이 있다.

① 표준원가를 사용하므로 생산된 제품의 수량만 파악되면 제품원가계산을 신속하고 간편하게 할 수 있다.

② 표준원가를 사용하므로 원가흐름에 대한 가정이 불필요하여 기장업무가 간편해진다.

③ 표준원가를 이용하여 제품의 가격을 쉽고 신속하게 결정할 수 있다.

④ 제품 단위당 개념으로 설정된 표준원가에 생산수량 또는 판매수량을 적용하여 예산편성을 쉽게 할 수 있다.

⑤ 표준에서 벗어난 것을 집중적으로 관리하므로 예외에 의한 관리를 가능케 한다.

⑥ 표준이 사전에 설정되므로 종업원의 동기부여에 기여하고 책임회계를 가능케 한다.

(2) 한계점

표준원가계산을 적용하기 위해서는 원가를 추정하여 사전에 표준원가를 설정하고, 차이분석의 결과를 통하여 예외에 의한 관리를 하여야 한다. 이 같은 과정으로 인하여 표준원가계산을 하는 경우에는 다음과 같은 한계점이 있다.

① 표준의 설정이 잘못되면 차이분석 자체가 무의미해 진다.

② 표준의 설정과 원가차이 분석에 시간과 비용이 많이 든다.

③ 유리한 차이를 만들기 위하여 과다 생산할 우려가 있다.

④ 예외에 의한 관리에 중점을 두게 되면 하급자들이 불리한 차이를 감추거나 보고하지 않을 가능성이 있다.

⑤ 재무적 측정치(원가절감)만을 강조하다 보면 비재무적 측정치(품질, 인력)를 도외시할 가능성이 있다.

참 고 예외에 의한 관리(management by exception)

경영자가 관리통제를 위하여 투입할 수 있는 시간과 노력은 제한되어 있으므로 경영자가 모든 것을 통제하고 관리하는 것은 불가능하다. 그래서 경영자는 사전에 미리 표준원가를 설정하고 그 표준원가에 비하여 중요한 차이를 보이는 사항을 중점적으로 관리하는 것을 통하여 조직 전체를 관리하고자 한다. 이를 예외에 의한 관리라 한다.

4. 표준의 분류

표준(standard)이란 원가통제나 기업구성원들의 성과측정을 위한 기준이 되는 것으로서, 어떤 작업이 효율적으로 수행될 경우 마땅히 달성되어야 할 수준에 대한 측정치이다. 즉, 표준은 목표를 의미한다. 따라서 표준원가는 효율적으로 수행될 경우 달성되어야 하는 원가로서 직무를 어떻게 수행하여야 하며, 이때 그 직무를 수행하는데 얼마만큼의 비용이 소요되어야 할 것인가를 나타내 준다. 표준은 다음과 같이 분류할 수 있다.

(1) 이상적 표준

이상적 표준은 최적의 이상적인 환경에서만 달성될 수 있는 표준이다. 이는 기계 고장이나 작업 중단이 없는 상황에서, 가장 고도로 숙련된 종업원이 일정한 시간에 자신의 능력을 100% 발휘하여 능률적으로 작업하는 경우에 달성 가능한 수준을 말한다. 이상적 표준에서는 비효율적인 요소는 전혀 허용되지 않는다.

(2) 현실적인 표준

현실적인 표준은 능률적인 작업조건하에서 평균적인 근로자가 합리적인 노력을 통하여 달성 가능한 수준을 말한다. 이는 정상적인 감손이나 공손, 정상적인 기계고장과 작업자들의 정상적인 여유시간 등을 고려하여 설정된 표준으로 보통의 근로자가 열심히 노력한다면 일반적으로 달성 가능한 수준을 의미한다.

제 2 절 표준원가의 설정

표준원가계산을 실시하기 위해서는 먼저 표준원가를 설정하여야 하는데 여기서 표준원가란 효율적인 작업조건하에서 제품을 생산할 때 달성 가능한 원가 또는 발생할 것으로 예상되는 원가를 말한다. 표준을 설정할 때는 과거의 자료뿐만 아니라 미래의 기대치도 반영하여야 한다. 그리고 설정된 표준은 종업원의 원가의식을 고취시켜 기업의 장기이익과 능률을 재고하는데 활용될 수 있어야 한다. 제품단위당 표준원가는 아래식과 같이 표준수량과 표준가격을 사용하여 설정하며, 원가요소별로 각각 설정하는 것이 일반적이다.

표준원가 = 표준수량(SQ) × 표준가격(SP)

1. 표준직접재료비

표준직접재료비 = 표준수량(SQ) × 재료의 표준가격(SP)

① 표준수량(SQ)

한 단위의 제품을 생산하는데 허용된 원재료의 표준투입량을 의미하며, 정상적인 공손이나 감손 등을 고려하여 설정한다.

② 표준가격(SP)

한 단위의 표준원재료에 대하여 허용된 단위당 가격으로 원재료의 구입가격 뿐만 아니라 운반, 하역 등과 관련된 부대비용 및 수량할인 등을 고려하여 설정한다.

2. 표준직접노무비

표준직접노무비 = 표준작업시간(SQ) × 시간당 표준임률(SP)

① 표준수량(SQ)

한 단위의 제품을 생산하는데 허용되는 표준직접노동시간을 의미하는 것으로 실질적인 작업시간뿐만 아니라 기계고장시간, 기계수선시간, 휴식시간 등을 고려하여 설정한다.

② 표준가격(SP)

한 시간의 표준직접노동시간에 대하여 허용된 표준임률을 의미하는 것으로 근로자들에게 지급되는 임금뿐만 아니라 기타 노무 관련 비용을 고려하여 설정한다.

3. 표준변동제조간접비

표준변동제조간접비 = 표준조업도(SQ) × 변동제조간접비 표준배부율(SP)

① 표준수량(SQ)

한 단위의 제품을 생산하는데 허용되는 표준조업도를 의미하는 것으로 표준조업도에는 직접노동시간, 기계작업시간, 직접재료 투입량 등이 사용될 수 있는데 일반적으로 직접노동시간이 가장 많이 사용된다.

② 표준가격(SP)

한 단위의 표준조업도에 대한 변동제조간접비 표준배부율을 말한다. 이는 회귀분석 등을 통하여 추정한 조업도 단위당 예상 변동제조간접비를 의미한다.

4. 표준고정제조간접비

표준고정제조간접비 = 표준조업도(SQ) × 고정제조간접비 표준배부율(SP)

① 표준수량(SQ)

한 단위의 제품을 생산하는데 허용되는 표준조업도를 의미하는 것으로 표준조업도에는 직접노동시간, 기계작업시간, 직접재료 투입량 등이 사용될 수 있는데 일반적으로 직접노동시간이 가장 많이 사용된다.

② 표준가격(SP)

제품원가계산목적으로 한 단위의 표준조업도에 대하여 허용한 고정제조간접비 표준배부율을 의미한다. 고정제조간접비 표준배부율은 고정제조간접비예산을 기준조업도로 나누어서 구하는데, 이것은 표준원가로 산정된 제품원가를 계산하기 위하여 필요한 것이다.

$$\text{고정제조간접비 표준배부율} = \frac{\text{고정제조간접비 예산}}{\text{기준조업도}}$$

위 산식의 분자인 고정제조간접비 예산은 총액이 일정하다. 고정비는 원가행태의 특성상 수량이 변하더라도 총원가는 변하지 않기 때문에 고정제조간접비 표준배부율은 기준조업도에 따라 달라진다. 즉, 기준조업도를 높게 설정하면 고정제조간접비 표준배부율은 낮아지고 기준조업도를 낮게 설정하면 고정제조간접비 표준배부율은 높아진다.

③ 기준조업도의 종류

기준조업도의 종류에는 이론적 최대조업도, 실제적 최대조업도, 정상조업도 및 연간 기대조업도 등이 있다. 이론적 최대조업도는 최상의 작업환경에서 최고의 능률로 달성할 수 있는 조업도를 말하고, 실제적 최대조업도는 정상적인 기계고장, 종업원의 휴식시간 등을 허용할 경우에 달성 가능한 조업도를 말한다. 그리고 정상조업도는 수요의 계절적 · 주기적 변동 및 추세변동을 평준화시킨 3~5년간의 평균조업도를 말하고, 연간 기대조업도는 당기 동안에 예상되는 종합예산조업도를 말한다.

제 3 절 원가차이분석

원가차이분석은 표준원가와 실제원가를 비교하여 그 차이를 식별하고 각 차이의 원인을 규명하는 것이다. 즉, 일정한 기간 동안 실제 발생된 원가와 그 기간 동안 효율적으로 작업이 수행되었을 때 발생하였어야 할 원가(생산에 허용된 표준원가)를 비교하여 그 차이를 분석하는 기법을 원가차이분석이라고 한다.

이하에서는 원가요소별로 원가차이분석에 대하여 살펴보고자 한다.

1. 직접재료비 차이분석

직접재료비 총차이란 실제발생된 직접재료비와 실제산출량에 허용된 표준직접재료비와 차이를 말하며, 총차이는 직접재료비 가격차이와 능률차이로 구분한다. 총차이를 가격차이와 능률차이로 구분하는 이유는 각각의 차이에 대하여 책임지는 부서가 다르기 때문에 성과평가와 원가통제를 적절히 하기 위해서이다. 이를 모형으로 나타내면 다음과 같다.

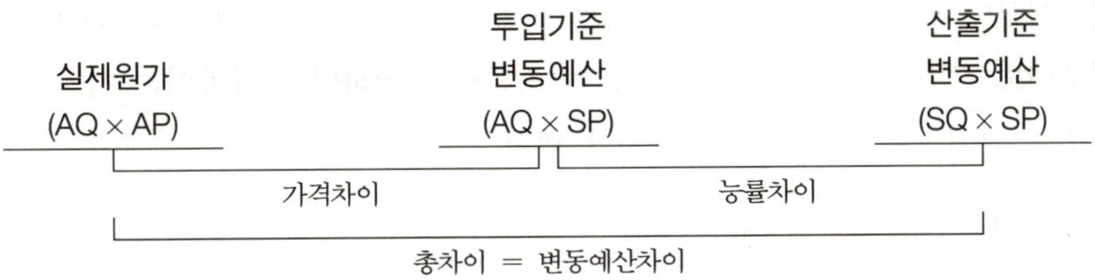

AQ(actual quantity) : 실제투입량

AP(actual price) : 실제가격

SQ(standard quantity) : 표준수량(실제산출량에 허용된 표준투입량)

SP(standard price) : 표준가격

위의 차이분석모형에서 투입기준 변동예산과 산출기준 변동예산의 의미를 정확히 익히는 것이 표준원가에서는 매우 중요한 점이다. 위 내용을 풀어서 쓰면 다음과 같은데 이 식에는 중요한 차이가 있다.

- **투입기준 변동예산(AQ×SP) = 실제 투입된 원재료량 × 표준가격**
- **산출기준 변동예산(SQ×SP) = 실제 산출된 제품수량 × 단위당 표준수량 × 표준가격**

투입기준 변동예산(AQ×SP)은 산출량과는 관계없이 실제로 투입된 원재료량을 기준으로 산정한다. 그러나 산출기준 변동예산(SQ×SP)은 실제로 산출된(생산된) 제품에 대하여 표준치로 허용한 원재료량을 기준으로 산정한다. 즉, 차이분석에서 산출기준 변동예산은 실제로 생산된 제품을 만들기 위해서는 얼마의 원가가 허용될 수 있는가를 나타내는 것이다.

(1) 가격차이

직접재료비 가격차이는 실제원가와 실제투입량을 기초로 산정한 변동예산상의 원가와의 차이를 말한다. 직접재료비 가격차이는 아래 산식에서 보는 바와 같이 직접재료의 실제가격과 표준가격의 차이로 인하여 발생한다.

가격차이 = (AQ×AP) − (AQ×SP) = AQ × (AP−SP)

한편, 직접재료비 가격차이는 재료구입시점에서 분석할 수도 있고, 재료사용시점에서 분석할 수도 있다. 재료구입시점에서 가격차이를 분석하면 가격차이에 대한 원인을 신속하게 규명하여 대책을 마련할 수 있고, 원재료계정이 항상 표준원가로 기록되므로 원가계산이 신속하고 간편하다는 장점이 있다. 재료구입시점에서 가격차이를 분석하는 경우에도 가격차이는 구입한 수량을 기준으로 분석하나 능률차이는 사용한 수량을 기준으로 분석한다는 것에 주의하여야 한다.

(2) 능률차이

직접재료비 능률차이는 수량차이라고도 하는데, 이는 실제투입량을 기초로 산정한 변동예산상의 원가와 실제산출량에 허용된 표준수량을 기초로 산정한 변동예산상의 원가와의 차이를 말한다. 직접재료비 능률차이는 아래 산식에서 보는 바와 같이 직접재료의 실제투입량과 실제산출량에 허용된 표준투입량의 차이로 인하여 발생한다.

$$\text{능률차이} = (AQ \times SP) - (SQ \times SP) = (AQ - SQ) \times SP$$

(3) 원가차이의 의미

원가차이는 유리한 차이와 불리한 차이로 나누어지는데 '유리' 또는 '불리' 한 차이라는 용어는 실제원가와 표준원가와의 차이가 이익에 미치는 영향을 말한다. 유리한 차이(favorable variance : F)는 실제원가가 표준원가보다 적게 발생하여 표준원가로 계산된 원가를 실제원가로 전환하면 원가가 감소하여 이익을 증가시키는 차이를 말하고, 불리한 차이(unfavorable variance : U)는 실제원가가 표준원가보다 많이 발생하여 표준원가로 계산된 원가를 실제원가로 전환하면 원가가 증가하여 이익을 감소시키는 차이를 말한다. 하지만 원가차이 분석모형에서 유리한 차이인지 불리한 차이인지를 빨리 파악하려면 분석모형에서 좌측값(실제원가)과 우측값(표준원가)을 비교하여 좌측값(실제원가)이 크면 불리한 차이라고 판단하면 된다.

참 고 **회계처리**

차이분석이 완료되면 원가차이별로 계정을 설정하여 회계처리를 하여야 한다. 원가차이계정은 손익계정이므로 불리한 차이는 비용의 성격으로 보아 차변에 기록하고, 유리한 차이는 수익의 성격으로 보아 대변에 기록한다.

(4) 직접재료 가격차이의 발생원인

① 가격차이는 원재료 공급시장의 수요와 공급의 상황에 따라 발생할 수 있다. 즉, 수요가공급을 초과하게 되면 가격이 상승하여 불리한 가격차이가 발생할 수 있으며, 수요가 공급보다 적다면 가격이 하락하여 유리한 가격차이가 발생할 수 있다.

② 표준이 설정될 당시에 비해 전반적인 경기변동으로 인하여 재료가격이 상승하거나 하락하는 경우 가격차이가 발생할 수 있다. 이 때 새로운 가격이 계속 지속된다면 재료의 가격표준을 수정하여야 한다.

③ 갑작스러운 재료의 수요증가로 인하여 갑자기 구입처를 변경하여 재료를 구입하는 경우에도 가격차이가 발생할 수 있다. 이와 같은 경우에는 구매담당가 공급업자를 신중히 선택할만한 시간적 여유를 갖지 못하기 때문에 재료를 높은 가격에 구입하여 가격차이가 발생할 수 있다.

④ 구매담당자가 재료를 표준원가보다 저렴한 가격으로 구입하거나 고가로 구입하는 경우에 가격차이가 발생할 수 있다.

⑤ 표준 설정시 고려한 품질수준과 상이한 품질의 재료를 구입하는 경우에 가격차이가 발생할 수 있다. 예를 들어서 저품질의 저렴한 재료를 구입하면 유리한 가격차이가 발생한다.

(5) 직접재료 능률차이의 발생원인

① 재료를 효율적으로 사용했느냐의 여부에 따라 능률차이가 발생할 수 있다.

② 표준 설정시 가정한 재료의 질과 상이한 질의 재료를 사용하는 경우에도 능률차이가 발생할 수 있다. 예를 들어서 고품질의 재료를 구입하면 유리한 능률차이가 발생할 수 있다.

③ 기술혁신에 의해서도 능률차이가 발생할 수 있다. 이 경우에는 점진적으로 새로운 표준을 설정하여 생산기술의 변화에 대응하여야 한다.

(6) 직접재료차이에 대한 책임

일반적으로 직접재료비 가격차이는 구매담당자가 책임지고, 직접재료비 능률차이는 생산담당자가 책임을 진다. 그러나 가격차이와 능률차이 사이에는 상호작용이 존재하므로 차이분석의 내용을 해석하는 경우에는 주의를 요한다. 예를 들면 저품질의 저렴한 재료를 구입하면 가격차이는 유리하게 되나 사용량은 늘어나게 되어 능률차이는 불리하게 될 수 있다.

예 제 1 직접재료비 차이분석

㈜유진은 표준원가계산제도를 채택하고 있으며, 20×1년 1월 실제생산량 1,000개에 대한 실제원가와 표준원가에 대한 자료는 다음과 같다.

① 직접재료 4,000kg을 ₩88,000에 외상으로 구입하였다.

② 직접재료의 기초재고는 없으며, 당기에 2,800kg을 제품제조에 사용하였다.

③ 제품 단위당 재료의 표준수량은 3kg이고, kg당 표준가격은 ₩20이다.

[요구사항]

1. 직접재료비 가격차이를 사용시점에서의 분리할 경우
   (1) 직접재료비에 대한 원가차이분석을 하시오.
   (2) 필요한 분개를 제시하시오.
2. 직접재료비 가격차이를 구입시점에서 분리할 경우
   (1) 직접재료비에 대한 원가차이분석을 하시오.
   (2) 필요한 분개를 제시하시오.

해답

1. 가격차이를 사용시점에서 분리

(1) 원가차이분석

$AQ_u \times AP$	$AQ_u \times SP$	$SQ \times SP$
2,800 × ₩22*	2,800 × ₩20	1,000개 × 3 × ₩20
= ₩61,600	= ₩56,000	= ₩60,000
가격차이 ₩5,600 불리	능률차이 ₩4,000 유리	
총차이 ₩1,600 불리		

* 88,000/4,000kg = ₩22

(2) 분개

① 직접재료 구입시

(차)	직접재료($AQ_P \times AP$)	88,000	(대) 매입채무($AQ_P \times AP$)	88,000

② 직접재료 사용시

(차)	재공품($SQ \times SP$)	60,000	(대) 직접재료($AQ_u \times AP$)	61,600
	가격차이	5,600	능률차이	4,000

2. 가격차이를 구입시점에 분리

(1) 원가차이분석

$AQ_P \times AP$	$AQ_P \times SP$		
4,000 × ₩22	4,000 × ₩20		
= ₩88,000	= ₩80,000		
구입가격차이 ₩8,000 불리			
	$AQ_u \times SP$	$SQ \times AP$	
	2,800 × ₩20	1,000개 × 3 × ₩20	
	= ₩56,000	= ₩60,000	
	능률차이 ₩4,000 유리		

(2) 분 개

① 직접재료 구입시

(차) 직접재료($AQ_P \times SP$)	80,000	(대) 매입채무($AQ_P \times AP$)	88,000
구입가격차이	8,000		

② 직접재료 사용시

(차) 재공품($SQ \times SP$)	60,000	(대) 직접재료($AQ_U \times SP$)	56,000
		능률차이	4,000

해설

1. 직접재료를 구입시점에 분리하는 경우와 사용시점에 분리하는 경우를 비교해 보면 가격차이는 달라지지만 능률차이는 언제나 같다.

	구입시점분리	사용시점 분리
가격차이	₩8,000*U*	₩5,600*U*
능률차이	4,000*F*	4,000*F*

2. 분개할 때 불리한 차이는 차변에 기입되고, 유리한 차이는 대변에 기입된다. 그리고 나중에 원가차이를 조정하는 경우 차변에 기입된 불리한 차이는 대변으로 제거되고 차변에는 그 금액만큼 매출원가 등이 기입되어 결국 이익이 감소한다. 마찬가지로 대변에 기입된 유리한 차이는 차변으로 제거되고 대변에는 그 금액만큼 매출원가 등이 기입되어 결국 이익이 증가한다.
3. 표준원가계산에서는 제품원가를 일단 표준원가로 계산하기 때문에 재공품계정은 항상 표준원가(SQ×SP)로 기록된다. 그런데 재료구입시점에 가격차이를 분석하면 구입가격차이가 별도로 기록되면서 직접재료도 표준원가(AQ_P×SP)로 기록된다. 따라서 원재료계정도 항상 표준원가로 기록되어 기장이 간편하게 된다.

2. 직접노무비 차이분석

직접노무비 총차이란 실제발생된 직접노무비와 실제산출량에 허용된 표준직접노무비와의 차이를 말하며, 총차이는 직접노무비 가격차이와 능률차이로 구분한다. 가격차이(임률차이)는 직접노동시간을 실제시간으로 고정시킨 상태에서 임률변화가 원가에 미치는 영향을 나타내는 것이다. 이에 비해서 능률차이(시간차이)는 표준임률로 고정시킨 상태에서 실제시간과 실제산출량에 허용된 표준시간과의 차이가 원가에 미치는 영향을 나타내는 것이다.

이를 모형으로 나타내면 다음과 같다.

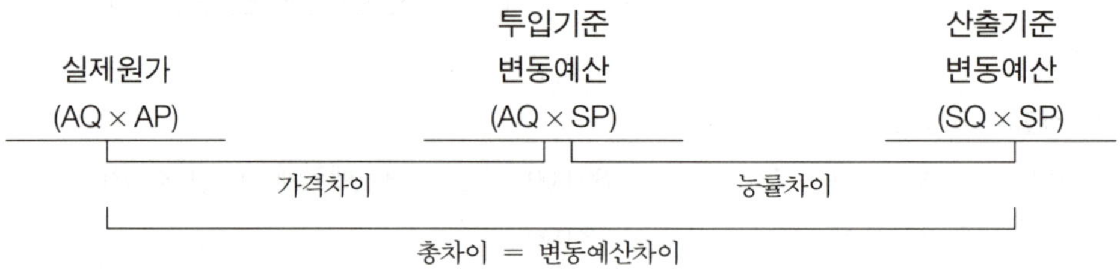

(1) 직접노무비 가격차이(임률차이)의 발생원인

① 생산작업을 위하여 사용된 노동력의 등급에 따라서 임률차이가 발생할 수 있다. 즉, 저임률의 비숙련 노동자를 사용해야 하는 곳에 고임률의 숙련 노동자를 투입하면 가격차이가 불리하게 발생한다.

② 초과근무수당을 지급하게 되면 임률차이가 불리하게 발생한다.

③ 노동시장에서 노동수요나 공급이 증대하여 임률차이가 불리 또는 유리하게 발생한다.

(2) 직접노무비 능률차이(시간차이)의 발생원인

① 노동 인력의 등급에 따라 능률차이가 발생한다. 즉, 기술수준이 낮은 근로자는 기술 수준이 높은 근로자에게 비해서 생산성이 낮아 능률차이가 불리하게 발생한다.

② 투입되는 재료나 사용되는 설비의 정도에 따라서 작업수행시간이 많이 투입되거나 조업중단이 발생하는 경우에는 직접노동시간이 증가하게 되어 능률차이가 불리하게 발생한다.

③ 생산부문 관리자의 감독소홀, 일정계획의 차질로 능률차이가 발생한다.

(3) 직접노무비 차이에 대한 책임

일반적으로 임률차이는 인사부서가 책임지고, 능률차이는 생산부서가 책임을 진다. 그러나 임률차이가 노동의 비효율적인 사용에 의해 발생하는 경우에는 생산부문 관리자의 통제가능영역에 해당되므로 생산부문 관리자가 책임을 져야 한다. 한편, 직접노무비 임률차이가 시장에서의 노동수요증대에 따른 임금상승 때문에 발생한 것이라면, 이는 생산부문 관리자가 통제할 수 없는 요소이므로 그에게 책임을 물을 수 없다. 이에 비해 능률차이는 생산부문 관리자가 책임지는 것이 일반적이다. 그러나 특정부문에서 작업이 늦어져 일정계획에 차질이 있었다면 그 부문에서 책임을 져야 하고, 저질의 노동력 공급으로 인하여 능률차이가 발생하였다면 인사부서도 책임을 분담해야 한다.

예 제 2 직접노무비 차이분석

㈜유나는 20×1년 1월 동안 특정제품을 1,000단위 생산하였다. 제품 한 단위를 생산하는 데는 2시간의 직접노동시간이 소요되며, 시간당 표준임률은 ₩100이다. 그러나 실제로 제품 1,000개를 생산하는데 1,900시간이 소요되었으며, 실제로 발생한 직접노무비는 ₩209,000이다.

[요구사항]

1. 직접노무비에 대한 원가차이를 분석하시오.
2. 필요한 분개를 제시하시오.

해답

1. 원가차이분석

AQ × AP	AQ × SP	SQ × SP
1,900 × ₩110*	1,900 × ₩100	1,000개 × 2 × ₩100
= ₩209,000	= ₩190,000	= ₩200,000
가격차이 ₩19,000 불리	능률차이 ₩10,000 유리	
총차이 ₩9,000 불리		

* 209,000/1,900시간 = ₩110

2. 분개

(차) 재공품($SQ \times SP$)	200,000	(대) 직접노무비($AQ \times AP$)	209,000
가격차이	19,000	능률차이	10,000

3. 변동제조간접비 차이분석

변동제조간접비 총차이란 실제발생된 변동제조간접비와 실제산출량에 허용된 표준변동제조간접비와의 차이를 말하며, 이는 변동제조간접비 소비차이와 능률차이로 구분한다. 소비차이는 변동제조간접비 실제발생액과 실제조업도에 기초하여 산정한 변동예산상의 변동제조간접비와의 차이를 말하고, 능률차이는 실제조업도에 기초하여 산정한 변동예산상의 변동제조간접비와 실제산출량에 허용된 표준변동제조간접비와의 차이를 말한다. 이를 모형으로 나타내면 다음과 같다.

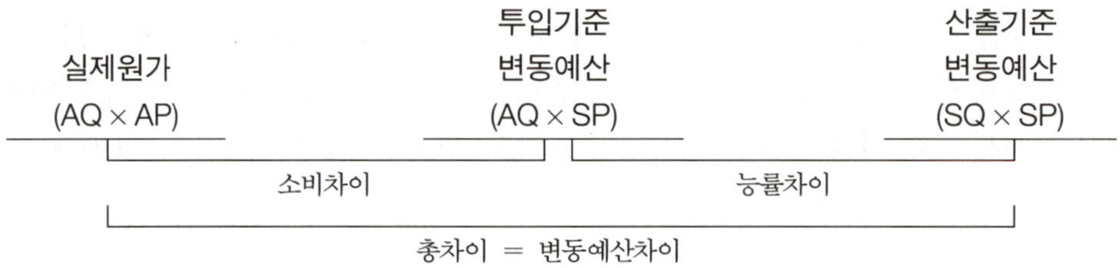

(1) 변동제조간접비 차이의 발생원인

① 물가변동이나 예산편성의 오류로 인하여 변동제조간접비 차이가 발생한다.

② 작업방법이나 작업조건 변경으로 인하여 변동제조간접비 차이가 발생한다.

③ 변동제조간접비에 해당하는 항목들이 능률 또는 비능률적으로 사용된 경우에 발생한다.

(2) 직접노무비 능률차이와 변동제조간접비 능률차이의 관계

변동제조간접비가 직접노동시간을 기준으로 배부되는 경우에는 직접노무비 차이분석에 사용된 실제투입량과 표준투입량이 변동제조간접비 차이분석에도 그대로 사용된다. 그러므로 실제투입량과 표준투입량의 차이에 의하여 발생하는 능률차이도 표준가격에 비례해서 발생한다. 즉, 직접노무비의 표준가격이 직접노동시간당 ₩20이고 변동제조간접비의 직접노동시간당 표준배부율이 ₩12일 때, 직접노무비의 능률차이가 ₩1,000불리하다면 변동제조간접비 능률차이는 ₩600불리하다. 왜냐하면 직접노무비 차이분석에 사용되는 AQ, SQ와 변동제조간접비 차이분석에 사용되는 AQ, SQ가 같은 경우 SP의 크기에 비례하여 능률차이가 결정되기 때문이다[6]. 다만 이런 관계는 변동제조간접비가 직접노동시간을 기준으로 배부되는 경우에 능률차이에 한하여 성립한다. 만약 변동제조간접비가 직접재료량을 기준으로 배부되는 경우라면 직접재료 능률차이와 변동제조간접비 능률차이는 비례관계에 있을 것이다.

참 고 차이분석에 사용되는 다양한 용어

원가요소	가격차이	능률차이
직접재료비	가격차이	수량차이(사용차이)
직접노무비	임률차이	능률차이(효율차이)
변동제조간접비	소비차이	능률차이(효율차이)

예 제 3 변동제조간접비 차이분석

㈜유현은 표준원가계산을 채택하고 있으며, 변동제조간접비 표준원가를 제품 단위당 ₩100(2직접노동시간, ₩50/시간)으로 설정하였다. 20×1년에 이 회사가 생산한 제품은 1,000개이고 변동제조간접비 실제발생액은 ₩94,500이며, 실제 직접노동시간은 2,100시간이다.

[요구사항]

1. 변동제조간접비에 대한 원가차이를 분석하시오.
2. 필요한 분개를 제시하시오.
3. 변동제조간접비예산, 배부액, 원가차이 등을 그래프에 표시해 보시오.

6) 직접노무비 능률차이 : (AQ−SQ) × 20 = 1,000불리
변동제조간접비 능률차이 : (AQ−SQ) × 12 = 600불리

해답

1. 원가차이분석

AQ × AP	AQ × SP	SQ × SP
	2,100 × ₩50	1,000개 × 2 × ₩50
₩94,500	= ₩105,000	= ₩100,000

소비차이 ₩10,500 유리 / 능률차이 ₩5,000 불리

총차이 ₩5,500 유리

2. 분 개

예정배부	(차)	재공품($SQ \times SP$)	100,000	(대)	변동제조간접비	100,000
실제발생	(차)	변동제조간접비	94,500	(대)	전기료 등	94,500
기말	(차)	능률차이	5,000	(대)	변동제조간접비	5,000
	(차)	변동제조간접비	10,500	(대)	소비차이	10,500

수험목적상 다음과 같이 요약하여 분개7)할 수도 있다.

요약	(차)	재공품($SQ \times SP$)	100,000	(대)	변동제조간접배($AQ \times AP$)	94,500
		능률차이	5,000		소비차이	10,500

3. 그래프에 도시

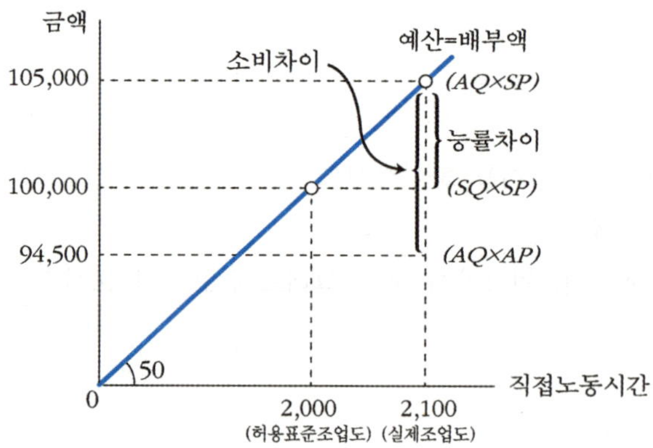

7) 변동제조간접비 실제발생액에 대한 회계처리를 제외하고 나머지 분개를 한꺼번에 한 것이다.

4. 고정제조간접비 차이분석

고정제조간접비 총차이란 고정제조간접비 실제발생액과 고정제조간접비 배부액과의 차이를 말하며, 이는 고정제조간접비 예산(소비)차이와 생산조업도차이로 구분한다. 예산차이는 고정제조간접비 실제발생액과 예산의 차이를 말하며, 생산조업도차이는 고정제조간접비 예산과 고정제조간접비 배부액의 차이를 말한다. 생산조업도 차이는 기준조업도와 실제 산출량에 허용된 표준조업도의 차이로 인하여 발생하는 것이므로 단기적으로는 통제 불가능한 경우가 대부분이다. 이를 모형으로 나타내면 다음과 같다.

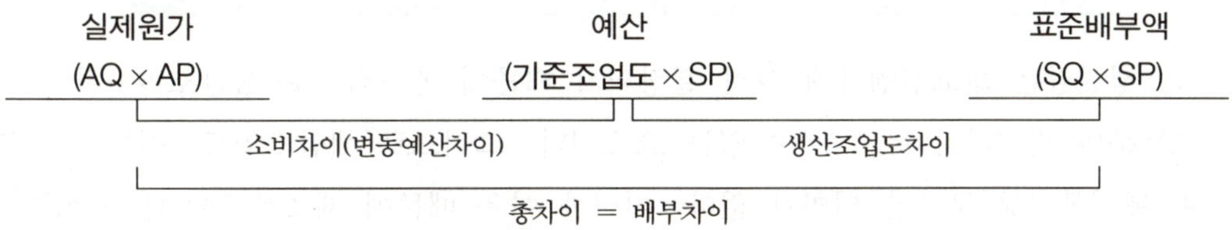

(1) 능률차이

고정제조간접비는 고정비라는 원가행태의 특성으로 인하여 조업도와 관계없이 관련범위 내에서는 총액이 일정하다. 즉, 조업도 수준이 변하는 경우에도 예산상의 고정제조간접비 총액은 변하지 않는다. 이 같은 고정제조간접비의 특성으로 인하여 고정제조간접비는 변동제조원가와 달리 효율적으로 작업한다고 해서 총원가가 절감되지는 않는다. 따라서 고정제조간접비 원가차이분석에는 능률차이가 존재하지 않는다. 다른 측면에서 설명하면 고정제조간접비는 고정비라는 원가행태의 특성으로 인하여 직접노동시간이나 기계작업시간 등의 투입이 변하는 경우에도 예산상의 총액이 변하지 않기 때문에 투입기준예산(AQ×SP)이라는 개념이 별도로 존재하지 않는다. 즉, 고정제조간접비는 투입기준예산이든 산출기준예산이든 어떤 종류의 예산에서도 예산상의 총액은 일정하므로 능률차이가 발생하지 않는다.

한편 위 모형에서 다음 사항에 주의하여야 한다. 첫째, 고정제조간접비는 능률차이가 없으므로 소비차이가 곧 변동예산차이가 된다. 둘째, 고정제조간접비 예산은 총액으로 일정하기 때문에 수량에 단가를 곱하여 산출되지 않는다. 위 모형에서 예산 밑에 '기준조업도×SP'라고 표시된 부분은 이 같은 방법으로 예산을 결정했다는 뜻이 아니라, 총액개념의 고정제조간접비를 기준조업도로 나누면 단가 개념으로 변환된다는 의미이다. 셋째, 기준조업도에 의하여 단가 개념으로 변환된 고정제조간접비는 원가계산목적의 배부액을 결정할 때 사용된다.

(2) 생산조업도차이

조업도차이는 실제 생산된 제품에 배부된 고정제조간접비와 고정제조간접비예산과의 차이를 말한다. 조업도차이는 실제 생산량에 허용된 수량이 목표수량인 기준조업도와 다른 경우에 발생한다. 예를 들어 예산상의 기준조업도가 1,000개인데 실제 생산량이 900개라면 목표수량을 달성하지 못했으므로 불리한 조업도차이가 발생한다.

기준조업도 〉 실제생산량에 허용된 표준투입량(*SQ*) ⇒ 불리한 차이
기준조업도 〈 실제생산량에 허용된 표준투입량(*SQ*) ⇒ 유리한 차이

목표생산량은 최고경영자에 의해 결정되기 때문에 본질적으로 생산조업도차이는 제조부문의 관리자가 통제할 수 없는 요소이다. 그러므로 생산조업도차이는 원가관리 및 통제목적상 중요한 의미가 없다. 이러한 이유 때문에 제조부문에 대한 성과평가를 할 때 생산조업도차이를 제외시키는 것이 일반적이다.

(3) 고정제조간접비 표준배부율

고정제조간접비 표준배부율(predetermined fixed overhead rate)이란 표준원가계산제도를 채택하고 있는 경우 제품에 고정제조간접비를 배부하기 위해 사용되는 것으로서 이를 식으로 나타내면 다음과 같다.

$$\text{고정제조간접비 표준배부율} = \frac{\text{고정제조간접비 예산}}{\text{기준조업도}}$$

① 고정제조간접비 예산

고정제조간접비는 고정비의 성격상 관련범위 내에서 조업도와 무관하게 일정액으로 발생하므로 투입과 산출간에 비례관계가 존재하지 않는다. 그러므로 투입기준예산이든 산출기준예산이든 예산상의 금액은 총액으로 동일하다.

② 기준조업도

총액개념으로 주어진 예산상의 금액을 제품원가계산을 위해서 단가개념으로 변환시켜야 하는데 이때 필요한 것이 기준조업도다. 기준조업도(denominator volume)란 표준원가계산에서 제조간접비 표준배부율을 계산하기 위하여 미리 설정해 놓은 조업도를 말한다. 이러한 기준조업도가 어느 수준에서 결정되느냐에 따라 고정제조간접비 표준배부율이 달라지며 그 결과 각 제품의 원가도 달라진다.

예 제 4 고정제조간접비 차이분석

㈜태종은 표준원가계산을 채택하고 있다. 20×1년의 고정제조간접비 예산은 ₩150,000이고 기준조업도는 2,500 직접노동시간이다. 제품을 한 단위 생산하는 데 소요되는 표준직접노동시간은 2시간이며, 20×1년 동안 실제 생산된 제품은 1,000개이고 고정제조간접비 실제 발생액은 ₩147,000이다.

[요구사항]

1. 고정제조간접비 예산차이와 생산조업도차이를 계산하시오.
2. 고정제조간접비와 관련하여 필요한 분개를 제시하시오.
3. 고정제조간접비 예산, 배부액, 원가차이 등을 그래프에 표시해 보시오.

해답

1. 원가차이분석

실제원가	예 산	배부액($SQ \times SP$)
	₩150,000	1,000개 × 2 × ₩60*
₩147,000	(2,500×₩60)	= ₩120,000

예산차이 ₩3,000 유리 | 생산조업도차이 ₩30,000 불리

총차이 ₩27,000 불리

* 고정제조간접비 표준배부율 $= \dfrac{₩150,000}{2,500시간} = ₩60$

해설

원가차이분석 모형에서 예산은 총액으로 ₩150,000이 먼저 결정된다. 그리고 나서 표준배부율을 구하기 위하여 기준조업도를 결정한다. 기준조업도가 2,500 직접노동시간으로 결정되자 표준배부율은 직접노동시간당 ₩60으로 결정되고, 이에 따라 원가계산목적으로 실제생산량 1,000개에 대하여 고정제조간접비 ₩120,000(1,000개×2×₩60)이 배분된다.

2. 분 개

예정배부	(차)	재공품(*SQ*× *SP*)	120,000	(대)	고정제조간접비	120,000
실제발생	(차)	고정제조간접비	147,000	(대)	감가상각비 등	147,000
기말	(차)	고정제조간접비	3,000	(대)	예산차이	3,000
	(차)	조업도차이	30,000	(대)	고정제조간접비	30,000

수험목적상 다음과 같이 요약하여 분개[8]할 수도 있다.

요약	(차)	재공품(*SQ*× *SP*)	120,000	(대)	고정제조간접비(*AQ*× *AP*)	147,000
		조업도차이	30,000		예산차이	3,000

3. 그래프에 도시

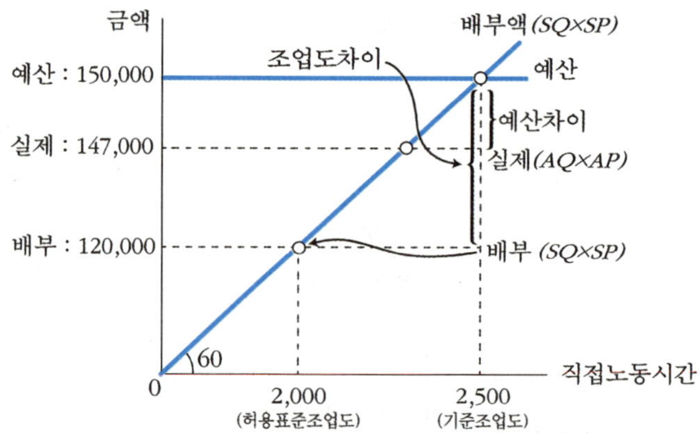

5. 제조간접비의 다양한 분석방법

지금까지는 제조간접비를 변동제조간접비와 고정제조간접비로 구분하여 차이분석을 하였다. 이를 한꺼번에 나타내면 다음과 같다. 이 모형에서 실제원가와 변동예산을 비교하는 것은 성과평가를 위한 것이고, 배부액을 결정하는 것은 원가계산목적 때문이다.

	실제원가	투입기준 변동예산	산출기준 변동예산	배 부 액 (SQ × SP)
변동제조간접비	소비차이		능률차이	
고정제조간접비	소비차이		조업도차이	

8) 고정제조간접비 실제발생액에 대한 회계처리를 제외하고 나머지 분개를 한꺼번에 한 것이다.

위 모형에서 보는 것처럼 변동제조간접비는 조업도차이가 없고 고정제조간접비는 능률차이가 없다. 변동제조간접비는 변동비이기 때문에 산출기준의 변동예산상 원가와 배부액이 항상 같으므로 조업도차이가 없고, 고정제조간접비는 관련범위 내에서 일정액으로 주어져 투입 · 산출관계가 없으므로 능률차이가 없다.

그런데 현실적으로는 제조간접비의 대부분이 혼합원가이므로 실제발생원가를 변동비 요소와 고정비 요소로 구분하는 것이 쉽지 않다. 따라서 제조간접비는 다음과 같이 다양한 방법으로 분석할 수 있다. 4분법은 제조간접비를 변동비와 고정비로 구분하여 4가지 원가차이를 모두 분석하는 방법이고, 3분법은 소비차이를 하나로 묶고 나머지 능률차이와 조업도차이를 분석하는 방법이며, 2분법은 변동예산에 해당하는 부분(소비차이+능률차이)을 하나로 묶고 나머지 조업도차이를 분석하는 방법이다.

4분법	변동제조간접비	소비차이	능률차이	
	고정제조간접비	소비차이		조업도차이
3분법	제조간접비	소비차이	능률차이	조업도차이
2분법	제조간접비	예산차이		조업도차이
1분법	제조간접비	배부차이		

능률차이는 변동제조간접비에서만 발생하며, 조업도차이는 고정제조간접비에서만 발생한다. 따라서 제조간접비 능률차이는 변동제조간접비 능률차이를 의미하고 제조간접비 조업도차이는 고정제조간접비 조업도차이를 의미한다.

예 제 5 제조간접비의 다양한 분석

㈜현희는 표준원가계산제도를 채택하고 있는데, 원가관리를 위해 연간 ₩1,500,000에 기계시간당 ₩10을 가산한 제조간접비 변동예산을 설정하였다. 기준조업도는 50,000시간이고 당기에 실제발생한 제조간접비는 ₩2,010,000이다. 실제생산량에 허용된 표준기계시간은 60,000시간이고, 실제기계시간은 58,000시간이다. 제조간접비차이를 3분법, 2법 및 1분법으로 분석하시오.

해답

	실제액	실제시간의 변동예산	표준시간의 변동예산	배부액
변 동 비	–	58,000 × ₩10	60,000 × ₩10	60,000 × ₩10
고 정 비	–	1,500,000	1,500,000	60,000 × 30*
합 계	₩2,010,000	₩2,080,000	₩2,100,000	₩2,400,000

<table>
<tr><td>3 분 법</td><td>소비차이 = ₩70,000F</td><td>능률차이 = ₩20,000F</td><td>조업도차이 = ₩300,000F</td></tr>
<tr><td>2 분 법</td><td colspan="2">예산차이 = ₩90,000F</td><td>조업도차이 = ₩300,000F</td></tr>
<tr><td>1 분 법</td><td colspan="3">제조간접비 총차이 = ₩390,000F</td></tr>
</table>

* 1,500,000 ÷ 50,000 = 30

예 제 6 변동제조간접비와 고정제조간접비의 연계

1. ㈜연이는 내부관리목적으로 표준원가시스템을 채택하고 있다. 다음은 당기의 예산자료이다. 조업도는 직접노무시간으로 측정하며, 기준조업도는 5,000직접노무시간이다.

변동제조간접원가	₩2,500,000
고정제조간접원가	4,000,000
	₩6,500,000

당기 실제 투입된 직접노무시간은 4,000시간이다. 변동제조간접원가 능률차이는 ₩100,000(불리)으로 계산되었다.

(1) SQ(실제생산량에 허용된 표준직접노무시간)은 몇 시간인가?

(2) 고정제조간접원가 조업도차이는 얼마인가?

2. 표준원가계산제도를 사용하는 ㈜태기는 직접노무시간을 기준으로 제조간접원가를 배부한다. 20×1년도 기준조업도는 20,000직접노무시간이나 실제 발생한 직접노무시간은 22,500시간이다. 직접노무시간당 표준배부율(SP)은 변동제조간접원가는 ₩6이고, 고정제조간접원가는 ₩9이다. 다음은 20×1년도의 제조간접원가와 관련된 자료이다.

- 변동제조간접원가 능률차이는 ₩3,000(유리)이다.
- 고정제조간접원가 소비차이는 ₩30,000(불리)이고, 조업도차이는 ₩27,000(유리)이다.

(1) SQ(실제생산량에 허용된 표준직접노무시간)은 몇 시간인가?

(2) 20×1년도의 고정제조간접원가 실제 발생액은 얼마인가?

해답

1.

(1) 변동제조간접원가 능률차이

AQ×SP	SQ×SP = 배부
4,000×500* = 2,000,000	3,800×500 = 1,900,000

₩100,000 불리

* 2,500,000÷5,000 = ₩500

∴ SQ = 3,800시간

(2) 고정제조간접원가 조업도차이

예산	배부(SQ × SP)
4,000,000 = 5,000×800	3,800×800 = 3,040,000

₩960,000 불리

∴ ₩960,000(불리)

☞ 변동제조간접원가 SQ × SP는 변동제조간접원가 배부액과 같으며, 이때 사용되는 SQ는 고정제조간접원가 배부를 위한 SQ와 같다.

2.

(1) 변동제조간접원가 능률차이

AQ × SP		SQ × SP = 배부
22,500×6 = 135,000		23,000×6 = 138,000
	₩3,000 유리	

∴ SQ = 23,000시간

(2) 고정제조간접원가 차이분석

실제원가		예 산		배부액(*SQ*× *SP*)
210,000		180,000		23,000×9 = 207,000
	소비차이 ₩30,000 불리		조업도차이 ₩27,000 유리	

∴ 고정제조간접원가 실제 발생액 : ₩210,000

제 4 절 표준원가계산의 회계처리

기업에서 표준원가계산제도를 채택하면 실제원가흐름을 추적할 필요가 없다. 왜냐하면 개별원가계산의 경우에는 각 제품별로 사전에 설정되어 있는 표준원가를 이용하여 개별제품의 원가를 계산하면 되고 종합원가계산의 경우에도 다른 공정으로 대체되는 생산량에 대해서 표준원가로 평가하므로 역시 실제원가흐름을 추적할 필요가 없다.

표준원가계산제도를 채택하게 되면 원가차이가 발생하는 것이 보통이다. 원가차이(cost variance)란 특정제품이나 특정부문에서 실제로 발생한 원가와 표준원가와의 차이를 말한다. 이러한 원가차이가 발생하는 이유는 표준을 설정하는 단계에서 고려하지 못했던 많은 외부요인이 제조활동이 수행되는 과정에 개입되기 때문이다. 실제원가가 표준원가보다 크면 그 차이는 불리한 것이므로 비용처럼 차변에 기록하고, 실제원가가 표준원가보다 작으면 그 차이는 유리한 것이므로 수익처럼 대변에 기록한다. 그러므로 원가차이계정은 수익과 비용을 나타내는 계정, 즉 손익계정이라 할 수 있다.

불리한 차이 : 비용의 성격으로 보아 차변에 기록
유리한 차이 : 수익의 성격으로 보아 대변에 기록

1. 회계처리

표준원가계산 회계처리의 핵심은 재공품계정을 표준원가로 기록한다는 것이다. 이를 계정으로 간단히 나타내면 다음과 같다.

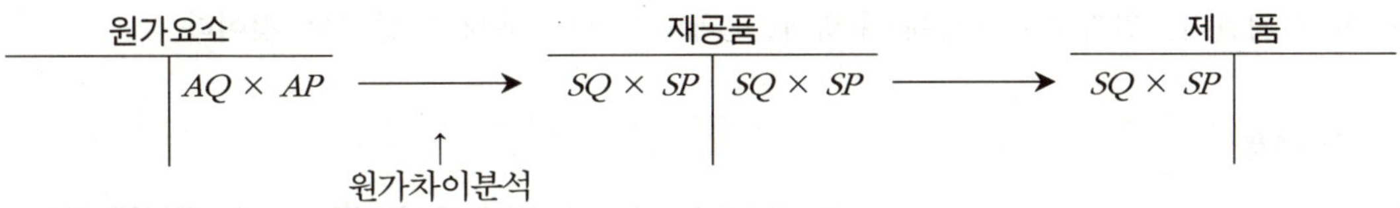

원가차이분석을 할 때 살펴본 내용을 한꺼번에 정리하면 다음과 같다. 단, 원가차이는 불리한 차이로 가정한다.

① 직접재료비

㉠ 원재료의 매입시

(차)	원재료($AQ_P \times SP$)	×××	(대)	매입채무($AQ_P \times AP$)	×××
	구입가격차이	×××			

㉡ 원재료 사용시

(차)	재공품($SQ \times SP$)	×××	(대)	원재료($AQ_u \times SP$)	×××
	능률차이	×××			

② 직접노무비

(차)	재공품($SQ \times SP$)	×××	(대)	노무비($AQ \times AP$)	×××
	가격차이	×××			
	능률차이	×××			

③ 변동제조간접비

(차)	재공품($SQ \times SP$)	×××	(대)	변동제조간접비(실제)	×××
	소비차이	×××			
	능률차이	×××			

④ 고정제조간접비

(차)	재공품($SQ \times SP$)	×××	(대)	고정제조간접비(실제)	×××
	예산차이	×××			
	조업도차이	×××			

⑤ 완성품 대체시

(차)	제 품($SQ \times SP$)	×××	(대)	재공품($SQ \times SP$)	×××

2. 원가흐름

표준원가계산의 원가흐름은 다음과 같다. 재공품계정이 표준원가로 기록된다는 점에 유의하여야 한다. 그리고 여러 원가차이는 원가차이계정에 기록되었다가 원가차이조정을 통하여 제거한다. 원가차이조정에 대해서는 제10장에서 자세히 설명할 것이다.

원가흐름

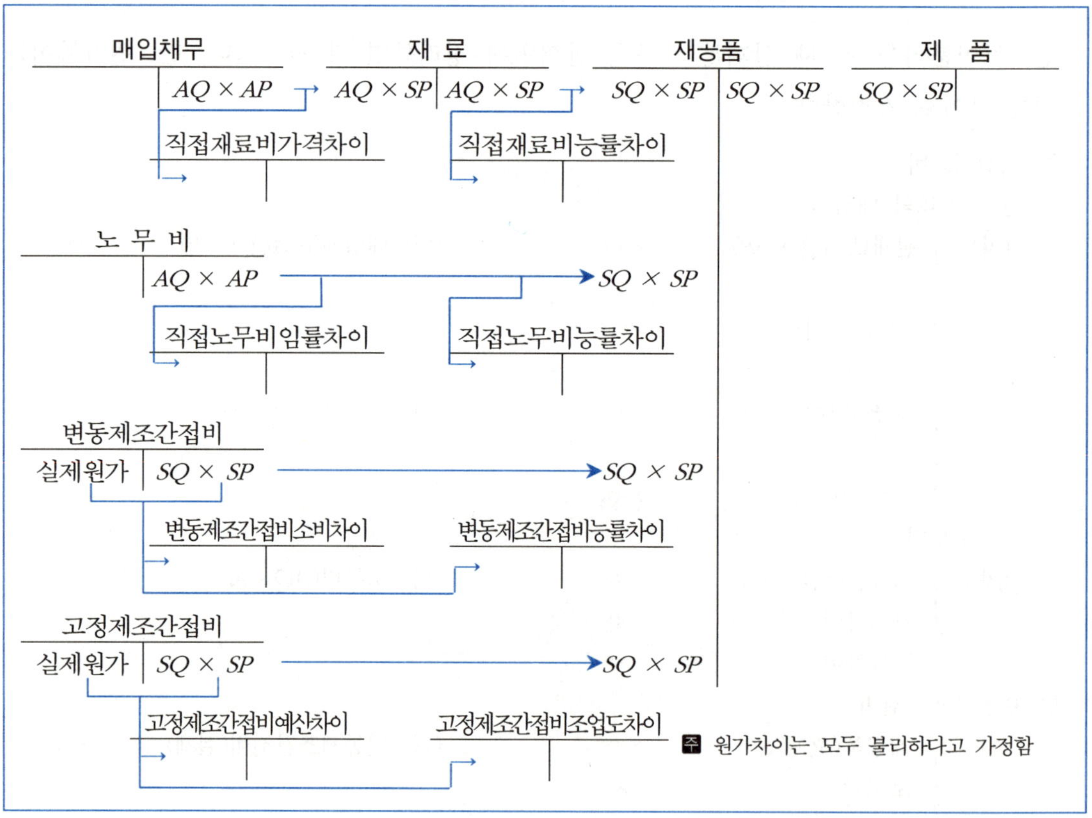

연 습 문 제

COST ACCOUNTING

문 1 직접재료비 차이분석

㈜유진은 표준원가계산제도를 채택하고 있다. 20×1년의 예산생산량은 600개나 실제생산량은 500개이다. 직접재료와 관련된 자료는 다음과 같다.

① 직접재료의 기초재고는 없고, 당기 중에 직접재료 2,500kg을 ₩41,000에 외상으로 구입하여 이 중 1,425kg을 사용하였다.

② 제품 한 단위당 직접재료비 표준원가는 ₩48(3kg×16)이다.

[요구사항]

1. 가격차이를 사용시점에 분리하는 경우 가격차이와 수량차이를 구하시오.
2. 가격차이를 구입시점에 분리하는 경우 가격차이와 수량차이를 구하시오.
3. 직접재료비 가격차이와 수량차이는 일반적으로 어느 부서에서 책임을 지는가?

해답

1. 사용시점에 분리하는 경우

AQU × AP	AQU × SP	SQ × SP
1,425 × ₩16.4*	1,425 × ₩16	500 × 3 × ₩16
= ₩23,370	= ₩22,800	= ₩24,000

가격차이 ₩570 불리 / 수량차이 ₩1,200 유리

변동예산차이 ₩630 유리

* ₩41,000/2,500kg = ₩16.4

2. 구입시점에 분리하는 경우

AQ × AP	AQ × SP	SQ × SP
	2,500 × ₩16	
= ₩41,000	= ₩40,000	

구입가격차이 ₩1,000 불리

	1,425 × ₩16	500개 × 3 × ₩16
	= ₩22,800	= ₩24,000

수량차이 ₩1,200 유리

3. 직접재료비 가격차이와 수량차이에 대한 책임

일반적으로 직접재료비 가격차이는 구매부서에서 책임지고, 수량차이는 생산부서에서 책임진다.

해설

직접재료비차이를 사용시점에 분리하는 경우에는 가격차이나 수량차이 모두 실제사용량을 기준으로 분석한다. 그러나 구입시점에 분리하는 경우에 구입가격차이는 실제구입량, 수량차이는 실제사용량을 기준으로 분석하며, 직접재료계정은 표준원가로 기록된다. 따라서 문제에서 직접재료계정을 표준원가로 기록한다는 언급이 있는 경우에는 직접재료비 가격차이를 구입시점에 분리한다고 이해해야 한다.

문 2 직접재료비 및 직접노무비 차이분석

㈜유나의 20×1년 7월의 원가자료는 다음과 같다.

	직접재료비	직접노무비
kg당 표준가격 및 시간당 표준임률	₩2,000	₩3,000
제품 단위당 표준투입량	1.2kg	2시간
실제투입량	14,000kg	19,000시간
실제 제품생산량	10,000단위	10,000단위
실제 원가발생액	₩29,400,000	₩58,900,000

[요구사항]

1. 직접재료비 가격차이, 능률차이 및 변동예산차이를 구하시오.
2. 직접노무비 가격차이, 능률차이 및 변동예산차이를 구하시오.

해답

1. 직접재료비 차이분석

AQ × AP	AQ × SP	SQ × SP
	14,000 × ₩2,000	10,000 × 1.2 × 2,000
₩29,400,000	= ₩28,000,000	= ₩24,000,000

가격차이 ₩1,400,000 불리 / 능률차이 ₩4,000,000 불리

변동예산차이 ₩5,400,000 불리

2. 직접노무비 차이분석

AQ × AP	AQ × SP	SQ × SP
	19,000 × 3,000	10,000 × 2 × 3,000
₩58,900,000	= ₩57,000,000	= ₩60,000,000

가격차이 ₩1,900,000 불리 / 능률차이 ₩3,000,000 유리

변동예산차이 ₩1,100,000 유리

문 3 제조간접비 차이분석 : 4분법

㈜유현의 20×1년의 제조간접비와 관련된 예산자료는 다음과 같다.

변동제조간접비 예산	₩96,000
고정제조간접비 예산	160,000
기준조업도(직접노동시간)	1,600시간
제품 단위당 표준투입시간	3시간

한편, 20×1년에 발생한 실제원가 자료는 다음과 같다.

변동제조간접비 실제발생액	₩89,000
고정제조간접비 실제발생액	165,000
제품 생산량	500단위
직접노동시간	1,520시간

[요구사항]

1. 변동제조간접비 소비차이, 능률차이 및 변동예산차이를 구하시오.
2. 고정제조간접비 예산차이와 생산조업도차이를 구하시오.
3. 고정제조간접비 생산조업도차이는 생산부서 관리자 입장에서 통제가능한 차이인지 설명하시오.

해답

• 제조간접비 예정배부율

변동제조간접비 : $\frac{₩96,000}{1,600시간} = ₩60$

고정제조간접비 : $\frac{₩160,000}{1,600시간} = ₩100$

1. 변동제조간접비 차이분석

AQ × AP	AQ × SP	SQ × SP
	1,520 × ₩60	500개 × 3 × ₩60
₩89,000	= ₩91,200	= ₩90,000

소비차이 ₩2,200 유리 | 능률차이 ₩1,200 불리

변동예산차이 ₩1,000 유리

2\. 고정제조간접비 차이분석

실제원가	예산	배부액(SQ × SP)
	₩160,000	500개 × 3 × ₩100
₩165,000	= 1,600 × 100	= ₩150,000
예산차이 ₩5,000 불리	생산조업도차이 ₩10,000 불리	

3\. 고정제조간접비 생산조업도차이의 통제가능성

고정제조간접비 생산조업도차이는 기준조업도와 실제산출량에 허용된 표준조업도와의 차이로 인하여 발생하는 것이다. 그런데 생산조업도차이는 실제생산량에 따라 달라지기도 하지만 기준조업도를 무엇으로 정하느냐에 따라 달라지기도 한다. 따라서 생산부서의 관리자 입장에서 생산조업도차이는 통제하기 어렵다.

해설

1. 위에 분석한 내용을 보면 알겠지만 고정제조간접비 예산은 조업도에 관계없이 연초에 설정한 ₩160,000이다. 그러나 변동제조간접비 예산은 실제투입량이나 실제생산량에 따라 변한다. 즉, 연초에는 1,600시간을 기준으로 ₩96,000이 발생할 것으로 예상하였으나 실제 투입된 1,520시간을 기준으로 예산을 짜면 ₩91,200이 되고, 실제생산량에 허용된 1,500시간(500개×3)을 기준으로 예산을 짜면 ₩90,000이 된다.

2. 고정제조간접비는 변동제조원가인 직접재료비, 직접노무비, 변동제조간접비의 차이분석과는 다르게 접근하여야 한다. 변동제조원가는 조업도에 따라서 비례적으로 증감하는 원가이므로 실제발생액과 실제산출량에 허용된 표준원가인 변동예산을 비교하여 차이를 분석한다. 그러나 고정비는 조업도에 따라 증감하는 원가가 아니라 관련범위 내에서는 총액이 일정한 원가이기 때문에 고정제조간접비는 실제발생액과 당초의 고정제조간접비 예산을 비교하여 예산차이를 구한다.

문 4 제조간접비 차이분석 : 3분법, 2분법 및 1분법

㈜현희의 20×1년의 연간 생산능력은 600,000단위이다. 제품 단위당 표준배부율은 다음과 같다.

변동제조간접비(2시간, @₩100)	₩200
고정제조간접비(2시간, @₩120)	240

20×1년 5월의 제품생산량은 45,000단위이고, 실제발생한 직접노동시간은 95,000시간이다. 당월에 발생한 실제제조간접비는 ₩21,700,000이다.

[요구사항]

1. 제조간접비 차이분석을 3분법, 2분법 및 1분법을 사용하여 분석하시오.
2. 이 문제에서 제조간접비 차이분석을 4분법으로 할 수 없는 이유는 무엇인가?

해답

1. 제조간접비 차이분석

	실제액	실제시간의 변동예산	표준시간의 변동예산	배부액
변동제조간접비	−	95,000 × ₩100	45,000 × 2 × 100	45,000 × 2 × 100
고정제조간접비	−	*50,000 × 2 × ₩120	50,000 × 2 × 120	45,000 × 2 × 120
	₩21,700,000	₩21,500,000	₩21,000,000	₩19,800,000

3 분 법	소비차이 ₩200,000U	능률차이 ₩500,000U	조업도차이 ₩1,200,000U
2 분 법	예산차이 ₩700,000U		조업도차이 ₩1,200,000U
1 분 법	제조간접비 배부차이 ₩1,900,000U(과소배부)		

* 월간 기준조업도 = 600,000/12개월 = 50,000단위

2. 4분법으로 분석할 수 없는 이유

실제제조간접비 발생액을 변동제조간접비와 고정제조간접비로 구분할 수 없기 때문이다.

문 5 단답형 기출문제1

1. ㈜태종은 표준원가제도를 채택하고 있다. 20×1년 직접재료원가와 관련된 표준 및 실제원가 자료가 다음과 같을 때, 20×1년의 실제 제품 생산량은 몇 단위인가?

- 실제 발생 직접재료원가 ₩28,000
- 직접재료단위당 실제구입원가 ₩35
- 직접재료원가 가격차이 ₩4,000 불리
- 직접재료원가 수량차이 ₩3,000 유리
- 제품단위당 표준재료투입량 9개

2. ㈜유진은 표준원가계산시스템을 사용하고 있다. 다음은 제품 단위당 원가요소별 표준원가 자료이다.

- 직접재료비 ₩100
- 직접노무비 ₩200
- 변동제조간접비 ₩50
- 고정제조간접비 ₩100

제조간접비 배부기준은 직접노무시간이다. 20×1년 6월에 기초재고는 없고, 총 500개의 제품을 생산하였다. 직접재료비 가격차이는 ₩1,000(불리), 수량차이는 ₩2,000(유리)이고, 직접노무비

임률차이는 ₩500(유리), 능률차이는 ₩1,500(불리)이었다. 6월중 직접재료비 실제발생액과 직접노무비 실제발생액은 각각 얼마인가?

3. ㈜유나의 당기 초 생산활동과 관련된 예산자료는 다음과 같다.

구분	예산
생산량(기준조업도)	1,000단위
고정제조간접원가 총액	₩200,000
단위당 변동제조간접원가	₩125

당기의 실제생산량은 1,100단위이었고 실제제조간접원가 총액은 ₩355,000이었다. 제조간접원가 총차이를 통제가능차이와 조업도차이로 나누어 분석할 때 통제가능차이와 조업도차이는 각각 얼마인가?

4. ㈜유현은 제조간접원가를 직접노무시간에 따라 배부하며, 기준조업도(직접노무시간)는 350,000시간이다. 제품 1단위를 생산하는데 표준직접노무시간은 3시간이다. 20×1년 9월의 발생 자료가 다음과 같을 때, ㈜유현의 20×1년 9월 실제 제품생산량은 몇 단위인가?

- 실제 직접노무시간 28,000시간
- 변동제조간접원가 실제 발생액 ₩37,800
- 변동제조간접원가 소비차이 4,200(유리)
- 변동제조간접원가 능률차이 3,000(유리)

해답

1.

AQ×AP	AQ×SP	SQ×SP
*1 800×35 = 28,000	800×30 *2 = 24,000	*3 100×9×30 = 27,000

4,000 불리 (AQ×AP − AQ×SP) / 3,000 유리 (AQ×SP − SQ×SP)

*1 28,000÷35 = 800

*2 24,000÷800 = 30

*3 (27,000÷30)÷9 = 100

2. • 직접재료비 실제발생액 : 500×100+1,000−2,000 = 49,000
   • 직접노무비 실제발생액 : 500×200−500+1,500 = 101,000

3. • 고정제조간접비 배부율 : 200,000÷1,000 = 200
   • 차이분석

실제	변동예산	배부
355,000	1,100×125+200,000 = 337,500	1,100×(125+200) = 357,500

통제가능차이 17,500 불리 / 조업도차이 20,000 유리

4.

AQ×AP	AQ×SP	SQ×SP
37,800	28,000×1.5 = 42,000	10,000×3×1.5 = 45,000

4,200 유리 / 3,000 유리

문 6 단답형 기출문제2

1. ㈜연이는 표준원가제도를 도입하고 있다. 20×1년의 변동제조간접원가 예산은 ₩300,000이고, 고정제조간접원가 예산은 ₩800,000이다. 이 회사는 제조간접원가 배부기준으로 직접노무시간을 사용하고 있다. 기준조업도는 직접노무시간 1,000시간이고, 20×1년에 실제 투입된 직접노무시간은 850시간이다. 20×1년의 고정제조간접원가 조업도차이가 ₩80,000 불리한 경우 변동제조간접원가 능률차이는 얼마인가?

2. ㈜태기는 표준원가계산제도를 채택하고 있다. 회사는 20×1년 2월과 3월 동일한 표준을 적용하고 있다. 20×1년 2월 중 실제로 생산된 제품수량은 1,000단위였으며, 고정제조간접원가의 조업도차이는 ₩750만큼 불리하며, 소비차이(예산차이)도 ₩400만큼 불리한 것으로 나타났다. 20×1년 3월 중 실제로 생산된 제품수량은 1,250단위였으며, 고정제조간접원가의 조업도차이는 ₩500만큼 유리하며, 소비차이(예산차이)도 ₩300만큼 유리한 것으로 나타났다. ㈜태기의 20×1년 3월 중 실제로 발생한 고정제조간접원가는 얼마인가?

3. 표준원가계산제도를 사용하는 ㈜신혜는 직접노무시간을 기준으로 제조간접원가를 배부한다. 20×1년도 기준조업도는 20,000 직접노무시간이나 실제 발생한 직접노무시간은 22,500시간이다. 변동제조간접원가의 표준배부율는 직접노무시간당 ₩6이다. 다음은 20×1년도의 제조간접원가와 관련된 자료이다. 20×1년도의 고정제조간접원가 실제 발생액은 얼마인가?

   • 변동제조간접원가 실제 발생액은 ₩110,000이고, 배부액은 ₩138,000이다.
   • 고정제조간접원가 소비차이는 ₩30,000(불리)이고, 조업도차이는 ₩27,000(유리)이다.

해답

1. • 직접노동시간당 변동제조간접원가 표준배부율(SP) : 300,000÷1,000 = 300

• 고정제조간접원가

예산	배부(SQ×SP)
800,000 = 1,000×800	720,000 = 900×800

80,000 불리

• 변동제조간접원가

AQ × SP	SQ × SP = 배부
850×300 = 255,000	900×300 = 270,000

15,000 유리

2.

• 2월

실제	예산	배부
		1,000×5* = 5,000

400 불리 (실제–예산), 750 불리 (예산–배부)

• 3월

실제	예산	배부
5,450	5,750	1,250×5* = 6,250

300 유리 (실제–예산), 500 유리 (예산–배부)

* 250개×SP = 1,250 유리 ∴ SP = 5

☞ 조업도가 250개(1,250개−1,000개) 증가할 때 조업도차이가 ₩1,250(₩750+₩500) 증가하므로 개당 배부율은 ₩5(₩1,250÷250개)이다.

3. • 변동제조간접원가 SQ : 138,000÷6 = 23,000시간

• 고정제조간접원가 조업도차이

예산	배부
20,000×SP	23,000×SP

27,000 유리

∴ 20,000×SP − 23,000×SP = −27,000

∴ SP = 9

• 고정제조간접원가 차이분석

실제원가	예 산	배부액($SQ\times SP$)
210,000	180,000	23,000×9 = 207,000
소비차이 30,000 불리	조업도차이 27,000 유리	

∴ 고정제조간접원가 실제 발생액 : ₩210,000

문 7 제조원가 차이분석

㈜태종은 단일제품을 생산하고 있으며, 제품 단위당 표준원가는 다음과 같다.

	표준수량	표준가격	표준원가
직접재료비	2kg	₩25/kg	₩50
직접노무비	3시간	3/시간	9
변동제조간접비	3시간	2/시간	6
고정제조간접비	3시간	4/시간	12
제품단위당 표준원가			₩77

고정제조간접비예산은 연간 ₩80,000이고, 고정제조간접비 예정배부율을 산정하는데 사용된 기준조업도는 20,000직접노동시간이다. 회사는 2014년 중 제품 5,000개를 생산하였으며, 실제 발생된 제조원가는 다음과 같다. 단, 변동제조간접비는 직접노동시간을 기준으로 배부한다.

직접재료비	12,000kg × ₩27 =	₩324,000
직접노무비	16,000시간 × ₩2.5 =	40,000
변동제조간접비		29,000
고정제조간접비		85,000
		₩478,000

당기의 원재료구입량은 16,000kg이며, kg당 구입가격은 ₩27이었다.

[요구사항]

다음 물음에 답하시오. 단, 불리한 차이는 (U), 유리한 차이는 (F)로 표시하시오.

1. 직접재료비의 구입가격차이와 능률차이를 구하시오.
2. 직접노무비의 가격차이와 능률차이를 구하시오.
3. 변동제조간접비의 소비차이와 능률차이를 구하시오.
4. 고정제조간접비의 소비차이와 조업도차이를 구하시오.
5. 이 문제에서 조업도차이의 의미를 간략히 설명하시오.

해답

1. 직접재료비

AQ × AP	AQ × SP	SQ × SP
16,000 × 27 = 432,000	16,000 × 25 = 400,000	
	12,000 × 25 = 300,000	5,000 × 2 × 25 = 250,000

구입가격차이 32,000(U)

능률차이 50,000(U)

2. 직접노무비

AQ × AP	AQ × SP	SQ × SP
16,000 × 2.5 = 40,000	16,000 × 3 = 48,000	5,000 × 3 × 3 = 45,000

가격차이 8,000(F) 능률차이 3,000(U)

3. 변동제조간접비

AQ × AP	AQ × SP	SQ × SP
29,000	16,000 × 2 = 32,000	5,000 × 3 × 2 = 30,000

소비차이 3,000(F) 능률차이 2,000(U)

4. 고정제조간접비

실 제	예 산	배 부
85,000	20,000 × 4 = 80,000	5,000 × 3 × 4 = 60,000

소비차이 5,000(U) 조업도차이 20,000(U)

5. 이 문제에서 조업도차이가 ₩20,000불리한 것으로 분석되었다. 조업도차이가 ₩20,000불리하다는 것은 기준조업도(20,000직접노동시간)보다 실제생산량에 허용된 조업도(15,000직접노동시간)가 작다는 것을 의미한다. 즉, 예산상의 목표조업도를 달성하지 못했다는 의미이다.

참 고 직접노무비 능률차이와 변동제조간접비 능률차이의 관계

이 문제에서는 직접노동시간에 의해서 변동제조간접비가 배부되고 있다. 직접노무비의 표준가격은 ₩3이고 능률차이는 ₩3,000(U)이다. 변동제조간접비의 표준가격은 ₩2이고 능률차이는 ₩2,000(U)이다. 차이분석을 할 때 직접노무비나 변동제조간접비의 AQ나 SQ가 직접노동시간이므로 직접노무비의 AQ, SQ와 변동제조간접비의 AQ, SQ는 동일하다. 따라서 다음에서 보는 바와 같이 표준가격의 비율이 능률차이의 비율과 같다.

- 직접노무비와 변동제조간접비의 표준가격 비율 ₩3 : ₩2
- 직접노무비와 변동제조간접비의 능률차이 비율 ₩3,000(U) : ₩2,000(U)

문 8 기준조업도의 선택과 차이분석

㈜유진의 제조간접비에 대한 예산은 다음과 같다.

- 고정제조간접비 : 연간 ₩400,000
- 변동제조간접비 : 직접노동시간당 ₩100

이 회사는 단일 제품을 생산하는데 한 단위 생산에 소요되는 원재료 표준소요량은 3kg이며, 원재료 1kg당 표준가격은 ₩500이다. 한 단위 생산에 소요되는 표준직접노동시간은 4시간이며, 평균 임률은 시간당 ₩200이다. 이 회사제품의 수요는 연도별로 크게 변동한다. 당해연도 예산조업수준은 4,000직접노동시간이며, 정상조업도는 2,500직접노동시간이다.

[요구사항]

다음 물음은 각각 독립적이다. 계산근거와 함께 답하시오.

1. 정상조업도(2,500직접노동시간)를 기준조업도로 사용할 때, 제품단위당 표준원가를 계산하시오.
2. 정상조업도를 기준조업도로 사용한다. 이 회사는 당해연도에 700단위를 생산(완성)하였으며, 기초 및 기말재공품은 없었다. 직접노동시간은 3,000시간을 사용하였다. 이 때, 발생된 연간 실제 제조간접비는 다음과 같다.

변동제조간접비	₩285,000
고정제조간접비	408,000
	₩693,000

   제조간접비와 관련된 4가지 차이를 분석하시오. 단, 유리 · 불리를 표시하시오.
3. 요구사항2와 달리 당해연도에 700단위를 생산(완성)하였다. 기말재공품은 100단위이며, 재료비 완성도는 100%, 가공비 완성도는 80%이다. 기초재공품은 없었다. 기타자료는 질문2와 동일할 때 제조간접비와 관련된 4가지 차이를 분석하시오. 단, 유리 · 불리를 표시하시오.
4. 요구사항2와 동일한 상황에서 당해연도 예산조업도수준을 기준조업도로 사용한다고 가정한다. 제조간접비와 관련된 4가지 차이를 분석하시오. 단, 유리 · 불리를 표시하시오.

해답

1.

		단위당 표준원가
직접재료비	3kg × 500	₩1,500
직접노무비	4시간 × 200	800
변동제조간접비	4시간 × 100	400
고정제조간접비	4시간 × 160	640
		₩3,340

2. (1) 변동제조간접비

AQ × AP	AQ × SP	SQ × SP
	3,000시간 × 100	700단위 × 4시간 × 100
285,000	= 300,000	= 280,000

소비차이 15,000 유리　　능률차이 20,000 불리

(2) 고정제조간접비

실제	예산	SQ × SP
		700단위 × 4시간 × 160
408,000	400,000	= 448,000

소비차이 8,000 불리　　조업도차이 48,000 유리

3. 가공비 완성품환산량 = 700 + 100 × 0.8 = 780

(1) 변동제조간접비

AQ × AP	AQ × SP	SQ × SP
	3,000시간 × 100	780단위 × 4시간 × 100
285,000	= 300,000	= 312,000

소비차이 15,000 유리　　능률차이 12,000 유리

(2) 고정제조간접비

실제	예산	SQ × SP
		780단위 × 4시간 × 160
408,000	400,000	= 499,200

소비차이 8,000 불리　　조업도차이 99,200 유리

4. (1) 변동제조간접비

AQ × AP	AQ × SP	SQ × SP
285,000	3,000시간 × 100 = 300,000	700단위 × 4시간 × 100 = 280,000

소비차이 15,000 유리　　　능률차이 20,000 불리

(2) 고정제조간접비

실제	예산	SQ × SP
408,000	400,000	700단위 × 4시간 × 100* = 280,000

소비차이 8,000 불리　　　조업도차이 120,000 불리

* 400,000 ÷ 4,000 = 100

해설

1. 기준조업도를 높게 설정하면 조업도차이는 불리한 차이가 된다. 기준조업도를 2,500직접노동시간으로 설정한 요구사항2에서는 조업도 차이가 유리하게 나왔으나 기준조업도를 4,000직접노동시간으로 설정한 요구사항4에서는 조업도차이가 불리하게 나왔다.
2. 재공품이 있는 경우에는 완성품환산량을 기준으로 차이분석을 한다. AQ × AP는 실제투입량이며 투입된 것 중에 완성된 것도 있고 기말재공품으로 남은 것도 있다. 따라서 실제투입량과 실제산출량에 허용된 표준을 비교하기 위해서는 완성품뿐만 아니라 기말재공품도 포함하는 개념인 완성품환산량을 적용하여야 한다.
3. 제조간접비는 다음과 같이 분석할 수 있다.

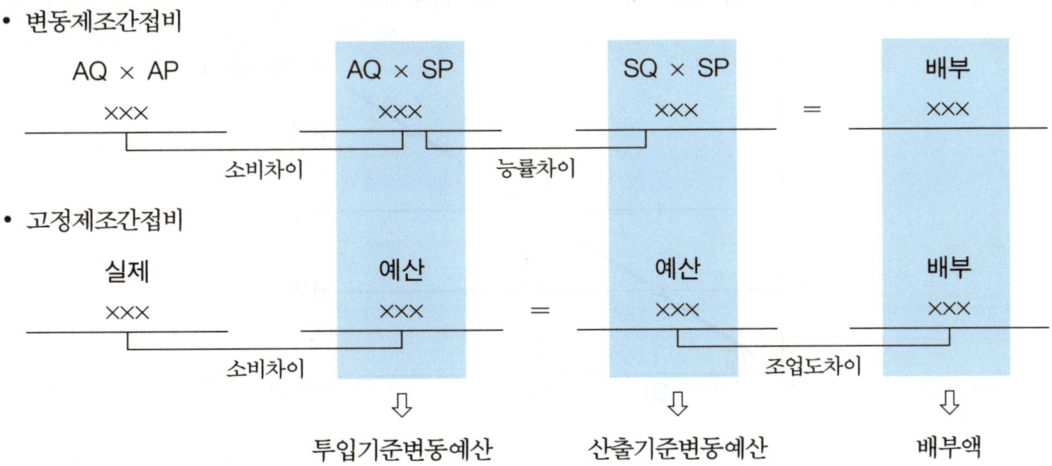

(1) 변동제조간접비는 조업도차이가 없고 고정제조간접비는 능률차이가 없다.
(2) 고정제조간접비예산은 총액의 개념이므로 수량에 관계없이 예산상의 금액은 동일하다.
(3) 산출기준변동예산을 실제생산량에 허용된 표준수량을 기준으로 한 제조간접비 변동예산이라고도 한다.

문 9 표준원가계산 : 추정과 그래프작성

㈜유나는 표준원가계산시스템을 사용하고 있으며, 변동제조간접비와 고정제조간접비를 통제하기 위하여 표준기계시간에 근거한 변동예산을 사용한다. 제조활동과 관련한 일부자료는 다음과 같다.

1. 실제발생한 변동제조간접비는 ₩8,000이다.
2. 표준배부액은 고정제조간접비와 변동제조간접비가 각각 ₩10,000, ₩7,500이다.
3. 기준조업도 시간은 500시간이다.
4. 고정제조간접예산은 ₩20,000이다.
5. 변동제조간접비 소비차이는 ₩940(유리)하다.
6. 고정제조간접비 소비차이는 ₩600(불리)하다.

[요구사항]

1. 다음을 구하시오.
   ① 실제생산량에 허용된 표준시간
   ② 시간당 표준변동제조간접비 배부액
   ③ 실제생산량에 허용된 표준시간을 기준으로 산정한 변동제조간접비예산
   ④ 실제생산량에 허용된 표준시간을 기준으로 산정한 제조간접비예산
   ⑤ 변동제조간접비 능률차이
   ⑥ 실제시간
2. 고정제조간접비에 대한 원가차이를 그래프로 도시하면 다음과 같다. 다음 그래프의 ①~⑥에 들어갈 금액을 결정하고 ④와 ⑤는 어떤 차이인지도 밝히시오.

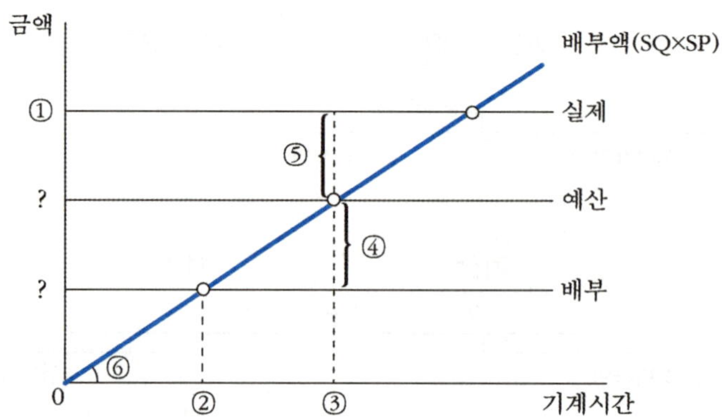

해답

- 변동제조간접비

AQ × AP	AQ × SP	SQ × SP
8,000	8,940	7,500
소비차이 940 유리		능률차이 1,440 불리

- 고정제조간접비

실제	예산	배부
20,600	500 × 40 = 20,000	10,000
소비차이 600 불리		조업도차이 10,000 불리

1.

① 10,000 ÷ 40 = 250시간

② 7,500 ÷ 250 = ₩30

③ ₩7,500

④ 7,500 + 20,000 = ₩27,500

⑤ ₩1,440(불리)

⑥ 8,940 ÷ 30 = 298시간

2.

① 20,600

② 250

③ 500

④ 조업도차이 10,000(불리)

⑤ 소비차이 600(불리)

⑥ 40(SP)

문 10 표준원가계산 : 추정(1)

다음의 두 회사는 표준원가계산제도를 사용하고 있다. 이들 회사는 직접노동시간을 기준으로 하여 제조간접비를 배부하고 있으며, 변동예산은 직접노동시간을 기준으로 하여 작성된다. 다음은 이들 회사의 10월 자료이다.

	㈜유나	㈜유현
(1) 실제생산량(제품)	6,500개	6,500개
(2) 실제변동제조간접비	(①)	(①)
(3) 실제고정제조간접비	(②)	95,000
(4) 실제직접노동시간	(③)	50,000
(5) 제품 1단위 생산에 허용된 표준직접노동시간	(④)	8시간
(6) 실제생산량에 허용된 표준직접노동시간	26,000시간	(②)
(7) 기준조업도(직접노동시간)	(⑤)	(③)
(8) 변동제조간접비 배부율	₩35/시간	(④)
(9) 고정제조간접비 배부율	(⑥)	(⑤)
(10) 변동제조간접비 배부액	(⑦)	(⑥)
(11) 고정제조간접비 배부액	(⑧)	(⑦)
(12) 제조간접비 배부차이	(⑨)	(⑧)
(13) 변동제조간접비 소비차이	52,000불리	5,000유리
(14) 변동제조간접비 능률차이	0	6,000유리
(15) 고정제조간접비 소비차이	27,000불리	5,000불리
(16) 고정제조간접비 조업도차이	39,000불리	14,000유리
(17) 고정제조간접비예산	(⑩)	(⑨)
(18) 변동제조간접비예산*	(⑪)	(⑩)
(19) 제조간접비예산합계*	₩1,963,000	(⑪)

* 실제생산량에 허용된 표준직접노동시간을 기준으로 함

[요구사항]

위의 빈칸에 적절한 숫자를 기입하시오.

해답

1. ㈜유나

• 변동제조간접비

AQ × AP	AQ × SP	SQ × SP
26,000 × @37	26,000 × @35	6,500 × 4시간 × 35
= 962,000	= 910,000	= 910,000

소비차이 52,000 불리 / 능률차이 0

• 고정제조간접비

실제	예산	배부
	27,000시간 × @39	6,500 × 4시간*[1] × @39
1,080,000	= 1,053,000*[2]	= 1,014,000

소비차이 27,000 불리 / 조업도차이 ₩39,000 불리

*[1] 26,000 ÷ 6,500 = 4

*[2] 1,963,000 − 910,000 = 1,053,000

① ₩962,000
② ₩1,080,000
③ 26,000시간
④ 4시간
⑤ 27,000시간
⑥ ₩39/시간
⑦ ₩910,000
⑧ ₩1,014,000
⑨ ₩118,000과소배부
⑩ ₩1,053,000
⑪ ₩910,000

2. ㈜유현

• 변동제조간접비

AQ × AP	AQ × SP	SQ × SP
	50,000 × @3*[1]	6,500×8시간 × @3*[1]
145,000	= 150,000	= 156,000

소비차이 5,000 유리 / 능률차이 6,000 유리

*[1] 50,000 × SP − 6,500 × 8 × SP = −6,000

50,000 × SP − 52,000 × SP = −6,000

−2,000SP = −6,000

∴ SP = 3

• 고정제조간접비

실제	예산	배부
	45,000 × @2	6,500 × 8시간 × @2
95,000	= 90,000	= 104,000
소비차이 5,000 불리		조업도차이 14,000 유리

① ₩145,000	⑤ ₩2/시간	⑨ ₩90,000
② 52,000시간	⑥ ₩156,000	⑩ ₩156,000
③ 45,000시간	⑦ ₩104,000	⑪ ₩246,000
④ ₩3/시간	⑧ ₩20,000과대배부*2	

*2 실제발생액	: 145,000 + 95,000 =	240,000
배 부 액	: 156,000 + 104,000 =	260,000
과대배부액	:	20,000

문 11 표준원가계산 : 추정(2)

㈜연이는 변동예산과 표준원가를 사용하여 원가계산 및 원가통제를 수행한다. 당기초에 5,000 직접노동시간의 기준조업도 수준에서 설정된 제조간접비예산은 ₩110,000이고 직접노무비 예산은 ₩150,000이다. 당기에는 기초재공품과 기말재공품재고는 없고 실제판매량은 5,000단위(단위당 판매가격은 ₩150), 실제생산량은 6,000단위이다. 기타 원가자료는 다음과 같다.

직 접 재 료 비 :	구입가격차이	₩10,000	(불리)
	수량차이	10,000	(불리)
직 접 노 무 비 :	실제 발생액	264,000	
변동제조간접비 :	소비차이	5,000	(유리)
고정제조간접비 :	실제발생액	50,000	
	소비차이	10,000	(유리)

① 직접재료의 kg단위당 표준원가는 ₩5이고, 완성된 제품 1단위에 대한 원재료 표준투입수량은 2kg이며, kg단위당 구입가격차이는 ₩0.5이다.
② 직접노무비와 제조간접비의 완성품 1단위에 대한 표준투입시간은 제품 단위당 1.5시간이다.
③ 실제 시간당 노무비는 예상된 (시간당)표준원가보다 10%높게 지급되었다.
④ 당기 발생한 판매비와 관리비는 ₩200,000이며 모두 고정비이다.

[요구사항]

1. 직접재료 구입량(kg)은 얼마인가?
2. 예산보다 초과사용된 원재료량(kg)은 얼마인가?
3. 실제로 사용된 직접노동시간은 얼마인가?
4. 변동제조간접비 능률차이와 고정제조간접비 조업도차이를 구하시오.
5. 총배부차이를 매출원가에 반영한다면 당기의 영업이익은 얼마인가?

해답

• 배부차이

(1) 직접재료비

AQ × AP	AQ × SP	SQ × SP
20,000kg*1 × ₩5.5 = 110,000	20,000kg × ₩5 = 100,000	
구입가격차이 ₩10,000(U)		
	14,000kg × ₩5 = 70,000	6,000단위 × 2kg × ₩5 = 60,000
	수량차이 ₩10,000(U)	

*1 $AQ \times 5.5 - AQ \times 5 = 10,000$

$0.5AQ = 10,000$

$\therefore AQ = 20,000$

(2) 직접노무비

AQ × AP	AQ × SP	SQ × SP
8,000시간 × ₩33 = 264,000	8,000시간 × ₩30*2 = 240,000	6,000단위 × 1.5시간 × ₩30 = 270,000
임률차이 ₩24,000(U)	능률차이 ₩30,000(F)	

*2 $\frac{150,000}{5,000} = ₩30$

(3) 변동제조간접비

AQ × AP	AQ × SP	SQ × SP
75,000	8,000시간 × ₩10 = 80,000	6,000단위 × 1.5시간 × ₩10*3 = 90,000

소비차이 ₩5,000(F)　　　능률차이 ₩10,000(F)

*3 제조간접비배부율 $= \frac{₩110,000}{5,000시간} =$ ₩22/시간

변동제조간접비배부율 $= \frac{₩50,000}{5,000시간} =$ ₩10/시간(해설참조)

■ **별해** : 제조간접비배부율(₩22) − 고정제조간접비배부율(₩12) = ₩10

(4) 고정제조간접비

실제	예산	배부액
50,000	5,000 × ₩12 = 60,000	6,000단위 × 1.5시간 × ₩12 = 108,000

소비차이 ₩10,000(F)　　　조업도차이 ₩48,000(F)

1. 20,000kg
2. 14,000 − (6,000×2) = 2,000kg
3. 8,000시간
4. 변동제조간접비 능률차이 ₩10,000 유리
   고정제조간접비 조업도차이 ₩48,000 유리
5. 영업이익
   = 5,000단위 × (₩150−10−45−15−18) + ₩59,000F − ₩200,000
   = ₩169,000

해설

1. 변동제조간접비나 직접노무비의 예산에서 총액은 의미가 없다. 왜냐하면 이들은 변동비이므로 수량에 따라 총액은 언제든지 변하기 때문이다. 따라서 변동비에 대한 예산이 주어지면 예산상의 총액에서 단가(SP)를 산정하여야 한다.
   차이분석은 실제원가와 투입기준변동예산 및 산출기준변동예산을 분석하는 것인데 반하여 자료에서 제시된 예산은 단일조업도(5,000직접노동시간)를 기준으로 한 고정예산이다. 그러므로 변동비의 경우에는 제시된 고정예산 자체에 의미가 있는 것이 아니고 이를 이용하여 변동예산에 적용할 단가를 산정하는 것에 의미가 있다.

2. 5,000직접노동시간을 기준으로 한 제조간접비 예산이 ₩110,000이다. 이중 일부는 고정제조간접비이고 나머지는 변동제조간접비이다. 고정제조간접비 예산은 총액의 개념이며 그 금액은 ₩50,000(실제발생액) + ₩10,000(유리한 소비차이) = ₩60,000이다. 따라서 변동제조간접비 예산(5,000직접노동시간기준)은 ₩110,000 − ₩60,000 = ₩50,000이다. 변동제조간접비 예산은 수량에 따라 변동하므로 단가(SP)가 중요하다. 변동제조간접비 단가(SP) = 50,000 ÷ 5,000 = ₩10이다.
3. 표준원가계산이므로 모든 원가는 일단 표준원가로 산정되어 있다. 요구사항5에서 모든 차이를 매출원가에서 조정하라고 했으므로 총차이를 상계하여 순액으로 가감조정하면 된다. 총차이를 상계한 후 순액이 ₩59,000유리하다. 유리한 원가차이는 매출원가를 감소시켜 결국 영업이익을 증가시킨다.

PART

10 표준원가계산2

제10장

표준원가계산2

제 1 절 원가차이의 조정

표준원가계산에서 원재료 가격차이를 구입시점에서 분리하면 원재료재고, 재공품재고, 제품재고 및 매출원가가 모두 표준원가로 기록된다. 이 때 실제발생한 원가와 표준원가가 다른 경우에는 실제원가로 조정하는 과정이 필요하다. 왜냐하면 일반적으로 외부보고용 재무제표는 실제원가로 기록되기 때문이다. 물론 한국채택국제회계기준(K-IFRS)에 의할 때, 표준원가에 의하여 재고자산을 평가한 결과가 실제원가와 유사한 경우에는 표준원가를 사용할 수도 있다. 그러나 이 규정은 표준원가와 실제원가가 유사한 경우에 국한된 방법이므로 원가회계를 공부하는 입장에서는 표준원가로 기록된 금액을 실제원가로 조정하는 방법을 익혀 두어야 한다.

표준원가로 계산된 기말재고자산 및 매출원가를 실제원가로 전환하기 위해서는 모든 원가차이를 조정하는 과정이 필요하다. 원가차이를 조정하는 방법에는 영업외손익법, 매출원가조정법, 총원가비례법, 원가요소비례법 등이 있다. 〈기본자료〉를 이용하여 각각의 방법을 설명하고자 한다.

〈기본자료〉

W회사는 표준원가계산을 사용하고 있다. 원가차이를 분석한 결과 직접재료비 능률차이 ₩5,000(불리)과 직접노무비 가격차이 ₩1,000(유리)만이 발생하였다. 원가차이를 조정하기 전의 기말재고자산과 매출원가를 분석한 결과는 다음과 같다. 단, 원재료 기말재고는 없는 것으로 가정한다.

	재공품	제 품	매출원가	계
직접재료비	20%	20%	60%	100%
직접노무비	10%	30%	60%	100%
총제조원가	20%	30%	50%	100%

1. 영업외손익법

원가차이가 비정상적인 경우에 사용하는 방법이다. 불리한 차이는 영업외비용으로, 유리한 차이는 영업외수익으로 처리한다. 따라서 이 방법에서는 재고자산과 매출원가는 표준원가로 계속 기록된다. 〈기본자료〉에 적용하면 다음과 같다.

(차)	직접노무비 가격차이	1,000	(대) 직접재료비 능률차이	5,000
	영업외비용	4,000		

차변에 있던 불리한 차이(능률차이 ₩5,000)을 대변으로 제거하고 대변에 있던 유리한 차이(가격차이 ₩1,000)를 차변으로 제거했다. 그리고 불리한 차이 순액에 해당하는 ₩4,000을 영업외비용으로 처리한 것이다. 유리 또는 불리는 이익에 대한 영향을 의미하는 것이므로 불리한 차이는 비용증가를 통하여 이익을 감소시킨다.

2. 매출원가조정법

원가차이가 정상적이고 그 금액이 중요하지 않을 때 사용하는 방법이다. 불리한 차이는 매출원가에 가산하고, 유리한 차이는 매출원가에 차감한다. 따라서 이 방법에서는 재고자산은 계속 표준원가로 기록되나 매출원가는 실제원가에 가깝게 수정된다. 〈기본자료〉에 적용하면 다음과 같다.

(차)	직접노무비 가격차이	1,000	(대) 직접재료비 능률차이	5,000
	매출원가	4,000		

차변에 있던 불리한 차이를 대변으로 제거하고 대변에 있던 유리한 차이를 차변으로 제거했다. 그리고 그 차이(순액)를 매출원가로 처리한 것이다. 즉, 불리한 차이 순액 ₩4,000만큼 매출원가가 증가하여 이익이 감소하였다.

3. 총원가비례법

원가차이가 정상적이며 그 금액이 중요한 경우에 사용하는 방법이다. 이 방법은 각 계정의 총원가의 비율에 따라 원가차이를 배분하는 방법이다. 불리한 차이만큼 기말재고자산과 매출원가를 증가시키고, 유리한 차이만큼 기말재고자산과 매출원가를 감소시킨다. 따라서 조정 후에는 재고자산과 매출원가는 표준원가로 기록되지 않고 모두 실제원가에 가까운 금액으로 수정된다. 〈기본자료〉에 적용하면 다음과 같다.

	재공품	제　품	매출원가
직접재료비 능률차이	5,000 × 0.2 = 1,000	5,000 × 0.3 = 1,500	5,000 × 0.5 = 2,500
직접노무비 가격차이	(1,000) × 0.2 = (200)	(1,000) × 0.3 = (300)	(1,000) × 0.5 = (500)
	₩800	₩1,200	₩2,000

원가차이를 조정하는 분개를 하면 다음과 같다.

(차) 직접노무비 가격차이	1,000	(대) 직접재료비 능률차이	5,000
재 공 품	800		
제　　품	1,200		
매출원가	2,000		

차변에 있던 불리한 차이를 대변으로 제거하고 대변에 있던 유리한 차이를 제거했다. 그리고 직접재료비 능률차이와 직접노무비 가격차이를 기말재공품, 제품 및 매출원가의 총액을 기준으로 안분하였다. 불리한 차이 순액만큼 기말재고자산과 매출원가가 증가하였다. 불리한 차이는 표준원가보다 실제원가가 크다는 뜻이므로 표준원가를 실제원가로 전환시키려면 기말재고사산과 매출원가를 증가시켜야 한다.

4. 원가요소비례법

원가차이가 정상적이며 그 금액이 중요한 경우에 사용하는 방법이다. 이 방법은 각 계정에 포함된 원가요소의 비율에 따라 원가차이를 안분하는 방법이다. 원가요소비례법을 적용하면 결국 실제원가와 같아진다. 가장 이론적으로 우수하나 계산과정이 복잡하다는 단점이 있다. 〈기본자료〉에 적용하면 다음과 같다.

	재공품	제　품	매출원가
직접재료비 능률차이	5,000 × 0.2 = 1,000	5,000 × 0.2 = 1,000	5,000 × 0.6 = 3,000
직접노무비 가격차이	(1,000) × 0.1 = (100)	(1,000) × 0.3 = (300)	(1,000) × 0.6 = (600)
	₩900	₩700	₩2,400

원가요소비례법을 적용하면 각각의 원가차이에 대하여 적용하는 비율이 다르다. 직접재료비의 원가차이는 직접재료비의 비율로 직접노무비의 원가차이는 직접노무비의 비율로 배분한다. 원가차이를 조정하는 분개를 하면 다음과 같다.

(차) 직접노무비 가격차이	1,000	(대) 직접재료비 능률차이	5,000
재 공 품	900		
제　　품	700		
매출원가	2,400		

차변에 있던 직접재료비 능률차이(불리)를 대변으로 제거하고 그 금액을 기말재공품, 제품 및 매출원가에 포함되어 있는 원가요소(직접재료비)의 비율로 배분한다. 그리고 대변에 있던 직접노무비 가격차이(유리)를 차변으로 제거하고 그 금액을 기말재공품, 제품 및 매출원가에 포함되어 있는 원가요소(직접노무비)의 비율로 배분한다. 원가요소비례법은 총원가비례법과는 달리 원가차이를 배분할 때 기말재고자산과 매출원가 총액을 기준으로 배분하지 않고, 기말재고자산과 매출원가에 포함되어 있는 각 원가요소의 비율을 기준으로 배분한다.

직접재료비 가격차이를 구입시점에서 분리하고 원가요소비례법을 적용하여 원가차이를 조정하는 경우에는 주의가 필요하다. 직접재료비 가격차이를 구입시점에서 분리한 경우에는 그 차이를 기말재공품, 제품, 매출원가 뿐만 아니라 기말원재료와 직접재료비 능률차이에도 배분하여야 한다. 구입시점에서 가격차이를 분리하면 원재료는 항상 표준원가로 기록되기 때문에 원재료를 실제가격으로 전환하려면 가격차이를 원재료에도 배분하여야 한다. 그리고 직접재료비 능률차이는 원재료 표준사용량과 실제사용량과의 차이를 기록한 계정이므로 실제원가로 수정하기 위해서는 가격차이를 직접재료비 능률차이에도 배분한 뒤 기존의 직접재료비 능률차이와 배분받은 직접재료비 가격차이를 합하여 재공품, 제품, 매출원가에 배분하여야 한다.

단, 총원가비례법인 경우에는 직접재료비 가격차이를 직접재료비 능률차이에 배분하지 않는 것이 일반적이다. 왜냐하면 총원가비례법은 해당계정의 원가요소를 무시하는 간편법이기 때문이다.

원가차이 조정방법

	원가차이	조정방법
매출원가 조정법	모든 원가차이	매출원가에서 조정
총원가 비례법	직접재료비 구입가격차이	기말원재료, 기말재공품, 기말제품, 매출원가에 포함된 총원가비율로 조정
	그 밖의 차이	기말재공품, 기말제품, 매출원가에 포함된 총원가비율로 조정
원가요소 비례법	직접재료비 구입가격차이	기말원재료, 직접재료비 능률차이, 기말재공품, 기말제품, 매출원가에 포함된 직접재료비 비율로 조정
	직접재료비 능률차이	기말재공품, 기말제품, 매출원가에 포함된 직접재료비 비율로 조정
	그 밖의 차이	기말재공품, 기말제품, 매출원가에 포함된 직접노무비 또는 제조간접비 비율로 조정

직접재료비 가격차이를 사용시점에서 분석하는 경우에는 원재료는 이미 실제원가로 기록되어 있으므로 원재료에는 배분할 필요가 없다. 그리고 직접재료비 가격차이를 구입시점에서 분석하고 원가요소비례법을 적용하는 경우에만 구입가격차이를 직접재료비 능률차이에도 배분한다.

5. 표준원가계산 관련 한국채택국제회계기준 내용[9)]

한국채택국제회계기준(K-IFRS)에서는 표준원가에 의하여 재고자산을 평가한 결과가 실제 원가와 유사한 경우에 표준원가를 사용할 수 있도록 규정하고 있다. 따라서 표준원가와 실제원가가 유사한 경우 앞에서 설명한 것과 같은 표준원가와 실제원가의 원가차이를 조정하기 위한 절차(원가차이의 안분)는 필요하지 않다. 다만 K-IFRS에는 '유사한 경우'의 판단기준이 제시되어 있지 않으며 유사한 경우의 원가차이를 어떻게 처리할지, 유사하지 않은 경우의 원가차이를 어떻게 조정할 지에 대한 규정도 제시되어 있지 않다. 따라서 실무적으로는 기업이 표준원가와 실제원가가 유사하다고 판단하는 경우 표준원가로 외부공시용 재무제표에 보고할 수 있고, 유사하지 않다고 판단하는 경우에는 앞에서 설명한 것과 같이 표준원가와 실제원가의 원가차이를 조정한 후 외부공시용 재무제표에 보고해야 할 것이다.

참 고 K-IFRS 제1002호 재고자산 문단 21

21 표준원가법이나 소매재고법 등의 원가측정방법은 그러한 방법으로 평가한 결과가 실제 원가와 유사한 경우에 편의상 사용할 수 있다. 표준원가는 정상적인 재료원가, 소모품원가, 노무원가 및 효율성과 생산능력 활용도를 반영한다. 표준원가는 정기적으로 검토하여야 하며 필요한 경우 현재 상황에 맞게 조정하여야 한다.

예 제 1 원가차이의 조정

W회사는 당기에 영업을 개시하였으며, 표준원가계산제도를 사용하고 있다. 다음은 표준원가로 기록된 재고자산과 매출원가에 대한 자료이다.

	원재료	재공품	제 품	매출원가
직접재료비	₩10,000	₩20,000	₩30,000	₩50,000
가 공 비	–	30,000	20,000	50,000
총제조원가	₩10,000	₩50,000	₩50,000	₩100,000

9) 김순기 · 황국재 · 임태종, 2015, 원가관리회계, 홍문사. 인용

이 회사는 재료 사용시점에 직접재료 가격차이를 분리하며, 제조간접비는 직접노무시간에 비례하여 발생하는 것으로 가정한다. 당기 중 발생한 원가차이는 다음과 같다.

직접재료비 능률차이	₩5,000(유리)
직접노무비 가격차이	4,000(유리)
제조간접비 차이	5,000(불리)
	₩4,000(유리)

[요구사항]

다음 각 방법으로 원가차이를 조정하는 경우 조정후 각 계정은 얼마인가?

1. 영업외손익법
2. 매출원가조정법
3. 총원가비례법
4. 원가요소비례법

해답

1. 총원가차이 ₩4,000(유리)을 모두 영업외수익으로 처리한다.
따라서 원재료, 재공품, 제품 및 매출원가는 조정전 금액과 동일하다.

	원재료	재공품	제 품	매출원가
조정전 금액	10,000	50,000	50,000	100,000
조정액	0	0	0	0
조정후 금액	10,000	50,000	50,000	100,000

2. 총원가차이 ₩4,000(유리)을 모두 매출원가에서 차감한다.

	원재료	재공품	제 품	매출원가
조정전 금액	10,000	50,000	50,000	100,000
조정액	0	0	0	−4,000
조정후 금액	10,000	50,000	50,000	96,000

3. (1) 총원가비례법을 적용하기 위한 총원가비율

원재료	재공품	제 품	매출원가
0	0.25*	0.25	0.5

* 50,000÷200,000 = 0.25

☞ 직접재료 능률차이는 직접재료 사용에 따라 발생하는 차이이므로 미사용된 직접재료를 나타내는 원재료계정은 직접재료 능률차이를 배분받을 자격이 없다.

(2) 원가차이 조정

	원재료	재공품	제 품	매출원가
조정전 금액	10,000	50,000	50,000	100,000
직접재료비 능률차이		−5,000×0.25 = −1,250	−5,000×0.25 = −1,250	−5,000×0.5 = −2,500
직접노무비 가격차이		−4,000×0.25 = −1,000	−4,000×0.25 = −1,000	−4,000×0.5 = −2,000
제조간접비 차이		+5,000×0.25 = +1,250	+5,000×0.25 = +1,250	+5,000×0.5 = +2,500
조정후 금액	10,000	49,000	49,000	98,000

4. (1) 원가요소비례법을 적용하기 위한 원가요소 비율

	원재료	재공품	제 품	매출원가
직접재료비	0	0.2*1	0.3	0.5
가 공 비	0	0.3*2	0.2	0.5

*1 20,000÷100,000 = 0.2

*2 30,000÷100,000 = 0.3

(2) 원가차이 조정

	원재료	재공품	제 품	매출원가
조정전 금액	10,000	50,000	50,000	100,000
직접재료비 능률차이		−5,000×0.2 = −1,000	−5,000×0.3 = −1,500	−5,000×0.5 = −2,500
직접노무비 가격차이		−4,000×0.3 = −1,200	−4,000×0.2 = −800	−4,000×0.5 = −2,000
제조간접비 차이		+5,000×0.3 = +1,500	+5,000×0.2 = +1,000	+5,000×0.5 = +2,500
조정후 금액	10,000	49,300	48,700	98,000

제 2 절 복수생산요소의 배합차이와 수율차이

제품을 생산하는 데 한 종류의 원재료나 한 종류의 노동력이 투입되는 경우에는 지금까지 공부한 것처럼 원가요소별로 가격차이와 능률차이를 분석하면 된다. 그런데 상호대체가 가능한 두 종류 이상의 생산요소가 투입되어 제품을 생산하는 경우에는 차이분석을 보다 세분하여야 한다. 즉, 능률차이를 배합차이와 수율차이로 구분하여 분석한다.

1. 배합과 수율의 의미

생산요소의 배합이란 여러 종류의 생산요소를 투입하여 한 종류의 제품을 생산하는 경우에 그 제품의 생산에 투입된 전체 생산요소의 양 가운데 특정 생산요소의 양이 차지하는 상대적인 비율을 말하는 것이고, 수율이란 생산요소의 투입량에 대한 제품산출량의 비율을 말한다.

예를 들어, 설탕 20g과 밀가루 80g을 투입하여 생과자 1개(90g)를 생산하는 경우에 설탕의 배합비율은 20%, 밀가루의 배합비율은 80%이며 수율은 90%(90g÷100g)이다.

2. 배합차이와 수율차이

실제 생산과정에서는 상황에 따라 예산배합과는 다른 배합을 사용할 수 있는데, 이러한 배합의 변화로 인한 수량차이를 배합차이(mix variance)라고 한다. 수율차이(yield variance)란 실제수율과 표준수율과의 차이로 인한 수량차이로서 생산성을 나타내주는 지표를 말한다.

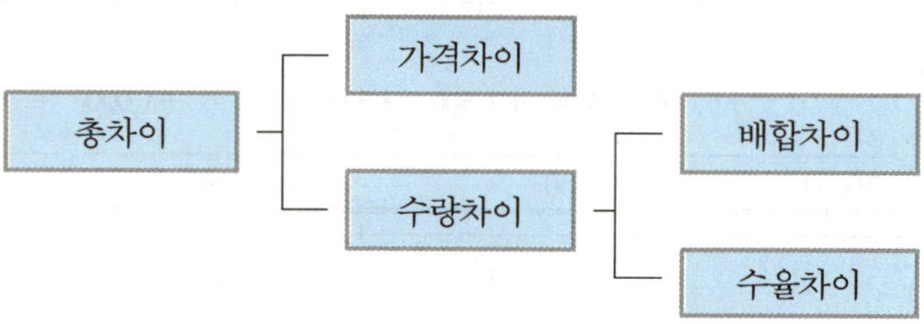

배합차이와 수율차이의 분석모형은 다음과 같다.

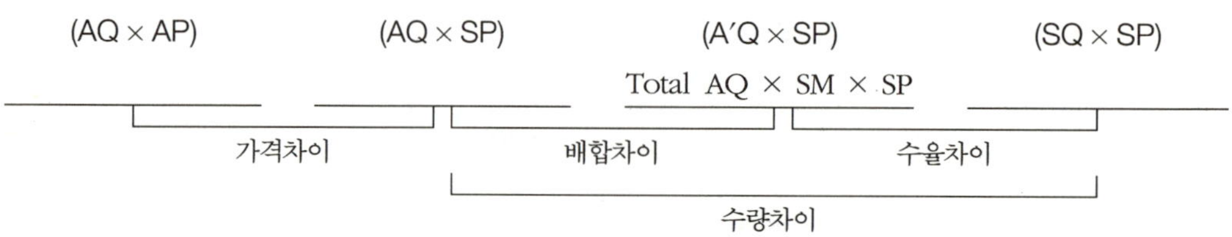

수량을 실제투입량으로 고정시킨 상태에서 실제배합비율과 표준배합비율의 차이를 배합차이라 하고, 표준배합비율로 고정시킨 상태에서 실제투입량과 표준투입량의 차이를 수율차이라 한다. 여기서 배합차이와 수율차이를 분석할 때 주의할 점은 다음과 같다.

① 배합차이와 수율차이는 능률차이를 세분한 것이므로 분석할 때 적용되는 가격은 표준가격이라는 것에 주의하여야 한다.

② 상호대체 가능한 두 종류 이상의 생산요소가 투입되는 경우라야 분석의 의미가 있다. 만약 투입비율이 고정되어 있고 변화될 수 없는 경우라면 분석의 의미가 없다.

③ 배합차이의 의미를 알아야 한다. 예를 들어서 배합차이가 유리하다는 것은 표준배합비율보다 상대적으로 저렴한 생산요소를 많이 사용하였다는 뜻이다.

예 제 2 배합차이와 수율차이

㈜태종은 두 종류의 원재료 A와 B를 투입하여 단일제품을 생산하고 있다. 제품 1단위를 생산하는데 투입되는 원재료의 수량표준과 가격표준은 다음과 같다.

원재료	물 량		kg당 가격	재료비
A	1.2kg	(60%)	₩3,000	₩3,600
B	0.8kg	(40%)	2,000	1,600
	2.0kg	(100%)		₩5,200

㈜태종은 한 달 동안 원재료 500Kg을 사용하여 제품 240단위를 생산하였으며, 그 내역은 다음과 같았다. 단, 원재료 기초재고와 기말재고는 없는 것으로 가정한다.

원재료	투입물량		kg당 가격	재료비
A	325kg	(65%)	₩3,100	₩1,007,500
B	175kg	(35%)	2,400	420,000
	500kg			₩1,427,500

[요구사항]

1. 직접재료비의 가격차이와 수량차이를 구하시오.
2. 직접재료비 수량차이를 배합차이와 수율차이로 세분하시오.

해답

1. 직접재료비 가격차이와 수량차이

	AQ × AP	AQ × SP	SQ × SP
A	325 × 3,100 = 1,007,500	325 × 3,000 = 975,000	240 × 1.2 × 3,000 = 864,000
B	175 × 2,400 = 420,000	175 × 2,000 = 350,000	240 × 0.8 × 2,000 = 384,000
	1,427,500	1,325,000	1,248,000

가격차이 102,500 불리　　　　수량차이 77,000 불리

2. 직접재료비 배합차이와 수율차이

	AQ × SP	AQ′ × SP	SQ × SP
A	325 × 3,000 = 1,007,500	*[1]500 × 0.6 × 3,000 = 900,000	*[2]480 × 0.6 × 3,000 = 864,000
B	175 × 2,000 = 350,000	500 × 0.4 × 2,000 = 400,000	480 × 0.4 × 2,000 = 384,000
	1,325,000	1,300,000	1,248,000

배합차이 25,000 불리　　　　수율차이 52,000 불리

수량차이 77,000 불리

*[1] 325 + 175 = 500

*[2] 제품 1단위 생산에 재료 2kg이 소요되므로 제품 240단위 생산에 허용된 재료 수량은 480kg이다.

해설

원재료A의 배합차이와 수율차이는 다음과 같이 풀어서 분석하면 그 의미가 명확해진다.

① AQ × SP = 실제총투입량 × 실제배합 × 표준가격 = 500 × 0.65 × 3,000 = 975,000

② AQ′ × SP = 실제총투입량 × 표준배합 × 표준가격 = 500 × 0.6 × 3,000 = 900,000

③ SQ × SP = 허용된 표준투입량 × 표준배합 × 표준가격 = 480 × 0.6 × 3,000 = 864,000

①과 ②의 차이가 실제배합과 표준배합의 차이이므로 배합차이가 된다.

②와 ③의 차이가 실제투입량과 실제산출량에 허용된 표준투입량의 차이이므로 수율차이가 된다.

제 3 절 표준종합원가계산

1. 표준종합원가계산의 의의

지금까지는 표준개별원가계산에 대해서 살펴보았다. 그러나 개별원가계산의 경우에는 표준원가의 개념을 적용시키기가 사실상 어렵다. 왜냐하면 개별원가계산은 형태, 크기, 작업내용 등이 서로 다른 제품들을 주문생산하기 때문에 모든 작업별로 수량표준과 가격표준을 설정하기가 어렵고, 설사 설정할 수 있다 하더라도 이는 원가·효익사고에 위배되기 때문이다.

한편, 종합원가계산에 표준원가의 개념을 적용시킨 것이 표준종합원가계산이다. 개별원가계산에 비해서 종합원가계산의 경우에는 표준원가의 개념을 적용시키기가 용이하다. 종합원가계산은 동일한 제품을 연속적으로 대량생산하기 때문에 모든 생산활동이 정형화되어 있다. 따라서 오랜 경험에 의해 정형화된 생산요소의 수량표준과 가격표준을 쉽게 설정할 수 있기 때문에 표준원가는 종합원가계산에 특히 유용하다. 또한 종합원가계산에서 표준원가를 이용하면 완성품환산량 단위당 원가를 계산할 필요가 없으므로, 제품원가를 신속히 계산할 수 있고 기장절차가 간소화된다.

2. 원가계산절차

표준종합원가계산의 경우 실제종합원가계산과 동일한 절차를 거친다. 다만 실제종합원가계산의 경우 완성품환산량 단위당 원가를 계산해야 하지만, 표준종합원가계산의 경우에는 완성품환산량 단위당 원가가 이미 사전에 표준원가로 설정되어 있기 때문에, 완성품환산량 단위당 원가를 계산할 필요가 없다. 표준종합원가계산의 절차는 다음과 같다.

(1) 물량흐름을 파악하고 선입선출법으로 완성품환산량을 계산한다.

표준원가계산은 실제원가와 표준원가를 비교분석하여 성과평가와 원가통제를 하는 것이 목적이다. 따라서 표준종합원가계산에서는 성과평가와 원가통제를 위해서 선입선출법만을 인정한다. 왜냐하면 전기에 발생한 원가차이는 전기에 이미 분석하여 조정을 하였으므로 당기분에 대하여만 원가차이을 분석하고 조정하려면 선입선출법을 적용하여야 하기 때문이다.

(2) 당기발생 표준원가를 계산한다.

표준종합원가계산에서는 완성품환산량 단위당 표준원가를 사전에 알 수 있으므로 완성품환산량에 사전에 설정된 완성품환산량 단위당 표준원가를 곱하여 원가를 집계한다. 이는 실제원가를 의미하는 것이 아니고 당기 표준원가를 의미한다.

(3) 원가차이를 분석한다.

실제원가와 당기 표준원가(완성품환산량×완성품환산량 단위당 표준원가)를 비교하여 차이분석을 한다. 종합원가계산에서는 완성품뿐만 아니라 기말재공품도 있으므로 차이분석을 할 때 실제산출량에 허용된 표준수량(SQ)은 완성품환산량을 기준으로 산정한다. 즉, 당기투입량은 당기 중의 모든 산출량을 위해 투입된 것이므로 당기산출량에는 완성품뿐만 아니라 기말재공품도 포함되어야 한다. 그러므로 완성품환산량 기준으로 차이분석을 한다.

참 고 **표준종합원가계산에서의 5단계 적용**

전기와 당기의 표준원가가 같은 경우에는 ① 물량흐름을 파악하고 ② 완성품환산량을 구하고 ③ 사전에 설정되어 있는 완성품환산량 단위당 원가를 기록하고 ④ ②와 ③을 이용하여 원가집계를 하고 ⑤ 완성품원가와 기말재공품원가를 구한다. 다만, 완성품환산량 단위당 원가와 완성품의 단위당 원가는 5단계를 적용하지 않아도 표준원가자료를 이용하여 미리 알 수 있다.

예 제 3 표준종합원가계산

㈜유진은 표준원가계산시스템을 사용하고 있다. 조립공정의 완성품환산량 단위당 표준원가는 다음과 같다.

재 료 비	(3kg, ₩2)	₩6
가 공 비	(3시간, ₩1)	₩3

모든 재료는 공정 초기에 투입되며, 가공비는 전공정을 통하여 균등하게 발생한다. 2014년 조립공정의 생산 활동과 관련된 자료는 다음과 같다.

기초재공품		30,000단위(완성도 60%)
재 료 비	₩180,000	
가 공 비	54,000	
기말재공품		50,000단위(완성도 50%)
당기착수량		200,000단위
당기완성량		180,000단위
당기에 조립공정에서 발생한 실제원가 :		
재 료 비	₩1,279,800	
가 공 비	580,950	

전기에 발생한 원가차이는 총 ₩2,000이며 전액을 매출원가에서 조정하였으며, 당기 완성품 중 150,000단위는 외상으로 매출되었다.

[요구사항]

1. 전기의 원가요소별 완성품환산량 단위당 원가는 얼마인가?
2. 당기에 완성된 제품의 표준원가와 기말재공품의 표준원가를 계산하시오.
3. 당기의 재료비와 가공비 원가차이를 분석하시오.
4. 원가차이를 매출원가에서 조정할 경우 필요한 분개를 제시하시오.

해답

1. (1) 기초재공품의 전기말 완성품환산량

재료비 = 30,000단위

가공비 = 30,000 × 60% = 18,000단위

(2) 완성품환산량 단위당 원가

재료비 = 180,000 ÷ 30,000 = ₩6

가공비 = 54,000 ÷ 18,000 = ₩3

2.

물량흐름 (단위)

기 초	30,000	완 성	180,000
착 수	200,000	기 말	50,000

	물 량	완성품환산량 재료비	완성품환산량 가공비
기초재공완성	30,000(0.4)	0	12,000
당기착수완성	150,000	150,000	150,000
기말재공품	50,000(0.5)	50,000	25,000
	230,000	200,000	187,000
원 가 집 계			
기 초		180,000	54,000
당 기 투 입		1,200,000*1	561,000*2
		₩1,380,000	₩615,000
완성품환산량 단위당 원가		₩6	₩3

*1 200,000 × ₩6 = ₩1,200,000

*2 187,000 × ₩3 = ₩561,000

완성품원가 = 180,000 + 54,000 + 15,000 × 6 + 162,000 × 3 = ₩1,620,000
　　　　　= 180,000 × (6+3) = ₩1,620,000

기말재공품 = 50,000 × 6 + 250,000 × 3 = ₩375,000

해설

전기와 당기의 완성품환산량 단위당 표준원가가 동일하므로 완성품의 단위당 원가는 ₩9(6+3)이다. 따라서 완성품 수량만 알면 완성품원가는 바로 구할 수 있다.

3.

(1) 당기투입 표준원가

재료비	당기완성품환산량 × ₩6 = 200,000단위 × ₩6 =	₩1,200,000
가공비	당기완성품환산량 × ₩3 = 187,000단위 × ₩3 =	₩561,000

(2) 차이분석

	AQ × AP		SQ × SP
재료비	₩1,279,800		₩1,200,000
		총차이 ₩79,800 불리	
가공비	₩580,950		₩561,000
		총차이 ₩19,950 불리	

4.

(차) 매출원가	99,750	(대) 재료비차이	79,800
		가공비차이	19,950

연습문제

COST ACCOUNTING

문 1 표준원가계산 : 배합차이, 수율차이와 제조간접비 분석

㈜유나는 표준원가계산을 이용하여 제품 갑의 원가계산을 수행 하고 있다. 제품 1단위에 해당하는 원재료와 노무비의 표준원가는 다음과 같다.

	표준수량 · 표준시간	표준가격 · 표준임률
원재료 A	2kg	₩10/kg
원재료 B	2kg	₩8/kg
직접노무비	3시간	₩5/시간

한편, 회사의 제조간접비표준 배부율은 노무시간당 ₩10이며, 변동제조간접비와 고정제조간접비의 배부비율은 각각 2 : 3이다. 회사의 당기 실제 생산량은 10,000단위 이며, 기준조업도는 9,000단위이다. 다음은 회사의 실제 원가자료이다.

	실제원가	사용량 · 사용시간	실제발생 총액
원재료A	₩12/kg	18,000kg	?
원재료B	₩6/kg	24,000kg	?
직접노무비	₩4.5/시간	31,000시간	?
변동제조간접비	?	?	₩141,000
고정제조간접비	?	?	₩174,000

원재료의 기초 및 기말재고는 없으며 회사의 원재료계정은 항상 표준원가로 표시되어 있다.

[요구사항]

1. 직접재료비 가격차이, 배합차이 및 수율차이를 구하시오.
2. 변동제조간접비 소비차이 및 능률차이를 구하시오.
3. 고정제조간접비 소비차이 및 조업도차이를 구하시오.
4. 변동제조간접비 및 고정제조간접비와 관련된 분개를 제시하시오.
5. ㈜유나는 원가차이의 분석결과 총원가차이가 유리(F)한 경우에 그 금액의 10%를 생산담당자에게 보너스로 지급하는 방안을 도입하고자 한다. 이와 같은 보너스 제도의 문제점을 3가지만 쓰시오.

해답

1.

	AQ × AP	AQ × SP	SQ × SP
A	18,000 × 12 = 216,000	18,000 × 10 = 180,000	10,000 × 2 × 10 = 200,000
B	24,000 × 6 = 144,000	24,000 × 8 = 192,000	10,000 × 2 × 8 = 160,000
계	360,000	372,000	360,000

가격차이 12,000F　　능률차이 12,000U

	AQ × SP	AQ′ × SP	SQ × SP
A	18,000 × 10 = 180,000	*21,000 × 10 = 210,000	10,000 × 2 × 10 = 200,000
B	24,000 × 8 = 192,000	*21,000 × 8 = 168,000	10,000 × 2 × 8 = 160,000
계	372,000	378,000	360,000

배합차이 6,000F　　수율차이 18,000U

* (18,000+24,000) × 1/2

2.

AQ × AP	AQ × SP	SQ × SP
141,000	31,000 × 4 = 124,000	10,000 × 3 × *4 = 120,000

소비차이 17,000U　　능률차이 4,000U

* 10 × 2/5

3.

실제	예산	배부
174,000	9,000 × 3 × 6 = 162,000	10,000 × 3 × *6 = 180,000

소비차이 12,000U　　조업도차이 18,000F

* 10 × 3/5

4.

	차변	금액		대변	금액
(차)	재 공 품(배부)	120,000	(대)	변동제조간접비	141,000
	소비차이(불리)	17,000			
	능률차이(불리)	4,000			
(차)	재 공 품(배부)	180,000	(대)	고정제조간접비	174,000
	소비차이(불리)	12,000		조업도차이(유리)	18,000

5. ① 재료비 가격차이는 생산담당자의 책임이 아니므로 보너스 산출근거인 총원가차이에서 제외하여야 한다.
   ② 재료비 가격차이가 능률차이에 미치는 영향을 고려할 제도적 장치가 필요하다.
   ③ 고정제조간접비 조업도차이는 생산담당자의 책임이 아니므로 보너스 산출근거인 총원가차이에서 제외하여야 한다.
   ④ 유리한 차이에 대하여 보너스를 지급할 뿐만 아니라 불리한 차이에 대한 책임도 지울 수 있어야 한다.
   ⑤ 보너스제도는 누진율이 적용되는 경우에 효과가 크다.

해설

배합차이를 산정하는 것의 핵심은 AQ'를 구하는 것이다. AQ'는 실제수량을 기준으로 하되 표준배합비율을 사용하면 된다. 따라서 실제수량의 합(18,000+24,000 = 42,000)에 표준배합비율을 적용한다. 즉, A는 (42,000×2kg/4kg) 21,000, B는 (42,000×2kg/4kg) 21,000이다.

문 2 단답형 기출문제1

1. ㈜세무는 20×1년 1월에 영업활동을 개시하였으며 표준원가계산제도를 채택하고 있다. 20×1년 12월 31일 현재 직접재료는 없으며, 표준원가로 기록된 각 계정의 잔액과 원가차이는 다음과 같다. 20×1년 실제 매출원가는 얼마인가?

• 계정잔액

구분	직접재료원가	직접노무원가	변동제조간접원가	고정제조간접원가	합계
재 공 품	2,000	1,000	300	1,000	4,300
제 품	3,000	1,000	700	1,000	5,700
매출원가	5,000	3,000	1,000	1,000	10,000
합 계	10,000	5,000	2,000	3,000	20,000

• 원가차이

직접재료원가 수량차이	₩800(불리)	직접노무원가 임률차이	₩500(유리)
변동제조간접원가 총차이	₩200(유리)	고정제조간접원가 총차이	₩300(불리)

2. ㈜한국의 제품 단위당 원재료 표준원가는 다음과 같다.

원재료A	2kg×₩20 = ₩40	원재료B	3kg×₩10 = ₩30

당기 중 7,800개의 제품이 완성되었고, 기초재공품과 기말재공품은 없었다. 원재료의 실제 사용량은 A가 14,000kg(kg당 ₩21)이고, B가 28,000kg(kg당 ₩9.5)이었다. 재료배합차이(mix variance)와 수율차이(yield variance)는 각각 얼마인가?

3. 한국벤처기업은 인터넷 서비스를 제공함에 있어서 전문가와 비전문가를 함께 활용하고 있다. 이들에 대한 1분당 표준임금과 그에 따른 서비스 1회의 표준원가는 다음과 같다.

	표준시간	표준임률	표준원가
표준임금			
전문가	3분	1분당 ₩300	₩900
비전문가	7분	1분당 ₩100	700
서비스 단위당 표준원가			₩1,600

이 회사는 지난 1주일간 500회의 서비스를 제공하였으며, 이에 따라 실제로 발생된 임금은 다음과 같았다. 수율차이(yield variance)는 얼마인가?

	실제시간	표준임률	표준원가
실제임금			
전문가	1,200분	1분당 ₩400	₩480,000
비전문가	4,000분	1분당 ₩130	520,000
실제원가 총액			₩1,000,000

4. ㈜유현은 표준원가계산을 적용하고 있다. 전기와 당기의 표준원가는 동일하며 직접재료의 표준원가는 다음과 같다.

	수량표준	가격표준	제품단위당 표준원가
직접재료원가	2kg	₩10/kg	₩20

당기에 직접재료 10,000kg(kg당 구입가격 ₩12)을 구입하였으며 9,000kg을 공정에 투입하였다. 기초재공품은 1,000단위(직접재료원가 완성도 80%)이었고 기말재공품은 1,300단위(직접재료원가 완성도 60%)이었다. 당기 중에 완성된 합격품은 3,500단위이었으며 공손품 200단위가 발생하였다. 품질검사는 공정의 종료단계에서 실시한다. 공손품은 모두 비정상공손으로 간주하며 처분가치는 없다. 회사는 비정상공손원가를 계산하여 별도의 계정으로 파악하고 있다. 직접재료원가 수량차이(능률차이)는 얼마만큼 유리(혹은 불리)한가?

해답

1.

		매출원가
조정전 금액		10,000
직접재료원가 수량차이	+800×5,000/10,000 =	+400
직접노무원가 임률차이	−500×3,000/5,000 =	−300
변동제조간접원가 총차이	−200×1,000/2,000 =	−100
고정제조간접원가 총차이	+300×1,000/3,000 =	+100
조정후 금액		10,100

☞ 원가요소비례법을 적용하여 원가차이를 조정하면 실제 원가로 전환된다.

2.

	AQ × SP	AQ′ × SP	SQ × SP
A	14,000×20 = 280,000	42,000*1×0.4*2×20 = 336,000	(7,800×2)×20 = 312,000
B	28,000×10 = 280,000	42,000×0.6×10 = 252,000	(7,800×3)×10 = 234,000
	560,000	588,000	546,000

배합차이 ₩28,000 유리　　수율차이 ₩42,000 불리

*1 14,000+28,000 = 42,000

*2 2kg/(2kg+3kg) = 0.4

3.

	AQ′ × SP		SQ × SP	
전문가	5,200*×3/10×300 =	468,000	(500×3)×300 =	450,000
비전문가	5,200×7/10×100 =	364,000	(500×7)×100 =	350,000
		832,000		800,000

수율차이 32,000 불리

* 1,200+4,000 = 5,200

4.

- 직접재료원가 완성품환산량

재공품						완성품환산량
기 초	1,000	(0.8)	기초완성	1,000	(0.2)	200
			착수완성	2,500	(1.0)	2,500
			공 손	200	(1.0)	200
			기말재공	1,300	(0.6)	780
				5,000		3,680

- 직접재료원가 수량차이

$AQ \times SP$	$SQ \times SP$
9,000×10 = 90,000	3,680×2×10 = 73,600

수량차이 16,400 불리

☞ 표준종합원가계산에서는 재공품까지 포함하여 차이분석을 하여야 하므로 완성품이 아니고 완성품환산량을 기준으로 SQ를 산정한다.

문 3 전기와 당기의 표준원가가 다른 경우의 표준종합원가계산

단일공정을 통해 제품을 생산하는 ㈜세무는 표준원가를 이용한 종합원가계산제도를 사용하고 있다. 전기와 당기에 설정한 ㈜세무의 제품단위당 표준원가는 다음과 같다.

전기의 제품단위당 표준원가

	표준수량	표준가격	표준원가
직접재료원가	4kg	₩20	₩80
직접노무원가	2시간	20	40
변동제조간접원가	2시간	20	40
고정제조간접원가	2시간	40	80
			₩240

당기의 제품단위당 표준원가

	표준수량	표준가격	표준원가
직접재료원가	4kg	₩25	₩100
직접노무원가	2시간	20	40
변동제조간접원가	2시간	20	40
고정제조간접원가	2시간	50	100
			₩280

직접재료는 공정초기에 40%가 투입되고, 나머지는 공정전반에 걸쳐 균등하게 투입된다. 가공원가는 공정전반에 걸쳐서 균등하게 발생한다. ㈜세무는 선입선출법을 적용하며, 당기의 생산과 관련된 자료는 다음과 같다. 단, 괄호 안의 수치는 가공원가의 완성도를 의미한다.

	물량단위
기초재공품	2,000단위(50%)
당기투입	12,000단위
완성품	10,000단위
기말재공품	4,000단위(20%)

[요구사항]

1. 당기의 완성품원가와 기말재공품원가를 구하시오.
2. 당기에 실제발생한 직접재료와 관련된 원가자료 및 차이분석 결과가 다음과 같을 때, 당기의 직접재료 실제사용량과 단위당 실제구입가격을 구하시오. (단, 전기에 구입된 직접재료는 전기에 다 사용되어, 당기로 이월되지 않았음을 가정한다.)

   - 직접재료 당기구입량 : 당기 사용량의 1.2배
   - 직접재료원가 수량차이(사용시점에서 분리) : ₩82,000(불리한 차이)
   - 직접재료원가 가격차이(구입시점에서 분리) : ₩110,400(유리한 차이)

3. ㈜세무는 당기 제조간접원가를 직접노무시간을 기준으로 배부한다. 당기의 기준조업도는 12,000개이며, 실제 제조간접원가 발생액은 ₩1,580,000이었다. 위의 자료를 이용하여 제조간접원가의 예산차이와 조업도차이를 계산하시오. (단, 유리한 차이 또는 불리한 차이를 표시하시오.)

해답

- 자료정리
  (1) 직접재료원가의 완성도
  기초재공품 : 0.4 + 0.6 × 0.5 = 0.7
  기말재공품 : 0.4 + 0.6 × 0.2 = 0.52
  (2) 물량흐름, 완성품환산량

재공품				직접재료	가공원가
기 초	2,000(0.7, 0.5)	기초완성	2,000(0.3, 0.5)	600	1,000
		착수완성	8,000	8,000	8,000
착 수	12,000	기 말	4,000(0.52, 0.2)	2,080	800
	14,000		14,000	10,680	9,800

1.

(1) 완성품원가

기초재공품원가	2,000 × 0.7 × 80 + 2,000 × 0.5 × 160 =	272,000
당기투입원가	8,600 × 100 + 9,000 × 180 =	2,480,000
		2,752,000

(2) 기말재공품원가

2,080 × 100 + 800 × 180 = 352,000

2.

AQ × AP	AQ × SP	SQ × SP
46,000 × 1.2 × 23 = 1,269,600	46,000 × 1.2 × 25 = 1,380,000	
구입가격차이 110,400 유리		
	46,000 × 25 = 1,150,000	10,680 × 4 × 25 = 1,068,000
	수량차이 82,000 불리	

3.

실 제	예 산	배 부
1,580,000	9,800 × 2 × 20 + 1,200,000 = 1,592,000	9,800 × 2 × 20 + 9,800 × 2 × 50 = 1,372,000
예산차이 12,000 유리	조업도차이 220,000 불리	

해설

1. 표준종합원가계산에서 적용할 표준원가

전기와 당기의 표준원가가 다르다. 따라서 기초재공품에 대한 전기 원가를 산정할 때는 전기 표준원가 즉 직접재료원가는 ₩80, 가공원가는 ₩160(40+40+80)을 적용한다. 한편, 당기투입원가를 산정할 때는 당기 표준원가 즉 직접재료원가는 ₩100, 가공원가는 ₩180(40+40+100)을 적용한다.

2. 직접재료원가 차이분석

(1) 표준종합원가계산에서 SQ(실제생산량에 허용된 표준수량)는 완성품환산량을 기준으로 산정한다. 따라서 직접재료원가를 분석하는 경우 SQ는 직접재료원가의 완성품환산량 10,680개를 기준으로 산정한다. SQ × SP(₩1,068,000)에 불리한 수량차이 ₩82,000을 가산하여 AQ × SP(₩1,150,000)을 구한 후에 역산하면 AQ(실제사용량) 46,000kg을 구할 수 있다.

(2) 직접재료 실제구입량은 실제사용량의 1.2배이므로 55,200kg이다. 따라서 직접재료 실제구입량을 기준으로 한 AQ × SP는 ₩1,380,000이고, 여기에서 유리한 구입가격차이를 차감하면 AQ × AP는 ₩1,269,600이다. 따라서 역산하면 AP(단위당 실제구입가격)은 ₩23이다.

3. 제조간접원가 차이분석

(1) 제조간접원가차이를 예산차이와 조업도차이로 분석하는 것은 2분법에 해당한다. 이때 예산은 산출기준예산을 의미하는 것으로, 이는 변동제조간접원가 SQ × SP와 고정제조간접원가 예산(고정액)의 합을 의미한다. 고정제조간접원가는 고정원가의 특성으로 인하여 수량의 변화에 따라 예산상의 총액이 변하지 않는 것에 주의해야 한다.

(2) 변동원가의 경우에는 산출기준예산과 배부액이 항상 같기 때문에 조업도차이가 발생하지 않는다. 그러나 고정원가의 경우에는 예산은 총액으로 일정한 반면 배부액은 산출량에 따라 달라지기 때문에 조업도차이가 발생한다. 따라서 조업도차이는 기준조업도와 실제생산량에 허용된 조업도의 차이에 표준원가를 적용하여 산정할 수도 있다.

조업도차이 : $\{(12,000\times2)-(9,800\times2)\} \times 100 = 220,000$(불리)

문 4 표준원가계산 : 원가차이의 배분

W회사는 당기에 영업을 개시하였으며, 표준원가계산제도를 사용하고 있다. 다음은 표준원가로 기록된 기말재공품, 기말제품과 당기 매출원가에 대한 자료이다. 한편, 기말원재료는 ₩10,000이다.

	재공품	제 품	매출원가
직접재료비	₩20,000	₩30,000	₩50,000
가공비	30,000	20,000	50,000
총제조원가	₩50,000	₩50,000	₩100,000

이 회사는 직접재료 가격차이를 재료 사용시점에서 분리한다. 당기 중 발생한 원가차이는 다음과 같다.

직접재료비 가격차이	₩5,000(불리)
직접재료비 능률차이	10,000(유리)
제조간접비 차이	1,000(불리)
	₩4,000(유리)

[요구사항]

1. 총원가비례법을 사용하는 경우 원가차이 조정후 각 계정금액은 얼마인가?
2. 원가요소비례법을 사용하는 경우 원가차이 조정후 각 계정금액은 얼마인가?
3. 기본자료와 달리 이 회사가 직접재료 가격차이를 재료 구입시점에서 분리하며, 기본자료에 제시된 직접재료 가격차이 ₩5,000(불리)이 구입가격차이라고 가정한다. 이외의 모든 자료는 동일하다. 이와 같은 상황에서 원가요소비례법을 사용하는 경우 원가차이 조정후 각 계정금액은 얼마인가?

해답

1.

(1) 총원가비례법을 적용하기 위한 총원가비율

재공품	제 품	매출원가
0.25*	0.25	0.5

* 50,000÷200,000 = 0.25

☞ 재료 사용시점에서 가격차이를 분리하므로 기말원재료는 실제원가(AQ×SP)로 기록되어 있다. 따라서 기말원재료에 배분할 원가차이는 없다.

(2) 원가차이 조정

	원재료	재공품	제 품	매출원가
조 정 전	10,000	50,000	50,000	100,000
직접재료비 가격차이		+5,000×0.25 = +1,250	+5,000×0.25 = +1,250	+5,000×0.5 = +2,500
직접재료비 능률차이		−10,000×0.25 = −2,500	−10,000×0.25 = −2,500	−10,000×0.5 = −5,000
제조간접비 차이		+1,000×0.25 = +250	+1,000×0.25 = +250	+1,000×0.5 = +500
조 정 후	10,000	49,000	49,000	98,000

2.

(1) 원가요소비례법을 적용하기 위한 원가요소 비율

	재공품	제품	매출원가
직접재료비	0.2*1	0.3	0.5
가 공 비	0.3*2	0.2	0.5

*1 20,000÷(20,000+30,000+50,000) = 0.2

*2 30,000÷(30,000+20,000+50,000) = 0.3

☞ 재료 사용시점에서 직접재료 가격차이를 분리하므로 기말원재료는 실제원가(AQ×SP)로 기록되어 있다. 따라서 기말원재료에 배분할 원가차이는 없다.

(2) 원가차이 조정

	원재료	재공품	제 품	매출원가
조 정 전	10,000	50,000	50,000	100,000
직접재료비 가격차이		+5,000×0.2 = +1,000	+5,000×0.3 = +1,500	+5,000×0.5 = +2,500
직접재료비 능률차이		−10,000×0.2 = −2,000	−10,000×0.3 = −3,000	−10,000×0.5 = −5,000
제조간접비 차 이		+1,000×0.3 = +300	+1,000×0.2 = +200	+1,000×0.5 = +500
조 정 후	10,000	49,300	48,700	98,000

3.

(1) 원가요소비례법을 적용하기 위한 원가요소 비율

	원재료	DM 능률차이	재공품	제품	매출원가
직접재료비 가격차이	0.1	−0.1	0.2*1	0.3	0.5
직접재료비 능률차이	0	0	0.2*2	0.3	0.5
가공비 차이	0	0.2	0.3*3	0.2	0.5

*1 20,000÷(10,000−10,000+20,000+30,000+50,000) = 0.2

*2 20,000÷(20,000+30,000+50,000) = 0.2

*3 30,000÷(30,000+20,000+50,000) = 0.3

(2) 원가차이 조정

	원재료	DM 능률차이	재공품	제 품	매출원가
조 정 전	10,000	−10,000	50,000	50,000	100,000
직접재료비 가격차이	+5,000×0.1 = +500	+5,000×−0.1 = −500	+5,000×0.2 = +1,000	+5,000×0.3 = +1,500	+5,000×0.5 = +2,500
직접재료비 능률차이		+10,500	−10,500×0.2 = −2,100	−10,500×0.3 = −3,150	−10,500×0.5 = −5,250
제조간접비 차 이			+1,000×0.3 = +300	+1,000×0.2 = +200	+1,000×0.5 = +500
조 정 후	10,500	0	49,200	48,550	97,750

해설

1. 재료 구입시점에서 직접재료 가격차이를 분리하므로 기말원재료는 AQ×SP로 기록되어 있다. 따라서 기말원재료 수량은 이미 실제수량(AQ)이므로 직접재료 수량차이는 기말원재료에 배분할 필요가 없고, 가격은 표준원가(SP)이므로 직접재료 가격차이 중 일부를 기말원재료에서 배분한다.
2. 원가요소비례법을 적용하는 경우 직접재료 구입가격차이 중 일부는 기말원재료에 배분되고, 나머지는 직접재료 수량차이와 재공품, 제품, 매출원가에 배분된다. 그리고 직접재료 수량차이에 집계된 금액(원래 직접재료 수량차이와 직접재료 구입가격차이 중 배분받은 금액의 가감액)은 다시 재공품, 제품, 매출원가에 배분한다. 이런 과정을 거쳐야 표준원가가 완전히 실제원가로 전환된다.

문 5 표준원가계산 : 원가차이의 배분

㈜서강은 표준전부원가계산 시스템을 사용하고 있다. 다음은 20×1년 12월 31일의 수정전 계정잔액이다.

기말 직접재료재고	₩90,000
기말 재공품	200,000
기말 제품	300,000
매출원가	500,000
직접재료비 가격차이	20,000 (불리)
직접재료비 능률차이	10,000 (불리)
직접노무비 가격차이	15,000 (불리)
직접노무비 능률차이	8,000 (불리)
제조간접비표준배부액	250,000

회사는 직접재료비 가격차이를 재료가 구입되었을 때 분리한다. 재공품, 제품 및 매출원가에는 같은 비율의 직접재료비, 직접노무비, 제조간접비의 표준원가가 포함되어있다. 직접재료비는 재공품, 제품, 매출원가의 40%를 차지하고 있으며 기초재고자산은 없다. 제조간접비 실제발생액은 ₩280,000이다. 원가요소비례법으로 원가차이를 배분한다.

[요구사항]

1. 모든 원가차이를 배부하는 표를 작성하시오.
2. 원가차이를 배분하는 분개를 제시하시오.
3. 원가차이를 배분한 후의 재공품, 제품, 매출원가는 얼마인가?
4. 재공품, 제품, 매출원가의 수정전 계정잔액에 포함된 직접노무비는 각각 얼마인가?

해답

1.

(1) 배분비율

	원재료	직접재료비 능률차이	재 공 품	제품	매출원가	합계
직접재료비 가격차이	₩90,000 18%	₩10,000 2%	₩80,000*1 16%	₩120,000 24%	₩200,000 40%	₩500,000 100%
직접재료비 능률차이			₩80,000*2 20%	₩120,000 30%	₩200,000 50%	₩400,000 100%
가공비차이			₩120,000*3 20%	₩180,000 30%	₩300,000 50%	₩600,000 100%

*1 200,000 × 0.4 = 80,000
직접재료비는 재공품, 제품, 매출원가의 40%라고 제시되어 있다.
직접재료비 가격차이를 구입시점에서 분석하고 원가요소비례법에 의하여 원가차이를 조정하는 경우에 직접재료비 구입가격차이는 원재료, 직접재료비능률차이, 재공품, 제품, 매출원가에 배분하여야 한다. 다만, 재공품, 제품, 매출원가의 경우에는 직접재료비 포함액 만을 산출하여야 한다(원가요소비례법).

*2 직접재료비 능률차이는 재료의 사용으로 인하여 발생한 것이므로 재공품, 제품, 매출원가에만 배분한다.

*3 200,000 × 0.6 = 120,000
가공비는 재공품, 제품, 매출원가에 포함된 가공비의 비율에 의하여 배분한다. 직접재료비의 포함 비율이 40%이므로 가공비의 포함비율은 60%이다.

(2) 원가차이배분

	원재료	직접재료비 능률차이	재공품	제 품	매출원가	합 계
DM가격차이	₩3,600	₩400	₩3,200	₩4,800	₩8,000	₩20,000
DM능률차이		(400)	2,080	3,120	5,200	10,000
DL가격차이			3,000	4,500	7,500	15,000
DL능률차이			1,600	2,400	4,000	8,000
OH배부차이			6,000	9,000	15,000	30,000
합 계	₩3,600	₩0	₩15,880	₩23,820	₩39,700	₩83,000

2.

(차)			(대)	
	원 재 료	3,600	직접재료비 가격차이	20,000
	재 공 품	15,880	직접재료비 능률차이	10,000
	제 품	23,820	직접노무비 가격차이	15,000
	매출원가	39,700	직접노무비 능률차이	8,000
			제조간접비 부족배부	30,000

3.

	원재료	재공품	제 품	매출원가
조정 전 금액	90,000	200,000	300,000	500,000
원가차이 배분액	3,600	15,880	23,820	39,700
조정 후 금액	93,600	215,880	323,820	539,700

4.

	재공품	제품	매출원가	합계	
직 접 재 료 비	② ₩80,000	₩120,000	₩200,000	₩400,000	(40%)
직 접 노 무 비	⑤ 70,000	105,000	175,000	④ 350,000	(35%)
제 조 간 접 비	50,000	75,000	125,000	③ 250,000	(25%)
합 계	① ₩200,000	₩300,000	₩500,000	₩1,000,000	

해설

요구사항4는 다음과 같은 방법으로 접근하여야 한다.

재공품, 제품, 매출원가계정이 모두 같은 비율의 원가요소를 포함하고 있으며, 제조원가중 직접재료비의 비율이 40%이라고 문제상에 주어져 있다. 이와 같은 문제를 풀이하려면 전체 표를 작성한 후에 아는 정보부터 적어 넣어야 한다.

① 각 계정금액은 주어졌으므로 합계를 먼저 작성하고 ② 합계의 40%가 직접재료비이므로 각 계정의 직접재료비를 결정한다. ③ 제조간접비표준배부액이 ₩250,000이므로 합계의 제조간접비란에 ₩250,000을 기입하면 ④ 직접노무비 합계 ₩350,000이 도출된다. ⑤ ₩350,000을 계정합계를 기준으로 각 계정에 배분한다. ₩350,000 × (200,000÷1,000,000) = ₩70,000

한편, 직접노무비를 산정할 때 ₩350,000을 배분하지 않고 구성요소 비율을 이용해서 구할 수도 있다. ₩200,000 × 0.35 = ₩70,000

문 6 표준종합원가계산의 전체적인 흐름

㈜태종은 20×1년 1월초에 영업을 개시하였으며 표준종합원가계산제도를 채택하고 있다. 1월 한 달 동안의 원가계산 자료는 다음과 같다.

1. 제품 단위당 표준원가

원가요소	수량표준	가격표준	합계
직접재료비	2kg	₩7	₩14
직접노무비	3시간	7	21
변동제조간접비	3시간	2	6
고정제조간접비	3시간	3	9
합계			₩50

2. 고정제조간접비 월간 예산 ₩63,000

3. 재료는 공정초에 투입되며 가공비는 전공정을 통해서 평균적으로 발생한다. 20×1년 1월의 생산자료는 다음과 같다.

   완 성 품　　7,000단위(당월에 5,000단위 판매)
   월말재공품　　2,000단위(가공비 완성도 50%)

4. 실제발생 원가는 다음과 같다.

직접재료비(14,200kg×₩7.2)	₩102,240
직접노무비(18,500시간×₩6.8)	125,800
변동제조간접비	55,500
고정제조간접비	60,000
합 계	₩343,540

[요구사항]

1. 원가요소별 완성품환산량을 산정하시오.
2. 표준원가로 산정한 완성품원가와 기말재공품원가를 산정하시오.
3. 원가요소별로 모든 원가차이를 분석하시오.
4. 원가차이를 원가요소비례법에 따라 조정할 경우 1월말의 재공품과 제품, 1월의 매출원가는 각각 얼마인가?
5. 20×1년 1월에 필요한 분개를 제시하시오.
6. ㈜태종이 실제원가계산제도를 적용하고 있다고 가정할 경우의 1월말의 재공품과 제품, 1월의 매출원가 금액을 계산하고 요구사항4와 비교하시오.

해답

1. 완성품환산량

	물량흐름	재료비	가공비
완성품	7,000	7,000	7,000
월말재공품	2,000(50%)	2,000	1,000
합계	9,000	9,000	8,000

☞ 20×1년 1월에 영업을 처음 시작하여 기초재고자산이 없으므로 원가흐름의 가정이 필요 없다. 따라서 평균법처럼 원가계산을 하면 된다.

2. 완성품과 월말재공품원가

완 성 품 원 가 : 7,000×50 = ₩350,000

월말재공품원가 : 2,000×14 + 1,000×36 = ₩64,000

3. 원가차이분석

(1) 직접재료비

$AQ \times AP$	$AQ \times SP$	$SQ \times SP$
14,200×7.2	14,200×7	9,000×2×7
= ₩102,240	= ₩99,400	= ₩126,000

가격차이 ₩2,840 불리 / 능률차이 ₩26,600 유리

(2) 직접노무비

$AQ \times AP$	$AQ \times SP$	$SQ \times SP$
18,500×6.8	18,500×7	8,000×3×7
= ₩125,800	= ₩129,500	= ₩168,000

가격차이 ₩3,700 유리 / 능률차이 ₩38,500 유리

(3) 변동제조간접비

$AQ \times AP$	$AQ \times SP$	$SQ \times SP$
	18,500×2	8,000×3×2
₩55,500	= ₩37,000	= ₩48,000

소비차이 ₩18,500 불리 / 능률차이 ₩11,000 유리

(4) 고정제조간접비

실제	예산	배부(SQ×SP)
		8,000×3×3
₩60,000	₩63,000	= ₩72,000

예산차이 ₩3,000 유리 / 조업도차이 ₩9,000 유리

4. 원가차이 조정후 계정금액

(1) 원가차이 배분비율

	재공품	제품	매출원가	합계
재료비 완성품환산량	2,000개	2,000개	5,000개	9,000개
재료비차이 배분비율	2/9	2/9	5/9	1
가공비 완성품환산량	1,000개	2,000개	5,000개	8,000개
가공비차이 배분비율	0.125	0.25	0.625	1

(2) 원가차이 조정후 금액

	재공품	제품	매출원가	합계
조정전 금액	64,000	100,000	250,000	414,000
재료비차이	−5,280*2	−5,280	−13,200	−23,760*1
가공비차이	−5,837.5*4	−11,675	−29,187.5	−46,700*3
조정합계	−11,117.5	−16,955	−42,387.5	−70,460
조정후 금액	52,882.5	83,045	207,612.5	343,540

*1 재료비 원가차이 = +2,840−26,600 = −23,760유리

*2 −23,760×2/9 = −5,280

*3 가공비 원가차이 = −3,700−38,500+18,500−11,000−3,000−9,000 = −46,700유리

*4 −46,700×0.125 = −5,837.5

5. 분개

(1) 직접재료비 소비시

(차)	재 공 품($SQ \times SP$)	126,000	(대)	원 재 료($AQ \times AP$)	102,240
	재료비 가격차이	2,840		재료비 능률차이	26,600

(2) 직접노무비 소비시

(차)	재 공 품($SQ \times SP$)	168,000	(대)	노무비($AQ \times AP$)	125,800
				노무비 가격차이	3,700
				노무비 능률차이	38,500

(3) 변동제조간접비 소비시

(차)	재 공 품($SQ \times SP$)	48,000	(대)	변동제조간접비(실제)	55,500
	변동제조간접비소비차이	18,500		변동제조간접비능률차이	11,000

(4) 고정제조간접비 소비시

(차)	재 공 품($SQ \times SP$)	72,000	(대)	고정제조간접비(실제)	60,000
				고정제조간접비예산차이	3,000
				고정제조간접비조업도차이	9,000

(5) 제품 완성시

(차)	제 품($SQ \times SP$)	350,000	(대)	재공품($SQ \times SP$)	350,000

(6) 제품 판매시

(차)	매출원가($SQ \times SP$)	250,000	(대)	제 품($SQ \times SP$)	250,000

(7) 원가차이 배분시

(차)	재료비 능률차이	26,600	(대)	재료비 가격차이	2,840
	노무비 가격차이	3,700		변동제조간접비소비차이	18,500
	노무비 능률차이	38,500		재공품	11,117.5
	변동제조간접비능률차이	11,000		제품	16,955
	고정제간접비예산차이	3,000		매출원가	42,387.5
	고정제조간접비조업도차이	9,000			

6. 실제종합원가계산

(1) 완성품환산량

	물량흐름	재료비	가공비
완성품	7,000	7,000	7,000
월말재공품	2,000(50%)	2,000	1,000
합계	9,000	9,000	8,000

(2) 완성품환산량 단위당 원가

재료비 : 102,240÷9,000 = ₩11.36

가공비 : (125,800+55,500+60,000)÷8,000 = ₩30.1625

(3) 완성품원가와 월말재공품원가

① 완성품 : 7,000×(11.36+30.1625) = ₩290,657.5(단위당 원가 = @41.5225)

- 월말제품원가 : 2,000×@41.5225 = ₩83,045
- 매출원가 : 5,000×@41.5225 = ₩207,612.5

② 월말재공품원가 : 2,000×@11.36 + 1,000×@30.1625 = ₩52,882.5

해설

1. 표준종합원가계산에서는 원가차이를 배분할 때 원가투입정도를 나타내주는 완성품환산량을 기준으로 배분한다. 따라서 재료비차이는 각 계정에 포함되어 있는 재료비환산량을 기준으로, 가공비차이는 각 계정에 포함되어 있는 가공비환산량을 기준으로 배분한다.
2. 표준원가계산을 실시하는 경우 기초재고자산이 없고 원가요소기준법으로 원가차이를 배분하면, 원가차이 배분 후 각 계정금액은 실제원가계산에 의한 금액과 같아진다.

문 7 단답형 기출문제2

1. ㈜태종은 과일 케이크를 만들고 있다. 한 공장에서 다섯 종류의 케이크를 만든다. 각 케이크는 투입되는 재료(과일, 밀가루와 첨가주류)에는 차이가 있으나 굽기와 작업 준비과정에는 차이가 없다. ㈜태종은 각 제품을 한 번에 많이 생산하기를 원한다. 왜냐하면 한 번에 많이 생산하면 생산변경이 적어지기 때문이다. 생산변경이란 한 제품에서 다른 제품으로 생산을 변경하는 과정이다. 생산변경원가는 뱃치(batch)수준의 원가이다. 이 원가는 여러 제품이 섞이지 않도록 혼합기를 청소하는 노무시간에 따라 발생한다. 다음의 정보는 20×1년 3월에 관한 것이다.

	고정예산(static budget)	실제(actual results)
과일 케이크의 제조 및 판매수량	240,000	330,000
한 번 생산당 평균수량	6,000	10,000
한 번 생산당 생산변경 노무시간	20시간	24시간
시간당 생산변경원가	₩20	₩21

20×1년 3월의 생산변경원가의 가격차이와 능률차이는 각각 얼마인가?

2. ㈜세무는 표준원가계산을 사용하고 있는데 총제조간접원가를 변동제조간접원가와 고정제조간접원가로 구분하여 다음과 같이 4가지 원가차이를 계산하고 있다.

변동제조간접원가 :	소비차이	능률차이	–
고정제조간접원가 :	예산차이	–	조업도차이

다음 자료에 의할 때, 총제조간접원가에 대한 4가지 원가차이는 각각 얼마인가?

	고정예산(static budget)	실제(actual results)
a. 생산 및 판매수량	30,000	23,000
b. 뱃치크기(batch size)	250	230
c. 뱃치수(a÷b)	120	100
d. 뱃치당 작업준비시간	5	5.5
e. 작업준비시간당 변동제조간접원가	₩5,000	₩4,000
f. 작업준비시간 총고정제조간접원가	₩3,600,000	₩3,190,000

해답

1.

AQ×AP	AQ×SP	SQ×SP
792시간×₩21 = 16,632	792시간×₩20 = 15,840	1,100시간×₩20 = 22,000

가격차이 ₩792 불리 / 능률차이 ₩6,160 유리

* 계산근거

AQ : (330,000÷10,000)×24 = 792시간

SQ : (330,000÷6,000)×20 = 1,100시간

2. • 변동제조간접원가

AQ × AP	AQ × SP	SQ × SP
550시간×₩4,000 = ₩2,200,000	550시간×₩5,000 = ₩2,750,000	460시간×₩5,000 = ₩2,300,000

소비차이 ₩550,000 유리 / 능률차이 ₩450,000 불리

* 계산근거

AQ : 100×5.5 = 550시간

SQ : (23,000÷250)×5 = 460시간

• 고정제조간접원가

실제	예산	배부
₩3,190,000	600시간×₩6,000 = ₩3,600,000	460시간×₩6,000 = ₩2,760,000

예산차이 ₩410,000 유리 / 조업도차이 ₩840,000 불리

* 계산근거

SP : ₩3,600,000÷(120×5) = ₩6,000

문 8 ABC에서 차이분석

㈜태종은 표준원가계산제도와 함께 활동기준원가계산을 이용하고 있다. 회사는 단일제품을 묶음(batch)생산하고 있다. 제조간접비는 조립활동, 품질검사활동 및 생산준비활동에 의하여 발생하며, 관련 자료는 다음과 같다.

1. 조립활동의 원가동인은 조립시간이며, 조립시간당 표준가격은 ₩8이다. 한편, 지난 한 달간 실제 발생한 조립원가는 ₩99,630이다.

2. 품질검사활동의 원가동인은 품질검사횟수이고 표준검사횟수는 생산 묶음(batch)당 1회이며, 1회 검사당 표준가격은 ₩150이다. 한편, 지난 한 달간 실제 검사횟수는 100회이며 실제발생한 품질 검사원가는 ₩14,300이다.

3. 생산준비활동의 원가동인은 생산준비시간(set−up hours)이며, 생산준비원가에는 변동비요소와 고정비요소가 모두 포함되어 있다.

4. 지난 한 달간 제조간접비와 관련된 자료는 다음과 같다.

	고정예산	실 제
생 산 량	30,000단위	22,500단위
조립시간	15,000시간	12,150시간
묶음당 생산량(batch−size))	250단위	225단위
묶음당 생산준비시간	5시간	5.25시간
생산준비시간당 변동생산준비원가	₩50	₩44
총고정생산준비원가	₩42,000	₩38,000

[요구사항]

1. 조립활동원가에 대한 소비차이와 능률차이를 구하시오.
2. 품질검사활동원가에 대한 소비차이와 능률차이를 구하시오.
3. 변동생산준비원가에 대한 소비차이와 능률차이를 구하시오.
4. 고정생산준비원가에 대한 예산차이와 조업도차이를 구하시오.

해답

1. 조립활동원가

AQ × AP	AQ × SP	SQ × SP
99,630	12,150시간 × ₩8 = 97,200	11,250시간 × ₩8 = 90,000

소비차이 ₩2,430 불리　　능률차이 ₩7,200 불리

* 계산근거

단위당 표준시간 : 15,000 ÷ 30,000 = 0.5시간

SQ : 22,500 × 0.5 = 11,250시간

2. 품질검사활동원가

AQ × AP	AQ × SP	SQ × SP
14,300	100회 × ₩150 = 15,000	90회 × ₩150 = 13,500

소비차이 ₩700 유리 　 능률차이 ₩1,500 불리

* 계산근거

SQ : (22,500 ÷ 250) × 1 = 90회

3. 변동생산준비원가

AQ × AP	AQ × SP	SQ × SP
525시간 × ₩44 = 23,100	525시간 × ₩50 = 26,250	450시간 × ₩50 = 22,500

소비차이 ₩3,150 유리 　 능률차이 ₩3,750 불리

* 계산근거

AQ : (22,500 ÷ 225) × 5.25 = 525시간

SQ : (22,500 ÷ 250) × 5 = 450시간

4. 고정생산준비원가

실 제	예 산	배 부
38,000	600시간 × ₩70 = 42,000	450시간 × ₩70 = 31,500

예산차이 ₩4,000 유리 　 조업도차이 ₩10,500 불리

* 계산근거

기준조업도 : (30,000÷250) × 5 = 600시간

SP : 42,000 ÷ 600 = ₩70

PART 11

변동원가계산

제11장

변동원가계산

제 1 절 전부원가계산과 변동원가계산의 기초

어떠한 원가요소가 제품원가를 구성하느냐에 따라 원가계산은 전부원가계산과 변동원가계산으로 구분할 수 있다. 전부원가계산에서는 제조활동과 관련성이 있는 원가(직접재료비, 직접노무비, 변동제조간접비 및 고정제조간접비)는 전부 다 제품원가로 취급한다. 그러나 변동원가계산에서는 제조활동과 관련된 원가 중에서 조업도에 비례해서 발생하는 변동제조원가(직접재료비, 직접노무비, 변동제조간접비)만 제품원가로 취급하고 고정제조간접비는 기간비용으로 처리한다. 제품원가로 취급한다는 것은 원가요소가 소비되었을 때 일단 자산으로 처리했다가 제품이 판매될 때 비용처리 한다는 뜻이고, 기간비용으로 처리한다는 것은 자본화하지 않고 바로 비용처리 한다는 뜻이다.

1. 전부원가계산(absorption costing)

전부원가계산은 원가행태와 관계없이 제조활동과 관련된 모든 원가를 제품원가에 포함시키는 원가계산 방법이다. 전부원가계산은 흡수원가계산이라고도 하는데 이 같은 명칭을 사용하는 이유는, 제조활동과 관련된 원가는 전부 다 제품원가로 취급한다 또는 제조활동과 관련된 원가는 모두 제품원가에 흡수된다는 의미를 담고 있기 때문이다. 전부원가계산에서는 원가나 비용을 제조원가, 판매관리비 등과 같이 그 기능에 따라 분류하여 자원이 어느 기능을 위해 소멸되었는가를 파악하여 손익계산서를 작성한다. 전부원가계산에 의한 손익계산서를 기능적 손익계산서라고 하며 외부보고목적(재무제표작성 및 법인세 결정)으로 이용된다.

전부원가계산의 이론적 근거는 특정기간의 제품생산과 관련하여 발생한 모든 원가는 미래 이익획득에 공헌하기 때문에 원가행태에 불문하고 그 기간의 제품원가에 포함되어야 한다는 것이다. 즉, 고정제조간접비도 제품생산을 위하여 필수적으로 발생하는 원가이므로 제품원가에 포함되어야 한다. 이를 원가부착개념(cost－attach concept)이라 한다.

2. 변동원가계산(variable costing)

변동원가계산은 제조활동과 관련하여 발생한 원가 중에서 변동비만을 제품원가에 포함시키는 원가계산 방법이다. 따라서 변동원가계산에서는 생산량 변화에도 불구하고 총원가가 일정한 고정제조간접비는 설사 제조활동과 관련하여 발생한 원가라 하더라도 변동비가 아니기 때문에 제품원가에 포함하지 않는다. 변동원가계산을 이용하여 작성되는 손익계산서를 공헌이익 손익계산서라 하는데, 이는 예산편성, 계획수립 및 성과평가 등의 내부의사결정목적에 이용된다.

변동원가계산의 이론적 근거는 고정제조간접비는 조업도 변화에 따라 총원가가 변동되지 않으며 특정제품의 생산과도 관계없이 단지 시간의 경과에 따라 비용으로 처리되는 원가이므로 기간비용으로 처리하고 제품원가에 포함시키지 말아야 한다는 것이다. 이를 원가회피개념(cost－avoidance concept)이라 한다.

참 고 | 원가회피개념

미래원가를 회피할 수 있는 능력을 가진 원가만이 미래의 용역잠재력을 갖고 있으므로 이러한 원가만을 자산으로 보는 개념이다. 따라서 변동제조원가는 한번 발생하면 미래에 동일한 원가를 회피할 수 있으므로 제조원가로 취급하나, 고정제조간접비는 미래에 생산을 중지하더라도 과거와 동일하게 계속 발생하여 회피할 수 없으므로 제조원가로 취급하지 않고 기간비용으로 처리해야 한다.

3. 양방법의 비교

(1) 근본적인 차이점

전부원가계산과 변동원가계산의 가장 근본적인 차이점은 고정제조간접비에 대한 비용인식시점이 다르다는 것이다. 즉 전부원가계산은 고정제조간접비를 발생시점에는 재고가능원가로 처리하고, 재고자산이 판매되었을 때 매출원가에 포함시켜 비용으로 처리한다. 그러므로 전부원가계산에서는 판매되지 않는 재고자산에 포함되어 있는 고정제조간접비는 비용처리되지 않고 자산으로 이연된다. 이에 반해 변동원가계산에서는 고정제조간접비가 발생하는 즉시 기간비용으로 처리한다.

① 제품원가의 구성요소

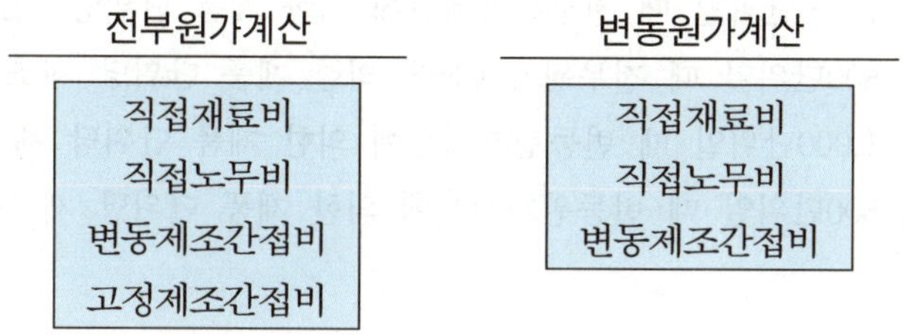

② 제품원가의 구성요소와 비용화되는 과정

- 전부원가계산

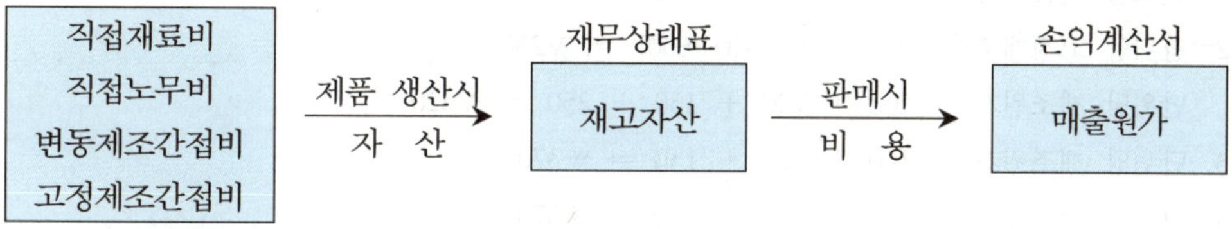

- 변동원가계산

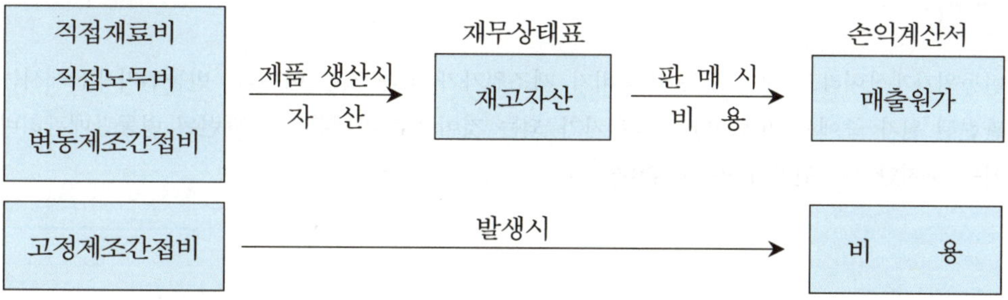

예 제 1 단위당 제조원가 산정

㈜다락의 당기 발생 원가는 다음과 같다.

제품 단위당 직접재료비	₩100
제품 단위당 직접노무비	₩120
제품 단위당 변동제조간접비	₩150
당기 발생 고정제조간접비	₩200,000
당기 발생 판매관리비	₩80,000

기초 및 기말 재공품은 없으며, 판매관리비 중 변동비는 ₩50,000이다.

[요구사항]

1. 당기 생산량이 1,000단위일 때 전부원가계산에 의한 제품 단위당 제조원가는 얼마인가?
2. 당기 생산량이 800단위일 때 전부원가계산에 의한 제품 단위당 제조원가는 얼마인가?
3. 당기 생산량이 1,000단위일 때 변동원가계산에 의한 제품 단위당 제조원가는 얼마인가?
4. 당기 생산량이 800단위일 때 변동원가계산에 의한 제품 단위당 제조원가는 얼마인가?

해답

1. 단위당 고정제조간접비 = (200,000÷1,000) = ₩200
   단위당 제조원가 = 100 + 120 + 150 + 200 = ₩570
2. 단위당 고정제조간접비 = (200,000÷800) = ₩250
   단위당 제조원가 = 100 + 120 + 150 + 250 = ₩620
3. 단위당 제조원가 = 100 + 120 + 150 = ₩370
4. 단위당 제조원가 = 100 + 120 + 150 = ₩370

해설

변동원가계산이라고 해서 모든 변동비가 제조원가가 되는 것은 아니다. 변동원가계산에서는 제조활동과 관련된 원가 중에서 변동비만 제품원가가 되는 것이므로 판매활동과 관련된 변동판매관리비는 변동비이기는 하지만 제조원가가 될 수 없다.

(2) 손익계산서양식의 비교

전부원가계산의 손익계산서양식에서는 원가가 제품원가와 기간비용으로 분류된다. 즉, 매출에서 먼저 매출원가를 차감하여 매출총이익을 산출하고 매출총이익에서 판매관리비를 차감하여 순이익을 산출하는데 여기서 매출원가는 판매된 제품의 제조원가를 의미하고 판매관리비는 기간비용을 의미한다. 전부원가계산에서는 원가의 기능적 분류를 강조하기 때문에 원가를 제조와 관련된 제품원가와 제조와 관련 없는 기간비용으로 구분한다.

변동원가계산의 손익계산서양식에서는 원가가 변동비와 고정비로 분류된다. 즉, 매출에서 먼저 변동비를 차감하여 공헌이익을 산출하고 공헌이익에서 고정비를 차감하여 순이익을 산출한다. 변동원가계산은 전부원가계산과 달리 원가의 행태적 분류를 강조한다. 여기서 주의 할 점은 변동비와 고정비는 제조원가만을 의미하는 것이 아니라 판매관리비도 포함하고 있다는 것이다. 즉, 변동비는 변동제조원가뿐 아니라 변동판매관리비를 포함한 것이며, 고정비는 고정제조간접비뿐 아니라 고정판매관리비도 포함하고 있다는 것이다. 변동원가계산 손익계산서를 공헌이익 손익계산서라고 한다.

(3) 이익에 미치는 영향 비교

전부원가계산에서는 고정제조간접비 중에서 판매된 것에 포함된 것은 매출원가로 비용화 되지만 판매되지 않은 것에 포함된 것은 비용화되지 않고 기말재고자산으로 남게 된다. 따라서 기말재고자산에 포함된 고정제조간접비 만큼 전부원가계산에 의한 이익이 변동원가계산에 의한 이익보다 크다. 한편, 기말재고자산은 다음 기에 기초재고자산이 된다. 당기 말에 기말재고자산에 포함된 고정제조간접비는 다음 기에 기초재고자산이 되어 판매되므로 다음 기에 비용화 된다. 즉, 변동원가계산에 의한 영업이익과 비교하여 보면 전부원가계산에서는 기말재고자산에 포함된 고정제조간접비만큼 영업이익이 크고, 기초재고자산에 포함된 고정제조간접비만큼 영업이익이 작다.

간단하게 정리해 보면 단위당 고정제조간접비가 일정한 경우 생산량이 판매량보다 커서 기초재고자산에 포함된 고정제조간접비보다 기말재고자산에 포함된 고정제조간접비가 더 많으면 전부원가계산에 의한 이익이 변동원가계산에 의한 이익보다 크다. 더 간단하게 정리하면 재고가 증가하면 전부원가계산에 의한 이익이 변동원가계산에 의한 이익보다 더 크다.

전부원가계산과 변동원가계산의 손익계산서양식

전부원가계산 손익계산서		
Ⅰ. 매출액		×××
Ⅱ. 매출원가		
기초제품재고액	×××	
당기제품제조원가	×××	
기말제품재고액	×××	×××
Ⅲ. 매출총이익		×××
Ⅳ. 판매관리비		
1. 변동판매관리비	×××	
2. 고정판매관리비	×××	×××
Ⅴ. 영업이익		×××

변동원가계산 손익계산서			
Ⅰ. 매출액			×××
Ⅱ. 변동비			
1. 변동매출원가			
기초제품재고액	×××		
당기제품재고액	×××		
기말제품재고액	×××	×××	
2. 변동판매관리비		×××	×××
Ⅲ. 공헌이익			×××
Ⅳ. 고 정 비			
1. 고정제조간접비		×××	
2. 고정판매관리비		×××	×××
Ⅴ. 영업이익			×××

예 제 2 손익계산서 작성

㈜경애는 제품 단위당 변동제조원가는 ₩200이고, 매월 고정제조간접비는 ₩150,000이다. 변동판매관리비는 발생하지 않고, 매월 고정판매관리비는 ₩120,000이다. 제품 단위당 판매가격은 ₩500이고, 20×1년 1월에서 3월 생산량과 판매량은 다음과 같으며, 1월초의 재고자산은 없다.

	1월	2월	3월	합 계
생산량	1,000개	1,500개	500개	3,000개
판매량	1,000개	1,000개	1,000개	3,000개

[요구사항]

1. 위의 자료를 기초로 전부원가계산에 의한 손익계산서를 월별로 작성하시오.
2. 위의 자료를 기초로 변동원가계산에 의한 손익계산서를 월별로 작성하시오.

해답

1. 월별 손익계산서

	1월	2월	3월
I. 매 출 액	₩500,000①	₩500,000	₩500,000
II. 매출원가			
월초제품재고액	0	0	150,000
당월제품제조원가	350,000②	450,000③	250,000⑤
월말제품재고액	0	150,000④	0
III. 매출총이익	₩150,000	₩200,000	₩100,000
IV. 판매관리비	120,000	120,000	120,000
V. 영업이익(손실)	₩30,000	₩80,000	₩(20,000)

① 1,000단위 × 500 = ₩500,000

② 1,000단위 × 200 + 150,000 = 350,000

③ 1,500단위 × 200 + 150,000 = 450,000

④ 450,000 × 500/1,500 = 150,000

⑤ 500단위 × 200 + 150,000 = 250,000

2. 월별 손익계산서

	1월	2월	3월
Ⅰ. 매 출 액	₩500,000	₩500,000	₩500,000
Ⅱ. 변동매출원가			
월초제품재고액	0	0	100,000
당월제품제조원가*	200,000	300,000	100,000
월말제품재고액	0	100,000	0
Ⅲ. 공헌이익	₩300,000	₩300,000	₩300,000
Ⅳ. 고 정 비			
고정제조간접비	150,000	150,000	150,000
고정판매관리비	120,000	120,000	120,000
Ⅴ. 영업이익(손실)	₩30,000	₩30,000	₩30,000

* 생산량 × ₩200

해설

1. 해답1을 보면 단위당 변동비, 총고정비 및 판매량이 매월 동일한데도 2월의 이익이 크다. 왜냐하면 전부원가계산에서는 고정제조간접비가 제품원가를 구성하므로 생산량이 증가하면 제품 단위당 원가가 감소하여 이익이 증가하기 때문이다. 결국 전부원가계산에서는 판매량뿐만 아니라 생산량도 이익에 영향을 미친다.
2. 해답2를 보면 생산량에 무관하게 월별 영업이익은 동일하다. 왜냐하면 변동원가계산에서는 고정제조간접비가 기간비용으로 처리되기 때문에 판매량만 영업이익에 영향을 미치기 때문이다.

제 2 절 원가계산제도별 영업이익의 차이조정

일반적으로 인정된 회계원칙에서는 전부원가계산만을 인정한다. 그러므로 기중에 경영관리목적으로 변동원가계산을 적용하던 기업들은 외부보고 및 세무목적을 위하여 전부원가계산으로 전환하여야 한다. 전부원가계산과 변동원가계산의 유일한 차이는 고정제조간접비의 처리이다. 즉, 전부원가계산에서는 고정제조간접비를 제품원가에 포함시키나 변동원가계산에서는 기간비용으로 처리한다. 따라서 두 방법은 재고자산평가액에서 차이를 보이게 된다. 재고자산 평가방법의 차이는 결국 기간이익에 영향을 미쳐 두 방법에 따른 영업이익도 차이가 나타난다. 그러므로 두 방법의 영업이익 차이의 조정은 기초 및 기말재고자산에 포함되어 있는 고정제조간접비 차이를 가감해 주면 된다.

이하에서는 원가측정방법(실제, 정상, 표준)에 따라 전부원가계산 영업이익과 변동원가계산 영업이익의 차이를 조정하는 방법에 대하여 설명하고자 한다.

1. 실제원가계산에서의 이익차이 조정

실제원가계산에서는 모든 원가가 실제원가로 측정되기 때문에 유리하거나 불리한 원가차이는 발생하지 않는다. 즉, 정상원가계산에서 발생할 수 있는 제조간접비 배부차이나 표준원가계산에서 발생할 수 있는 직접재료비, 직접노무비, 변동제조간접비, 고정제조간접비에 대한 각종 차이는 발생하지 않는다. 그러므로 전부원가계산하의 이익과 변동원가계산하의 이익은 실제원가에 기초하여 산출된 것이다.

원가요소	실제전부원가계산		실제변동원가계산
직 접 재 료 비	실제투입량 × 실제가격		실제투입량 × 실제가격
직 접 노 무 비	실제투입량 × 실제임률		실제투입량 × 실제임률
변 동 제 조 간 접 비	실제투입량 × 실제배부율		실제투입량 × 실제배부율
고 정 제 조 간 접 비	실제투입량 × 실제배부율	⟷	기간비용

양 방법하의 이익을 조정할 때는 기말과 기초재고자산에 포함되어 있는 고정제조간접비만 조정하면 된다. 양 방법하의 이익을 조정하는 방법은 다음과 같다.

	변동원가계산하의 영업이익	×××
+	기말재고자산에 포함된 고정제조간접비	×××
−	기초재고자산에 포함된 고정제조간접비	×××
	전부원가계산하의 영업이익	×××

변동원가계산에서는 당기에 발생한 고정제조간접비는 기간비용으로 처리되고, 전부원가계산에서는 당기에 발생한 고정제조간접비 중에서 판매된 것만 매출원가에 포함되어 비용으로 처리된다. 그러므로 전부원가계산에서는 변동원가계산에 비하여 미판매분에 포함된 고정제조간접비만큼 비용이 적게 계상되어 이익이 커지게 된다. 따라서 변동원가계산하의 이익에서 전부원가계산하의 이익으로 조정하려면 기말재고자산에 포함된 고정제조간접비만큼 이익을 증가시켜야 한다. 기초재고재산에 포함된 고정제조간접비는 반대 작용을 한다. 여기서 기말재고자산에 포함된 고정제조간접비라는 것은 당기 발생한 고정제조간접비 중에서 미판매되어 비용화되지 않은 것을 의미하며, 기초재고자산에 포함된 고정제조간접비라는 것은 전기에 발생한 고정제조간접비 중에서 당기에 판매되어 비용화된 것을 의미한다.

참 고 **이익 차이를 조정할 때 기말재고자산은 무엇을 의미하는가?**

기말재고자산이라는 것은 제품재고만을 의미하는 것이 아니라 재공품재고도 포함한다. 왜냐하면 재공품에도 고정제조간접비가 포함되어 있으므로 기간비용으로 처리한 경우와 비교하면 이익에 영향을 미치기 때문이다. 물론 원재료재고는 포함되지 않는다. 왜냐하면 원재료재고는 아직 가공을 받지 않은 상태이므로 고정제조간접비가 전혀 포함되어 있지 않기 때문이다.

예 제 3 실제원가계산하의 이익차이 조정

20×1년초 ㈜신혜는 단위당 판매가격과 변동비가 다음과 같은 제품을 생산하기 시작하였다.

판매가격		₩500
변동제조원가	₩250	
변동판매관리비	50	300
공헌이익		₩200

월간 고정제조간접비는 ₩180,000이고, 고정판매관리비는 ₩120,000이다. 1월에서 3월의 생산량과 판매량은 다음과 같다.

	1월	2월	3월
생 산 량	3,000개	3,000개	3,000개
판 매 량	2,500	3,000	3,500

[요구사항]

1. 실제전부원가계산에 의한 영업이익을 계산하시오.
2. 실제변동원가계산에 의한 영업이익을 계산하시오.
3. 실제전부원가계산하의 영업이익을 실제변동원가계산하의 영업이익으로 전환하시오.

해답

- 단위당 제조원가

변동원가계산 : ₩250

$$전부원계산 : ₩250 + \frac{₩180,000}{3,000개} = ₩310$$

1. 실제전부원가계산

	1월	2월	3월
매 출 액	₩1,250,000	₩1,500,000	₩1,750,000
매출원가(@310)	775,000	930,000	1,085,000
매출총이익	₩475,000	₩570,000	₩665,000
판매관리비*	245,000	270,000	295,000
영업이익	₩230,000	₩300,000	₩370,000

* 판매량 × 단위당 변동판매관리비 + 고정판매관리비

2. 실제변동원가계산

	1월	2월	3월
매 출 액	₩1,250,000	₩1,500,000	₩1,750,000
변 동 비			
변동매출원가(@250)	625,000	750,000	875,000
변동판매관리비(@50)	125,000	150,000	175,000
공헌이익	₩500,000	₩600,000	₩700,000
고 정 비			
고정제조간접비	180,000	180,000	180,000
고정판매관리비	120,000	120,000	120,000
영업이익	₩200,000	₩300,000	₩400,000

3. 영업이익의 차이조정

	1월	2월	3월
전부원가계산하의 영업이익	₩230,000	₩300,000	₩370,000
+ 기초제품에 포함된 고정제조간접비	0	→ 30,000	→ 30,000
− 기말제품에 포함된 고정제조간접비	(30,000*)	(30,000)	(0)
변동원가계산하의 영업이익	₩200,000	₩300,000	₩400,000

* (3,000−2,500) × 60 = 30,000
기말재고수량 　 고정제조간접비 배부율

2. 정상원가계산에서의 이익차이 조정

정상원가계산은 직접재료비와 직접노무비는 실제발생액으로 집계하고, 제조간접비는 예정배부액으로 집계하는 원가계산방법이다.

원가요소	정상전부원가계산		정상변동원가계산
직접재료비	실제투입량 × 실제가격		실제투입량 × 실제가격
직접노무비	실제투입량 × 실제임률		실제투입량 × 실제임률
변동제조간접비	실제투입량 × 예정배부율		실제투입량 × 예정배부율
고정제조간접비	실제투입량 × 예정배부율	⟷	기간비용

정상원가계산에서는 제조간접비를 예정배부한다. 정상전부원가계산에서는 변동제조간접비뿐만 아니라 고정제조간접비도 예정배부하기 때문에 변동제조간접비뿐만 아니라 고정제조간접비에서도 배부차이가 발생한다. 그러나 정상변동원가계산에서는 변동제조간접비만 예정배부하고 고정제조간접비는 실제발생한 원가를 기간비용으로 처리하기 때문에 고정제조간접비에서 배부차이가 발생하지 않는다. 전부원가계산에서 고정제조간접비 배부차이를 매출원가에서 전액 조정하는 경우라면 기말재고자산에 포함되어 있는 고정제조간접비 배부액을 제외한 모든 고정제조간접비가 당기에 비용화되기 때문에 기말재고자산에 배부되어 있는 고정제조간접비만 조정하면 변동원가계산 이익과 전부원가계산 이익의 차이가 조정된다. 그러나 배부차이를 매출원가에서 전액 조정하지 않고 비례배분법을 사용하는 경우에는 배부차이 중에서 재고자산에 재배분된 부분은 비용화되지 않고 재고자산으로 남게 되므로 당초 기말재고에 포함된 고정제조간접비 배부액과 고정제조간접비 배부차이 중 기말재고에 재배분된 고정제조간접비 배부차이를 조정하여야 전부원가계산이익이 변동원가계산이익으로 전환된다. 이상의 내용을 정리하면 다음과 같다.

(1) 배부차이를 매출원가에 전액 배분하는 경우(매출원가조정법)

	변동원가계산하의 영업이익	×××
+	기말재고자산에 원래 포함된 고정제조간접비 배부액	×××
−	기초재고자산에 원래 포함된 고정제조간접비 배부액	×××
	전부원가계산하의 영업이익	×××

배부차이를 매출원가에서 전액조정하기 때문에 배부차이가 이미 매출원가를 통하여 각각의 순이익을 계산하는 과정에 반영되어 있다. 그러므로 기말과 기초재고자산에 포함되어 있는 고정제조간접비 배부액만 조정하면 된다.

(2) 배부차이를 매출원가와 기말재고자산에 비례배분하는 경우(비례배분법)

	변동원가계산하의 영업이익	×××
+	기말재고자산에 원래 포함된 고정제조간접비 배부액	×××
+	기말재고자산에 재배분된 고정제조간접비 배부차이*	×××
−	기초재고자산에 원래 포함된 고정제조간접비 배부액	×××
−	기초재고산에 재배분된 고정제조간접비 배부차이*	×××
	전부원가계산하의 영업이익	×××

* 불리한 차이(과소배부)를 가정 함.

배부차이 중에서 매출원가에 재배분된 부분은 이미 각각의 순이익을 계산하는 과정에 반영되어 있다. 그러므로 기말과 기초재고자산에 포함되어 있는 고정제조간접비 배부액은 당연히 조정하고 또한 기말과 기초재고자산에 재배분된 고정제조간접비 배부차이도 조정하여야 한다. 위의 영업이익 조정표에서 재배분된 고정제조간접비를 별도로 고려하면 가감조정할 때 부호(+, −)를 결정하기가 난해하다. 따라서 실제 문제를 풀이할 때는 다음과 같이 재배분된 고정제조간접비를 기말재고자산에 포함시켜서 한꺼번에 조정하면 쉽다.

	변동원가계산하의 영업이익
+	(기말재고에 포함된 FOH 배부액 + 재배분된 FOH 불리한 차이 − 유리한 차이)
−	(기초재고에 포함된 FOH 배부액 + 재배분된 FOH 불리한 차이 − 유리한 차이)
	전부원가계산하의 영업이익

* FOH는 고정제조간접비를 의미한다.

예를 들어 고정제조간접비에서 불리한 차이(과소배부)가 발생한 경우 비례배분법을 적용하면 기말재고자산에 재배분된 금액만큼 기말재고자산이 증가된다. 따라서 불리한 차이를 가산한 금액을 기준으로 영업이익을 조정하면 된다.

참 고 | 기말재고자산에 포함되어 있는 고정제조간접비 배부액의 조정과 배부차이의 조정

전부원가계산과 변동원가계산 순이익 차이를 조정하기 위해서는 기말재고자산에 포함되어 있는 고정제조간접비 배부액은 당연히 조정하여야 한다. 그러나 고정제조간접비 배부차이는 회사에서 어떻게 회계처리(재배부)하느냐에 따라 조정방법이 달라진다. 매출원가에서 전액 배분하는 경우에는 고정제조간접비 배부차이가 모두 매출원가에 반영되어 비용처리되므로 이 부분은 별도로 조정할 필요가 없다. 그러나 비례배분법에 의하여 재배분하는 경우에는 매출원가에 재배분된 부분은 비용으로 처리되나 기말재고자산에 재배분된 부분은 비용처리되지 않고 이연되기 때문에 이 부분도 조정하여야 한다.

예 제 4 정상원가계산하의 이익차이 조정

㈜신혜는 정상원가계산제도를 채택하고 있으며 기초재고자산은 없다. 연간 고정제조간접비 ₩180,000, 연간 예산생산량은 3,000개를 기준으로 제조간접비를 예정배부하고 있다. 20×1년 중 회사의 영업활동에 관한 단위당 자료는 다음과 같다.

판매가격		₩500
변동제조원가	₩250	
변동판매관리비	50	300
공헌이익		₩200

20×1년 제품 생산량은 2,600개이며 판매량은 2,500개이다. 실제 발생한 연간 고정제조간접비는 ₩170,000이며, 고정판매관리비는 ₩180,000이다. 회사는 제조간접비 배부차이를 매출원가에서 가감하고 있다. 변동제조간접비 배부차이는 전혀 발생하지 않았다.

[요구사항]

1. 정상전부원가계산에 의한 손익계산서를 작성하시오.
2. 정상변동원가계산에 의한 손익계산서를 작성하시오.
3. 정상전부원가계산하의 영업이익을 정상변동원가계산하의 영업이익으로 전환하시오.
4. 위 자료와 달리 이 회사는 고정제조간접비 배부차이를 기말재고자산과 매출원가에 비례배분 한다. 배부차이 중에서 기말재고자산에 배분되는 금액이 ₩1,000이라고 가정하고 물음1~3에 다시 답하시오.

해답

- 고정제조간접비 배부율 : $\frac{180,000}{3,000}$ = ₩60
- 전부원가계산의 제품 단위당 제조원가 : 250 + 60 = ₩310
- 원가차이

실제발생액	배부액
170,000	2,600개 × 60 = 156,000

배부차이 ₩14,000 불리

1. 정상전부원가계산

손익계산서

매 출 액(2,500개)		₩1,250,000
매출원가		
정상매출원가(@310)	₩775,000	
고정제조간접비 과소배부액	14,000	789,000
매출총이익		461,000
판매관리비		305,000
영업이익		₩156,000

2. 정상변동원가계산

공헌이익 손익계산서

매 출 액(2,500개)		₩1,250,000
변 동 비		
정상변동매출원가(@250)	₩625,000	
변동판매관리비(@50)	125,000	750,000
공헌이익		500,000
고 정 비		
고정제조간접비		170,000
고정판매관리비		180,000
영업이익		₩150,000

해설

정상변동원가계산에서는 고정제조간접비 실제발생액을 전액 비용처리하므로 고정제조간접비 배부차이는 발생하지 않는다.

3. 영업이익의 차이조정

	정상전부원가계산하의 영업이익	₩156,000
+	기초제품에 포함된 고정제조간접비(예정배부액)	0
−	기말제품에 포함된 고정제조간접비(예정배부액) 100개 × 60 =	(6,000)
	정상변동원가계산하의 영업이익	₩150,000

4.

(1) 정상전부원가계산

손익계산서

매 출 액(2,500개)		₩1,250,000
매출원가		
정상매출원가(@310)	₩775,000	
고정제조간접비 과소배부액	13,000	788,000
매출총이익		462,000
판매관리비		305,000
영업이익		₩157,000

(2) 정상변동원가계산

공헌이익 손익계산서

매 출 액(2,500개)		₩1,250,000
변 동 비		
정상변동매출원가(@250)	₩625,000	
변동판매관리비(@50)	125,000	750,000
공헌이익		500,000
고 정 비		
고정제조간접비		170,000
고정판매관리비		180,000
영업이익		₩150,000

해설

변동원가계산에서는 고정제조간접비 실제발생액을 기간비용으로 처리하므로 영업이익은 여전히 ₩150,000이다.

(3) 영업이익의 차이조정

정상전부원가계산하의 영업이익	₩157,000
+ (기초제품에 포함된 고정제조간접비 예정배부액+과소배부액)	0
− (기말제품에 포함된 고정제조간접비 예정배부액+과소배부액)	(6,000+1,000)
정상변동원가계산하의 영업이익	₩150,000

3. 표준원가계산에서의 이익차이 조정

표준원가계산에서는 사전에 설정한 표준원가를 이용하여 제품원가계산을 한다. 표준전부원가계산에서는 직접재료비, 직접노무비, 변동제조간접비, 고정제조간접비에서 원가차이가 발생 할 수 있고, 표준변동원가계산에서는 직접재료비, 직접노무비, 변동제조간접비에서 원가차이가 발생할 수 있다. 변동원가계산에서 고정제조간접비는 발생하는 즉시 기간비용으로 처리되기 때문에 원가차이가 발생하지 않는다.

원가요소	표준전부원가계산		표준변동원가계산
직접재료비	표준투입량 × 표준가격		표준투입량 × 표준가격
직접노무비	표준투입량 × 표준임률		표준투입량 × 표준임률
변동제조간접비	표준투입량 × 표준배부율		표준투입량 × 표준배부율
고정제조간접비	표준투입량 × 표준배부율	⟷	기간비용

표준원가계산에서 전부원가계산과 변동원가계산의 이익에 차이를 발생시키는 원인은 기말재고자산에 포함되어 있는 고정제조간접비 배부액과 고정제조간접비 원가차이이다. 양 방법의 순이익을 조정하기 위해서는 기말재고자산에 포함되어 있는 고정제조간접비는 당연히 조정하여야 하고, 고정제조간접비 원가차이는 원가차이를 어떻게 처리하느냐에 따라 조정방법이 달라진다.

(1) 원가차이를 매출원가에 전액 배분하는 경우(매출원가조정법)

	변동원가계산하의 영업이익	×××
+	기말재고자산에 원래 포함된 고정제조간접비 배부액	×××
−	기초재고자산에 원래 포함된 고정제조간접비 배부액	×××
	전부원가계산하의 영업이익	×××

원가차이를 매출원가에서 전액조정하기 때문에 원가차이가 이미 매출원가를 통하여 각각의 순이익을 계산하는 과정에 반영되어 있다. 그러므로 기말과 기초재고자산에 포함되어 있는 고정제조간접비 배부액만 조정하면 된다.

(2) 원가차이를 매출원가와 기말재고자산에 비례배분하는 경우(비례배분법)

	변동원가계산하의 영업이익	×××
+	기말재고자산에 원래 포함된 고정제조간접비 배부액	×××
+	기말재고자산에 재배분된 고정제조간접비 원가차이	×××
−	기초재고자산에 원래 포함된 고정제조간접비 배부액	×××
−	기초재고산에 재배분된 고정제조간접비 원가차이	×××
	전부원가계산하의 영업이익	×××

원가차이 중에서 매출원가에 재배분된 부분은 이미 매출원가를 통하여 각각의 순이익을 계산하는 과정에 반영되어 있다. 그러므로 기말과 기초재고자산에 포함되어 있는 고정제조간접비 배부액은 당연히 조정하여야 하고 또한 기말과 기초재고자산에 재배분된 고정제조간접비 원가차이도 조정하여야 한다. 기본적인 조정방법은 정상원가계산에서 설명한 것과 동일하다. 다만, 고정제조간접비 원가차이를 제외한 나머지 원가차이(직접재료비, 직접노무비, 변동제조간접비)는 전부원가계산이든 변동원가계산이든 제품원가에 모두 포함되기 때문에 이익조정할 때는 별도로 고려할 필요가 없다.

예 제 5 표준원가계산하의 이익차이 조정

㈜신혜는 표준원가계산제도를 채택하고 있다. 회사가 생산하는 제품 단위당 표준원가는 다음과 같다.

	표준수량	표준가격	표준원가
직접재료비	2kg	₩10/kg	₩20
직접노무비	3시간	5/시간	15
변동제조간접비	2시간	4/시간	8
고정제조간접비	2시간	5/시간	10
합　　계			₩53

고정제조간접비 예산은 연간 ₩60,000이고 고정제조간접비 표준배부율을 산정하는데 사용된 기준조업도는 12,000시간이다. 20×1년 제품생산량은 5,000개이며, 이 중 4,500개를 단위당 ₩120에 판매하였다. 변동판매관리비는 단위당 ₩10이고 고정판매관리비는 ₩30,000이며, 고정제조간접비 실제발생액은 ₩58,000이다. 20×1년 중 변동비 원가차이는 발생하지 않았으며 원가차이는 매출원가에서 가감한다. 기초재고자산은 없다.

[요구사항]

1. 표준전부원가계산에 의한 손익계산서를 작성하시오.
2. 표준변동원가계산에 의한 손익계산서를 작성하시오.
3. 표준전부원가계산하의 영업이익을 표준변동원가계산하의 영업이익으로 전환하시오.

해답

1. 표준전부원가계산

(1) 고정제조간접비 차이

실제	예산	배부액
₩58,000	₩60,000	₩50,000*

예산차이 ₩2,000 유리 | 생산조업도차이 ₩10,000 불리

총차이 ₩8,000 불리

* 5,000개 × 2 × 5 = ₩50,000

(2) 표준전부원가계산 손익계산서 작성

손익계산서

매 출 액(4,500×120)		₩540,000
매출원가		
표준매출원가(@53)	₩238,500	
원가차이(불리)	8,000	246,500
매출총이익		₩293,500
판매관리비(4,500×10+30,000)		75,000
영업이익		₩218,500

2. 표준변동원가계산

공헌이익 손익계산서

매 출 액(4,500×120)		₩540,000
변 동 비		
표준변동매출원가(4,500×43)	₩193,500	
변동판매관리비(4,500×10)	45,000	238,500
공헌이익		₩301,500
고 정 비		
고정제조간접비	58,000	
고정판매관리비	30,000	88,000
영업이익		₩213,500

해설

정상변동원가계산에서와 마찬가지로 표준변동원가계산에서도 고정제조간접비는 실제발생액을 전액 비용처리하므로 고정제조간접비 원가차이는 발생하지 않는다.

3. 영업이익의 전환

	표준전부원가계산하의 영업이익		₩218,500
+	기초제품에 포함된 고정제조간접비(표준배부액)		0
−	기말제품에 포함된 고정제조간접비(표준배부액)	500개 × 2 × 5 =	(5,000)
	표준변동원가계산하의 영업이익		₩213,500

전부원가계산과 변동원가계산의 비교

	전부원가계산	변동원가계산
주요목적	외부보고목적	내부보고목적
제품원가	직접재료비 직접노무비 변동제조간접비 고정제조간접비	직접재료비 직접노무비 변동제조간접비 –
이익함수	순이익 = f(판매량, 생산량)	순이익 = f(판매량)
이익의 크기	전기와 당기의 단위당 고정제조간접비가 동일할 때 재고수량이 증가하면 전부원가계산의 이익이 변동원가계산의 이익보다 더 크다.	
원가차이 변동제조원가 고정제조간접비	 원가차이 발생 원가차이 발생	 원가차이 발생 –
손익계산서양식	매 출 액 ××× 매출원가 ××× 매출총이익 ××× 판매관리비 ××× 영업이익 ×××	매 출 액 ××× 변 동 비 ××× 공헌이익 ××× 고 정 비 ××× 영업이익 ×××
이익차이 조정	변동원가계산하의 이익 + 기말재고자산에 포함된 고정제조간접비 − 기초재고자산에 포함된 고정제조간접비 전부원가계산하의 이익	

제 3 절 변동원가계산의 유용성과 한계점

1. 유용성

① 변동원가계산의 경우 변동제조원가만을 제품원가에 포함시킨다. 따라서 생산량이 변동해도 제품 단위당 원가가 불변이므로 재고자산의 변동이 이익에 미치는 영향을 제거할 수 있고, 재고자산평가방법에 따라 영업이익이 변동하는 것을 방지할 수 있다.

② 변동원가계산을 적용하기 위해서는 원가를 원가형태에 따라 변동비와 고정비로 분류해야 하므로 제품 단위당 변동비와 고정비 총액을 알아야 한다. 따라서 변동원가계산은 제품단위당 변동비와 고정비 총액에 대한 요약된 정보를 제공하므로 목표이익을 달성하기 위한 판매량과 매출액을 손쉽게 예측할 수 있어 원가관리, 이익관리 및 계획수립과 같은 단기적 의사결정에 유용하게 이용할 수 있다.

③ 변동원가계산은 원가를 원가형태에 따라 변동비와 고정비로 분류하므로 변동예산을 쉽게 작성할 수 있어 원가관리 및 통제에 유용하고, 조업도의 변화에 따라 원가가 얼마나 민감하게 변하는지를 예측할 수 있다.

④ 변동원가계산은 공통고정비를 임의적으로 배분하지 않기 때문에 각 부문, 지역 또는 제품과 직접 관련된 주요의사결정을 오도하지 않는다.

2. 한계점

① 모든 원가를 고정비와 변동비로 구분하기가 현실적으로 대단히 어렵고, 일반적으로 인정된 회계원칙이 아니므로 외부보고목적으로 사용될 수 없다.

② 고정제조간접비의 자산성을 무시하고 고정제조간접비를 기간비용으로 처리하므로 수익비용대응의 원칙에 어긋난다.

③ 변동원가계산은 설비원가와 관련 있는 고정제조간접비의 중요성을 간과하기 쉬워 가격정책과 장기적인 이익계획을 오도할 수 있다. 변동원가계산을 적용하는 경우 고정제조간접비를 무시하고 변동비에 일정한 이익을 가산한 정도에서 가격이 결정되어 고정제조간접비가 충분히 보상되지 않을 가능성이 크다.

④ 현대기업은 대규모 시설투자와 자동화를 특징으로 하고 있다. 계속기업으로서의 생존을 위해 이러한 추세는 더욱 더 심화될 것으로 예측됨에 따라 고정제조간접비의 중요성이 오히려 더욱 부각되고 있다.

⑤ 장기적인 관점에서 모든 원가는 변동비이므로 전부원가계산에 의해 평가된 재고자산원가가 장기적인 관점에서 올바른 재고자산원가이다. 그러나 변동원가계산에서는 고정제조간접비를 기간비용으로 처리하기 때문에 재고자산원가가 전부원가계산에 비해 항상 낮게 평가된다.

제 4 절 초변동원가계산

1. 의의

초변동원가계산(super-variable costing)은 스루풋원가계산(throughput costing)이라고도 한다. 초변동원가계산에서는 직접재료비만을 제품원가에 포함시키고 나머지 직접노무비와 변동제조간접비 및 고정제조간접비는 발생한 기간에 기간비용으로 처리한다. 즉, 초변동원가계산은 변동원가계산에서 한 발짝 더 나아가서 변동제조원가 중에서도 직접재료비만 제품원가에 포함시키고 나머지 원가는 모두 기간비용으로 처리한다. 초변동원가계산에서는 직접재료비를 제외한 모든 비용을 운영비용이라 하여 고정비로 간주한다. 왜냐하면 생산방식이 노동에 의존하는 방식에서 자동화 설비에 의존하는 방식으로 전환되면서 일정 설비를 유지하기 위한 노무비와 제조간접비는 생산량의 변동에 크게 영향을 받지 않고 고정비적인 성격을 가지게 되었으므로 직접재료비 이외의 원가는 진정한 의미의 변동비가 아니기 때문이다.

지금까지 공부한 것을 종합해서 정리해 보면 전부원가계산, 변동원가계산, 초변동원가계산의 제품원가와 기간비용 구성요소는 다음과 같다.

각 원가계산에서의 제품원가와 기간비용 구성요소의 비교

	전부원가계산	변동원가계산	초변동원가계산
• 제품원가	직접재료비 직접노무비 변동제조간접비 고정제조간접비	직접재료비 직접노무비 변동제조간접비	직접재료비
• 기간비용	변동판매관리비 고정판매관리비	고정제조간접비 변동판매관리비 고정판매관리비	직접노무비 변동제조간접비 고정제조간접비 변동판매관리비 고정판매관리비

2. 손익계산서 양식

초변동원가계산의 경우 직접재료비만을 진정한 변동제조원가로 간주하여 제품원가로 처리하고 나머지 원가는 모두 기간비용으로 처리한다.

(1) 양 식

초변동원가계산에 의한 손익계산서 양식은 다음과 같다.

초변동원가계산 손익계산서

Ⅰ. 매 출 액	×××
Ⅱ. 직접재료비	×××
Ⅲ. 재료처리량공헌이익(현금창출공헌이익)	×××
Ⅳ. 운영비용	×××
Ⅴ. 영업이익	×××

운영비용에는 당기에 발생한 직접노무비, 변동제조간접비, 고정제조간접비, 변동판매관리비 및 고정판매관리비가 포함된다.

(2) 손익계산서 작성시 주의할 점

단위당 가액이 일정하다고 가정할 때 다음에 주의 하여야 한다.

① 직접재료비는 단위당 가액에 판매수량을 곱하여 산정한다. 왜냐하면 초변동원가계산에서는 직접재료비는 제품원가에 포함되기 때문에 판매된 것만 비용이 되고, 미판매된 것은 재고로 남기 때문이다.

② 운영비용 중에서 직접노무비와 변동제조간접비는 단위당 가액에 생산수량을 곱하여 산정한다. 즉, 초변동원가계산에서는 직접노무비와 변동제조간접비를 고정비로 간주하기 때문에 당기에 발생한(생산수량 만큼) 금액을 모두 기간비용으로 처리한다.

③ 운영비용 중에서 고정제조간접비와 고정판매관리비는 당기 발생액을 모두 기간비용으로 처리한다.

④ 운영비용 중에서 변동판매관리는 단위당 가액에 판매수량을 곱하여 산정한다. 변동판매관리비는 판매와 관련하여 발생하는 비용이므로 생산수량을 적용할 수 없음에 주의하여야 한다.

3. 이익차이의 조정

초변동원가계산과 변동원가계산의 차이는 변동가공비(직접노무비와 변동제조간접비)를 제품원가로 볼 것인가 기간비용으로 볼 것인가에 있으므로 기말과 기초재고자산에 포함되어 있는 변동가공비를 조정하면 된다. 한편, 변동원가계산과 전부원가계산의 차이는 고정제조간접비를 제품원가로 볼 것인가 기간비용으로 볼 것인가에 있으므로 기말과 기초재고자산에 포함되어 있는 고정제조간접비를 조정하면 된다.

초변동원가계산, 변동원가계산 및 전부원가계산의 이익차이 조정하는 것을 정리하면 다음과 같다.

	초변동원가계산의 영업이익	×××
+	기말재고자산에 포함된 변동가공비(직접노무비와 변동제조간접비)	×××
−	기초재고자산에 포함된 변동가공비(직접노무비와 변동제조간접비)	×××
	변동원가계산의 영업이익	×××
+	기말재고자산에 포함된 고정제조간접비	×××
−	기초재고자산에 포함된 고정제조간접비	×××
	전부원가계산의 영업이익	×××

4. 각 방법 비교

(1) 재고자산금액

각 원가계산방법하에서 제품원가와 기간비용으로 처리하는 원가요소항목은 다음과 같다.

원가요소	전부원가계산	변동원가계산	초변동원가계산
직접재료비	제품원가	제품원가	제품원가
직접노무비	제품원가	제품원가	기간비용
변동제조간접비	제품원가	제품원가	기간비용
고정제조간접비	제품원가	기간비용	기간비용

각 원가계산방법하에서 제품원가와 기간비용으로 처리되는 금액이 다르기 때문에 재고수준이 변동하게 되면 재고자산 금액과 영업이익은 달라지게 된다. 그러나 일정시점에서 재고자산의 크기는 다음과 같다.

전부원가계산 〉 변동원가계산 〉 초변동원가계산

(2) 영업이익

기말재고자산을 높이 평가하면 상대적으로 매출원가는 낮게 평가되고 영업이익이 높게 평가된다. 상황별로 영업이익의 크기는 다음과 같다.

① 재고가 증가하는 경우 : 전부원가계산 〉 변동원가계산 〉 초변동원가계산
② 재고변동이 없는 경우 : 전부원가계산 = 변동원가계산 = 초변동원가계산
③ 재고가 감소하는 경우 : 전부원가계산 〈 변동원가계산 〈 초변동원가계산

(3) 손익계산서

전부원가계산에서는 비용을 제조활동과 관련된 매출원가와 비제조활동과 관련된 판매관리비로 구분한다. 변동원가계산에서는 비용을 원가행태에 따라 변동비와 고정비로 구분한다. 그리고 초변동원가계산에서는 비용을 직접재료비와 나머지(운영비용)로 구분한다. 각 방법에서의 손익계산서를 요약하면 다음과 같다.

전부원가계산		변동원가계산		초변동원가계산	
Ⅰ. 매출액	×××	Ⅰ. 매출액	×××	Ⅰ. 매출액	×××
Ⅱ. 매출원가	×××	Ⅱ. 변동비	×××	Ⅱ. 직접재료비	×××
Ⅲ. 매출총이익	×××	Ⅲ. 공헌이익	×××	Ⅲ. 재료처리량공헌이익	×××
Ⅳ. 판매관리비	×××	Ⅳ. 고정비	×××	Ⅳ. 운영비용	×××
Ⅴ. 영업이익	×××	Ⅴ. 영업이익	×××	Ⅴ. 영업이익	×××

위 손익계산서의 공통점을 찾아보면 Ⅱ에 기록된 원가는 판매된 부분만 비용화 되고, Ⅳ에 기록된 원가는 발생한 원가 전액이 비용화 된다는 것이다.

5. 초변동원가계산의 유용성과 한계점

(1) 유용성

① 재고자산을 보유하고자 하는 유인을 줄여주기 때문에 경영자로 하여금 생산량보다는 판매량을 증가시키도록 유도한다.

② 직접재료비만을 변동비로 보기 때문에 제조원가를 자의적으로 변동비와 고정비로 구분해야 하는 문제가 발생하지 않는다.

③ 직접재료비 이외에는 모두 운영비용으로 처리하기 때문에 적용하기가 간편하다.

(2) 한계점

① 고정비의 성격이 조금이라도 있는 것은 당기 비용으로 처리하기 때문에 장기적인 의사결정에 적합한 정보를 제공하지 못한다.

② 재고누적을 방지하는 데에만 관심을 갖기 때문에 재고부족으로 인한 기회비용을 간과 할 수 있다.

③ 현금창출공헌이익에 관심을 집중하다보면 판매량을 증가시키기 위해 판매가격을 부당하게 인하할 가능성이 있다. 이것은 기업전체의 영업이익에는 악영향을 미칠 수 있다.

④ 재고원가가 낮으면 재고원가에 이익을 가산하는 방식으로 판매가격을 결정하는 경우에 판매가격이 낮게 설정될 가능성이 있다.

⑤ 운영비용을 발생즉시 비용처리하기 때문에 수익 · 비용 대응의 원칙에 위배된다.

예 제 6 초변동원가계산

㈜경애는 20×1년 초에 단위당 판매가격과 변동비가 다음과 같은 제품을 생산하기 시작하였다.

판매가격		₩500
직접재료비	₩100	
변동가공비	150	
변동판매관리비	50	300
공헌이익		₩200

월간 고정제조간접비는 ₩180,000이고, 고정판매관리비는 ₩120,000이며, 1월에서 3월의 생산량과 판매량은 다음과 같다.

	1월	2월	3월
생 산 량	3,000개	3,000개	3,000개
판 매 량	2,500개	3,000개	3,500개

[요구사항]

1. 다음 각 원가계산방법하에서의 제품의 단위당 원가를 계산하시오.
   (1) 초변동원가계산
   (2) 변동원가계산
   (3) 전부원가계산
2. 월별로 전부원가계산에 의한 손익계산서를 작성하시오.
3. 월별로 변동원가계산에 의한 손익계산서를 작성하시오.
4. 월별로 초변동원가계산에 의한 손익계산서를 작성하시오.
5. 월별로 초변동원가계산에 의한 영업이익을 변동원가계산에 의한 영업이익으로 전환하시오.
6. 월별로 초변동원가계산에 의한 영업이익을 전부원가계산에 의한 영업이익으로 전환하시오.

해답

1. 각 방법하의 제품 단위당 원가

	초변동원가계산	변동원가계산	전부원가계산
직접재료비	₩100	₩100	₩100
변동가공비	–	150	150
고정제조간접비	–	–	60*
단위당 원가	₩100	₩250	₩310

* 180,000 ÷ 3,000 = 60

2. 전부원가계산 손익계산서

	1월	2월	3월
매 출 액(판매량×₩500)	₩1,250,000	₩1,500,000	₩1,750,000
매출원가(판매량×₩310)	775,000	930,000	1,085,000
매출총이익	₩475,000	₩570,000	₩665,000
판매관리비*	245,000	270,000	295,000
영업이익	₩230,000	₩300,000	₩370,000

* 판매량 × 단위당 변동판매관리비 + 고정판매관리비

3. 변동원가계산 손익계산서

	1월	2월	3월
매 출 액(판매량×₩500)	₩1,250,000	₩1,500,000	₩1,750,000
변 동 비			
변동매출원가(판매량×₩250)	625,000	750,000	875,000
변동판매관리비(판매량×₩50)	125,000	150,000	175,000
공헌이익	₩500,000	₩600,000	₩700,000
고 정 비			
고정제조간접비	180,000	180,000	180,000
고정판매관리비	120,000	120,000	120,000
영업이익	₩200,000	₩300,000	₩400,000

4. 초변동원가계산 손익계산서

	1월	2월	3월
매출액(판매량×₩500)	₩1,250,000	₩1,500,000	₩1,750,000
직접재료비(판매량×₩100)	250,000	300,000	350,000
재료처리량 공헌이익	₩1,000,000	₩1,200,000	₩1,400,000
운용비용			
변동가공비(생산량×₩150)	450,000	450,000	450,000
고정제조간접비	180,000	180,000	180,000
변동판매관리비(판매량×₩50)	125,000	150,000	175,000
고정판매관리비	120,000	120,000	120,000
영업이익	₩125,000	₩300,000	₩475,000

5. 초변동원가계산과 변동원가계산에 의한 이익차이의 조정

	1월	2월	3월
초변동원가계산하의 영업이익	₩125,000	₩300,000	₩475,000
+ 기말재고에 포함된 변동가공비*1	75,000	75,000	0
− 기초재고에 포함된 변동가공비*2	0	(75,000)	(75,000)
변동원가계산하의 영업이익	₩200,000	₩300,000	₩400,000

*1 기말재고량 × ₩150

*2 기초재고량 × ₩150

6. 초변동원가계산과 전부원가계산에 의한 이익차이의 조정

	1월	2월	3월
초변동원가계산하의 영업이익	₩125,000	₩300,000	₩475,000
+ 기말재고에 포함된 변동가공비	75,000	75,000	0
+ 기말재고에 포함된 고정제조간접비*1	30,000	30,000	0
− 기초재고에 포함된 변동가공비	0	(75,000)	(75,000)
− 기초재고에 포함된 고정제조간접비*2	0	(30,000)	(30,000)
전부원가계산하의 영업이익	₩230,000	₩300,000	₩370,000

*1 기말재고량 × ₩60

*2 기초재고량 × ₩60

연 습 문 제

COST ACCOUNTING

문 1 생산량이 영업이익에 미치는 영향

㈜경은의 20×1년 영업활동에 관한 자료는 다음과 같으며 기초제품재고는 없다.

- 제품 단위당 변동제조원가 : ₩200
- 당기의 실제고정제조간접비 : ₩100,000
- 당기판매량 : 200단위

[요구사항]

1. 생산량이 400단위와 800단위일 때 전부원가계산하의 매출원가를 계산하시오.
2. 생산량이 400단위의 800단위일 때 변동원가계산하의 매출원가를 계산하시오.
3. 생산량이 400단위와 800단위일 때 전부원가계산하에서 비용처리된 고정제조간접비와 자산으로 이연된 고정제조간접비를 계산하시오.
4. 생산량이 400단위와 800단위일 때 변동원가계산하에서 비용처리된 고정제조간접비와 자산으로 이연된 고정제조간접비를 계산하시오.

해답

1. 전부원가계산하의 매출원가

(1) 단위당 고정제조간접비

생산량 400단위 : 100,000÷400 = ₩250

생산량 800단위 : 100,000÷800 = ₩125

(2) 전부원가계산하의 단위당 원가

	400단위	800단위
단위당 변동제조원가	₩200	₩200
단위당 고정제조간접비	250	125
단위당 원가	₩450	₩325

(3) 전부원가계산하의 매출원가

생산량 400단위 : 200단위×450 = ₩90,000

생산량 800단위 : 200단위×325 = ₩65,000

2. 변동원가계산하의 매출원가
   생산량 400단위 : 200단위×200 = ₩40,000
   생산량 800단위 : 200단위×200 = ₩40,000

3. 전부원가계산하의 고정제조간접비

	400단위	800단위
비용처리된 고정제조간접비(매출원가)	₩50,000*1	₩25,000*2
자산으로 이연된 고정제조간접비(재고자산)	₩50,000	75,000
합 계	₩100,000	₩100,000

*1 200단위×250 = ₩50,000

*2 200단위×125 = ₩25,000

4. 변동원가계산하의 고정제조간접비
   생산량 400단위 : ₩100,000 비용처리
   생산량 800단위 : ₩100,000 비용처리
   ☞ 변동원가계산에서는 고정제조간접비가 기간비용으로 처리되기 때문에 생산량에 관계없이 ₩100,000 전액이 발생한 기간에 비용으로 처리된다.

해설

1. 판매량이 일정한 상태에서 생산량이 증가하면 전부원가계산하의 매출원가는 점점 작아진다. 왜냐하면 400단위를 생산한 경우에는 1단위 ₩250이 비용으로 처리되는 반면, 800단위를 생산한 경우에는 ₩125이 비용으로 처리되기 때문이다. 그러므로 전부원가계산하의 영업이익은 판매량뿐만 아니라 생산량에 의해서도 영향을 받게 된다.
2. 변동원가계산에서는 고정제조간접비를 생산량을 기준으로 배분하는 것이 아니라 발생한 기간에 전액 기간비용으로 처리하기 때문에 판매량이 일정하다면 생산량의 변동에도 불구하고 매출원가는 일정하게 나타난다. 따라서 변동원가계산하의 영업이익은 생산량과는 관계없이 오직 판매량에 의해서만 영향을 받게 된다.

문 2 실제전부원가계산과 실제변동원가계산 : 선입선출법

㈜은미는 선입선출법에 의한 실제원가계산을 실시한다. 단위당 판매가격은 ₩1,000이고, 최근 2년 동안의 영업실적은 다음과 같다. 20×1년 기초재고는 없는 것으로 가정한다.

	20×1년	20×2년
판 매 량	5,000단위	6,000단위
생 산 량	7,000단위	5,000단위
제조원가		
변동비	₩700,000	₩500,000
고정비	700,000	700,000
판매관리비		
변동비	100,000	120,000
고정비	400,000	400,000

[요구사항]

1. 전부원가계산에 의한 각 연도별 손익계산서를 작성하시오.
2. 변동원가계산에 의한 각 연도별 손익계산서를 작성하시오.
3. 손익계산서에 나타난 이익차이에 대해 설명하시오.
4. 두 방법하의 영업이익 차이를 조정하시오.

해답

1. 전부원가계산 손익계산서

	20×1년	20×2년
매 출 액	₩5,000,000	₩6,000,000
매출원가	1,000,000	1,360,000
기초제품재고액	0	400,000
당기제품제조원가	1,400,000	1,200,000
기말제품재고액	(400,000)*1	(240,000)*2
매출총이익	₩4,000,000	₩4,640,000
판매관리비	500,000	520,000
영업이익	₩3,500,000	₩4,120,000

*1 1,400,000 × 2,000개/7,000개 = ₩400,000

*2 1,200,000 × 1,000개/5,000개 = ₩240,000

2. 변동원가계산 손익계산서

	20×1년	20×2년
매 출 액	₩5,000,000	₩6,000,000
변 동 비		
1. 변동매출원가		
기초제품재고액	0	200,000
당기제품제조원가	700,000	500,000
기말제품재고액	(200,000)*1	(100,000)*2
2. 변동판매관리비	100,000	120,000
소 계	600,000	720,000
공헌이익	₩4,400,000	₩5,280,000
고 정 비		
1. 고정제조간접비	700,000	700,000
2. 고정판매관리비	400,000	400,000
Ⅶ. 영업이익	₩3,300,000	₩4,180,000

*1 700,000 × 2,000개/7,000개 = ₩200,000

*2 500,000 × 1,000개/5,000개 = ₩100,000

3. 이익차이의 발생원인

두 방법간에 이익차이가 나는 이유는 고정제조간접비의 처리방법이 다르기 때문이다. 전부원가계산에서는 고정제조간접비를 제품원가로 처리하였다가 판매되는 시점에서 판매량에 포함된 고정제조간접비만큼만 비용처리한다. 그러나 변동원가계산에서는 고정제조간접비를 발생한 기간에 전액 비용으로 처리한다. 따라서 생산량과 판매량이 다른 경우에는 이익차이가 발생하게 된다. 두 방법하에서 비용처리 되는 고정제조간접비는 다음과 같다.

	20×1년	20×2년
전부원가계산	₩500,000*1	₩760,000*2
변동원가계산	700,000	700,000
비용차이	₩(200,000)	₩60,000

*1 5,000개 × 100 = ₩500,000

*2 2,000개 × 100 + 4,000개 × 140 = ₩760,000

4. 이익차이의 조정

	20×1년	20×2년
전부원가계산에 의한 영업이익	₩3,500,000	₩4,120,000
+ 기초제품에 포함된 고정제조간접비	0	200,000
− 기말제품에 포함된 고정제조간접비	(200,000)*1	(140,000)*2
변동원가계산에 의한 영업이익	₩3,300,000	₩4,120,000

*1 700,000 × 2,000개/7,000개 = ₩200,000

*2 700,000 × 1,000개/5,000개 = ₩140,000

해설

1. 회사의 원가계산방법이 선입선출법이므로 20×2년의 기말재고량 1,000단위는 20×2년에 생산된 것이다. 따라서 20×2년의 기말재고는 20×2년도의 제품제조원가로 평가해야 한다.
2. 20×1년과 20×2년의 제품 단위당 변동제조원가가 변동이 없으므로, 변동매출원가를 계산할 때에는 '판매량 × 단위당 변동제조원가'를 이용하여 변동매출원가를 구해도 된다. 그러나 단위당 변동제조원가가 연도별로 상이할 때에는 반드시 상기와 같은 방법으로 변동매출원가를 구해야 한다.

문 3 실제원가계산에서 전부 · 변동 · 원가계산의 비교

㈜국세의 전부원가계산에 의한 3년간의 손익계산서는 다음과 같다.

	1차연도	2차연도	3차연도
매 출 액	₩704,000	₩528,000	₩704,000
매 출 원 가	520,000	330,000	680,000
기 초 재 고	0	0	220,000
당 기 생 산	520,000	550,000	460,000
판 매 가 능	520,000	550,000	680,000
기 말 재 고	0	220,000	0
매출총이익	184,000	198,000	24,000
판매관리비	180,000	160,000	180,000
영 업 이 익	₩4,000	₩38,000	(₩156,000)

〈추가자료〉

1. 원가자료

단위당 변동제조원가 : ₩3

고정제조간접비 : ₩400,000

고정판매관리비 : ₩100,000

2. 3년 동안의 생산량 및 판매량

	1차연도	2차연도	3차연도
생 산 량	40,000개	50,000개	20,000개
판 매 량	40,000개	30,000개	40,000개

[요구사항]

1. 변동원가계산에 의하여 각 연도의 손익계산서를 작성하시오.
2. 2차연도 전부원가계산 영업이익을 변동원가계산 영업이익으로 전환하는 과정을 보이시오.
3. 3차연도 변동원가계산 영업이익을 전부원가계산 영업이익으로 전환하는 과정을 보이시오.
4. 전부원가계산에 의한 1차연도와 3차연도의 손익계산서를 보면, 비록 동일한 수량을 판매하였으나, 순이익(손실)에 있어서 큰 차이를 보이고 있다. 그 이유를 설명하시오.

해답

1.

	1차연도	2차연도	3차연도
매 출 액	₩704,000	₩528,000	₩704,000
변 동 비	200,000*1	150,000*2	200,000*3
공헌이익	504,000	378,000	504,000
고 정 비	500,000	500,000	500,000
영업이익	₩4,000	(₩122,000)	₩4,000

단위당 변동판매관리비 = (180,000−100,000) ÷ 40,000 = ₩2

*1 40,000 × (3+2) = 200,000

*2 30,000 × (3+2) = 150,000

*3 40,000 × (3+2) = 200,000

2.

	전부원가계산 영업이익	38,000
+	기초재고자산에 포함된 고정제조간접비	0
−	기말재고자산에 포함된 고정제조간접비 20,000 × 8* =	160,000
	변동원가계산영업이익	(122,000)

* 400,000 ÷ 50,000 = 8

3.

변동원가계산 영업이익		4,000
+ 기말재고자산에 포함된 고정제조간접비		0
− 기초재고자산에 포함된 고정제조간접비	20,000 × 8 =	160,000
전부원가계산영업이익		(156,000)

4. 1차연도에는 고정제조간접비 ₩400,000이 비용처리 되었으나 3차연도에는 고정제조간접비 ₩560,000* (400,000+20,000×8)이 비용처리 되었으므로 동일한 판매량에도 불구하고 순이익에 차이가 발생하였다.

* 3차연도 발생분 ₩400,000과 2차연도 발생분 중 3차연도에 비용처리된 것의 합계액이다.

문 4 단답형 기출문제

1. 다음은 ㈜영선의 원가자료이다. 전부원가계산방법에 의한 당기순이익이 변동원가계산(직접원가계산) 방법에 의한 당기순이익보다 ₩200이 많은 경우 당기의 재고 증감량은 몇 개인가?

당기생산량	:	1,000개	기초재고수량	:	?
기말재고수량	:	100개	판매가	:	단위당 ₩15
변동제조간접비	:	단위당 ₩5	고정제조간접비	:	₩2,000
변동판매비	:	단위당 ₩2	고정판매비	:	₩300

2. ㈜원재는 20×1년초에 영업을 개시하여 무선전화기를 생산 · 판매하고 있다. 20×1년에 3,000개를 생산하였으며, 제품 단위당 판매가격은 ₩150,000이다. 관련 자료는 다음과 같다.

	고정원가	제품 단위당 변동원가
직접재료원가		₩30,000
직접노무원가		25,000
제조간접원가	₩45,000,000	15,000
판매관리비	60,000,000	20,000

전부원가계산에 의한 20×1년의 영업이익이 변동원가계산에 의한 영업이익에 비하여 ₩15,000,000이 많을 경우, 20×1년의 판매량은 몇 개인가?

3. 20×1년 3월에 영업을 시작한 ㈜연희는 선입선출법에 의한 실제원가계산제도를 채택하고 있으며, 20×1년 3월과 4월의 생산과 판매에 관한 자료는 다음과 같다.

	3월	4월
생산량	8,000단위	9,000단위
판매량	7,000단위	10,000단위
고정제조간접원가	₩1,600,000	₩1,620,000
고정판매비용	₩800,000	₩900,000

20×1년 4월 중 변동원가계산에 의한 영업이익이 ₩1,200,000이라고 할 때, 전부원가계산에 의한 영업이익은 얼마인가?

4. ㈜준희의 당기 제품제조 및 영업활동과 관련한 다음의 자료를 토대로 하여 변동제조원가 발생액과 고정판매관리비 발생액을 구하면 각각 얼마인가?

- 매 출 액 : ₩2,000,000
- 고정제조원가 당기발생액 : ₩600,000
- 변동판매관리비 당기발생액 : ₩200,000
- 당기 제품 생산량 : 70,000개
- 당기 제품 판매량 : 65,000개
- 변동매출원가 : ₩780,000
- 변동원가계산에 의한 영업이익 : ₩300,000
- 기초제품 재고와 기초 및 기말재공품 재고는 없다.

5. ㈜아라는 실제원가로 제품원가를 계산하고 있다. ㈜아라는 20×1년 1월초에 개업하였으며, 20×1년과 20×2년의 제품 생산량과 판매량, 원가자료는 다음과 같다.

구 분	20×1년	20×2년
생산량	10,000개	14,000개
판매량	8,000개	15,000개
고정제조간접원가	₩240,000	?
고정판매관리비	₩180,000	₩23,000

20×2년의 전부원가계산에 의한 이익은 ₩500,000이고, 변동원가계산에 의한 이익은 ₩528,000이었다. 20×2년에 발생된 고정제조간접원가는 얼마인가? 단, 20×1년과 20×2년의 기초재공품 및 기말재공품은 없으며, 물량 및 원가흐름은 선입선출법을 가정한다.

해답

1. 고정제조간접비배부율 = ₩2,000÷1,000개 = ₩2
   ₩200 = 2×재고증가량
   ∴ 재고증가량 = 100개

2. • 단위당 고정제조간접원가 : 45,000,000÷3,000 = ₩15,000
   • 기말재고수량(A) : A×15,000 = 15,000,000
     ∴ A = 1,000개
   • 20×1년 판매량 : 3,000−1,000 = 2,000개

3. • 3월의 기말재고(= 4월의 기초재고) : 0+8,000−7,000 = 1,000단위
   • 4월의 기말재고 : 1,000+9,000−10,000 = 0
   • 고정제조간접원가배부율
     3월 ₩1,600,00÷8,000 = ₩200
     4월 ₩1,620,000÷9,000 = ₩180
   • 전부원가계산의 영업이익
     =변동원가계산의 영업이익+기말재고의 고정제조간접원가−기초재고의 고정제조간접원가
     = 1,200,000+(180×0)−200×1,000 = ₩1,000,000

4. • 변동제조원가 발생액 : (780,000÷65,000)×70,000 = 840,000
   • 변동원가계산 손익계산서

매 출		2,000,000
변 동 비	780,000+200,000 =	980,000
고 정 비		600,000+FS
영 업 이 익		300,000

   ∴ 고정판매관리비(FS) = 120,000

5. • 20×1년 고정제조간접원가 단가 : 240,000÷10,000 = 24
   • 20×2년 기말재고에 포함된 고정제조간접원가

변동원가계산이익		528,000
+ 기말재고에 포함된 고정제조간접원가		20,000
− 기초재고에 포함된 고정제조간접원가	2,000×24 =	48,000
전부원가계산이익		500,000

   • 20×2년 고정제조간접원가 단가 : (10,000−8,000+14,000−15,000)×20 = 20,000
   • 20×2년 고정제조간접원가 발생액 : 14,000×20 = 280,000

문 5 전부 · 변동 · 초변동원가계산

SH모터스의 공장에서는 신형자동차 제네시스를 조립하고 있으며, 20×1년 대당 표준제조원가는 다음과 같다.

직접재료비	₩6,000
직접노무비	1,800
변동제조간접비	2,000
고정제조간접비	?

공장은 고도로 자동화되어 있으며, 월간 최대생산능력은 4,000대이다. 변동제조간접비는 생산라인의 조립시간을 기준으로 차량에 배부되며, 대당 표준조립시간은 20시간이다. 20×1년 고정제조간접비는 이 공장의 예산정상조업도의 표준조립시간을 기준으로 배부되며, 예산정상조업도는 월간 3,000대이고, 월간 고정제조간접비 예산은 ₩7,500,000이다. 20×1년 이 공장의 제네시스 기초재고는 없으며, 첫 2개월간의 실제 생산수량 및 판매수량은 다음과 같다.

	1월	2월
생산량	3,200대	2,400대
판매량	2,000대	2,900대

20×1년 첫 2개월간 변동제조원가(직접재료비, 직접노무비 및 변동제조간접비)에서 발생한 원가차이는 전혀 없으며, 고정제조간접비 월간 실제발생액은 월간 예산상의 금액과 일치하였다. 원가차이는 월별로 분석하여 그 달의 매출원가를 산정할 때 조정한다. SH모터스 공장의 경영자는 월간 영업이익(경영자 상여금 반영전)의 1%에 해당하는 금액을 상여금으로 받는다. 한편, 공장은 SH모터스의 판매계열회사에 제네시스를 대당 ₩16,000에 판매하고 있으며, 판매관리비는 발생하지 않는다.

[요구사항]

1. 전부원가계산에 의할 때 20×1년 1월과 2월의 월별 경영자 상여금을 계산하시오.
2. 영업이익에 적용되는 상여금 지급비율 1%가 변동원가계산에도 적용된다면 변동원가계산에 의할 때 20×1년 1월과 2월의 월별 경영자 상여금을 계산하시오.
3. 영업이익에 적용되는 상여금 지급비율 1%가 초변동원가계산에도 적용된다면 초변동원가계산에 의할 때 20×1년 1월과 2월의 월별 경영자 상여금을 계산하시오.

해답

1. 전부원가계산

제품 단위당 고정제조간접비배부율 : 7,500,000 ÷ 3,000 = 2,500

제품 단위당 총제조원가 : 6,000 + 1,800 + 2,000 + 2,500 = 12,300

고정제조간접비 조업도차이 :

1월

실제	예 산	배 부
7,500,000	7,500,000	3,200 × 2,500 = 8,000,000

소비차이 0 (실제–예산), 조업도차이 500,000 유리 (예산–배부)

2월

실제	예 산	배 부
7,500,000	7,500,000	2,400 × 2,500 = 6,000,000

소비차이 0 (실제–예산), 조업도차이 1,500,000 불리 (예산–배부)

	1월		2월	
매 출	2,000 × 16,000 =	32,000,000	2,900 × 16,000 =	46,400,000
매출원가	2,000 × 12,300 − 500,000 =	24,100,000	2,900 × 12,300 + 1,500,000 =	37,170,000
영업이익		7,900,000		9,230,000
상 여 금	7,900,000 × 1% =	79,000	9,230,000 × 1% =	92,300

2. 변동원가계산

	1월		2월	
매 출	2,000 × 16,000 =	32,000,000	2,900 × 16,000 =	46,400,000
변 동 비	2,000 × 9,800* =	19,600,000	2,900 × 9,800 =	28,420,000
고 정 비		7,500,000		7,500,000
영업이익		4,900,000		10,480,000
상 여 금	4,900,000 × 1% =	49,000	10,480,000 × 1% =	104,800

* 변동원가계산의 제품 단위당 총제조원가 : 6,000 + 1,800 + 2,000 = 9,800

3. 초변동원가계산

	1월		2월	
매 출	2,000 × 16,000 =	32,000,000	2,900 × 16,000 =	46,400,000
직접재료비	2,000 × 6,000 =	12,000,000	2,900 × 6,000 =	17,400,000
운 영 비		19,660,000*1		16,620,000*2
영 업 이 익		340,000		12,380,000
상 여 금	340,000 × 1% =	34,000	12,380,000 × 1% =	123,800

*1 1월에 발생한 운영비 : 3,200 × (1,800+2,000) + 7,500,000 = 19,660,000

*2 2월에 발생한 운영비 : 2,400 × (1,800+2,000) + 7,500,000 = 16,620,000

문 6 정상원가계산에서 전부 · 변동 · 초변동원가계산의 비교

㈜미숙의 전기와 당기 제조간접비 예정배부율은 동일하며, 전기와 당기에 실제발생한 단위당 직접재료비와 직접노무비도 동일하다. 고정제조간접비에 대한 배부차이 이외에 발생한 차이는 없으며, 배부차이는 매출원가에서 전액 조정한다. 단, 고정제조간접비 실제발생액과 예산은 동일하다. 당기 동안의 영업활동과 관련된 자료는 다음과 같다.

판매단가	단위당 ₩10	변동제조원가	단위당 ₩6
변동판매비	단위당 ₩2	기준조업도	6,000시간
배부기준	₩10/시간당	예산 고정제조간접비	₩60,000
고정판매비	₩35,000	기초재고량	3,000단위
기말재고량	4,000단위	판매량	48,000단위

〈추가자료〉

1. 1시간동안에 제품 10단위를 생산한다.
2. 변동제조원가는 직접재료비 ₩1.5, 직접노무비 ₩2.8, 변동제조간접비 ₩1.7으로 구성되어 있다.

[요구사항]

1. 변동원가계산에 의한 영업이익을 구하시오.
2. 전부원가계산에 의한 영업이익을 구하시오.
3. 변동원가계산하의 영업이익을 전부원가계산하의 영업이익으로 전환하시오.
4. 초변동원가계산하의 영업이익을 구하시오.
5. 초변동원가계산하의 영업이익을 변동원가계산하의 영업이익으로 전환하시오.

해답

- 자료정리

당기생산량 = 48,000 + 4,000 − 3,000 = 49,000

실 제 = 예 산	배 부
60,000	49,000 × 0.1* × 10 = 49,000

배부차이 11,000 불리

* 1시간 ÷ 10단위 = 0.1시간/단위

1. 변동원가계산 영업이익

매 출	48,000 × 10	=	480,000
변 동 비	48,000 × (6+2)	=	384,000
고 정 비	60,000 + 35,000	=	95,000
영 업 이 익			1,000

2. 전부원가계산 영업이익

매 출	48,000 × 10	=	480,000
매 출 원 가	48,000 × (6+1*) + 11,000(불리)	=	347,000
판 관 비	48,000 × 2 + 35,000	=	131,000
영 업 이 익			2,000

* 고정제조간접비 단위당 배부율

3. 영업이익 조정

변동원가계산 영업이익		1,000
+ 기말재고자산에 포함된 고정제조간접비	4,000 × 1 =	4,000
− 기초재고자산에 포함된 고정제조간접비	3,000 × 1 =	3,000
전부원가계산 영업이익		2,000

4. 초변동원가계산 영업이익(손실)

매 출	48,000 × 10		=	480,000
직 접 재 료 비	48,000 × 1.5		=	72,000
운 영 비	① 49,000 × (2.8+1.7) =	220,500		
	② 48,000 × 2 =	96,000		
	③ 60,000 + 35,000 =	95,000		411,500
영 업 손 실				(3,500)

5. 영업이익 조정

초변동원가계산 영업이익(손실)			(3,500)
+ 기말재고자산에 포함된 직접노무비, 변동제조간접비	4,000 × 4.5	=	18,000
− 기초재고자산에 포함된 직접노무비, 변동제조간접비	3,000 × 4.5	=	13,500
변동원가계산 영업이익			1,000

해설

1. 영업이익의 조정은 다음과 같이한다.

  Ⅰ. 초변동원가계산 영업이익
   + 기말재고자산에 포함된 직접노무비, 변동제조간접비
   − 기초재고자산에 포함된 직접노무비, 변동제조간접비
  Ⅱ. 변동원가계산 영업이익
   + 기말재고자산에 포함된 고정제조간접비
   − 기초재고자산에 포함된 고정제조간접비
  Ⅲ. 전부원가계산 영업이익

2. 정상원가계산에서 제조간접비 배부차이나 표준원가계산에서 각종 원가차이를 매출원가에서 전액 조정하는 경우에는 기말 또는 기초재고자산에 포함되어 있는 고정제조간접비(예정배부된 원가 또는 표준원가)만 조정하면 된다. 왜냐하면 원가차이는 이미 영업이익에 반영되어 있기 때문이다.

문 7 표준원가계산에서 비교

1. ㈜진영이 20×1년 초에 예측한 예산자료는 다음과 같다.

기준조업도	: 50,000개	단위당 판매가격	: ₩100
단위당변동제조원가	: ₩50*	고정제조간접비	: ₩250,000
단위당 변동판매관리비	: ₩10	고정판매관리비	: ₩120,000

* @직접재료비 = ₩25, @직접노무비 = ₩15, @변동제조간접비 = ₩10

2. 20×1년의 기초제품수량은 10,000개, 생산량은 48,000개, 판매량은 50,000개이다. 전기와 당기의 단위당 표준원가는 동일하고 기초와 기말의 재공품 재고는 없다.

3. 20×1년도 변동제조원가에 대한 원가차이는 다음과 같다.

직접재료비 차이	: ₩19,000(유리)
직접노무비 차이	: ₩8,000(불리)
변동제조간접비 차이	: ₩12,000(유리)

4. 20×1년에 고정제조간접비 실제발생액은 ₩250,000이다. 고정판매관리비는 예산과 동일하게 발생되었으며, 단위당 변동판매관리비와 단위당 판매가격도 예산과 같았다. 이 회사는 모든 원가차이를 매출원가에서 조정한다.

[요구사항]

1. 전부원가계산에 의한 20×1년의 영업이익을 산정하시오.
2. 변동원가계산에 의한 20×1년의 영업이익을 산정하시오.
3. 전부원가계산에 의한 영업이익을 변동원가계산에 의한 영업이익으로 전환하는 과정을 보이시오.
4. 초변동원가계산에 의한 20×1년의 영업이익을 산정하시오.
5. 기본자료와 달리 원가차이를 이연하기로 하였다면 전부원가계산에 의한 20×1년의 영업이익은 얼마인가?

해답

• 자료정리

실 제	예 산	배 부
250,000	250,000	48,000 × 5* = 240,000
소비차이 0	조업도차이 10,000 불리	

* 250,000 ÷ 50,000 = 5

1. 전부원가계산

Ⅰ. 매출액	50,000 × 100 =	₩5,000,000
Ⅱ. 매출원가	50,000 × 55 − 23,000* + 10,000 =	2,737,000
Ⅲ. 매출총이익		2,263,000
Ⅳ. 판매관리비	50,000개 × 10 + 120,000 =	620,000
Ⅴ. 영업이익		₩1,643,000

* 19,000 − 8,000 + 12,000 = ₩23,000

2. 변동원가계산

Ⅰ. 매 출 액	50,000개 × 100 =	₩5,000,000
Ⅱ. 변 동 비	50,000개 × (50+10) − 23,000 =	2,977,000
Ⅲ. 공헌이익		2,023,000
Ⅳ. 고 정 비	250,000 + 120,000 =	370,000
Ⅴ. 영업이익		₩1,653,000

3. 영업이익의 전환

전부원가계산의 영업이익	₩1,643,000
+ 기초제품에 포함된 고정제조간접비(10,000단위×₩5)	50,000
− 기말제품에 포함된 고정제조간접비 (8,000단위×₩5)	40,000
변동원가계산의 영업이익	₩1,653,000

4. 초변동원가계산

Ⅰ. 매 출 액	50,000개 × 100 =		₩5,000,000
Ⅱ. 직접재료비	50,000개 × 25 − 19,000 =		1,231,000
Ⅲ. 재료처리량공헌이익			3,769,000
Ⅳ. 운 영 비			
1. 직접노무비		728,000*1	
2. 변동제조간접비		468,000*2	
3. 변동판매관리비		500,000	
4. 고 정 비	250,000 + 120,000 =	370,000	2,066,000
Ⅴ. 영업이익			₩1,703,000

*1 48,000개 × 15 + 8,000 = ₩728,000

*2 48,000개 × 10 − 12,000 = ₩468,000

☞ 초변동원가계산에서는 직접노무비와 변동제조간접비의 실제발생액을 차감하여야 한다.

5. 원가차이의 이연

Ⅰ. 매출액	50,000 × 100 =	₩5,000,000
Ⅱ. 매출원가	50,000 × 55 =	2,750,000
Ⅲ. 매출총이익		2,250,000
Ⅳ. 판매관리비	50,000개 × 10 + 120,000 =	620,000
Ⅴ. 영업이익		₩1,630,000

문 8 여러 가지 손익계산서의 비교

㈜정선의 회계담당자는 20×1년 영업 자료로부터 다양한 원가계산방법을 적용하여 다음과 같은 여러 가지 손익계산서를 작성하였다. 단, 모든 원가차이는 불리한 차이이며, 고정제조간접비 소비차이는 없다.

	A	B	C	D
Ⅰ. 매　　출	₩1,000,000	₩1,000,000	₩1,000,000	₩1,000,000
Ⅱ. 매출원가	375,000	250,000	420,000	395,000
Ⅲ. 원가차이				
1. 직접재료비	15,000	15,000	–	–
2. 직접노무비	5,000	5,000	–	–
3. 제조간접비	25,000	–	–	25,000
Ⅳ. 고정비	350,000	475,000	350,000	350,000
Ⅴ. 영업이익	₩230,000	₩255,000	₩230,000	₩230,000

[요구사항]

1. 회계담당자는 다음과 같은 원가계산방법을 사용하였다.

㉮실제원가계산	㉯정상원가계산	㉰표준전부원가계산	㉱표준변동원가계산

위의 각 손익계산서(A～D)와 각 원가계산방법(㉮～㉱)을 연결시키시오. 어떤 이유로 각 손익계산서가 해당 원가계산방법으로 작성되었다고 생각하는가?

2. 20×1년 동안 재고자산은 어떻게 변동하였는가? 그 이유는 무엇인가?
3. 20×1년 동안 변동제조간접비는 예산보다 많이 발생했나, 적게 발생했나 아니면 같은가? 그 이유는 무엇인가?
4. 20×1년 동안 생산수량은 회사의 기준조업도보다 많은가, 적은가? 그 이유는 무엇인가?
5. 고정제조간접비 실제발생액은 얼마인가? 그 이유는 무엇인가?

해답

1.

(1) 연결

손익계산서A – ㉰표준전부원가계산, 　손익계산서B – ㉱표준변동원가계산

손익계산서C – ㉮실제원가계산, 　손익계산서D – ㉯정상원가계산

(2) 이유

① 손익계산서A

3가지 원가요소에서 모두 원가차이가 발생하였으므로 표준전부원가계산이다.

② 손익계산서B

다른 손익계산서상의 고정비는 모두 ₩350,000인데 손익계산서B의 고정비는 ₩475,000이다. 이는 고정비에 고정제조간접비가 포함되어 있기 때문이므로 손익계산서B는 변동원가계산이고, 직접재료비와 직접노무비에서 원가차이가 발생하였으므로 표준원가계산이다. 따라서 손익계산서B는 표준변동원가계산이다.

③ 손익계산서C

어떠한 원가차이도 발생하지 않았으므로 실제원가계산이다.

④ 손익계산서D

직접재료비와 직접노무비에서는 원가차이가 없고 제조간접비 원가차이만 발생하였으므로 정상원가계산이다.

2. 재고자산은 ₩25,000만큼 감소하였다.

이유 : 표준변동원가계산에 의한 영업이익 ₩255,000이 표준전부원가계산에 의한 영업이익 ₩230,000보다 ₩25,000 크기 때문이다.

3. 변동제조간접비 발생액은 예산과 같다.

이유 : 손익계산서B(표준변동원가계산)에서 제조간접비 원가차이가 발생하지 않았다. 변동원가계산에서는 고정제조간접비는 기간비용으로 처리하므로 제조간접비 원가차이는 변동제조간접비를 의미한다. 따라서 변동제조간접비 원가차이가 발생하지 않았으므로 변동제조간접비 실제발생액과 예산은 일치하였다.

4. 생산수량은 기준조업도보다 적다.

이유 : 변동제조간접비 원가차이가 발생하지 않았고 고정제조간접비 소비차이는 없으므로, ₩25,000의 불리한 제조간접비 원가차이는 모두 고정제조간접비 조업도차이이다. 조업도차이가 불리한 차이므로 생산수량이 기준조업도보다 적다.

5. 고정제조간접비 실제발생액 : ₩475,000－350,000 ＝ ₩125,000

이유 : 표준변동원가계산하의 고정비 ₩475,000은 실제발생한 판매관리비와 실제발생한 고정제조간접비의 합계이다. 표준전부원가계산에서는 판매수량에 포함된 고정제조간접비는 매출원가로 처리되므로 손익계산서상의 고정비 ₩350,000은 실제발생한 판매관리비를 의미한다.

문 9 개념차이의 이해

㈜정선의 20×2년의 손익계산서 및 기초 · 기말 재고자산 내역은 다음과 같다.

	변동원가계산	전부원가계산
매출액	₩7,000,000	₩7,000,000
표준매출원가	3,660,000	4,575,000
고정제조간접비	1,100,000	–
제조원가차이(모두 불리)		
직접재료원가 가격 및 능률차이	50,000	50,000
직접노무원가 가격 및 능률차이	60,000	60,000
변동제조간접비 소비 및 능률 차이	30,000	30,000
고정제조간접비		
소비차이	–	100,000
생산조업도차이	–	400,000
광고비 합계(모두 고정원가)	1,000,000	1,000,000
일반관리비 합계(모두 고정원가)	500,000	500,000
총원가	6,400,000	6,715,000
영업이익	₩600,000	₩285,000

표준원가로 표시된 재고자산은 다음과 같다.

	변동원가계산	전부원가계산
20×1년 12월 31일	₩1,320,000	₩1,650,000
20×2년 12월 31일	60,000	75,000

[요구사항]

1. 20×2년에 공장은 기준조업도의 몇 %수준에서 가동되었는가?
2. 전부원가계산과 변동원가계산에서의 영업이익의 차이를 조정하시오.
3. 회사에서 사용하고 있는 회계시스템이 무엇이냐에 따라 재고자산의 양이 달라질 수 있다고 한다. 부당한 재고자산의 누적에 대처할 수 있는 방안을 3가지만 제시하시오.

해답

1.

실제	예산	배부
1,100,000	② 1,000,000	④ 600,000

1,100,000 – ② 1,000,000: 소비차이 ① 100,000 불리

② 1,000,000 – ④ 600,000: 조업도차이 ③ 400,000 불리

$$가동률 = \frac{600,000}{1,000,000} = 60\%$$

2.

전부원가계산 영업이익			285,000
(+)기초재고자산에 포함된 FOH	1,650,000 − 1,320,000	=	330,000
(−)기말재고자산에 포함된 FOH	75,000 − 60,000	=	15,000
변동원가계산 영업이익			600,000

3. 부당한 재고누적을 방지하기 위해서는 다음과 같은 방법을 쓸 수 있다.
   ① 구체적인 재고수준을 정하여 이를 유지하게 한다.
   ② 내부 성과평가를 위해서 변동원가계산을 사용한다.
   ③ 재고누적으로 인하여 묶인 자금의 기회비용을 성과평가시 고려한다.

해설

1. 변동원가계산에서 고정제조간접비에 대한 차이가 전혀 없으므로 변동원가계산에 기록된 ₩1,100,000은 고정제조간접비 실제 발생액을 의미한다. 그러므로 실제 발생액에서 출발하여 소비차이와 조업도차이를 조정하면 고정제조간접비 예산액과 배부액을 구할 수 있다. 한편, 예산과 배부액의 차이원인은 기준조업도와 SQ(실제생산량에 허용된 표준량)의 차이이다. 본 문제에서 수량은 제시되어있지 않으나 배부액이 예산의 60%이므로 가동률을 60%로 볼 수 있다.
2. 전부원가계산과 변동원가계산의 기초나 기말재고자산의 금액이 다른 이유는 전부원가계산은 고정제조간접비를 제품원가에 포함시키고 변동원가계산은 포함시키지 않았기 때문이다. 그러므로 두 방법에서의 기초나 기말재고자산의 금액 차이는 고정제조간접비를 의미한다.

문 10 전부 · 변동 · 초변동원가계산의 비교

㈜태종은 20×1년 처음 사업을 개시하였으며 정상원가계산을 채택하고 있다.
20×1년과 20×2년의 관련 자료는 다음과 같다.

	20×1년	20×2년
판 매 량	5,000개	5,000개
기말재고	1,000개	–

	20×1년	20×2년
단위당 판매가격	₩100	₩100
단위당 직접재료비	20	20
단위당 직접노무비	10	10
변동제조간접비예산	100,000	125,000
고정제조간접비예산	120,000	125,000
단위당 변동판관비	5	5
고정판관비	30,000	30,000
실제변동제조간접비	110,000	110,000
실제고정제조간접비	125,000	120,000
기준조업도	4,000개	5,000개

제품의 제조과정에서 발생하는 원가차이는 매출원가에서 조정하기로 한다.

[요구사항]

1. 20×1년 초변동원가계산에 의한 손익계산서를 작성하시오.
2. 20×1년, 20×2년의 변동제조간접비와 고정제조간접비 배부차이를 계산하시오.
3. 20×1년, 20×2년 변동원가계산에 의한 영업이익을 구하시오.
4. 20×2년 전부원가계산방법에 의한 손익계산서를 작성하시오.
5. 20×1년 변동원가계산과 전부원가계산의 이익차이를 조정하시오.
6. 20×1년 초변동원가계산과 변동원가계산의 이익차이를 조정하시오.
7. 원가차이를 재고자산으로 이연시킬 경우 20×1년 변동원가계산과 전부원가계산하의 영업이익은 얼마인가?

해답

1. 초변동원가계산

매출액	5,000 × 100	=	₩500,000
직접재료비	5,000 × 20	=	(100,000)
현금창출공헌이익			400,000
운영비			
직접노무비	6,000 × 10	=	(60,000)
제조간접비	110,000 + 125,000	=	(235,000)
판매비와관리비	5,000 × 5 + 30,000	=	(55,000)
영업이익			₩50,000

2.

	변동제조간접비 단위당 배부액	고정제조간접비 단위당 배부액
20×1년	100,000 ÷ 4,000 = 25	120,000 ÷ 4,000 = 30
20×2년	125,000 ÷ 5,000 = 25	125,000 ÷ 5,000 = 25

① 변동제조간접비

	실제발생액	배 부 액	초과배부(부족배부)
20×1년	110,000	6,000 × 25 = 150,000	40,000
20×2년	110,000	4,000 × 25 = 100,000	(10,000)

② 고정제조간접비

	실제발생액	배 부 액	초과배부(부족배부)
20×1년	125,000	6,000 × 30 = 180,000	55,000
20×2년	120,000	4,000 × 25 = 100,000	(20,000)

3. 단위당 변동비 20 + 10 + 25* + 5 = 60

* 단위당 변동제조간접비 배부액

① 20×1년 변동원가계산에 의한 영업이익

= 5,000개 × (₩100−60) + 40,000(초과배부) − (30,000+125,000)(실제고정비) = ₩85,000

② 20×2년 변동원가계산에 의한 영업이익

= 5,000개 × (₩100−60) − 10,000(부족배부) − (30,000+120,000)(실제고정비) = ₩40,000

4. 20×1년 단위당 전부원가 = 20 + 10 + 25 + 30 = ₩85
   20×2년 단위당 전부원가 = 20 + 10 + 25 + 25 = ₩80

매 출 액	5,000 × 100 =		₩500,000
매출원가			
기초재고	1,000 × 85 =	85,000	
당기생산	4,000 × 80 =	320,000	
기말재고		0	(405,000)
배부차이조정			
변동제조간접비 부족배부			(10,000)
고정제조간접비 부족배부			(20,000)
매출총이익			65,000
판매비와관리비			(55,000)
영업이익			₩10,000

5. 영업이익 차이조정

변동원가계산하의 영업이익		₩85,000
(+)기말재고자산에 포함된 고정제조간접비	1,000개 × 30 =	30,000
(−)기초재고자산에 포함된 고정제조간접비		0
전부원가계산하의 영업이익		₩115,000

6. 영업이익 차이조정

초변동원가계산하의 영업이익	₩50,000
(+)기말재고자산에 포함된 직접노무비와 변동제조간접비*	35,000
(−)기초재고자산에 포함된 직접노무비와 변동제조간접비	0
변동원가계산하의 영업이익	₩85,000

* 1,000개 × 35 = 35,000

7. 원가차이를 이연시킬 경우 영업이익

① 변동원가계산하의 영업이익 = 5,000개 × (100−60) − 155,000(실제고정비) = ₩45,000

② 전부원가계산하의 영업이익 = 5,000개 × (100−85) − 55,000(판관비) = ₩20,000

PART 12 원가추정과 기본 CVP분석

제12장

원가추정과 기본 CVP분석

제 1 절 원가추정의 의의와 원가함수

1. 원가추정의 의의

기업활동과 관련된 의사결정을 하기 위해서는 미래원가에 대한 추정이 필요하다. 그러나 미래의 활동과 관련된 완전한 원가정보를 얻는다는 것은 실질적으로 불가능하다. 따라서 경영자는 과거의 역사적 원가를 분석하여 미래원가를 추정한다. 즉, 미래에도 과거와 동일한 영업활동을 수행하고 특별한 환경변화가 없는 한 과거에 고정비나 변동비였던 것은 미래에도 고정비나 변동비가 될 가능성이 크므로 이미 발생한 역사적 원가를 분석하여 미래에 발생될 것으로 기대되는 원가를 추정할 수 있다.

원가추정(cost estimation)이란 원가가 어떠한 형태로 발생할 것인가를 추정하는 것이다. 즉, 원가추정이란 조업도와 원가 사이의 관계를 규명하는 것을 말한다. 원가추정의 목적은 과거의 역사적 원가자료를 분석하여 미래원가를 예측하고, 예측된 원가자료를 이용하여 계획수립 및 의사결정에 유용한 정보를 제공하는 것이다.

2. 원가함수

(1) 원가함수의 의의

조업도수준이 변할 때 원가발생액이 변하는 양상을 원가행태(cost behavior) 또는 원가함수(cost function)라고 한다. 즉, 독립변수(x)인 조업도와 종속변수(y)인 원가의 일정한 관계를 원가함수라 한다. 원가함수는 크게 선형함수와 비선형함수로 분류한다. 선형함수란 하나 또는 둘 이상의 독립변수인 원가동인이 변동함에 따라 종속변수인 원가가 선형을 이루는 관계를 말한다. 선형함수는 조업도의 변동에 따라 종속변수인 원가가 선형을 이루는 관계를 말한다. 다만 선형의 원가행태는 모든 구간에서 유효한 것이 아니라 단지 일정 범위의 조업도 구간에서만 유효한데 이와 같이 선형의 원가행태가 유지되는 조업도 구간을 관련범위(relevant range)라 한다. 선형함수는 조업도의 변동에 따라 원가가 어떠한 모습으로 변화하는가에 따라 원가를 크게 변동비, 고정비, 준변동비, 준고정비로 구분한다.

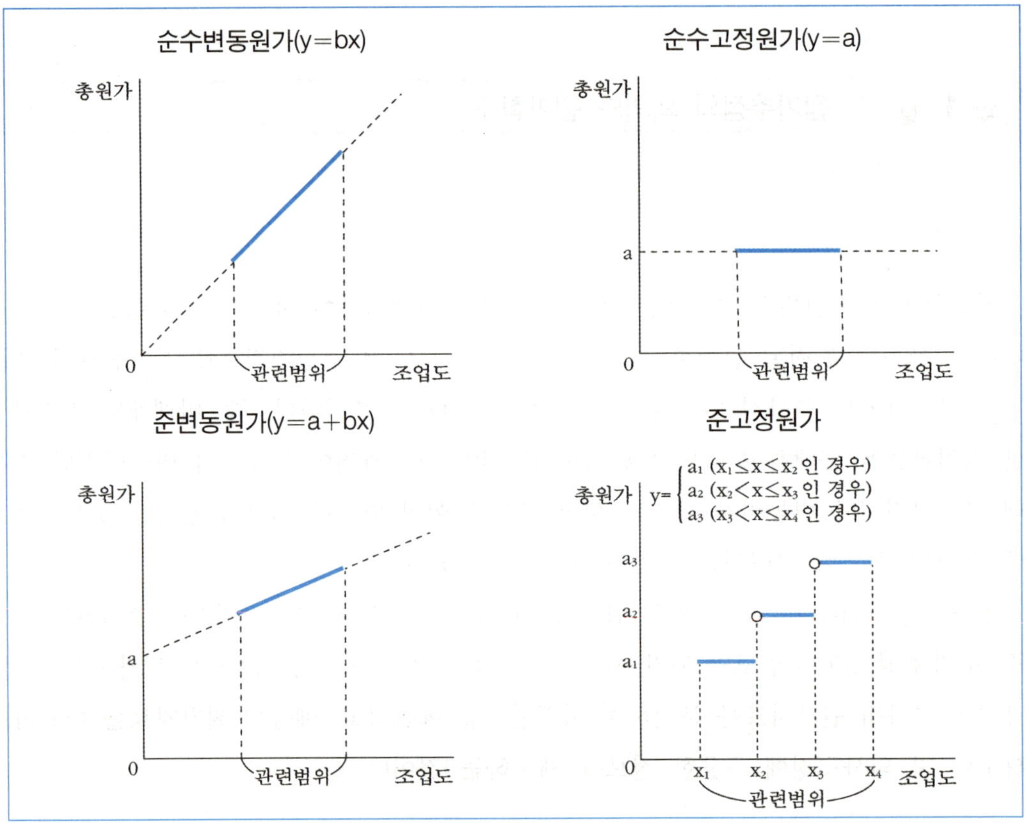

(2) 원가함수의 가정

현실적으로는 앞에서 살펴본 원가행태대로 원가가 발생하지는 않는다. 통상 경제학에서는 원가함수를 3차함수 형태의 비선형함수를 가정하고 있다. 그러나 회계학에서는 원가함수 추정의 편의를 위해 우리의 관심이 되는 관련범위 내에서는 선형인 것으로 가정한다. 경제학과 회계학의 원가함수를 비교하면 다음과 같다.

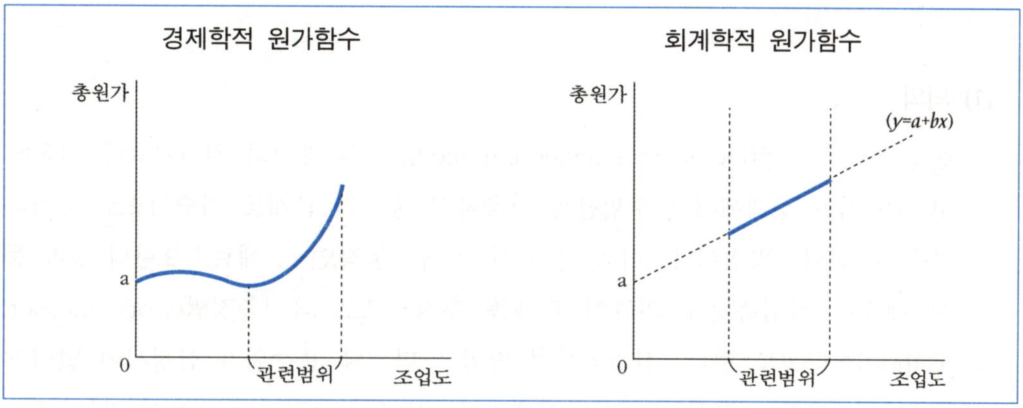

제 2 절 원가추정방법

원가함수를 추정한다는 것은 “y = a + bx”와 같은 원가방정식에서 a값과 b값을 추정하는 것이다. 그러나 원가추정의 목적은 단순히 a값과 b값의 추정에 있는 것이 아니고 독립변수(x)가 증가할 때 종속변수(y)의 변화량에 미치는 영향을 추정하는 것이다. 원가추정방법은 다음과 같이 분류할 수 있다.

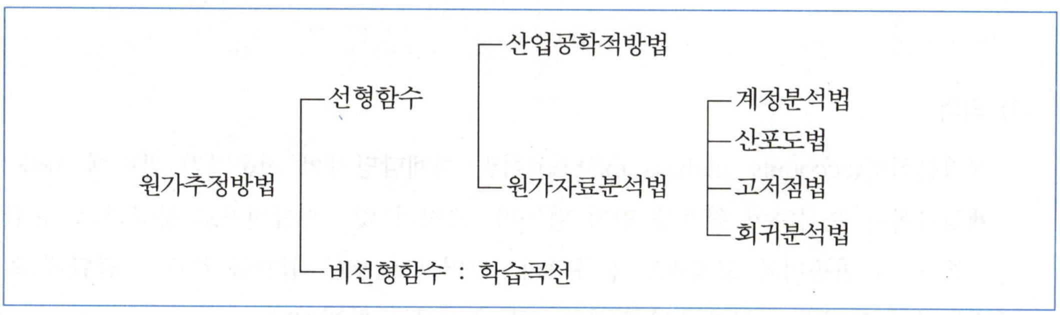

본 절에서는 선형함수를 가정한 5가지 추정방법에 대하여 설명하고, 학습곡선은 제4절에서 살펴보기로 한다.

1. 산업공학적 방법

(1) 의의

산업공학적 방법(industrial engineering method)은 과거의 원가자료에 의존하지 않고 효율적인 상태에서의 투입물과 산출물의 물리적 관계를 기술적으로 분석하여 원가를 추정하는 방법이다. 이 방법은 시간연구, 동작연구, 재료소요량의 평가 등과 같이 세밀한 작업측정에 의하여 원가를 추정하므로 작업측정법(work measurement method)이라고도 한다. 산업공학적 방법은 단위당 표준원가 산정시에 널리 이용되며, 과거자료를 이용할 수 없는 신제품의 제조원가추정에도 적용이 가능하다.

(2) 장점과 단점

산업공학적 방법은 과거의 원가자료가 없어도 원가표준을 설정하거나 원가를 추정할 수 있고 비교적 정확한 원가추정이 가능하다는 장점이 있으나 실행하는 데 비용이 많이 소요되고 투입과 산출 간에 물량적 관계가 명확하지 못한 제조간접비에 대해서는 적용하기가 어렵다는 단점이 있다. 그리고 최적의 상황을 가정하여 원가를 추정하므로 이를 성과평가에 사용하면 종업원의 사기가 저하되고, 계약체결을 위한 원가추정치로 사용하면 손실이 발생할 가능성이 커진다는 단점이 있다.

2. 계정분석법

(1) 의의

계정분석법(accounts analysis method)이란 회계담당자의 전문가적 판단에 따라 각 계정과목을 분석하여 원가를 먼저 변동비, 고정비 및 혼합원가로 분류하고, 혼합원가를 다시 변동비와 고정비로 분류한다. 그러므로 모든 원가를 주관적 판단에 의해 변동비와 고정비로 구분하여 원가함수를 추정하는 방법이다.

(2) 장점과 단점

계정분석법은 회계전문가의 식견에 의하여 원가함수를 추정하기 때문에 원가추정이 비교적 간편하고, 원가추정비용이 적게 들며, 상황변화에 따라 원가구조가 변경되는 경우에도 추정원가를 신속하게 수정할 수 있다는 장점이 있다. 그러나 계정분석법은 회계전문가의 주관적 판단에 의존하여 원가함수를 추정하기 때문에 과학적 논리성 및 객관성이 결여되고, 과거자료에 비효율적 · 비경상인 요소가 포함되어 있는 경우에 원가추정이 왜곡될 수 있다는 단점이 있다.

3. 산포도법

(1) 의의

산포도법(scatter diagram method)은 조업도와 원가를 두 축으로 하는 좌표(모눈종이) 위에 각 조업도에서 발생한 원가들을 점으로 표시한 뒤 분석가의 전문적인 판단에 의하여 표시된 점들의 중앙을 지나는 직선(regression line)을 눈대중(visual−fit)으로 찾아내어 원가를 추정하는 방법이다.

(2) 장점과 단점

산포도법은 이해하기 쉽고, 시간이 절약되므로 비용이 적게 발생한다. 그리고 비정상적 상황에서 발생한 이상치를 쉽게 발견할 수 있고, 원가추정의 초기 단계에서 전반적인 상황을 분석하는데 유용하다는 장점이 있다. 그러나 좌표에 찍힌 많은 점에 대하여 눈대중으로 원가를 추정하기 때문에 누가 추정하느냐에 따라 원가함수가 달라질 수 있으므로 객관성이 떨어진다는 단점이 있다.

4. 고저점법

(1) 의의

고저점법(high−low method)은 관련범위내의 원가자료 중에서 가장 높은 조업도의 원가자료와 가장 낮은 조업도의 원가자료를 직선으로 연결하여 원가방정식을 추정하는 방법이다. 이 방법에서는 고정비를 순수고정비라고 보고 가장 낮은 조업도에서의 원가와 가장 높은 조업도에서의 원가와의 차이를 전부 변동비에 의한 차이로 간주한다. 고저점법에서 단위당 변동비와 고정비는 다음과 같이 추정된다.

- 단위당 변동비(b) $= \dfrac{\text{최고조업도에서의 총원가}(y_2) - \text{최저조업도에서의 총원가}(y_1)}{\text{최고조업도}(x_2) - \text{최저조업도}(x_1)}$
- 고정비(a) = 최고(저)조업도에서의 총원가 − 단위당 변동비(b) × 최고(저)조업도

고저점법에 의한 원가추정은 다음 그림과 같이 정리할 수 있다.

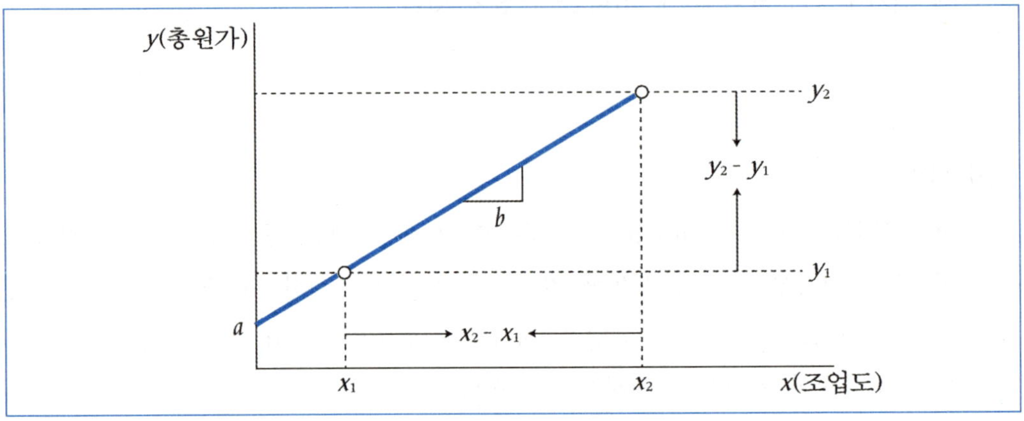

고저점법을 적용할 때 한 가지 주의할 점은 고저점법에서 말하는 고(high), 저(low)는 독립변수인 조업도에 의하여 판단하는 것이지 종속변수인 총원가에 의하여 판단하는 것이 아니라는 것이다. 즉, 고점은 조업도가 최고인 점이고 저점은 조업도가 최저인 점이다. 따라서 그림상으로는 최우측점이 고점에 해당하고 최좌측점이 저점에 해당한다.

(2) 장점과 단점

고저점법은 비교적 계산절차가 간단하고, 계정분석법이나 산포도법과 달리 주관적 판단이 개입되지 않으므로 객관적이며, 표본이 제한된 경우에도 사용할 수 있다는 장점이 있다. 그러나 두 점이 집단을 대표할 수 없으며, 주어진 모든 자료가 활용되지 못하기 때문에 정확한 원가함수도출이 어렵다는 단점이 있다. 또한 비정상적인 조업도가 대표치로 선정될 경우 원가추정이 왜곡된다는 단점도 있다.

예 제 1 고저점법

㈜유진의 20×1년도 지난 5개월간의 월별 생산량과 총제조원가는 다음과 같다.

기 간	생산량	총제조원가
1월	2,000	₩92,000
2월	1,500	80,000
3월	2,400	102,000
4월	2,500	100,000
5월	1,900	75,000

[요구사항]

1. 고저점법을 사용하여 원가함수를 추정하시오.
2. 6월의 생산량이 2,800단위일 경우와 3,000단위일 경우의 예상되는 총제조원가는 얼마인가?

해답

1.

고점$(x_2,\ y_2)$ = (2,500, 100,000)

저점$(x_1,\ y_1)$ = (1,500, 80,000)

$$b = \frac{y_2 - y_1}{x_2 - x_1} = \frac{100,000 - 80,000}{2,500 - 1,500} = \frac{20,000}{1,000} = 20$$

$100,000 = a + 20 \times 2,500 \quad \therefore a = 50,000$

$\therefore y = 50,000 + 20x$

2.

생산량이 2,800단위 일 때 : $y = 50,000 + 20 \times 2,800 =$ ₩106,000

생산량이 3,000단위 일 때 : $y = 50,000 + 20 \times 3,000 =$ ₩110,000

해설

3월의 총제조원가가 가장 많다고 할지라도 4월의 조업도가 가장 크기 때문에 4월의 자료가 고점으로 선택된다. 또한 5월의 총제조원가가 가장 적다고 할지라도 2월의 조업도가 가장 작기 때문에 2월의 자료가 저점으로 선택된다. 왜냐하면 고저점법에서 고(high), 저(low)는 독립변수인 조업도에 의하여 결정되기 때문이다.

5. 회귀분석법

(1) 의 의

회귀분석법(regression analysis method)은 하나 또는 그 이상의 독립변수 한 단위 변화가 종속변수의 평균변화량에 미치는 영향을 측정하여 원가를 추정하는 방법이다. 회귀분석에 의한 추정치는 관찰 자료를 모두 이용하므로 고저점만을 이용한 추정치보다 추정오차가 작아지게 된다. 또한 다수의 추가적인 통계량을 제시하므로 추정된 회귀식이 얼마나 원가와 조업도간의 관계를 잘 나타내는지 판단할 수 있다. 회귀분석법에서는 원가와 조업도간의 관계를 선형방정식으로 표시하기 위하여 최소자승법을 이용한다. 최소자승법이란 실제원가와 원가함수에 의해 추정한 원가의 차이(잔차)의 제곱의 합을 최소화하고자 하는 방법이다.

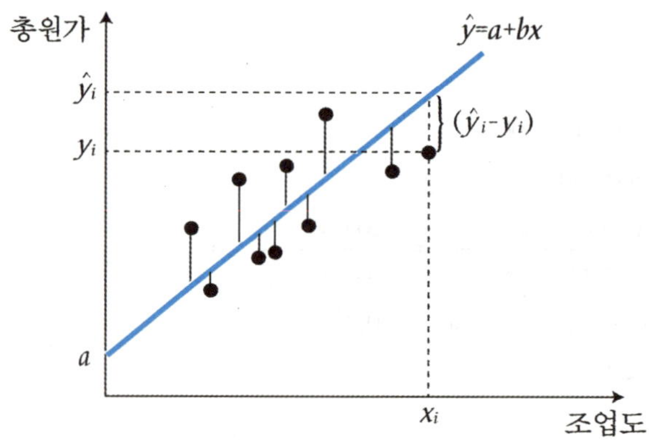

원가를 추정하는데 독립변수를 하나만 사용하면 단순회귀분석(simple regression analysis)이라 하고, 두 개 이상의 독립변수를 사용하면 다중회귀분석(multiple regression analysis)이라 한다.

(2) 단순회귀분석

단순회귀분석은 하나의 독립변수와 하나의 종속변수간의 관계를 분석하여 원가함수를 결정하는 것이다. 단순회귀식은 "$\hat{y}= a + bx$"로 표시되며 최소자승법을 이용하여 a 값과 b값을 추정한다. 최소자승법에서는 실제값을 y라 하고 회귀식에 의한 추정값을 $\hat{y}$ 라 할 때 잔차$(e) = y - \hat{y}$ 의 자승의 합이 최소가 되도록 a, b를 결정한다. 이는 다음과 같이 표시할 수 있다.

$$q = Min\sum_{i=1}^{n}(y_i - \hat{y_i})^2 = Min_{a,\,b}\sum_{i=1}^{n}(y_i - a - bx_i)^2$$

y_i : i 번째 관측치의 실제원가

$\hat{y}$: i 번째 관측치에 대한 추정원가

n : 자료의 수

이를 a와 b로 각각 편미분하여 편미분 값을 0으로 놓아 정리하면 다음과 같은 식을 얻을 수 있다.

$$\sum_{i=1}^{n} y_i = na + b\sum_{i=1}^{n} x_i$$

$$\sum_{i=1}^{n} x_i y_i = a\sum_{i=1}^{n} x_i + b\sum_{i=1}^{n} x_i^2$$

(3) 장점과 단점

회귀분석법은 계정분석법이나 산포도법과 달리 객관적이고, 고저점법과 달리 모든 원가자료를 사용한다는 장점이 있다. 그리고 원가함수 뿐만 아니라 추가적인 통계자료를 제공해 주며, 독립변수가 두 개 이상일 때도 사용할 수 있다는 장점이 있다. 그러나 계산과정이 복잡하고 엄격한 통계적 가정이 만족되지 않으면 그 결과가 무의미한 것이 될 수도 있다는 단점이 있다.

예 제 2 원가함수의 추정-회귀분석법

㈜유나가 20×1년 4개월 동안 작업한 실제기계시간과 실제발생한 제조간접비는 다음과 같다.

	제조간접비(y)	기계시간(x)
1월	₩350	800
2월	350	1,200
3월	150	400
4월	550	1,600

[요구사항]

회귀분석법에 의해 원가함수를 추정하시오.

해답

	x	y	x2	xy
1월	800	350	640,000	280,000
2월	1,200	350	1,440,000	420,000
3월	400	150	160,000	60,000
4월	1,600	550	2,560,000	880,000
	Σx = 4,000	Σy = 1,400	Σx^2 = 4,800,000	Σxy = 1,640,000

$\Sigma y = na + b\Sigma x$

$\Sigma xy = a\Sigma x + b\Sigma x^2$

$\therefore$ 1,400 = 4a + 4,000b ························· ①

1,640,000 = 4,000a + 4,800,000b ········ ②

①식과 ②식을 연립하여 풀면 $\therefore$ a = 50, b = 0.3

$\therefore\ \hat{y}$ = 50 + 0.3x

6. 원가함수 추정에 있어서 a 값의 의미

원가함수를 y = a + bx라고 가정할 때, a값이 고정비로 간주되는 것은 아니다. 단지 a값은 주어진 자료에 의해 나온 추정치로서 조업도가 0일 때 나오는 y의 절편에 불과하다. 즉, 관련범위내의 원가자료에 의해 추정된 원가함수에 의해 계산된 상수로서 그 자체는 아무런 의미를 갖지 못한다. 분석자는 조업을 하기 위해서 원가함수를 추정하므로 분석자가 관심을 갖고 있는 관련범위는 0의 조업도가 포함될 수가 없다. 따라서 a값이 관련범위 내의 고정비로 간주되지 않는다.

전통적인 원가함수 추정방법

	의 미	장 · 단점
산업공학법	투입 · 산출관계를 계량적으로 분석하여 원가함수를 추정	• 과거자료에 의존하지 않음 • 비용과다, 최적상황 가정
계정분석법	전문가의 판단에 의하여 원가함수를 추정	• 신속하고, 수정이 쉬움 • 주관적 판단, 객관성 결여
산포도법	과거자료를 모눈종이에 표시한 후 눈대중으로 추정	• 간단하고 이해하기 쉬움 • 주관적 판단, 객관성 결여

고저점법	최고 · 최저조업도의 자료를 이용하여 원가함수 추정	• 객관적, 제한된 표본으로 적용가능 • 대표성 결여
회귀분석법	x의 변화가 y의 평균변화량에 미치는 영향을 통계적으로 분석	• 객관적, 다양한 분석가능 • 복잡하고 이해하기 어려움

제 3 절 활동기준원가계산에서의 원가추정

지금까지는 단일의 원가동인(조업도)을 가정하고 원가함수를 추정하였다. 즉, 원가발생에 영향을 미치는 요인이 하나만 존재하는 것으로 가정하고 원가를 추정하였다. 그러나 기업환경이 복잡하게 변화되면서 원가의 발생에 영향을 미치는 요인은 다양화되고 있다.

활동기준원가계산에서는 활동별로 원가동인을 파악하고 다양한 원가동인을 독립변수로 하여 보다 정확한 원가함수를 추정한다. 활동기준원가계산에서는 통계프로그램을 이용하여 다중회귀분석을 통하여 원가를 추정하는 것이 일반적이다. 다중회귀분석은 단순회귀분석을 확장한 개념으로 두 개 이상의 독립변수(원가동인)를 사용하여 종속변수(원가)를 추정하는 기법이다.

전통적인 원가함수	$y = a + b \cdot x$ ⇨ 원가자료를 이용하여 a, b값을 추정하고 이를 이용하여 총원가를 예측한다. 총원가에 영향을 미치는 요소는 조업도뿐이다.
ABC의 원가함수	$y = a + b_1 \cdot x_1 + b_2 \cdot x_2 + b_3 \cdot x_3 + b_4 \cdot x_4$ ⇨ 생산량(조업도)에 비례하는 단위수준변동원가도 있고, 생산량(조업도)에 비례하지 않는 비단위수준변동원가도 있다.

예 제 3 ABC의 원가추정

㈜유현은 신경영방침을 세우고 활동기준원가시스템을 도입하려 하고 있다. 기존 시스템하에서는 제조간접비를 직접노동시간당 ₩55으로 책정하고 있었다. 그러나 한국컨설팅에 외주를 주어 조사한 바에 의하면 다음과 같은 제조간접비 원가함수가 나타났다.

제조간접비 = ₩40 × 직접노동시간 + ₩200 × 품질검사횟수 + ₩800 × 생산뱃치수

11월과 12월의 월조업도 수준은 다음과 같을 것으로 예측된다.

월	직접노동시간	품질검사횟수	생산뱃치수
11월	20,000시간	200회	200뱃치
12월	18,000시간	500회	250뱃치

[요구사항]

1. 기존의 방법으로 11월과 12월의 제조간접비를 예측하시오.
2. 새로 추정한 원가함수를 이용하여 11월과 12월의 제조간접비를 예측하시오.
3. 물음1과 2의 예측치에 차이가 나는 이유는 무엇인가?

해답

1. 기존의 방법에 의한 제조간접비 예측액
   (1) 11월 : 20,000 × ₩55 = ₩1,100,000
   (2) 12월 : 18,000 × ₩55 = ₩990,000

2. ABC방법에 의한 제조간접비 예측액
   (1) 11월 : ₩40 × 20,000 + ₩200 × 200 + ₩800 × 200 = ₩1,000,000
   (2) 12월 : ₩40 × 18,000 + ₩200 × 500 + ₩800 × 250 = ₩1,020,000

3. 두 가지의 원가계산방법에 의한 원가추정액이 다른 이유
   기존의 방법은 단일 조업도인 직접노동시간만을 고려하여 제조간접비를 추정하였으나, ABC에 의한 방법은 기존의 단일조업도인 직접노동시간 이외에 직접노동시간에 비례하지 않는 2가지의 원가동인까지 고려하여 원가를 추정하였기 때문에 양자의 원가추정액에 차이가 발생하였다.

제 4 절 학습곡선

1. 학습곡선의 기초

지금까지는 독립변수와 종속변수가 선형이라는 가정하에 원가함수를 추정해 보았다. 그러나 독립변수와 종속변수간의 관계가 선형이 아닌 경우가 일반적이며, 이러한 비선형원가함수의 대표적인 예가 학습효과에 따른 원가행태이다.

(1) 학습효과

일반적으로 누적생산량이 증가함에 따라 누적평균시간이 체계적으로 감소할 때 학습효과가 있다고 한다. 이러한 효과는 생산과정에서 많은 직접노동시간을 필요로 하는 복잡한 작업의 경우에 크게 나타난다. 학습효과(learning effect)란 동일한 작업을 반복 수행함에 따라 숙련도가 증가되어 단위당 노동시간 및 단위당 원가가 감소하는 현상을 말한다. 이와 같이 학습효과가 존재하는 경우에는 학습효과로 인한 원가절감액을 반드시 고려하여 의사결정 하여야 한다. 학습효과에 영향을 미치는 요인으로는 작업능률의 향상, 생산의 표준화, 공정방법의 개선, 생산 공정의 재설계 등이 있다.

(2) 학습곡선

학습곡선(learning curve)이란 학습효과의 작용으로 인하여 조업도(독립변수)가 증가함에 따라 단위당 노동시간(종속변수)이 체계적으로 감소하는 비선형 원가함수를 의미한다. 학습곡선의 형태는 다음과 같다.

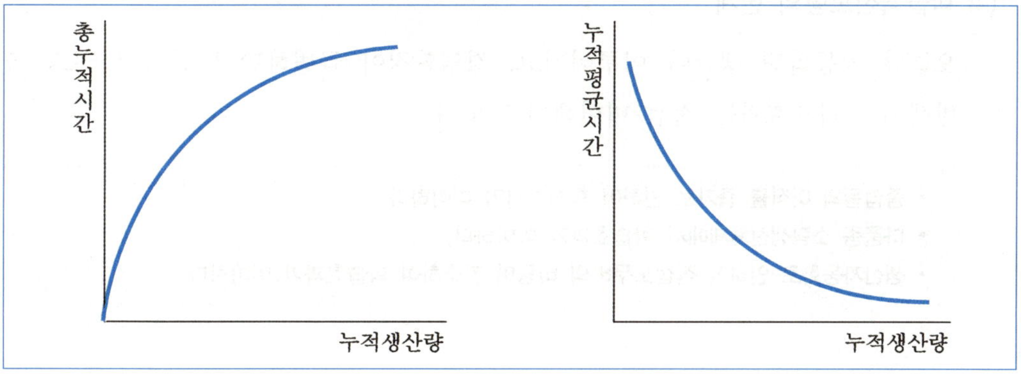

학습곡선을 추정하기 위해서는 먼저 학습률(learning curve percentage)을 이해하여야 한다. 누적생산량이 두 배가 될 때마다 제품 단위당 평균시간이 x%만큼 감소할 때 학습률은 (100−x)%라 한다. 학습률은 전단계에 비하여 감소되는 비율을 의미하는 것이 아니고 전단계에 비하여 발생하는 비율을 의미한다. 예를 들면 1단위를 생산하는데 100시간이 소요되었고 학습률이 80%라면, 누적생산량이 2단위가 되면 단위당 평균시간은 100 × 0.8 = 80시간이 된다. 즉, 전단계에 비하여 학습률에 해당하는 만큼 평균시간이 발생한다. 따라서 학습률이 높다는 것을 노동시간이나 원가가 많이 감소되는 것으로 이해하면 안 된다. 노동시간이나 원가가 많이 감소하는 경우에는 학습률이 아니고 학습효과가 크다고 한다. 학습곡선은 생산개시단계의 총원가 추정, 생산일정계획의 수립, 단위당 표준원가의 설정, 종합예산의 편성 등과 같은 의사결정에 이용할 수 있다.

(3) 학습효과가 있는 원가

제품제조에 종사하는 종업원들이 같은 작업을 반복 수행하다 보면 경험이 쌓이게 되고, 점차로 생산성이 향상됨에 따라 제품 단위당 작업시간이 감소하는 현상을 종종 볼 수 있다. 제품 단위당 작업시간이 감소하게 되면 직접노무비가 감소되고 직접노동시간이나 직접노무비를 기준으로 배부하는 변동제조간접비도 감소하게 된다. 그러나 직접재료비, 포장비, 고정제조간접비, 판매관리비 등은 일반적으로 학습효과를 기대할 수 없는 원가이다. 다만 경험이 축적됨에 따라 공손이 체계적으로 감소하는 경우에는 직접재료비에도 학습효과가 있을 수 있다.

(4) 학습곡선모형의 한계

오늘날 자동화된 생산이 이루어지고, 경영환경이 급변하면서 반복생산으로 인하여 발생되는 학습효과는 점점 미미해지고 있다.

- 종업원의 이직률 증가로 인하여 학습효과가 미미하다.
- 다품종 소량생산체제에서 학습효과가 미미하다.
- 생산자동화로 인하여 직접노무비의 비중이 감소하여 학습효과가 미미하다.

2. 학습곡선의 유형

학습곡선모형은 종속변수를 단위당 누적평균시간을 사용하느냐 또는 증분단위시간을 사용하느냐에 따라 누적평균시간 학습모형과 증분단위시간 학습모형으로 구분된다.

(1) 누적평균시간 학습모형

누적평균시간 학습모형(cumulative average learning model)에서는 누적생산량이 두 배로 증가될 때마다 단위당 누적평균시간이 전단계 누적생산량의 단위당 평균시간에 대하여 일정율로 감소한다. 감소하는 일정율이란 (1−학습률)을 의미하므로 발생하는 비율은 학습률이 된다.

예를 들어 누적평균시간모형에서 학습률이 80%이고 최초 1단위 생산에 100시간이 소요되었다고 가정해 보자. 이 때 누적생산량(X)과 누적생산량 단위당 평균시간(Y) 및 총누적시간(X, Y)의 관계를 표로 나타내면 다음과 같다.

X(누적생산량)		Y(누적생산량 단위당 평균시간)		X · Y(총누적시간)	
1	2배	100	80%	100	△60
2		100 × 0.8 = 80		80 × 2 = 160	
3	2배	?	80%	?	△96
4		80 × 0.8 = 64		64 × 4 = 256	

누적생산량이 1단위에서 2단위로 2배 증가하면 누적생산량 단위당 평균시간은 학습률만큼만 발생한다. 즉 100시간에서 80시간으로 감소한다. 이 때 80시간은 누적생산량에 대한 단위당 평균시간을 의미하는 것이기 때문에 두 번째 단위를 생산할 때 발생한 시간이 80시간이라는 것을 의미하는 것이 아니다. 누적생산량 단위당 평균시간이 80시간이므로 총누적시간은 80 × 2 = 160시간이고, 첫 번째 단위를 생산할 때 100시간이 발생하였으므로 두 번째 단위를 추가로 생산할 때 발생한 시간은 160 − 100 = 60시간이다.

누적생산량이 2단위에서 4단위로 2배 증가하면 누적생산량 단위당 평균시간이 80시간에서 64시간으로 감소한다. 누적생산량 단위당 평균시간이 64시간이므로 총누적시간은 64 × 4 = 256시간이고, 두 번째 단위까지 생산할 때 160시간이 발생하였으므로 세 번째 단위와 네 번째 단위를 생산할 때 추가로 발생한 시간은 256 − 160 = 96시간이다.

누적생산량이 증가함에 따른 누적평균시간(누적평균원가)과 총누적시간(총원가)은 다음과 같이 표시된다.

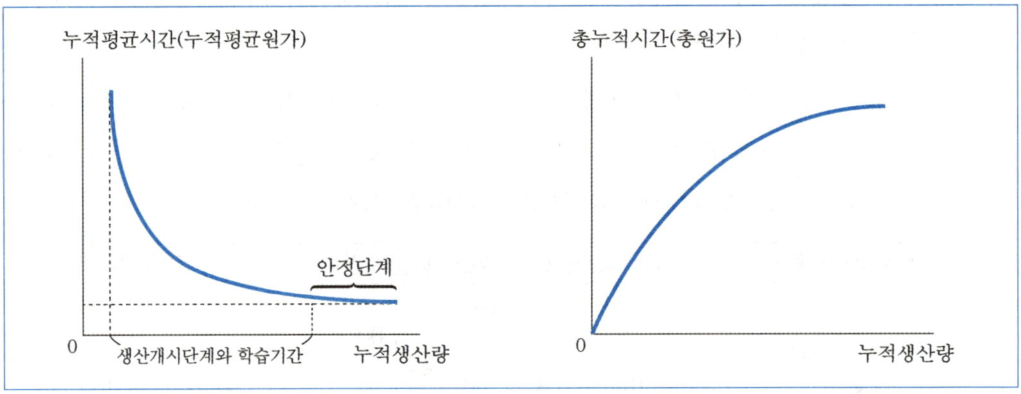

그림에서 보듯이 학습효과가 나타나면 누적생산량이 증가함에 따라 누적생산량 단위당 평균노동시간과 단위당 원가는 감소한다. 그러나 일정한 단계를 지나면 학습효과는 나타나지 않는데 이를 안정단계라고 하며, 안정단계에 돌입했을 때 학습곡선은 어떠한 정보적 효과도 주지 못한다. 따라서 학습곡선은 생산개시단계나 학습기간 중에만 이용이 가능하다. 누적평균시간 학습모형식은 다음과 같다.

$$Y = a \cdot X^{-b}$$

Y : 누적 생산량이 x단위일 때 소요되는 단위당 누적평균시간

a : 첫 번째 단위를 생산하는데 소요되는 시간

X : 누적생산량

b : 학습지수 $\left(-\frac{\text{log학습률}}{\text{log2}}\right)$

누적생산량이 2배로 증가하는 경우에는 위 예에서 설명한 방법(이배수법)으로 산출이 가능하나 위 예에서 세 번째 단위의 누적생산량 단위당 평균시간을 구하려 하는 경우에는 학습모형식을 사용하여야 한다.

(2) 증분단위시간 학습모형

증분단위시간 학습모형(incremental unit−time leaning model)이란 누적생산량이 두 배가 될 때마다 증분단위시간이 일정한 비율로 감소하는 것을 나타내는 모형을 말한다. 누적평균시간 학습모형에서는 종속변수로 누적평균시간을 사용하는데 반해 증분단위시간학습모형에서는 종속변수로 증분단위시간을 사용한다. 증분단위시간이란 맨 마지막단위를 생산하는데 소요되는 시간을 의미한다. 따라서 평균의 의미가 아니므로 제품 단위당 증분시간을 일일이 계산해서 모두 더해야 총누적시간을 구할 수 있다. 앞의 예를 이용하여 증분단위시간 학습모형을 설명하면 다음과 같다.

X(누적생산량)		m(증분단위시간)		Σm(총누적시간)	
1	2배	100	80%	100	△80
2		100 × 0.8 = 80		100 + 80 = 180	△?
3	2배	?	80%	100 + 80 + ?	△64
4		80 × 0.8 = 64		100 + 80 + ? + 64	

누적생산량이 1단위에서 2단위로 2배 증가할 때 증분단위에 대한 증분단위시간은 100 × 0.8 = 80시간이다. 그리고 누적생산량이 2단위에서 4단위로 2배 증가하면 증분단위에 대한 증분단위시간은 80 × 0.8 = 64시간이다.

증분단위시간 학습모형은 맨 마지막 단위에만 적용되기 때문에 증분단위에 대한 증분단위시간(m)을 일일이 계산하지 않으면 총누적시간을 산출할 수 없다. 세 번째 단위와 같이 누적생산량이 두 배에 해당하지 않는 경우에는 학습모형식에 대입하여 산출하여야 한다.

증분단위시간 학습모형식은 다음과 같다.

$$m = a \cdot X^{-b}$$

m : x번째 단위 생산시 증분단위시간

a : 최초 한 단위 생산시 소요되는 시간

X : 누적생산량

b : 학습지수 $\left(-\frac{\text{log학습률}}{\text{log2}}\right)$

예 제 4 학습곡선모형

㈜유진은 20×1년 초에 처음으로 영업을 시작하였다. 첫 번째 제품 한 단위를 생산하는데 직접노동시간이 125시간 소요되었다. 학습률은 80%이며, 학습률이 80%인 경우 학습지수(b)는 0.3219이라고 가정한다.

[요구사항]

1. 누적평균시간 학습모형이 적용되는 경우 3단위를 추가로 생산하는데 추가로 소요될 직접노동시간은 얼마인가?
2. 증분단위시간 학습모형이 적용되는 경우 3단위를 추가로 생산하는데 추가로 소요될 직접노동시간은 얼마인가?

해답

1.

X(누적생산량)		Y(누적생산량 단위당 평균시간)		X · Y(총누적시간)	
1		125		125	
	2배		80%		△75
2		125 × 0.8 = 100		100 × 2 = 200	
	2배		80%		△120
4		100 × 0.8 = 80		80 × 4 = 320	

∴ 3단위를 추가생산하면 195시간(75+120)이 추가로 소요된다.

2.

X(누적생산량)		m(증분단위시간)		Σm(총누적시간)	
1		125		125.00	
	2배		80%		△100
2		125 × 0.8 = 100		125 + 100 = 225.00	
					△87.76
3	2배	87.76[1]	80%	225 + 87.76 = 312.76	
					△80
4		100 × 0.8 = 80		312.76 + 80 = 392.76	

[1] $125 \times 3^{-0.3219} = 87.76$

∴ 3단위를 추가생산하면 267.76*시간이 추가로 소요된다.

* 392.76 − 125 = 267.76 또는 100 + 87.76 + 80 = 267.76

해설

증분단위시간은 제품의 단위당 증분시간을 일일이 계산해야 하므로 증분단위시간을 계산하기 위해서는 학습지수(b) 등의 추가 자료가 주어져야 한다. 실제시험에서는 3−0.3219이라는 값을 계산할 수 없으므로 미리 계산된 값을 표로 알려주는 것이 일반적이다.

제 5 절 CVP분석의 기초

1. 의 의

새로운 사업을 시작하려는 사람들이나 현재 기업을 경영하고 있는 사람들은 손해를 보지 않으려면 제품을 몇 개나 팔아야 하는지와 목표이익을 달성하려면 제품을 몇 개나 팔아야 하는지에 관심이 있다. 그리고 조업도와 원가의 변화가 이익에 어떠한 영향을 미치는 지에도 관심이 있다. 이 같은 경영자의 관심사를 해결해 줄 수 있는 유용한 도구가 바로 원가 · 조업도 · 이익분석이다. 원가 · 조업도 · 이익분석(cost−volume−profit analysis : CVP analysis)은 조업도와 원가의 변화가 이익에 어떠한 영향을 미치는 지를 분석하는 것이다. CVP분석의 주요 목적은 조업도와 원가 및 이익의 관계를 체계적으로 분석하여 단기적인 이익계획 및 단기의사결정에 필요한 정보를 제공하는 것이다. 즉, 경영자들은 CVP분석을 통하여 조업도수준의 증감에 따라 원가가 어떻게 결정되는지와 수익이 어떻게 결정되는지를 파악할 수 있고, 궁극적으로는 이익의 결정을 사전에 예측할 수 있다. 따라서 CVP분석은 이익과 관련된 계획수립에 유용한 기법이다.

2. CVP분석의 기본가정

모형은 현실세계를 단순화시킨 것이기 때문에 가정을 필요로 한다. CVP분석도 몇 가지 중요한 가정에 기초하고 있다. CVP분석의 주요 가정은 다음과 같다.

① 모든 원가는 고정비와 변동비로 구분 가능하다.

순수고정비와 순수변동비뿐만 아니라 준변동원가도 구성요소를 고정비와 변동비로 구분할 수 있다고 가정한다.

② 관련범위 내에서 원가와 수익의 행태는 결정되어 있고 선형이다.

판매가격과 변동비는 단가가 일정하고 고정비는 총원가가 일정하다. 따라서 수익과 비용은 모두 선형이라고 가정한다.

③ 생산요소의 가격이나 생산성이 일정하다.

원재료의 단위당 원가, 노무비의 시간당 임률 및 변동제조간접비의 단위당 원가 등이 일정하고 생산성이나 능률도 일정하다고 가정한다.

④ 원가와 수익에 영향을 미치는 요인은 단지 조업도뿐이다.

실제에 있어서 원가나 수익에 영향을 미치는 요소는 수없이 많으나 가장 대표적인 원가동인인 조업도만이 원가와 수익에 영향을 미친다고 가정한다.

⑤ 발생주의에 의한 분석이다.

CVP분석은 기본적으로 단기간을 대상으로 실시한다. 따라서 단기간 내에서는 발생주의에 의한 수익·비용과 현금주의에 의한 현금유출입간에 큰 차이가 없을 것으로 가정하고 손익계산서상의 자료를 이용하여 분석을 한다.

⑥ 단일 제품만 생산하거나 복수제품을 생산하는 경우에는 매출배합이 일정하다고 가정한다.

현실적으로 복수제품을 생산하는 경우에는 매출배합이 수시로 바뀌겠지만 분석의 단순화를 위하여 매출배합이 일정한 것으로 가정한다. 매출배합이 일정한 것으로 가정하면 단일제품에 대하여 분석하는 것과 동일한 방법을 적용할 수 있다.

⑦ 기간별로 생산량과 판매량이 같다.

생산량은 당기에 모두 판매되므로 재고가 없거나 기초재고가 있는 경우에는 생산량과 판매량이 같아서 기간별 재고수준은 일정하다고 가정한다.

⑧ 화폐의 시간가치를 고려하지 않는다.

분석기간이 단기간이므로 화폐의 시간가치는 고려하지 않는다고 가정한다.

제 6 절 CVP분석의 기본모형

1. 기본개념

CVP분석은 모든 원가를 변동비와 고정비로 구분가능하고, 생산량과 판매량이 동일하다고 가정하고 있으므로 변동원가계산 손익계산서 즉, 공헌이익손익계산서를 이용하여 분석한다. 구체적인 설명을 하기에 앞서 먼저 당부하고 싶은 것은 이후 설명에서 여러 가지 산식이 나오는데 산식을 외우려고 하지 말라는 것이다. 중요한 것은 산식을 외우는 것이 아니라 흐름과 가정을 이해하는 것이다. 필요하다면 기본 산식 하나만 외우면 된다. 나머지는 기본 산식에 기초하여 이렇게 저렇게 응용하면 된다. 공헌이익손익계산서는 다음과 같이 표현할 수 있는데 이것만 이해하면 거의 모든 문제는 해결된다.

	매 출 액(S)		$P \times Q$
−	변 동 비	−	$b \times Q$
	공헌이익(CM)		$(p-b) \times Q$
−	고 정 비	−	a
	영업이익(π)		$(p-b) \times Q - a$

단, p : 단위당 판매가격, b : 단위당 변동비, Q : 판매량, a : 고정비

(1) 손익분기점수량

손익분기점수량(Q)이란 총수익(매출액)과 총원가가 일치하여 이익이 '0'인 상태가 되는 판매량을 말한다. 따라서 손익분기점수량은 다음과 같이 구할 수 있다.

매출액 = 총원가

매출액 = 변동비 + 고정비

$$p \times Q = b \times Q + a$$

$$(p - b) \times Q = a$$

$$(p - b) \times Q - a = 0$$

$$Q = \frac{a}{p-b} = \frac{\text{고정비}}{\text{단위당 공헌이익}}$$

위의 최종 산식을 구태여 외울 필요는 없다. 이미 앞에서 본 공헌이익손익계산서만 이해하면 저절로 해결된다. 공헌이익손익계산서에서 영업이익이 '0'이 되도록 하는 수량이 손익분기점수량이므로 제시된 자료를 공헌이익손익계산서에 대입하면 손익분기점수량은 저절로 산출된다. 다만 공헌이익손익계산서를 작성하는데 시간이 많이 소요된다고 생각하면 영업이익을 계산하는 산식 '$\pi = (p-b) \times Q - a$'만 알고 있으면 된다. 앞으로 모든 문제는 기본적으로 공헌이익손익계산서 또는 영업이익을 계산하는 산식 '$\pi = (p-b) \times Q - a$'을 이용하여 해결할 것이다.

먼저 몇 가지 개념을 설명하고자 한다. 첫째, 단위당 판매가격에서 단위당 변동비를 차감한 금액을 단위당 공헌이익이라 하는데 이는 제품 한 단위를 판매하는 것이 고정비를 회수하고 영업이익을 창출하는데 얼마나 공헌하는지를 나타내는 금액이다. 둘째, 손익분기점수량은 총수익과 총비용이 같아지는 조업도수준을 의미하는데 이는 달리 표현하면 총공헌이익과 고정비가 같아지는 조업도수준을 의미한다. 즉, 공헌이익이 고정비를 커버하면 손익분기점이 되고 고정비를 초과하면 공헌이익은 곧 이익이 된다.

(2) 손익분기점 매출액

손익분기점 매출액(S)이란 총수익(매출액)과 총원가가 일치하여 이익이 '0'인 상태가 되는 매출액을 말한다. 손익분기점 매출액은 손익분기점수량에 단위당 판매가격을 곱하여 구할 수 있다. 손익분기점수량이 $Q = \frac{a}{p-b}$이므로 손익분기점 매출액은 $p \times Q = \frac{a}{p-b} \times p$이다. 이를 정리하면 다음과 같다.

$$\text{손익분기점매출액}(S) = \frac{a}{\frac{p-b}{p}} = \frac{\text{고정비}}{\text{공헌이익률}}$$

위 산식에서 공헌이익률이란 단위당 공헌이익(p−b)이 단위당 판매가격(p)에 대하여 차지하는 비율을 의미한다. 그런데 위 산식도 별도로 외울 필요는 없다. 공헌이익손익계산서에서 손익분기점수량을 산출한 후 거기에 단위당 판매가격을 곱하여 산출하던지 아니면 공헌이익손익계산서에서 매출액에서 총공헌이익이 차지하는 비율(공헌이익률)을 이용하여 상식적인 수준에서 풀이할 수 있다.

참 고

공헌이익률은 판매가격에 대하여 공헌이익이 차지하는 비율 즉, $\frac{p-b}{p}$이고, 변동비율은 판매가격에 대하여 변동비가 차지하는 비율 즉, $\frac{b}{p}$ 이다. 공헌이익률과 변동비율을 합하면 항상 1이다.

예 제 5 CVP분석의 기초

다음 각각의 독립된 물음에 답하시오.

1. A회사는 단위당 판매가격이 ₩800이고 단위당 변동비가 ₩500인 단일제품을 생산하여 1,000개 판매하였다. 연간 고정비가 ₩200,000인 경우 영업이익은 얼마인가?
2. B회사는 단위당 판매가격이 ₩500이고 단위당 변동비가 ₩300인 단일제품을 생산 · 판매하고 있다. 연간 고정비가 ₩400,000인 경우 손익분기점수량은 얼마인가?
3. C회사는 단위당 판매가격이 ₩1,000이고 단위당 변동비가 ₩600인 단일제품을 생산 · 판매하고 있다. 연간 고정비가 ₩800,000인 경우 손익분기점 매출액은 얼마인가?
4. D회사는 단위당 판매가격이 ₩1,000이고 단위당 변동비가 ₩800인 단일제품을 생산 · 판매하고 있는데 손익분기점수량이 2,500개라고 한다. 연간 고정비는 얼마인가?
5. E회사는 단일제품을 생산하여 판매하고 있는데 매출액이 ₩1,000,000이고 변동비는 ₩800,000일 때 이익도 손실도 발생하지 않는다고 한다. 연간 고정비는 얼마인가?
6. F회사는 단위당 판매가격이 ₩500이고 변동비율이 60%인 단일제품을 생산 · 판매하고 있다. 연간 고정비가 ₩500,000인 경우 손익분기점수량은 얼마인가?
7. 단일제품을 생산 · 판매하는 G회사의 당기 현재까지 매출액은 ₩1,000,000이고 변동비는 ₩800,000이다. 연간 고정비가 ₩300,000인 경우 매출을 얼마만큼 더 하여야 손익분기점에 도달하는가?

해답

1. 1법 : 손익계산서

매 출 액	800 × 1,000 =	₩800,000
변 동 비	500 × 1,000 =	500,000
공 헌 이 익	(800−500) × 1,000 =	₩300,000
고 정 비		200,000
영 업 이 익		₩100,000

2법 : 공헌이익 − 고정비 = 영업이익

(800−500) × 1,000 − 200,000 = ₩100,000

2. 1법 : 손익계산서

매 출 액	500Q
변 동 비	300Q
공 헌 이 익	200Q
고 정 비	400,000
영 업 이 익	0

∴ 200Q − 400,000 = 0

∴ Q = 2,000개

2법 : 공헌이익 − 고정비 = 영업이익

(500−300) × Q − 400,000 = 0

∴ Q = 2,000개

3. 1법 :

	수량기준	매출액기준	
매 출 액	1,000Q	S	
변 동 비	600Q	0.6S	← $0.6 = \frac{600}{1,000}$ (변동비율)
공 헌 이 익	400Q	0.4S	← $0.4 = \frac{400}{1,000}$ (공헌이익률)
고 정 비	800,000	800,000	
영 업 이 익	0	0	

(1) 수량기준 접근법 : 400Q − 800,000 = 0

∴ Q = 2,000개

∴ S = 1,000 × 2,000 = ₩2,000,000

(2) 매출액기준 접근법 : 0.4S − 800,000 = 0

∴ S = ₩2,000,000

2법 : 공헌이익 − 고정비 = 영업이익

0.4S − 800,000 = 0

∴ S = ₩2,000,000

4. 1법 : 손익계산서

매 출 액	1,000 × 2,500
변 동 비	800 × 2,500
공 헌 이 익	200 × 2,500
고 정 비	a
영 업 이 익	0

∴ 200 × 2,500 − a = 0

∴ a = ₩500,000

2법 : 공헌이익 − 고정비 = 영업이익

(1,000−800) × 2,500 − a = 0

∴ a = ₩500,000

5. 1법 : 손익계산서

매 출 액	1,000,000
변 동 비	800,000
공 헌 이 익	200,000
고 정 비	a
영 업 이 익	0

∴ 200,000 − a = 0

∴ a = ₩200,000

2법 : 공헌이익 − 고정비 = 영업이익

(1,000,000−800,000) − a = 0

∴ a = ₩200,000

6. 1법 : 손익계산서

매 출 액	$500 \times Q$	
변 동 비	$500 \times 0.6 \times Q$	← 0.6
공 헌 이 익	$500 \times 0.4 \times Q$	← 0.4
고 정 비	500,000	
영 업 이 익	0	

$\therefore 200Q - 500,000 = 0$

$\therefore Q = 2,500$개

2법 : 공헌이익 − 고정비 = 영업이익

$(500 \times 0.4^{*}) \times Q - 500,000 = 0$ ← * 공헌이익률 $= 1 - 0.6 = 0.4$

$\therefore Q = 2,500$개

7. 1법 : 손익계산서

매 출 액	S	
변 동 비	0.8S	← $\frac{800,000}{1,000,000} = 0.8$
공 헌 이 익	0.2S	
고 정 비	300,000	
영 업 이 익	0	

$\therefore 0.2S - 300,000 = 0$

$\therefore S = ₩1,500,000$

$\therefore \triangle S = 1,500,000 - 1,000,000 = ₩500,000$

2법 : 공헌이익 − 고정비 = 영업이익

$^{*}\ 0.2S - 300,000 = 0$ ← * 공헌이익률 $= \frac{1,000,000-800,000}{1,000,000} = 0.2$

$\therefore S = ₩1,500,000$

$\therefore \triangle S = 1,500,000 - 1,000,000 = ₩500,000$

2. 이익계획

(1) 법인세가 없는 경우

경영자들은 단순히 손익분기점을 달성하는 것에만 관심을 갖는 것이 아니고, 원하는 목표이익을 달성할 수 있는 활동수준에 대한 계획을 수립하길 원한다. 목표이익(π)을 달성하기 위하여 판매량이 얼마나 되어야 하는지를 다음 산식을 통하여 파악할 수 있다.

$$(p-b)\times Q-a=\pi$$

$$(p-b)\times Q=a+\pi$$

$$\therefore Q=\frac{a+\pi}{p-b}$$

위 산식은 세로로 작성된 공헌이익손익계산서를 가로로 옮겨 놓은 것에 불과하다. 따라서 최종 산식을 외우려하지 말고 공헌이익손익계산서를 연상하면 문제를 쉽게 해결할 수 있다.

(2) 법인세가 있는 경우

손익분기점에서는 이익이 없기 때문에 법인세를 납부하지 않는다. 따라서 손익분기점수량을 계산할 때는 법인세의 영향을 고려하지 않아도 된다. 그러나 이익이 발생하면 이에 대해서 법인세를 납부하여야 하므로 세후 이익계획을 수립하려면 법인세 효과를 반드시 고려하여야 한다. 세후 목표이익(π')을 달성하기 위하여 판매량이 얼마나 되어야 하는지를 다음 산식을 통하여 파악할 수 있다.

$$[(p-b)\times Q-a]\times(1-t)=\pi'$$

$$(p-b)\times Q-a=\frac{\pi'}{1-t}$$

$$(p-b)\times Q=a+\frac{\pi'}{1-t}$$

$$\therefore Q=\frac{a+\dfrac{\pi'}{1-t}}{p-b}\quad \text{단, } t=\text{법인세율}$$

위 산식도 세로로 작성된 공헌이익손익계산서를 가로로 옮겨 놓은 것에 불과하다. 따라서 최종 산식을 외우려하지 말고 공헌이익손익계산서를 연상하면 문제를 쉽게 해결할 수 있다. 하나만 기억하자.

공헌이익 － 고정비 － 법인세 ＝ 세후이익

$$\{(p-b)\times Q - a\}(1-t) = \pi'$$

예 제 6 이익계획

㈜유나는 단일제품을 생산하고 있다. 이 제품과 관련된 자료는 다음과 같다.

단위당 판매가격	₩10
단위당 변동제조원가	4
단위당 변동판매관리비	2
연간 고정제조간접비	7,000
연간 고정판매관리비	3,000

[요구사항]

1. 목표이익 ₩2,000을 달성하기 위해 몇 단위를 생산・판매하여야 하는가?
2. 법인세율이 40%인 경우 세후목표이익 ₩1,800을 달성하기 위해 몇 단위를 생산・판매하여야 하는가?

해답

• 자료정리

단위당 판매가격 (p) ＝ ₩10, 단위당 변동비 ＝ 4 ＋ 2 ＝ ₩6, 연간 고정비 ＝ ₩10,000

1.

1법 : 손익계산서

매 출 액	10Q
변 동 비	6Q
공 헌 이 익	4Q
고 정 비	10,000
영 업 이 익	2,000

∴ 4Q － 10,000 ＝ 2,000

∴ Q ＝ 3,000개

2법 : 공헌이익 − 고정비 = 영업이익

$(10-6) \times Q - 10{,}000 = 2{,}000$

$\therefore Q = 3{,}000$개

2.

1법 : 손익계산서

매 출 액	10Q
변 동 비	6Q
공 헌 이 익	4Q
고 정 비	10,000
영 업 이 익	4Q − 10,000
법 인 세	(4Q−10,000) × 0.4
세 후 이 익	(4Q−10,000) × (1−0.4)

$\therefore (4Q-10{,}000) \times (1-0.4) = 1{,}800$

$\therefore Q = 3{,}250$개

2법 : (공헌이익−고정비)(1−법인세율) = 세후이익

$[(10-6) \times Q-10{,}000] \times (1-0.4) = 1{,}800$

$\therefore Q = 3{,}250$개

3. 도표의 활용

(1) CVP도표

CVP도표(cost−volume−profit graph)는 조업도(독립변수)가 변함에 따라 수익 및 원가가 어떻게 변하는지를 나타내주고 결과적으로 수익과 원가의 차이인 이익이 조업수준에 따라 어떻게 움직이는지를 보여준다.

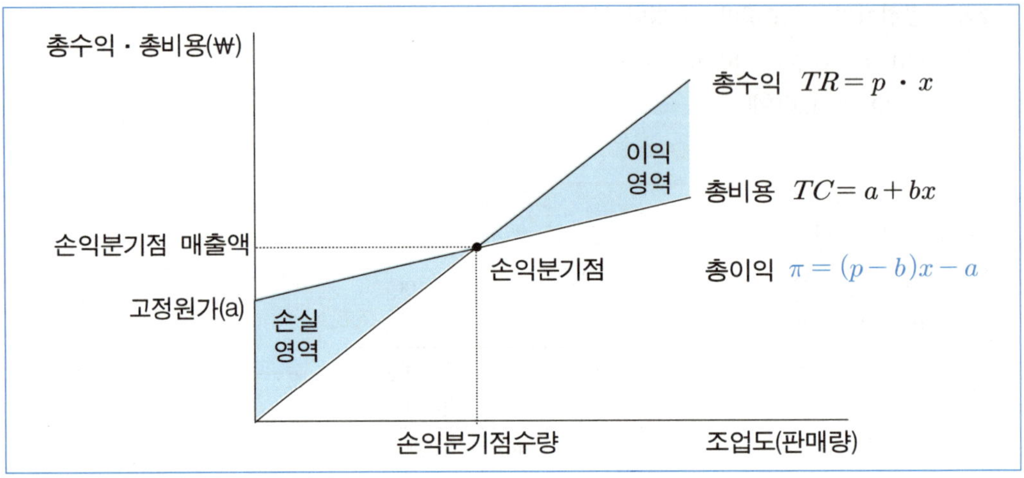

총수익을 나타내는 선은 원점을 지나는 직선이고 기울기는 단위당 판매가격(p)이다. 총비용을 나타내는 선은 고정비를 y축 절편으로 하는 직선이고 기울기는 단위당 변동비(b)이다. 총수익과 총비용이 같아지는 점 즉, 손익이 '0'인 점이 손익분기점수량이고 손익분기점수량보다 조업도 수준이 낮으면 총비용이 더 크므로 손실이 발생하고 손익분기점수량보다 조업도 수준이 높으면 총수익이 더 크므로 이익이 발생한다.

(2) 이익 · 조업도 도표(PV도표)

이익 · 조업도 도표(PV도표 : profit－volume graph)는 CVP도표를 단순화하여 조업도가 변함에 따라 이익이 어떻게 변하는지를 보여준다.

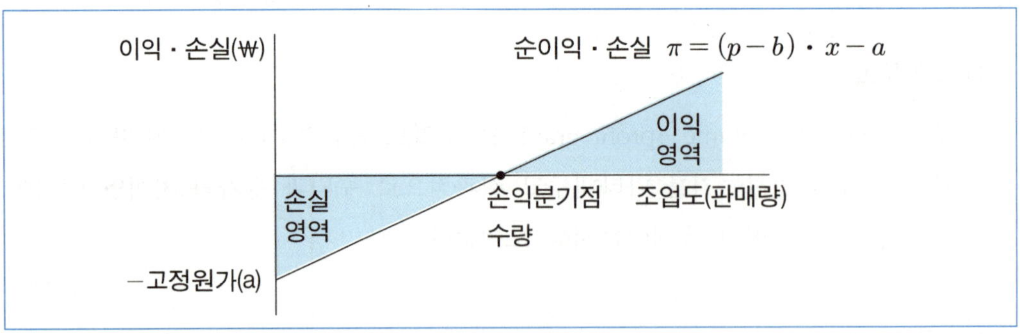

CVP도표와 달리 y축이 이익 · 손실을 나타낸다. 조업도가 '0'인 경우에는 고정비만큼 손실이 발생하므로 이익 · 손실을 나타내는 선은 고정비에 해당하는 손실을 출발점으로 하는 직선이며 직선의 기울기는 단위당 공헌이익을 의미한다. 조업도가 증가함에 따라 손실이 감소하며, 직선이 x축과 만난 점이 이익 · 손실이 '0'인 점이므로 손익분기점이 된다.

예 제 7 CVP도표와 PV도표

1. ㈜유나의 올해 예산에 기초한 원가 · 조업도 · 이익(CVP)도표는 다음과 같다. 도표의 ㉠~㉢에 들어갈 올바른 수치는 각각 얼마인가? 단, 법인세는 없다.

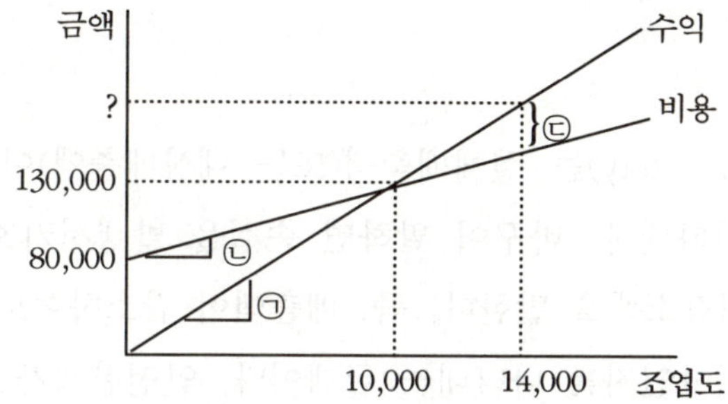

2. ㈜유현의 올해 예산에 기초한 이익 · 조업도(PV)도표는 다음과 같다. 도표의 ㉠, ㉡에 들어갈 올바른 수치는 각각 얼마인가? 단, 법인세는 없다.

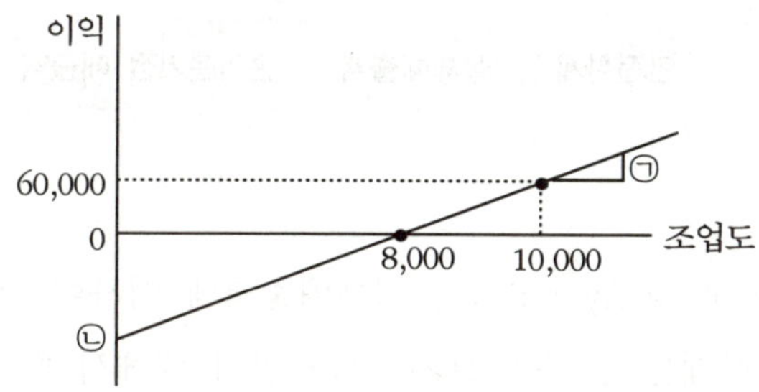

해답

1. • 수익 : p × 10,000 = 130,000 ∴ p = 13(㉠)
   • 비용 : 80,000 + b × 10,000 = 130,000 ∴ b = 5(㉡)
   • 이익 : (13−5) × 14,000 − 80,000 = 32,000(㉢)

2. • (10,000개−8,000개) × cm = 60,000 ∴ cm = 30(㉠)
   • a + 8,000개 × 30 = 0 ∴ a = −240,000(㉡)

   손익분기점판매량에서는 공헌이익과 고정비가 같기 때문에 손익분기점판매량을 초과한 수량에 대한 공헌이익은 곧바로 이익이 된다. 한편, PV도표에 이익선의 기울기는 공헌이익을 나타내며, y축 절편은 총고정비를 나타낸다.

제 7 절 안전한계율과 영업레버리지

1. 안전한계와 안전한계율

(1) 안전한계

안전한계(margin of safety)는 실제매출액(또는 예상매출액)이 손익분기점 매출액을 초과하는 정도를 나타낸다. 바꾸어 말하면 손실을 발생시키지 않으면서 허용할 수 있는 매출액의 최대감소폭을 말한다. 즉, 매출액이 감소하여도 손실이 나지 않을 수 있는 안전지대가 얼마인지를 나타내는 금액이다. 안전한계가 낮은 경우에는 매출액(판매량)이 감소하면 쉽게 손실이 발생할 수 있으므로 기업의 안정성이 낮다는 것을 의미한다.

$$\text{안전한계} = \text{실제매출액} - \text{손익분기점 매출액}$$

(2) 안전한계율

안전한계율(margin of safety ratio)은 실제매출액에 대하여 안전한계가 차지하는 비율을 말한다. 안전한계는 손실을 보지 않는 범위 내에서 허용할 수 있는 매출액의 감소분을 의미하고, 안전한계율은 이를 비율로 나타낸 개념이다. 즉, 현재매출액 수준에서 매출액이 몇 퍼센트(%)나 감소해도 손실이 발생하지 않는 지를 나타내는 개념이다. 안전한계율은 다음과 같은 산식으로 나타낼 수 있다.

$$\text{안전한계율} = \frac{\text{실제매출액} - \text{손익분기점 매출액}}{\text{실제매출액}} = \frac{\text{실제판매량} - \text{손익분기점 판매량}}{\text{실제판매량}}$$

안전한계와 안전한계율

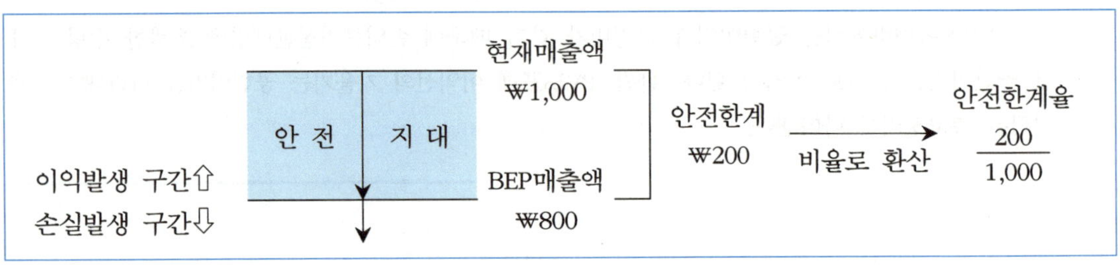

2. 원가구조와 영업레버리지

(1) 원가구조

원가구조(cost structure)란 특정 조직에서 변동비와 고정비의 관계 또는 변동비와 고정비의 상대적 비율을 나타내는 개념이다. 일반적으로 노동집약적인 생산형태의 기업은 총원가 중에서 직접노무비(변동비)가 차지하는 비중이 높아서 변동비율은 높고 공헌이익률은 낮다. 반면에 자본집약적인 생산형태의 기업은 총원가 중에서 고정제조간접비가 차지하는 비중이 높아서 상대적으로 변동비율은 낮고 공헌이익률은 높다. 원가구조는 공헌이익에 직접적으로 영향을 미치기 때문에 기업의 손익에 중대한 영향을 미친다. 예를 들어 자본집약적인 기업은 고정비가 많지만 경기가 호황이 되면 판매량이 증가함에 따라 총공헌이익이 크게 증가하므로 고정비를 회수 하고도 많은 이익을 얻을 수 있다. 그러나 불황의 경우에는 판매량이 감소함에 따라 공헌이익이 적어지므로 고정비를 회수하는데 어려움을 겪게 된다.

기업은 상황에 맞게 고정비와 변동비간의 비율을 적절히 조정하여야 한다. 가령 생산방식에 있어서 수작업에 의존하는 대신 자동화로 변경한다면 고정비의 비중은 점점 높아지게 될 것이다. 고정비의 비중이 큰 원가구조가 좋은지 아니면 변동비의 비중이 큰 원가구조가 좋은지는 일률적으로 말할 수는 없으며 상황에 따라서 적정한 원가구조는 다르다. 어떤 기업이 최적의 원가구조를 지니고 있는지는 장기적인 판매추세, 연도별 판매변화, 경영자의 위험에 대한 태도 등 여러 요인에 의해 결정된다.

(2) 영업레버리지도

영업레버리지(operating leverage)는 고정비가 지렛대 역할을 하여 매출액이 조금만 변해도 영업이익이 크게 변하는 효과를 말한다. 원가구조에서 고정비의 비중이 크게 되면 영업레버리지가 크고, 고정비의 비중이 낮으면 영업레버리지가 작다.

영업레버리지의 측정치를 영업레버리지도(DOL : degree of operating leverage)라 한다. 영업레버리지도는 현재 영업수준에서 매출액의 변화율에 대한 영업이익의 변화율을 뜻하는 것으로 공헌이익을 영업이익으로 나누어 산출할 수 있다. 영업레버리지도가 낮다는 것은 매출액의 변동에 따른 영업이익의 변동폭이 작다는 것을 의미하며, 영업레버리지도가 높다는 것은 매출액의 변동에 따른 영업이익의 변동폭이 크다는 것을 뜻한다. 따라서 영업레버리지도는 매출액이 변함에 따라 영업이익이 얼마나 변동하는가를 신속하게 경영자에게 알려준다는 점에서 매우 유용한 도구가 된다.

$$\text{영업레버리지도(DOL)} = \frac{\text{영업이익 증가율}}{\text{매출액 증가율}} = \frac{\text{공헌이익}}{\text{영업이익}}$$

위 산식에 의하면 영업레버리지도는 매출액과 영업이익의 변화율에 대한 개념이지만 이를 정리하여 영업이익에 대한 공헌이익의 비율로도 산정할 수 있다. 이는 다음과 같은 과정을 통하여 도출된 것이다.

$$\begin{aligned}\text{영업레버리지도(DOL)} &= \frac{\Delta\pi/\pi}{\Delta S/S} = \frac{\Delta\pi\times S}{\pi\times\Delta S} = \frac{(p-b)\times\Delta Q\times p\times Q}{[(p-b)\times Q-a]\times p\times\Delta Q} \\ &= \frac{(p-b)\times Q}{(p-b)\times Q-a}\end{aligned}$$

예 제 8 안전한계와 영업레버리지도

㈜유현의 20×1년도 공헌이익 손익계산서는 다음과 같다.

매 출 액	₩5,000,000
변 동 비	3,000,000
공 헌 이 익	2,000,000
고 정 비	1,200,000
영 업 이 익	₩800,000

[요구사항]

1. 20×1년의 손익분기점 매출액은 얼마인가?
2. 20×1년의 안전한계율은 얼마인가?
3. 20×1년의 영업레버리지도는 얼마인가?
4. 20×2년에 매출액이 30% 증가한다면, 영업이익은 몇 % 증가하겠는가?
5. 물음4를 20×2년 공헌이익 손익계산서를 작성하여 확인해 보시오.

해답

1. 손익분기점 매출액

(1) 공헌이익률 $= \frac{2,000,000}{5,000,000} = 40\%$

(2) 공헌이익 − 고정비 = 영업이익

$\therefore\ 0.4S - 1,200,000 = 0$

$\therefore\ S = ₩3,000,000$

2. 안전한계율

$\frac{\text{안전한계}}{\text{매출액}} = \frac{₩5,000,000 - ₩3,000,000}{₩5,000,000} = 40\%$

3. 영업레버리지도

$\frac{\text{공헌이익}}{\text{영업이익}} = \frac{₩2,000,000}{₩800,000} = 2.5$

4. 20×2년 영업이익 증가율

$\frac{\text{영업이익 증가율}}{\text{매출액 증가율}} = \text{영업레버리지도}$

∴ 영업이익 증가율 = 영업레버리지도 × 매출액 증가율 = 2.5 × 30% = 75%

5. 20×2년 공헌이익 손익계산서

매출액	5,000,000 × 1.3	=	₩6,500,000
변동비	3,000,000 × 1.3	=	3,900,000
공헌이익	2,000,000 × 1.3	=	2,600,000
고정비			1,200,000
영업이익	800,000 × 1.75	=	₩1,400,000

연습문제

COST ACCOUNTING

문 1 고저점법과 제조간접비 예정배부율의 산출

㈜유진의 20×1년 1월에서 6월까지 직접노동시간과 총제조간접비 자료는 다음과 같다

월	직접노동시간(x)	총제조간접비(y)
1	1,750시간	₩270,000
2	2,100	354,000
3	1,875	310,000
4	2,400	398,000
5	2,650	405,000
6	2,700	403,000

[요구사항]

1. 고저점법에 의하여 총제조간접비 원가함수를 추정하시오.
2. 7월의 직접노동시간이 3,000시간이라고 할 때, 제조간접비는 얼마라고 추정할 수 있는가?
3. 고저점법에 의한 추정한 원가함수가 y = 25,000 + 140x 이라고 가정하자. 이 때 고정제조간접비는 ₩25,000이라고 말할 수 있는가?
4. 이 회사는 직접노동시간을 기준으로 제조간접비를 배부하고 있으며 고저점법에 의해 제조간접비 예산을 편성하고 있다. 20×2년의 예산조업도가 20,000직접노동시간으로 예측될 경우 20×2년의 직접노동시간당 제조간접비 예정배부율은 얼마가 되겠는가?

해답

1. $b = \left(\dfrac{403{,}000-270{,}000}{2{,}700\text{시간}-1{,}750\text{시간}}\right) = 140$

   270,000 = a + 140 × 1,750시간 ∴ a = ₩25,000

   ∴ 원가함수 : y = 25,000 + 140x

   단, x = 직접노동시간

> ■ **별해** : 403,000 = a + 2,700b …… ①
>
> 270,000 = a + 1,750b …… ②
>
> ①식과 ②식을 연립하여 풀면 다음과 같다
>
> a = ₩25,000, b = ₩140
>
> ∴ y = ₩25,000 + 140x

2. y = 25,000 + 140 × 3,000시간 = ₩445,000

3. 고정제조간접비를 ₩25,000이라고 말할 수 없다. 왜냐하면 ₩250,000은 단지 주어진 자료에 의해 계산된 추정치로서 x = 0일 때 나오는 y의 절편 값에 불과하다. 제시된 자료에는 조업도가 0인 점은 없으므로 ₩25,000은 제시된 자료에 의해 추정한 값에 불과할 뿐이므로 고정제조간접비라고 할 수는 없다.

4. (1) 20×2년 제조간접비 예산(y)

    y = 25,000 × 12개월 + 140 × 20,000시간 = ₩3,100,000

   (2) 제조간접비 예정배부율 $= \left(\dfrac{\text{연간제조간접비예산}}{\text{연간예산조업도}}\right) = \left(\dfrac{3{,}100{,}000}{20{,}000\text{시간}}\right) =$ ₩155/직접노동시간

해설

1. 고저점법에서 총제조간접비(종속변수)는 5월이 가장 높으나, 직접노동시간(독립변수)은 6월이 가장 높다. 즉, 종속변수로는 5월이 가장 높으나 독립변수로는 6월이 가장 높다. 고저점법에서 고저는 독립변수인 조업도에 의해 선택되는 것이므로 6월이 대표점(고점)이 된다.
2. 고저점법에 의해 추정된 원가함수는 월별 추정치이므로, 연간예산을 구하기 위해서는 월간 고정비 추정치(₩25,000)에 12개월을 곱하여 연 단위로 환산하여야 한다.

문 2 계정분석법

서강주유소에서는 터널식 자동세차장을 운영하고 있다. 자동차를 자동연속 컨베이어 벨트에 올려놓으면, 자동으로 세차의 전과정이 이루어진다. 작업자들은 자동차의 내부청소를 하며 작업시간에 따라 임금을 지급한다. 한편, 세차장 감독자 한 명이 작업자들을 모두 관리한다. 20×1년 동안 8,000대의 자동차를 세차하였으며 관련 원가는 다음과 같다.

계 정	원 가
작업자 노무원가	2,400,000
세제 및 용수	600,000
전기요금	800,000*1
감가상각비	560,000
감독자 급여	300,000
출납직원 급여	?*2

*1 전기요금중 ₩80,000은 사용량과 관계없이 발생하는 기본료이다.

*2 출납직원은 주유와 관련된 출납과 세차와 관련된 출납을 동시에 수행하고 있으며 2014년 동안 급여는 ₩400,000이다. 전체 출납업무에서 세차와 관련된 출납업무가 차지하는 비율은 40%라고 판단된다.

[요구사항]

1. 각 계정의 원가를 변동비와 고정비로 분류하시오.
2. 계정분석법을 이용하여 원가함수를 추정하시오.
3. 20×2년에 10,000대의 차를 세차할 것으로 예상된다. 계정분석법을 이용하여 20×2년에 세차장에서 발생할 총원가를 추정하시오.
4. 20×1년과 20×2년의 한 대당 평균세차원가를 계산하시오. 단, 20×2년에 대해서는 10,000대의 예상세차수량을 사용한다.
5. 물음4에서 20×1년과 20×2년의 대당 평균세차원가가 다른 이유는 무엇인가?

해답

1.

변동비		
작업자 노무원가		₩2,400,000
세제 및 용수		600,000
전기요금	800,000−80,000 =	720,000
		₩3,720,000
고정비		
전기요금		₩80,000
감가상각비		560,000
감독자 급여		300,000
출납직원 급여	400,000×0.4 =	160,000
		₩1,100,000

2. 대당 변동비 = ₩3,720,000 ÷ 8,000 = ₩465/자동차

   총원가(y) = 1,100,000 + 465x

3. 총원가(y) = ₩1,100,000 + (₩465×10,000) = ₩5,750,000

4. 20×1년 평균원가 $= \dfrac{3,720,000+1,100,000}{8,000} = \dfrac{4,820,000}{8,000} =$ ₩602.5

   20×2년 평균원가 $= \dfrac{5,750,000}{10,000} =$ ₩575

5. 고정비는 관련범위 내에서 일정액이 발생하기 때문에 조업도가 증가하면 단위당 고정비는 감소한다. 20×2년에 조업도 수준이 10,000단위로 증가하면 단위당 고정비의 감소로 인하여 단위당 평균원가는 감소한다.

문 3 누적평균시간 학습모형

㈜파랑은 항공기부품 제조회사이며, 지난달에 50단위의 부품을 처음으로 생산하여 판매하였는데 그 원가자료는 다음과 같다.

직접재료비		400,000
직접노무비	5,000시간 × @40 =	200,000
변동제조간접비		50,000*1
기타제조간접비		80,000*2
합계		₩730,000

*1 변동제조간접비는 직접노무비에 비례하여 발생한다.

*2 기타제조간접비는 계약입찰 목적으로 직접노무비의 40%를 일정하게 배부한다.

[요구사항]

1. 이번 달에 150단위의 부품계약에 입찰하려 한다. 150단위의 부품계약에 입찰하기 위하여 예상되는 총원가를 추정하시오. 단, 75%의 누적평균시간 학습곡선을 가정한다.
2. 물음1과 같이 150단위를 납품한 후에 추가로 100단위를 더 생산하려 한다. 100단위 추가 생산시 필요한 직접노동시간은 얼마인가? 단, 75% 학습곡선하에서 X^{-b}의 값은 다음과 같다(X는 누적생산량을 의미함).

X	X^{-b}	X	X^{-b}
1	1.0000	5	0.5130
2	0.7500	6	0.4750
3	0.6340	7	0.4460
4	0.5625	8	0.4219

3. 한편 ㈜바람도 ㈜파랑과 동일한 부품을 생산하고 있는데 100단위를 하나의 롯트(묶음)로 생산하고 있다. 처음 100단위를 생산하는데 8,000 직접노동시간이 소요되었다. ㈜바람의 생산량 및 증분직접노동시간이 다음과 같을 때 누적평균시간 학습곡선모형에 의한 학습률은 얼마이겠는가?

누적생산량	증분직접노동시간
100 → 200	4,800
200 → 400	7,680

해답

1.

X		Y		X · Y	△X · Y
50	2배	100	0.75	5,000	0
100	2배	75	0.75	7,500	2,500
200		56.25		11,250	3,750
					6,250

직접재료비	(400,000÷50) × 150	=	1,200,000
직접누무비	6,250 × 40	=	250,000
변동제조간접비	250,000 × (50,000÷200,000)	=	62,500
기타제조간접비	250,000 × 0.4	=	100,000
			₩1,612,500

2.

X	Y	X · Y	△X · Y
50(1)	100	5,000	0
100(2)			
150(3)			
200(4)	100 × 0.5625 = 56.25	11,250	0
250(5)	100 × 0.5130 = 51.30	12,825	1,575
300(6)	100 × 0.4750 = 47.50	14,250	1,425
			3,000

3.

X	Y	X · Y	△X · Y
100	② 80	① 8,000	0
200	⑤ 64	④ 12,800	③ 4,800
400	⑧ 51.2	⑦ 20,480	⑥ 7,680

∴ 64 ÷ 80 = 80%

또는 51.2 ÷ 64 = 80%

문 4 단답형 기출문제1

1. ㈜유진의 지난 6개월간 전력비는 다음과 같다. 기계시간이 전력비에 대한 원가동인이라면 32,375 기계시간이 예상되는 7월의 전력비는 고저점법에 의할 때 얼마로 추정되는가?

월별	기계시간	전력비
1월	34,000	₩610,000
2월	31,000	586,000
3월	33,150	507,000
4월	32,000	598,000
5월	33,750	650,000
6월	31,250	575,000

2. 다음은 ㈜유나의 조업도수준에 따른 자료이다.

	조업도수준	
	낮음	높음
생산수량	25,000단위	30,000단위
총제조원가	₩575,000	₩680,000
단위당 직접재료비	₩5	₩5
단위당 직접노무비	₩6	₩6

고저점법을 사용하여 제조간접비 원가함수(y = a + bx)를 추정하시오.

3. 다음은 ㈜유현이 생산하는 A제품의 20×1년과 20×2년의 생산 관련 자료이며, 총고정원가와 단위당 변동원가는 일정하다.

구분	생산량(개)	총제조원가
20×1년	1,000개	₩50,000,000
20×2년	2,000개	₩70,000,000

20×3년도에는 전년도에 비해 총고정원가는 20% 증가하고, 단위당 변동원가는 30% 감소한다면, 생산량이 3,000개일 때 총제조원가는 얼마인가?

4. ㈜현희는 고급시계를 생산 판매한다. 20×1년 회사의 원가추정자료는 다음과 같다.

예정생산량	10,000개	개당 소요 직접노동시간	2시간
시간당 임률	₩100	뱃치당 소요 기계가동시간	3시간

생산은 200개를 한 뱃치(batch)로 이루어지며, 다음은 제조원가의 항목별 자료이다.

직접재료비	생산량 개당	₩1,000
직접노무비		?
제조간접비		
작업준비비	뱃치당	₩30,000
동 력 비	기계가동시간당	₩1,500
조립작업비	직접노동시간당	₩200
기 타	월정액	₩200,000

위의 자료에 기초할 때 20×1년의 제조원가는 얼마로 추정되는가?

5. ㈜태종은 신제품을 본격적으로 생산하기로 하였다. 타사의 유사제품과 경쟁이 격심한 관계로 변동비만 회수하여도 신제품의 입찰을 고려하여야 할 상황이다. 이 제품의 작업에는 누적평균시간 학습곡선모형이 적용된다. 지금까지의 시험생산 결과 처음 8단위에 대한 제품생산과 관련된 직접노동시간은 다음과 같다.

• 처음 4단위 생산시 소요된 직접노동시간	800시간
• 두 번째 4단위 생산시 추가로 소요된 직접노동시간	480시간

시간당 임률이 ₩100인 경우, 시험생산량 8단위를 포함하여 총 32단위를 생산할 경우 예상되는 총직접노무비는 얼마인가?

해답

1. • 고점(34,000시간, ₩610,000)
   저점(31,000시간, ₩586,000)
   • $b = \dfrac{610,000-586,000}{34,000-31,000} = 8$
   • $a = 610,000 - 34,000 \times 8 = 338,000$
   • $y = 338,000 + 8 \times 32,375 = 597,000$

2. • 제조간접비 총액 :
   낮은 경우 ₩575,000−25,000×(₩5+6) = ₩300,000
   높은 경우 ₩680,000−30,000×(₩5+6) = ₩350,000
   • 고저점법에서 $b = \dfrac{350,000-300,000}{30,000-25,000}$ = ₩10
   • 고점에 대입하면 a = ₩350,000−10×30,000 = ₩50,000
   • $\therefore y = 50,000 + 10x$

3. • $b = \dfrac{70,000,000-50,000,000}{2,000-1,000} = 20,000$

• $50,000,000 = a + 1,000 \times 20,000 \therefore a = 30,000,000$

• $y = 30,000,000 + 20,000x$

• $y' = 30,000,000 \times 1.2 + 20,000 \times 0.7 \times 3,000 = 78,000,000$

4.

직접재료비	₩1,000×10,000개	=	₩10,000,000
직접노무비	10,000개×2시간×₩100	=	2,000,000
제조간접비			
작 업 준 비 비	10,000개÷200개×₩30,000	=	1,500,000
동 력 비	50회×3시간×₩1,500	=	225,000
조 립 작 업 비	20,000시간×₩200	=	4,000,000
기 타	₩200,000×12	=	2,400,000
			₩20,125,000

5. • 학습률 추정

누적생산량(X)	누적평균단위당 노동시간(Y)	총노동시간(X · Y)
4	① 200	800
8	③ 160	② 1,280

① 800시간 ÷ 4단위 = 200시간/단위

② 800시간 + 480시간 = 1,280시간

③ 1,280시간 ÷ 8단위 = 160시간/단위

∴ 학습률 : 160시간 ÷ 200시간 = 80%

• 누적생산량이 32단위인 경우 누적평균단위당 노동시간

32×(200×0.8×0.8×0.8) = 3,276.8시간

• 예상 총직접노무비 : 3,276.8시간×₩100 = ₩327,680

참 고 누적생산량에 따른 누적평균단위당 노동시간과 총노동시간

누적생산량	누적평균단위당 노동시간	총노동시간
4	200	800
8 (2배)	160 (0.8)	1,280
16 (2배)	128 (0.8)	2,048
32 (2배)	102.4 (0.8)	3,276.8

문 5 원가추정 종합 및 의사결정

㈜유현은 복잡한 항공기부품을 생산하고 있다. 20×1년에 최초 100단위를 생산하였으며, 발생한 원가자료는 다음과 같다.

I. 직접재료비	100단위 × 10kg × ₩1,000	=	₩1,000,000
II. 직접노무비	100단위 × 20시간 × ₩400	=	800,000
III. 제조간접비			
감가상각비	60,000		
간접노무비	40,000		
전 력 비	50,000		
작업준비비	15,000		165,000
IV. 합 계			₩1,965,000

[요구사항]

다음 물음은 가정이 없는 한 각각 독립적이다.

1. 20×2년에 300단위를 생산하는데 발생한 제조간접비가 ₩261,000이다. 20×3년에 400단위를 생산한다면 제조간접비 발생액은 얼마가 되겠는가? 단, 고저점법에 의하여 제조간접비를 추정한다.
2. ㈜유현이 이 부품을 생산하는 데는 90% 누적평균시간 학습곡선이 적용된다고 가정한다. 20×2년에 300단위를 생산할 경우 표준직접노무비(총액)를 구하시오.
3. 요구사항2와 동일한 상황에서 20×2년에 300단위를 생산하는데 실제로 4,500시간이 소요되고 직접노무비는 ₩1,790,000이 발생하였다. 직접노무비에 대하여 임률차이와 능률차이를 구하시오. 단, 유리·불리를 반드시 밝히시오.

해답

1. (100, 165,000) (300, 261,000)

$$b = \frac{261,000 - 165,000}{300 - 100} = 480$$

$165,000 = a + 480 \times 100$

$\therefore a = 117,000$

$\therefore y = 117,000 + 480 \times 400 = 309,000$

2.

X	Y	X · Y	△(X · Y)
100	20	2,000	0
200 (2배)	18 (0.9)	3,600	1,600
400 (2배)	16.2 (0.9)	6,480	2,880
			4,480

∴ 4,480 × 400 = 1,792,000

3.

AQ × AP	AQ × SP	SQ × SP
1,790,000	4,500 × 400 = 1,800,000	4,480 × 400 = 1,792,000

임률차이 10,000 유리　　　능률차이 8,000 불리

문 6 활동기준원가계산에서의 원가추정

㈜태기는 제설장비A, B, C를 제조하여 판매하는 회사다. 세 가지 제품에 대한 20×1년의 연간 생산량과 단위당 직접노동시간의 추정치는 다음과 같다.

제 품	연간 생산량	단위당 노동시간
제품A	15,000단위	2시간
제품B	20,000단위	1시간
제품C	10,000단위	5시간

20×1년의 변동제조간접비는 직접노동시간당 ₩7의 원가동인배부율을 사용하여 추정하였으며, 고정제조간접비는 연간 ₩300,000으로 추정하였다. 한편, 회사는 활동기준원가계산으로 보다 정확한 원가추정을 하려고 한다. 이를 위하여 과거의 자료를 분석한 결과 제조간접비에 대한 세 가지의 활동원가동인을 찾아냈으며 이에 근거하여 20×1년의 활동별 변동활동원가를 다음과 같이 추정하였다. 한편, 고정활동원가는 연간 ₩240,000으로 추정되었다.

활동	활동원가동인	추정활동수준	추정원가
기계작업활동	기계시간	30,000시간	₩270,000
작업준비활동	작업준비횟수	5,000회	310,000
품질검사활동	검사횟수	4,000회	180,000
합계			₩760,000

20×1년 1월의 원가동인에 대한 예상수준은 다음과 같다.

기계시간	직접노동시간	작업준비횟수	검사횟수
3,500시간	9,400시간	480회	320회

[요구사항]

1. 직접노동시간을 기준으로 20×1년 제조간접비의 원가함수를 추정하고, 이에 근거하여 20×1년 1월의 제조간접비를 추정하시오.
2. 세 가지 활동원가동인을 기준으로 20×1년 제조간접비의 원가함수를 추정하고, 이에 근거하여 20×1년 1월의 제조간접비를 추정하시오.

해답

1. 전통적인 방법
   (1) 원가함수
   Y = ₩300,000 + ₩7 × 직접노동시간
   (2) 1월의 제조간접비 추정액
   $$Y = \frac{300,000}{12} + 7 \times 9,400 = ₩90,800$$

2. 활동기준
   (1) 활동별 원가동인당 추정원가

활동	추정원가	추정활동수준	원가동인당 추정원가
기계작업활동	₩270,000	30,000시간	₩9/기계시간
작업준비활동	310,000	5,000회	₩62/작업준비횟수
품질검사활동	180,000	4,000회	₩45/검사횟수

   (2) 원가함수
   Y = ₩240,000 + ₩9 × 기계시간 + ₩62 × 작업준비횟수 + ₩45 × 검사횟수
   (3) 1월의 제조간접비 추정액
   $$Y = \frac{240,000}{12} + 9 \times 3,500 + 62 \times 480 + 45 \times 320 = ₩95,660$$

문 7 CVP분석 : 법인세 존재

㈜유진은 파이프를 제조하여 판매하는 회사로서, 지난 3년간의 매출액은 계속 증가하였다. 그런데 최근 들어 경쟁이 심해지자 경영진은 현재의 성장세를 유지하기 위하여 광고를 강화하려고 한다. 경영진은 20×2년의 매출액을 ₩11,000,000로 계획하고 있으며, 파이프당 판매가격은 현재와 같은 ₩5,000으로 예상하고 있다. 20×1년도의 매출액은 ₩10,000,000이며, 법인세율은 40%이다. 내년도의 광고계획을 수립하기 위하여 회계담당자는 금년도(20×1년)의 다음과 같은 자료를 경영진에게 제출하였다.

단위당 변동비 :	
직 접 재 료 비	₩650
직 접 노 무 비	1,600
변동제조간접비	500
	₩2,750
총고정비 :	
제 조 간 접 비	₩500,000
판 매 비	800,000
관 리 비	1,400,000
	₩2,700,000

[요구사항]

1. 20×1년의 법인세차감후 순이익은 얼마인가?
2. 20×1년의 손익분기점 판매량은 몇 단위인가?
3. 사장은 20×2년의 판매목표를 달성하기 위하여 ₩225,000의 광고비가 추가로 필요하다고 믿고 있다. 만일 광고비로 ₩225,000이 지출된다면 20×2년의 법인세차감후 순이익은 얼마인가?
4. 만일 ₩225,000이 광고를 위하여 지출된다면 20×2년의 손익분기점 매출액은 얼마인가?
5. 만일 20×2년에 광고비로 ₩225,000이 지출된다면, 20×1년의 법인세차감후 순이익과 동일한 이익을 얻기 위하여 필요한 매출액은 얼마인가?
6. 만일 법인세차감후 목표순이익이 ₩1,200,000이라면, 판매량이 2,200개일 경우에 지출할 수 있는 최대광고비는 얼마인가?

해답

1. 법인세차감후 순이익

단위당 공헌이익 : 5,000 − 2,750 = ₩2,250

(1) 공헌이익률 : $\frac{₩2,250}{₩5,000}$ = 45%

(2) 세후순이익 : (₩10,000,000×45%−2,700,000) × (1−0.4) = ₩1,080,000

2. 손익분기점 판매량

2,250×Q − 2,700,000 = 0

∴ Q = 1,200단위

3. 광고비 지출 후의 법인세차감후 순이익

(1) 고정비 : 2,700,000 + 225,000 = ₩2,925,000

(2) 세후순이익 : (11,000,000×45%−2,925,000) × (1−0.4) = ₩1,215,000

4. 광고비 지출후의 손익분기점 매출액

0.45S − 2,925,000 = 0

∴ S = ₩6,500,000

5. 20×1년과 동일한 이익을 얻기 위한 매출액(S)

(0.45S−2,925,000) × (1−0.4) = ₩1,080,000

∴ S = ₩10,500,000

• 검산

공헌이익 손익계산서

매 출 액	₩10,500,000
변 동 비(0.55)	5,775,000
공 헌 이 익(0.45)	₩4,725,000
고 정 비	2,925,000
세 전 이 익	₩1,800,000
법 인 세(0.4)	720,000
세 후 순 이 익	₩1,080,000

6. 지출할 수 있는 최대광고비(P)

(2,200단위×2,250−2,700,000−P) × (1−0.4) = ₩1,200,000

∴ P = ₩250,000

해설

1. 법인세가 존재한다 할지라도 손익분기점 계산시에는 법인세를 별도로 고려할 필요가 없다. 왜냐하면 손익분기점에서는 이익이 0이므로 법인세도 0이기 때문이다. 그러나 특정수준의 법인세차감후 순이익을 달성하기 위한 판매량이나 매출액을 구하는 경우에는 법인세를 반드시 고려하여야 한다.
2. 광고비는 조업도와 관계없이 일정하게 발생하므로 고정비로 분류된다. 광고비 지출후의 고정비는 현재의 고정비 ₩2,700,000에 추가로 지출할 광고비 ₩225,000을 가산한 ₩2,925,000이 된다.
3. 20×2년에 20×1년과 동일한 이익을 얻기 위한 매출액을 구하기 위해서는 목표매출액(S)을 미지수로 놓고 총변동비와 총고정비 및 법인세차감전 목표이익을 달성할 수 있는 수준의 매출액을 구하면 된다.

문 8 목표가격, 목표판매량, 목표영업이익 및 민감도분석

㈜유나는 영업 첫해인 제1기에 제품 단위당 판매가격을 ₩200으로 결정하였다. 한편, 제품 단위당 변동비는 ₩50이고, 고정비는 ₩18,000,000이 될 것으로 예측하였다.

[요구사항]

1. 첫해에 200,000단위를 판매하였고 원가는 예측대로 발생하였다. 제1기 영업이익은 얼마인가?
2. 단위당 변동비가 예측보다 10% 낮게, 고정비는 예측보다 15% 높게 발생하였다. 200,000단위를 판매하였을 경우 제1기 영업이익은 얼마인가?
3. 제2기 목표영업이익을 ₩18,000,000으로 설정하였다. 단위당 변동비, 총변동비 및 고정비가 요구사항1과 같을 때 제2기 제품 단위당 판매가격은 얼마이어야 하는가?
4. 제3기 고정비가 판매촉진비로 인하여 제2기보다 20% 증가하였다. 단위당 판매가격 및 변동비는 요구사항3과 같고 영업이익은 요구사항3보다 30% 증가하였다면 제3기 판매수량은 몇 단위인가?
5. 제4기에 제품 단위당 변동비가 제3기보다 10% 인상되고 고정비는 제3기와 같으며, 판매수량은 제3기보다 20% 증가될 것으로 예측되고 있다. 목표영업이익이 제3기보다 2배 증가하기 위해서는 제4기의 제품 단위당 판매가격이 얼마나 인상되어야 하는가?

해답

1. 제1기 영업이익

   200,000단위 × (200−50) − 18,000,000 = ₩12,000,000

2. 제1기 영업이익

   200,000단위 × [200−(50×0.9)] − 18,000,000 × 1.15 = ₩10,300,000

3. 제2기 제품의 단위당 판매가격

총변동비가 변동이 없으므로 제2기 판매량은 제1기와 같은 200,000단위이다. 따라서 제2기 제품 단위당 판매가격을 P라 하면 다음과 같은 식이 성립된다.

(P－50) × 200,000단위 － 18,000,000 ＝ ₩18,000,000

∴ P ＝ ₩230

4. 제3기 제품 판매수량(Q)

(230－50) × Q － 18,000,000 × 1.2 ＝ ₩18,000,000 × 1.3

∴ Q ＝ 250,000단위

5. 제4기 판매가격 인상액

판　　매　　량 : ₩250,000단위 × 1.2 ＝ 300,000단위

단위당 변동비 : ₩50 × 1.1 ＝ ₩55

고　　정　　비 : ₩18,000,000 × 1.2 ＝ ₩21,600,000

영 업 이 익 : ₩18,000,000 × 1.3 × 2 ＝ ₩46,800,000

∴ 300,000단위 × (P－55) － 21,600,000 ＝ ₩46,800,000

∴ P ＝ ₩283

∴ 단위당 판매가격이 ₩53 인상되어야 한다.

■ **별해** :

매 출 액 (250,000×1.2×P)	300,000P
변 동 비 (250,000×1.2×50×1.1)	16,500,000
공 헌 이 익	300,000P－16,500,000
고 정 비 (18,000,000×1.2)	21,600,000
영 업 이 익	300,000P－38,100,000

∴ 300,000P － 38,100,000 ＝ ₩18,000,000 × 1.3 × 2

∴ P ＝ ₩283

∴ 단위당 판매가격이 ₩53 인상되어야 한다.

문 9 단답형 기출문제2

1. ㈜다락은 단일제품을 생산·판매한다. 지난 기간에 제품 3,000단위를 판매하여 ₩200,000의 이익을 보았는데 그 때의 손익분기점은 2,500단위이었다. 만약 판매가격을 단위당 ₩150씩 인하한다면 새로운 손익분기점은?

2. ㈜경애의 손익분기점 매출액은 ₩360,000이고 공헌이익률은 30%이다. 이 회사가 ₩84,000의 영업이익을 달성하고자 한다면 총매출액은 얼마이어야 하는가?

3. ㈜정선의 내년 예상손익자료는 다음과 같다.

단위당 판매가		₩20
단위당 변동비		₩8
총고정비		
임 차 료	₩15,000	
급 여	44,000	
광고비 및 기타	10,000	₩69,000

만약 현재 예상된 고정급여를 연간 ₩30,000으로 삭감하고 그 대신 매출액의 5%를 성과급으로 판매사원에게 지급한다면, (1) 손익분기판매량은 어떻게 변화하는가? (2) 급여방식의 변화 전과 후에 기업의 이익이 같아지게 하는 판매량은 얼마인가?

4. ㈜신혜는 변동비가 매출액의 70%이고, 판매액이 S, 연간 총고정비가 FC이다. 총판매액의 20%를 목표이익으로 얻으려고 하는 경우 목표판매액(S)은 얼마인가? 수식으로 답하시오.

5. ㈜정화의 3월 매출액은 ₩700,000이고, 공헌이익률은 54%이며, 영업레버리지도는 3이다. 4월에 고정원가인 광고비를 3월보다 ₩30,000 증가시키면 매출이 3월보다 10% 증가하며 공헌이익률의 변화는 없다. (1) 3월의 고정원가는 얼마인가? (2) 이 회사가 광고비를 ₩30,000 증가시킬 때, 4월의 영업이익은 얼마인가?

6. ㈜성준은 단일 제품을 제조하는 회사이다. 공장의 연간 생산능력은 50,000단위이다. 회사는 판매가격 ₩21,000에 40,000단위를 판매하고 있다. 제품의 원가구조는 다음과 같다.

단위당 변동제조원가	₩9,000	고정제조원가	₩160,000,000
단위당 변동마케팅원가	2,000	고정마케팅원가	120,000,000

제조부서에서는 새로운 사양을 추가하기 위해서 제조공정을 변화시킬 것을 제안했다. 제조공정을 변화시키면 고정제조원가는 ₩20,000,000 증가 되고, 단위당 변동제조원가는 ₩400 증가 된다. 현재 판매량인 40,000단위를 기준으로 할 때, 회사가 제조공정의 변화 후에도 최소한 기존의 영업이익을 유지하기 위해서는 단위당 판매가격을 얼마로 해야 하는가?

해답

1. • $(3{,}000-2{,}500) \times CM = 200{,}000$ $\quad\therefore CM = 400$
   • $400 \times 2{,}500 - a = 0$ $\quad\therefore a = 1{,}000{,}000$
   • 새로운 BEP(Q)
   $(400-150) \times Q - 1{,}000{,}000 = 0$ $\quad\therefore Q = 4{,}000$

2. • $a = 360{,}000 \times 0.3 = 108{,}000$
   • $0.3S - 108{,}000 = 84{,}000$ $\quad\therefore S = 640{,}000$
   ☞ 손익분기점에서는 공헌이익과 고정비가 같다.

3. • 변경 전 BEP(Q)
   $(20-8) \times Q - 69{,}000 = 0$ $\quad\therefore Q = 5{,}750$
   • 변경 후 BEP(Q)
   $(20-8-20\times5\%) \times Q - 55{,}000 = 0$ $\quad\therefore Q = 5{,}000$
   • $12Q - 69{,}000 = 11Q - 55{,}000$ $\quad\therefore Q = 14{,}000$

4. $S - 0.7S - FC = 0.2S$
   $\therefore S = \dfrac{FC}{0.1}$

5.
   (1) • 공헌이익 $= 700{,}000 \times 0.54 = 378{,}000$
   • $DOL = \dfrac{\text{공헌이익}}{\text{영업이익}} = \dfrac{378{,}000}{378{,}000-X} = 3$
   ∴ 3월의 고정원가(X) = 252,000

(2) 4월 영업이익 = 공헌이익 − 고정원가

= ₩700,000×1.1×0.54 − (252,000+30,000) = ₩133,800

6. • 변경 전 단위당 변동비(b)와 총고정비(a)

b : ₩9,000 + 2,000 = ₩11,000

a : ₩160,000,000 + 120,000,000 = ₩280,000,000

• 변경 전 영업이익 : 40,000 × (₩21,000−11,000) − 280,000,000 = ₩120,000,000

• 변경 후 단위당 변동비(b)와 총고정비(a)

b : ₩11,000 + 400 = ₩11,400

a : ₩280,000,000 + 20,000,000 = ₩300,000,000

• 변경 후 판매가격(p)

40,000 × (p−11,400) − 300,000,000 = ₩120,000,000

∴ p = ₩21,900

문 10 CVP분석 : 2단계 초과누진세율

㈜승우의 20×1년 손익계산서는 다음과 같다.

매 출 액 (10,000×₩150)		₩1,500,000
변동원가(10,000×₩90)		900,000
공헌이익		600,000
고 정 비		
고정제조간접비	₩200,000	
고정판매관리비	150,000	350,000
법인세차감전순이익		250,000
법인세비용(법인세율 20%)		50,000
법인세차감후순이익		₩200,000

㈜승우의 법인세율은 법인세차감전순이익이 ₩300,000까지는 20%이며, ₩300,000을 초과하는 금액에 대해서는 40%이다.

[요구사항]

1. 법인세차감후순이익 ₩160,000을 달성하기 위한 매출액은 얼마인가?
2. 법인세차감후순이익 ₩300,000을 달성하기 위한 매출액은 얼마인가?

해답

- 단위당 공헌이익 = 150 − 90 = 60
- 공헌이익률 = $\frac{60}{150}$ = 40%

1. 법인세차감후순이익 ₩160,000을 달성하기 위한 매출액
   법인세차감전순이익이 ₩300,000인 경우 법인세차감후순이익이 ₩240,000(₩300,000×0.8)이므로, 법인세차감후순이익이 ₩160,000인 경우 법인세율은 20%의 세율만 적용된다.
   (0.4S−350,000) × (1−0.2) = 160,000
   ∴ S = ₩1,375,000

2. 법인세차감후 순이익 ₩300,000을 달성하기 위한 매출액
   법인세차감전순이익이 ₩300,000인 경우 법인세차감후순이익이 ₩240,000(₩300,000×0.8)이므로, 법인세차감후순이익이 ₩300,000인 경우 법인세율은 20%와 40%의 세율이 적용된다.

   (1) 세전이익 산정

세전 ₩300,000	⇒	세후 ₩300,000 × 0.8 =	₩240,000
세전 ☐	⇒	세후 ☐ × 0.6 =	₩60,000
			₩300,000

   ∴ ☐ = ₩100,000
   ∴ 세전이익 = 300,000 + 100,000 = ₩400,000

   (2) 목표매출액 산정
   0.4S − 350,000 = 400,000
   ∴ S = ₩1,875,000

해설

법인세율이 2단계 초과누진세율인 경우에도 세후목표순이익을 얻기 위한 판매량은 세전목표순이익을 구하여 접근하면 된다. 다만, 세전목표순이익을 구할 때 법인세율 변경구간의 초과여부에 따라서 적용할 법인세율이 달라지므로 세율변경시점의 세후순이익을 먼저 산출한 다음에 구한다.

문 11 세금효과와 의사결정

세무사 K씨의 고객인 L사는 여러 가지 등산용품을 만드는 회사이다. L사는 한동안 인기를 누리다가 최근들어 판매가 부진한 '간편버너'를 내년에도 계속 생산하여 판매할 것인지의 여부를 결정하기 위해 K씨를 방문했다. 즉, 통상적으로 원가 · 조업도 · 이익 분석(CVP분석)이라는 방법에 대해 자문을 구하러 온 것이다. L사의 간편버너 연간 생산가능대수는 1,000대이다. L사가 제시한 간편버너의 대당 생산원가는 다음과 같다.

직접재료비	₩25
직접노무비	10
단위관련활동원가	8
묶음관련활동원가	12
제품유지활동원가	20
시설유지활동원가	30

L사는 이들 원가항목 중에서 제품유지와 시설유지 활동을 제외한 나머지는 변동원가라고 구분했다. L사의 세율은 30%이다. 간편버너의 대당 판매가는 ₩155이다. 분석의 편의를 위해 판매비 등은 없는 것으로 가정한다. 단, 소수점 이하는 절사하시오.

[요구사항]

1. L사가 간편버너로부터 세후순이익 ₩14,000을 얻으려면 몇 대를 팔아야하는가?
2. L사의 담당자와 토의하던 중, 위의 대당 원가외에 L사는 간편버너 한 대당 위 대당원가 자료에 근거하여 계산된 이익의 10%를 제휴사에 기술료로 지불해야 한다는 사실이 밝혀졌다. 이 경우 세후순이익 ₩14,000을 얻으려면 몇 대를 팔아야 하는가?
3. 위 물음2와 달리 특수한 사정 때문에 이 기술료가 세법상 비용으로 인정될 수 없다고 한다. 이 경우 세후 순이익 ₩14,000을 얻으려면 몇 대를 팔아야 하는가?
4. L사의 시장분석 자료에 의하면 내년의 판매수량은 700대가 될 것이라고 한다. 한편, 중소업체 S사에 간편버너의 외주제작을 대당 ₩125에 L사가 원하는 수량만큼 맡길 수 있다고 한다. 이 경우, L사 입장에서 선택가능한 3가지 방안을 열거하고, 이 중 어느 것이 가장 유리한지 밝혀라. 원가발생구조에 대해서는 통상적 CVP분석에서 가정되는 내용을 따르도록 하라. 단. 세금과 기술료를 고려하지 마시오.

해답

〈자료분석〉

- 대당 변동비 : 25 + 10 + 8 + 12 = ₩55
- 총고정비 : 1,000대 × (20+30) = ₩50,000
- 법인세율 30%, 판관비 없음
- 대당 판매가격 : ₩155

1. {(155−55)×Q−50,000} × (1−0.3) = 14,000

   ∴ Q = 700대

2. ① 대당 기술료 : {155−(55+20+30)} × 10% = ₩5

   ② 새로운 대당 변동비 : 55 + 5 = ₩60

   ③ 세후이익 ₩14,000 달성을 위한 판매량(Q)

   {(155−60)×Q−50,000} × (1−0.3) = 14,000

   ∴ Q = 736대

3. {(155−55)Q−50,000} × (1−0.3) − 5Q = 14,000 ∴ Q = 753대

   기술료는 세법상 비용으로 인정될 수 없다고 했으므로 기술료에 대하여는 법인세 효과가 없다. 따라서 기술료에 대하여는 세후개념으로 접근해야 한다.(해설참조)

4. 간편버너의 자가 제조 · 외부구입 의사결정

   (1) L사가 선택가능한 대안

   ① 700대 전량을 자가제조하는 안

   ② 700대 전량을 외주를 주는 안

   ③ 생산을 포기하는 안

   (2) 각 대안별 영업이익을 계산하면 다음과 같다.

   ① 700대 전량을 자가제조하는 안

   영업이익 = 700 × (₩155−55) − ₩50,000 = ₩20,000

   ② 700대 전량을 외주를 주는 안

   영업이익 = 700 × (₩155−125) − ₩50,000 = (₩29,000)

   ③ 생산을 포기하는 안

   고정비만 발생 ∴ 영업이익 = (₩50,000)

   ∴ 대안 ①, ②, ③ 중에서 이익이 가장 큰 ①안을 선택해야 한다.

해설

물음3은 다음과 같이 이해할 수 있다.

공헌이익 − 고정비 − 법인세 = 세후이익

$(155-60^{*})Q - 50,000 - [(155-55^{*})Q-50,000] \times 0.3 = 14,000$

$\{(155-55)Q - 50,000\}(1-0.3) - 5Q = 14,000$

$\therefore Q = 753$대

* 공헌이익을 계산할 때는 기술료를 포함한 변동비 전액이 차감되나 법인세를 계산할 때는 기술료는 비용으로 인정되지 않는다.

문 12 PV - Chart와 DOL

A회사와 B회사는 김포공항에서 리무진서비스를 제공하는 경쟁업체이다. A회사는 운전기사의 급료를 운행횟수에 근거하여 지급하고, B회사는 운전기사의 급료를 고정급으로 지급한다. 두 회사의 관련 자료는 다음과 같다.

	A회사	B회사
운행당 매출액	₩30	₩30
운행당 변동원가	24	15
연간 고정원가	₩300,000	₩1,200,000

[요구사항]

1. 두 회사의 손익분기점 운행횟수를 구하시오.
2. 두 회사의 운행횟수에 따른 이익을 나타내는 그래프를 그리시오. 또한 B회사가 더 많은 영업이익을 얻는 운행횟수 구간을 구하시오. 단, 그래프의 X축은 운행횟수이고, Y축은 이익으로 나타내시오(pv−chart).
3. 현재 두 회사는 각각 90,000회 운행하고 있다고 가정하자. 이때 각 회사의 영업레버리지도(DOL)를 구하시오.
4. 물음3과 같은 상황에서 각 회사의 매출액이 20% 증가하면 영업이익은 각각 얼마나 증가하겠는가? 두 회사에 대하여 영업이익의 증가율과 증가액을 구하시오.

해답

1. A회사 : 6Q − 300,000 = 0 ∴ Q = 50,000회

   B회사 : 15Q − 1,200,000 = 0 ∴ Q = 80,000회

2.

(1) pv−chart

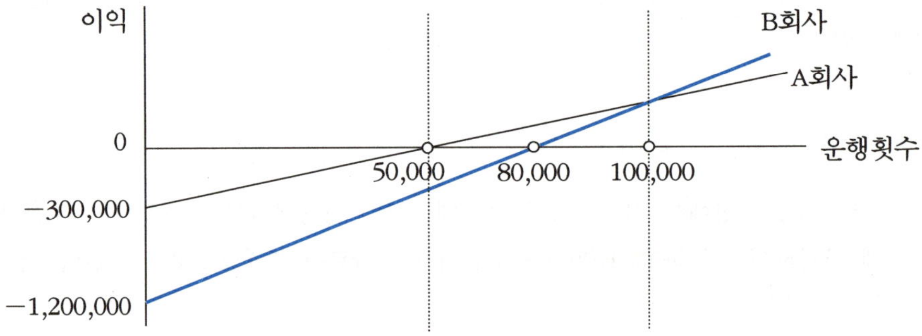

(2) 영업이익이 무차별해지는 운행횟수 : 6Q − 300,000 = 15Q − 1,200,000

∴ Q = 100,000

∴ 운행횟수가 100,000회를 초과하면 B회사의 영업이익이 더 크다.

3.

A회사 DOL : $\frac{6 \times 90,000}{6 \times 90,000 - 300,000} = \frac{540,000}{240,000} = 2.25$

B회사 DOL : $\frac{15 \times 90,000}{15 \times 90,000 - 1,200,000} = \frac{1,350,000}{150,000} = 9$

4.

(1) A회사

$\frac{\triangle X/240,000}{0.2} = 2.25$

∴ 영업이익 증가율 = 45%

영업이익 증가액(△X) = ₩108,000

참고

매출액 20% 증가할 때의 영업이익 : 90,000 × 1.2 × 6 − 300,000 = 348,000

영업이익 증가액 : 348,000 − 240,000 = 108,000

영업이익 증가율 : 108,000/240,000 = 45%

(2) B회사

$$\frac{\triangle X/150,000}{0.2} = 9$$

∴ 영업이익 증가율 = 180%

영업이익 증가액(△X) = ₩270,000

문 13 영화산업의 CVP분석

한강 영화사는 조선시대 예술가의 삶을 조명한 영화 '장승업'을 제작하기로 하였다. 한강 영화사는 새 영화 '장승업'에 대하여 감독과 주연 배우에게 지급할 금액은 제외하고 ₩15,000,000의 예산을 편성하였다. 새 영화의 감독과 주연 배우를 대신하여 교섭을 진행하고 있는 대리인은 다음과 같은 두 가지 방안을 제시하였다.

〈방안1〉 영화의 흥행 성공에 따른 추가보상을 전혀 하지 않는 조건으로 감독과 주연 배우에게 고정급으로 총 ₩6,000,000을 지급한다.

〈방안2〉 감독과 주연배우에게 고정급 총 ₩1,200,000을 지급하고, 영화흥행에서 얻게 되는 영화사 총수익의 10%를 추가로 지급한다.

한강 영화사는 조은마케팅사에 새 영화 '장승업'의 배급권을 위임하였다. 조은마케팅사는 자신의 자금 ₩1,000,000을 마케팅에 투입하는 조건으로 영화사 총수익의 30%를 흥행료로 받게 된다. 한강 영화사는 이 영화로부터 벌어들이는 총관람료 수입 중 60%를 수익으로 받을 예정이다. 1인당 관람료는 조조할인 등에 관계없이 항상 ₩5,000이다.

[요구사항]

1. 한강 영화사 입장에서 두 방안에 대한 관객 1인당 공헌이익을 각각 산출하시오.
2. 새 영화 '장승업'의 두 방안에 대하여 한강 영화사의 손익분기점을 달성하기 위한 관객수를 각각 산출하시오.
3. 새 영화 '장승업'의 영화 출시기간 동안에 총 10,000명의 관객이 영화를 관람하였다고 가정하자. 한강 영화사가 이 영화로부터 얻게 되는 영업이익을 두 방안에 대하여 각각 구하시오.
4. 새 영화 '장승업'에서 〈방안1〉이 〈방안2〉보다 더 많은 영업이익을 영화사측에 제공하는 관객수의 범위를 구하시오.

해답

1. 관객 1인당 공헌이익

	방안1		방안2	
p	5,000 × 0.6 =	3,000	5,000 × 0.6 =	3,000
b	3,000 × 0.3 =	900	3,000 × (0.3+0.1) =	1,200
cm		2,100		1,800

2. 손익분기점 관객수

방안1 : 2,100 × Q − (15,000,000+6,000,000) = 0 ∴ Q = 10,000명

방안2 : 1,800 × Q − (15,000,000+1,200,000) = 0 ∴ Q = 9,000명

3. 방안1 = 2,100 × 10,000 − 21,000,000 = 0

방안2 = 1,800 × 10,000 − 16,200,000 = 1,800,000

4. 2,100 × Q − 21,000,000 〉 1,800 × Q − 16,200,000

∴ Q 〉 16,000명

해설

1. 이 문제의 핵심은 누구의 입장에서 의사결정 하느냐이다. 요구사항에서 제시한 주체는 영화사이다. 따라서 영화사 입장에서 고정비와 변동비를 분석하여야 한다. 〈방안1〉의 경우 제작비(₩15,000,000), 감독 등 고정급(₩6,000,000)이 고정비이다. 그리고 영화사가 관객수에 따라 지급할 금액이 변동비이다. 마케팅회사에 지급하는 금액은 영화사 수입의 30%이므로 변동비이다.

2. 방안1과 방안2의 비교

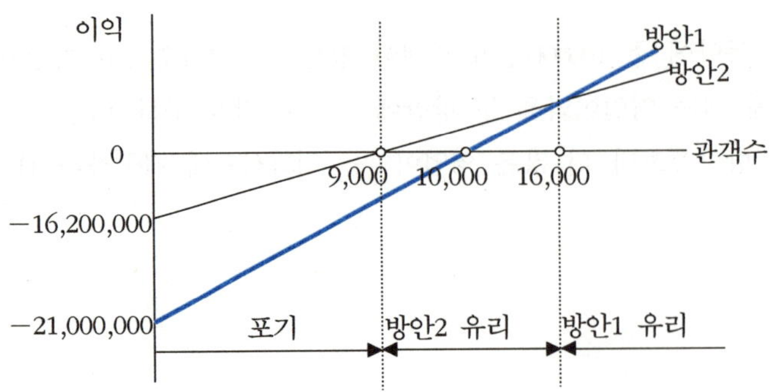

MEMO

임 태 종

〈약 력〉

· 서강대학교 대학원 경영학과 졸업(박사)
· 임태종 세무회계사무소 대표세무사
· 태종세무사아카데미 원장
· ㈜한성문화, 한성학원 대표이사
· 국세청 국세공무원교육원 외래교수
· 국세청 인트라넷 원가관리회계 교수
· 서강대학교 경영학부 대우교수
· LG 인화원 주임교수
· 양주시 기업지원 심의위원
· 안전행정부 사무관 특채 심사위원
· 공무원 및 공사 시험 출제위원
· 각종 국가자격시험 출제위원
· 한국관리회계학회, 회계정보학회 등 이사
· 기획재정부 장관상 수상
· 현, 삼육대학교 경영학과 교수
  삼육대학교 경영대학원장

〈주요저서〉

· 원가관리회계, 도서출판 홍, 2005.
· 객관식 원가관리회계, 한성문화, 2007.
· 재무회계 Ⅰ · Ⅱ, 한성문화, 2007.
· 회계원리, 한성문화, 2008.
· 원가관리회계 100선, 도서출판 ONE, 2008.
· 재무회계 100선, 도서출판 ONE, 2009.
· 원가관리회계 100선 플러스+, 샘앤북스, 2013.
· 원가관리회계, 샘앤북스, 2014.
· IFRS 회계원리, 샘앤북스, 2017. 외 다수

〈주요논문〉

· 6시그마의 실행이 경영성과에 미치는 영향, 2005.
· BSC적용시 전략과제와 KPI의 적합성이 경영성과에 미치는 영향, 2006.
· 경영전략, 성과측정시스템의 이용, 조직학습간의 관계, 2009.
· 공공부문의 성과관리가 조직성과에 미치는 영향, 2011.
· 혁신전략과 조직역량간의 관계에서 성과측정시스템과 보상시스템의 역할, 2012.
· 성과측정시스템의 이용방식이 혁신유형과 조직성과에 미치는 영향, 2012.
· MCS의 상호작용적 이용이 절차공정성, 상사신뢰, 그리고 관리적 성과에 미치는 영향, 2013. 외 다수

원가회계 - 1st Edition

지 은 이 · **임태종**
발 행 인 · **이낙규**
발 행 처 · ㈜샘앤북스
신고 제 2013-000086 호
서울시 영등포구 양평로22길 16, 201호
Tel. 02-323-6763 / Fax. 02-323-6764
www.sambook.co.kr / E-mail. wisdom6763@hanmail.net

2020. 12. 07. 초판 발행

정가 28,000원

ISBN 979-11-5626-304-3 93320